바로바로 할수있는
플래시 CS5
Motion+
Actionscript

바로바로 할 수 있는 플래시 CS5 Motion+Actionscript

초판 4쇄 2014년 3월 10일
글쓴이 이지연 · 최재필
펴낸이 서인석
펴낸곳 (주)제우미디어
출판등록 제 3-429호
등록일자 1992년 8월 17일

주소 서울시 마포구 상수동 324-1 한주빌딩 5층
전화 02-3142-6843
팩스 02-3142-0075
홈페이지 www.jeumedia.com
ISBN 978-89-5952-224-8 13000

만든 사람들
출판사업부총괄 손대현 | **기획** 한혜영, 신소연, 이은숙 | **영업** 김한호, 김소영, 이창배, 설종원
제작 김금남 | **표지 및 내지 디자인** 디박스 | **표지일러스트** 백윤화 | **인쇄 · 제본** 신우 D.P.K, 정민제본

이지연 | 모션 파트 집필 ....

현) 아이닷츠 디자인 아트디렉터
아카데미 정글 웹 스페셜 및 플래시 스페셜리스트 강의
어도비 크리에이티브 리더(Adobe Creative Leader)
전) 수원여자대학, 계원조형예술대학, 선문대학교, 안산1대학, 경민대학 출강
방송대학 TV 포토샵/플래시 강의(도전 파워유저)

저서 |
좌절금지 플래시 8(컴퓨터와 생활)
Adobe 공인 교육센터 교재 제작 – Rich Internet(Flash 파트)
쉽게, 빠르게! 플래시 CS3로 애니메이션하기(도서출판 해란)
바로바로 할 수 있는 포토샵 CS3(제우미디어)
Email : tunitoon@naver.com

최재필 | 액션 파트 집필 ....

현) 메가존(주) 플래시팀 팀장/Technical director
아카데미 정글 액션스크립트 강의
홍익대학교 액션스크립트 방학 특강 강의

저서 |
좌절금지 플래시 8(컴퓨터와 생활)
바로바로 할 수 있는 플래시 CS4(제우미디어)
Email : p2ri@iflash.kr

『바로바로 할 수 있는 플래시 CS5』에 관한 궁금증은 네이버 카페(http://cafe.naver.com/adobeflashcs5)로 문의 바랍니다.

바로바로 할수있는

플래시 CS5

Motion + Actionscript

이지연·최재필 지음

제우미디어

책의 집필을 끝내고 막상 이 글을 쓰려고 하니 제가 처음으로 플래시를 접했을 때 느꼈던 신선한 충격이 새삼스럽게 떠오릅니다. 당시만 해도 플래시는 여러 그래픽 도구 중의 하나였지만 플래시가 저에게 안겨 준 재미와 감동은 이 세상의 어떤 말로도 표현할 수 없는 것이었습니다. 지난 10여 년 동안 플래시는 저에게 있어 둘도 없는 친구이자 호기심의 충족 대상이었습니다. 일상의 작은 호기심이 다양한 움직임을 만들고, 그 움직임에 리듬감이 추가되어 생동감 넘치는 애니메이션이 완성되는 일련의 과정은 마치 마술과도 같다고 할 수 있습니다. 이 책을 접하는 여러분들도 이러한 플래시의 매력에 빠져 보시기를 바랍니다.

제가 그동안의 강의를 통해 뼈저리게 느꼈던 것은 바로 기본기가 중요하다는 것입니다. 어떤 분야이든 원리를 깨우치지 못하면 더 이상의 발전을 기대할 수 없듯이 플래시 또한 구현의 원리를 알지 못하면 플래시가 가지고 있는 다양한 기능들 중에서 극히 일부분 밖에는 활용하지 못하게 될 것입니다. 이 책은 이러한 점에 착안하여 독자들이 플래시의 원리를 쉽고, 빠르게 이해할 수 있도록 하는 데 중점을 두었습니다. 이 책에 수록된 다양한 예제를 통해 플래시의 원리를 하나하나 깨우치다 보면 자신도 모르는 사이에 플래시의 고수가 되어 있으리라 확신합니다.

이 책이 세상의 빛을 볼 수 있도록 해 주신 하나님께 감사드립니다. 그리고 저에게 이 책을 집필할 수 있는 기회를 주신 ㈜제우미디어와 저의 곁에서 많은 조언을 해 주셨던 한혜영 팀장님, 이 책이 빛날 수 있도록 하기 위해 예쁜 캐릭터와 멋진 사진을 제공해 주신 엄정호, 최덕현, 조수경, 황영애, 정진호, 김한나, 최은실, 전대화 님, 그리고 베타테스터로 수고해 주신 아카데미 정글의 웹 스페셜리스트 19기 여러분께 깊은 감사의 말을 전합니다. 마지막으로 아빠, 엄마 사랑해요!

저자 이지연

웹이라는 세상에서 플래시를 만난 지 어느덧 10년이 지났습니다. 간단한 애니메이션에서부터 사이트 제작, 전시 작품 제작에 이르기까지 저에게 플래시는 재미있는 장난감이자 10년이라는 시간의 흐름을 잊게 해 준 고마운 친구였습니다. 플래시는 자칫 생각에만 그칠 수 있는 일상의 아이디어들을 현실로 표현할 수 있는 훌륭한 도구입니다. 특히 액션스크립트를 이용하면 상상 속에서나 가능했던 여러 가지 움직임들을 쉽게 구현할 수 있습니다. 액션스크립트라고 해서 무조건 어려운 것만은 아닙니다. 공부를 하다가 어느 한 가지라도 재미를 느낀다면 이미 반은 성공한 것입니다.

플래시는 무한한 가능성을 지니고 있습니다. 그 가능성을 현실로 구체화시키는 것은 바로 여러분의 몫입니다. 부디 많은 분들이 이 책을 디딤돌로 삼아 멋진 결과물을 만들 수 있게 되기를 바랍니다.

가장 먼저, 제게 많은 것을 허락해 주신 하나님께 감사드립니다. 그리고 매번 예제를 예쁘게 그려 주는 이슬, 항상 저를 믿어 주시고 격려해 주시는 제우미디어 한혜영 팀장님, 나에게 등대와 같으신 지연 선생님, 베타테스터로 수고해 준 정현, 은아, 재명, 영민, 민정, 만창, 민희님께 고맙다는 말을 전합니다. 나의 영원한 동반자 은애와 기쁨이에게 이 책을 바칩니다.

저자 최재필

이 책의 구성

본책

2개의 PART 총 448페이지로 구성되어 있습니다.

본문 페이지

- **본문 페이지** : 해당 장에서 다루는 기능에 대한 설명과 따라할 수 있는 예제를 제시합니다.
- **TIP** : 놓치기 쉬운 짧은 정보를 제공합니다.
- **여기서 잠깐** : 알아 두면 좋은 정보를 제공합니다.
- **Special TIP** : 주의할 점과 참고할 내용을 자세하게 다룹니다.
- **미리 알아두기** : 본문에 들어가기 전에 꼭 알아야 할 지식과 정보를 알려 줍니다.
- **이번 장을 마치며** : 장을 마치면서 꼭 알아야 할 내용을 다시 한 번 정리합니다.
- **동영상 강의** : 본문과 관련된 저자의 동영상 강의를 들을 수 있는 부분은 동영상 아이콘으로 표시했습니다.

부록 DVD

- **예제파일** : 본문에 있는 예제를 따라하는 데 필요한 예제파일과 완성파일이 담겨 있습니다.
- **동영상 강의**

모션 파트(동영상 강의 15개) :

동영상 강좌를 먼저 본 후에 모션 파트를 살펴보면, 내용을 이해하는 데 많은 도움이 됩니다.

① 장식 드로잉 도구 사용하기 ② 드로잉 도구 사용하기 ③ 심벌 제어하기 ④ 타임라인과 프레임

⑤ 프레임 바이 프레임 ⑥ 모양 트윈 ⑦ 모양 힌트 ⑧ 모션 트윈 ⑨ 모션 프리셋

⑩ 버튼 심벌 ⑪ 동영상과 사운드 ⑫ 필터와 블렌드 ⑬ 외부 파일 연동과 플래시 팁

⑭ 클래식 모션 가이드 ⑮ 무한 반복 애니메이션

액션 파트(동영상 강의 10개) :

동영상 강좌를 먼저 본 후에 액션스크립트 파트를 살펴보면, 내용을 이해하는 데 많은 도움이 됩니다.

① DisplayObject 객체 생성 ② 마우스 이벤트 ③ 애니메이션 멈추기_재생하기 ④ 컨테이너 이동

⑤ 여러 줄 정렬 ⑥ TweenLite TweenMax 클래스를 이용한 움직임 ⑦ 마우스 드로잉

⑧ 라이브러리 사운드 재생 ⑨ FLVPlayback 컴포넌트 사용하기 ⑩ SWF 로드

묻고 답하기

- 본문의 예제와 이 책에 관한 궁금증은 네이버 카페(http://cafe.naver.com/adobeflashcs5)로 문의 바랍니다.

미리 보기

모션 파트(동영상) 미리 보기

동영상. 장식 드로잉 도구 사용하기 : 플래시 CS5의 확장된 기능인 장식 드로잉 도구를 이용하여 불꽃 효과를 적용하는 방법에 대해 알아봅니다.

▲ 불꽃 효과 주기

▲ 불꽃 효과 추가하기

동영상. 드로잉 도구 사용하기 : 드로잉 도구를 사용하여 빌딩이 있는 도시 이미지를 만드는 방법에 대해 알아봅니다.

▲ 도구 상자를 이용한 빌딩 그리기

▲ 빌딩 이미지에 애니메이션 추가하기

동영상. 심벌 제어하기 : 심벌을 만들고 제어하는 여러 가지 방법에 대해 알아봅니다.

▲ 심벌 만들기

▲ 심벌에 ColorEffect 주기

동영상. 모양 힌트 활용하기 : 모양 힌트를 이용하여 다양한 애니메이션을 만드는 방법에 대해 알아봅니다.

▲ 모양 힌트를 이용한 모양 변화

▲ 모양 힌트를 다양하게 적용하기

동영상. 모션 프리셋 활용하기 : 모션 프리셋을 이용해 미리 만들어진 다양한 에셋을 활용할 수 있습니다.

▲ 무비클립 심벌에 모션 트윈 추가하기

▲ 모션 프리셋으로 통통 튀는 애니메이션 만들기

동영상. 동영상과 사운드 삽입하기 : 플래시 무비에 동영상과 사운드를 삽입하는 방법에 대해 알아봅니다.

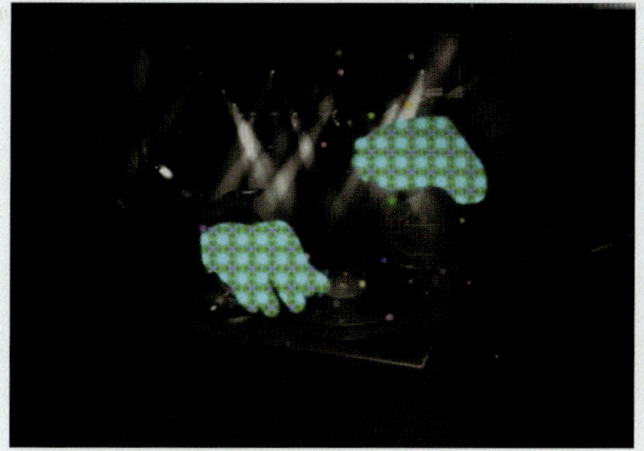

▲ 플래시 무비에 동영상 삽입하기

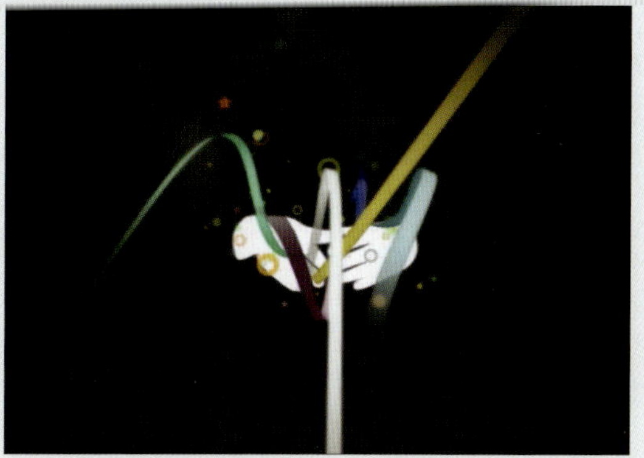

▲ 플래시 무비에서 동영상 확인하기

동영상. 무비클립을 이용한 무한 반복 애니메이션 : 무비클립의 특징을 이용하여 끊김 없이 연속으로 이동하는 애니메이션을 표현하는 방법에 대해 알아봅니다.

▲ 무비클립을 이용하여 심벌 위치 맞추기

▲ 무비클립을 이용하여 반복 애니메이션 주기

모션 파트(본문) 미리 보기

프레임 바이 프레임 애니메이션: 한 프레임씩 프레임을 추가하여 움직임을 더할 수 있습니다.

▲ 캐릭터 위치 지정하기

▲ 키프레임을 추가한 후 위치 변화 주기

모양 트윈 애니메이션 : 모양 요소를 이용하여 자연스런 트윈 애니메이션을 줄 수 있습니다.

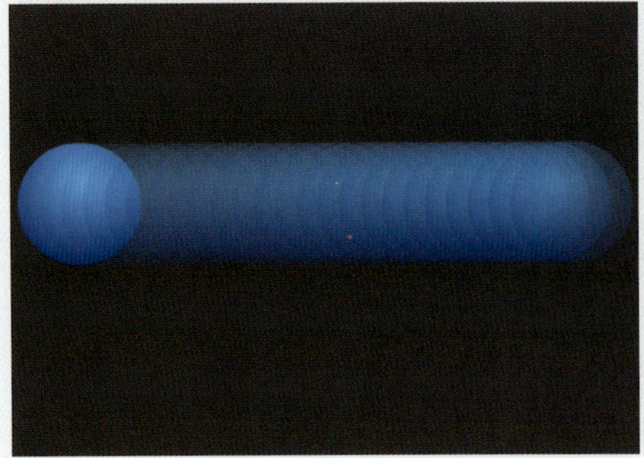

▲ 모양 요소에 트윈 추가하기

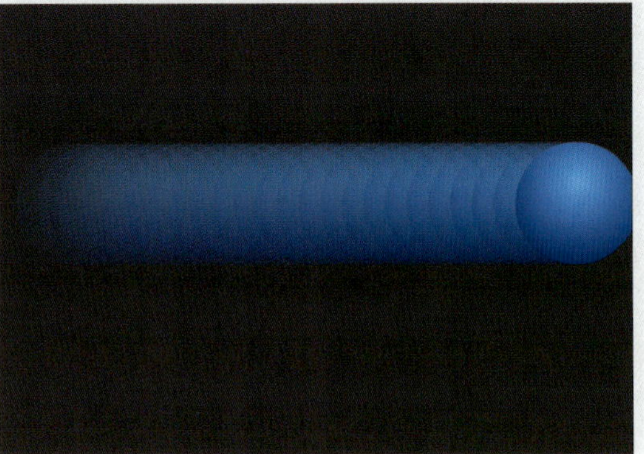

▲ 자연스런 움직임을 위해 위치 이동하기

모양 힌트 사용하기 : 모양 힌트를 이용하여 모양 트윈 애니메이션에서 일어날 수 있는 몰핑 현상을 방지할 수 있습니다.

▲ 모양 트윈 애니메이션 주기

▲ 모양 힌트 추가하여 몰핑 현상 방지하기

클래식 트윈 애니메이션 만들기 : 심벌을 이용하면 적은 용량으로도 자연스럽게 움직이는 애니메이션을 만들 수 있습니다.

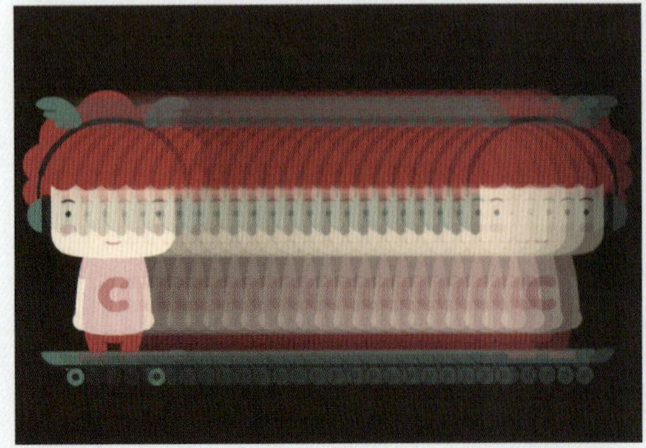

▲ 심벌을 이용하여 클래식 트윈 주기

▲ 자연스런 움직임을 위하여 위치 이동하기

클래식 트윈 애니메이션 만들기 2 : 클래식 트윈 애니메이션을 줄 때 심벌에 알파 값을 주거나 위치 및 크기에 변화를 줄 수 있습니다.

▲ 심벌에 알파 값 주기

▲ 심벌의 위치와 크기에 변화 주기

클래식 모션 가이드 추가하기 : 클래식 모션 가이드를 추가하여 사용자가 원하는 경로의 애니메이션을 만들 수 있습니다.

▲ 클래식 모션 가이드 추가하기

▲ 가이드라인으로 경로 지정하기

모션 트윈 애니메이션 : 무비클립 오브젝트를 직접 제어하여 모션 트윈 애니메이션을 줄 수 있으며, 모션 트윈을 준 경우에는 자연스런 모션 패스가 생깁니다.

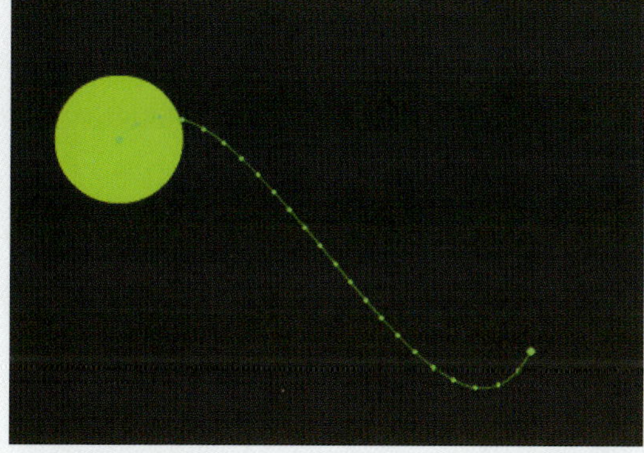

▲ 모션 트윈 추가하기

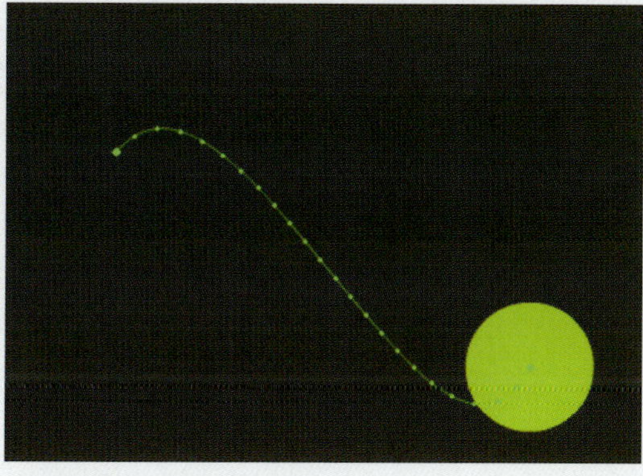

▲ 위치 변경하고 모션 패스 제어하기

Ease를 이용한 속도감 주기 : 트윈 애니메이션을 줄 경우, 속도감(Ease)을 통해 가속 또는 감속 효과를 줄 수 있으며, Ease를 효과적으로 사용하면 리듬감 있는 애니메이션을 만들 수 있습니다.

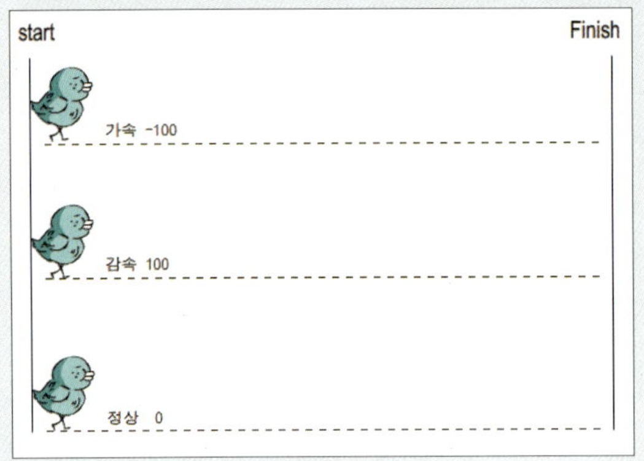

▲ 속도감(Ease) 효과를 위하여 캐릭터 배치하기

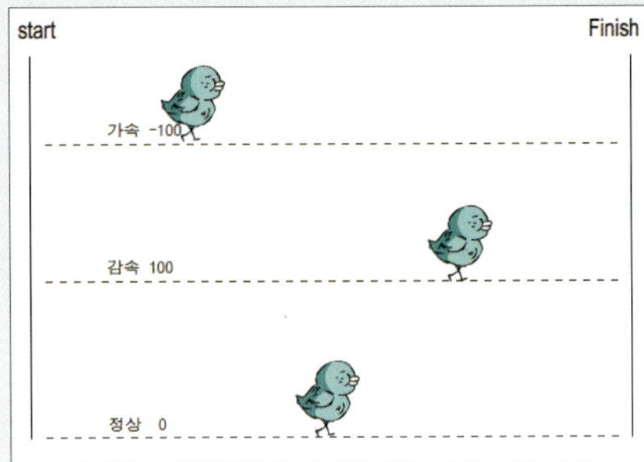

▲ 속도감(Ease)을 이용하여 가속 또는 감속 효과 주기

마스크 효과 주기 : 애니메이션의 특정 부분을 보이거나 보이지 않도록 하는 마스크 효과를 줄 수 있습니다.

▲ 보여 줄 이미지 준비하기

▲ 이미지에 마스크 추가하기

마스크 애니메이션 : 마스크 또는 마스크드 레이어에 애니메이션을 추가할 수 있습니다.

▲ 마스크 추가하기

▲ 마스크 레이어에 트윈 애니메이션 주기

무비클립과 그래픽 심벌 비교하기 : 무비클립과 그래픽 심벌은 자체 타임라인에서 애니메이션을 줄 수 있습니다.

▲ 무비클립과 그래픽 심벌 만들기

▲ 자체 타임라인에서 애니메이션 주기

그래픽 심벌의 속성 : 그래픽 심벌은 자체 애니메이션을 3가지의 옵션으로 보여 줄 수 있습니다.

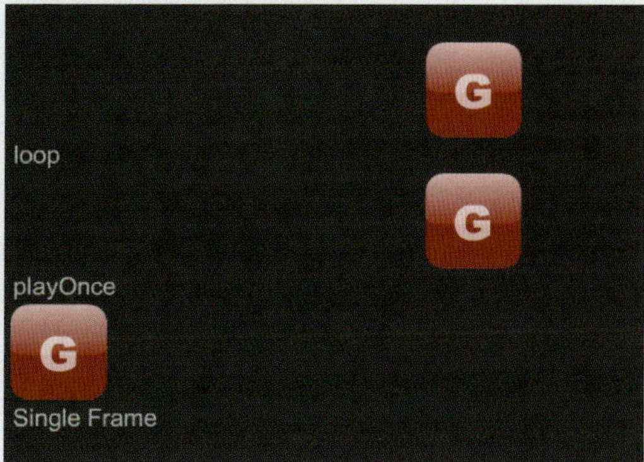

▲ 그래픽 심벌에 자체 애니메이션 주기

▲ 그래픽 심벌의 자체 애니메이션을 3가지 방식으로 보여 주기

뼈 도구를 이용한 IK(역학) 애니메이션 : 뼈 도구를 이용하여 뼈대를 추가할 수 있으며, 뼈대를 머리, 몸통, 팔 다리에 자연스럽게 연결하여 애니메이션을 만들 수 있습니다.

▲ 뼈 도구를 이용하여 뼈대 추가하기

▲ 뼈대를 제어하여 자연스러운 움직임 만들기

모양 트윈을 이용한 상자 애니메이션 : 모양의 특징을 이용하여 자연스러운 상자를 만들 수 있습니다.

▲ 상자의 네 면 만들기

▲ 상자에 모양 트윈 추가하기

클래식 트윈을 이용한 텍스트 애니메이션 만들기 : 클래식 트윈을 이용하여 텍스트가 한 글자씩 나타나는 텍스트 애니메이션을 만들 수 있습니다.

▲ 텍스트에 알파 값 주기

▲ 텍스트에 애니메이션 추가하기

다중 클래식 모션 가이드 추가하기 : 클래식 트윈에 다중 클래식 모션 가이드를 추가하여 꽃잎 위에 불빛이 흩뿌려지면서 올라오는 느낌의 애니메이션을 줄 수 있습니다.

▲ 클래식 모션 가이드 추가하기

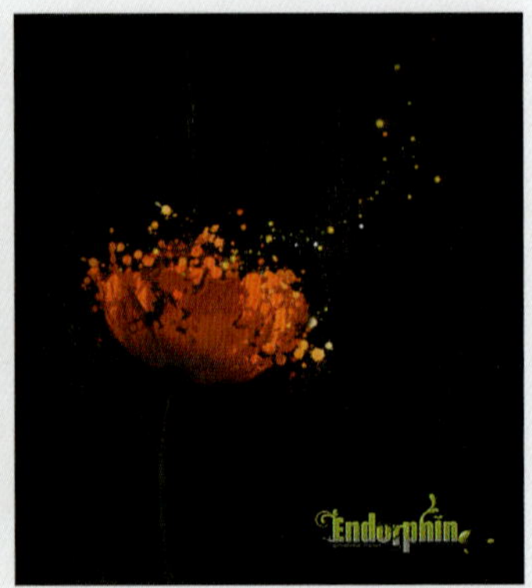

▲ 다중 클래식 모션 가이드 추가하기

모션 트윈을 이용한 애니메이션 : 모션 트윈의 특징을 이용하여 모션 패스를 제어하고, 다양한 속도로 나타나는 애니메이션을 만들 수 있습니다.

▲ 오브젝트 배치하고 모션 트윈 주기

▲ 모션 패스를 제어하여 오브젝트에 애니메이션 주기

로테이트를 이용한 애니메이션 : 트윈 애니메이션에 로테이트(Rotate)를 추가하여 자동으로 회전하는 애니메이션을 줄 수 있습니다.

▲ 클래식 트윈에 로테이트 추가하기

▲ 모션 트윈에 로테이트 추가하기

마스크로 빛이 지나가는 효과 주기 : 마스크(Mask)를 이용하여 휴대폰 화면 부분에만 빛이 지나가는 효과를 만들 수 있습니다.

▲ 마스크를 적용할 애니메이션 만들기

▲ 빛이 지나가는 효과 주기

무비클립과 스프레이 브러시를 이용한 별 애니메이션 : 무비클립 심벌로 반짝이는 별 애니메이션을 만든 후, 스프레이 브러시를 이용하여 여러 개의 별이 반짝이는 효과를 만들 수 있습니다.

▲ 무비클립 심벌에서 반짝이는 별 만들기

▲ 스프레이 브러시로 여러 개의 별이 반짝이는 효과 주기

그래픽 심벌의 특징을 이용하여 다중 애니메이션 만들기 : 그래픽 심벌의 자체 애니메이션에서 애니메이션이 시작되는 프레임을 다양하게 지정하여 다중 애니메이션을 만들 수 있습니다.

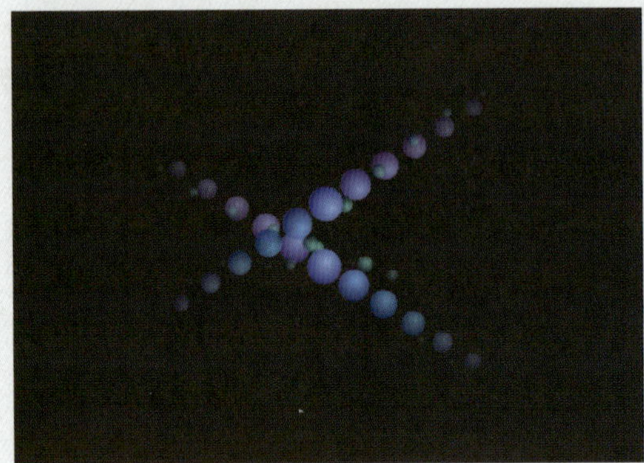

▲ 그래픽 심벌을 이용하여 다중 애니메이션 만들기

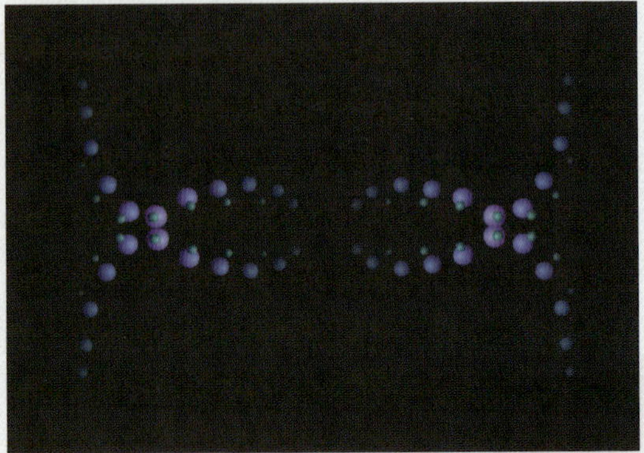

▲ 그래픽 심벌을 이용하여 다중 애니메이션 응용하기

필터를 활용한 클래식 트윈 애니메이션 : 무비클립에 필터 효과를 추가하여 속도감 있는 애니메이션을 만들 수 있습니다.

▲ 무비클립에 필터 추가하기

▲ 애니메이션에 속도감 주기

액션스크립트 파트(본문) 미리 보기

마우스 활용 : 버튼 클릭부터 무비클립 드래그까지 마우스를 활용한 예제를 공부합니다.

▲ 마우스 버튼 클릭

▲ 웹 페이지 이동

▲ 무비클립 드래그

타임라인 컨트롤 : 타임라인을 멈추거나 재생, 이동하는 예제를 공부합니다.

▲ 애니메이션 정지/재생

▲ 프레임 이동

▲ Scene 이동

DisplayObject 활용 : DisplayObject의 정렬, 움직임 등의 활용 예제를 공부합니다.

▲ 무비클립 높낮이(Index) 변경

▲ 무비클립 정렬

▲ 랜덤 배치

▲ 무비클립 움직임

▲ 마스크 움직임

▲ 눈 내리기

그림 그리기 : 스크립트를 이용한 벡터 드로잉 예제를 공부합니다.

▲ 선 그리기　　　　　▲ 색 칠하기　　　　　▲ 마우스로 그리기

글씨 꾸미기 : 스크립트를 이용하여 텍스트 필드를 만들거나 폰트, 크기, 컬러 등을 변경해 봅니다.

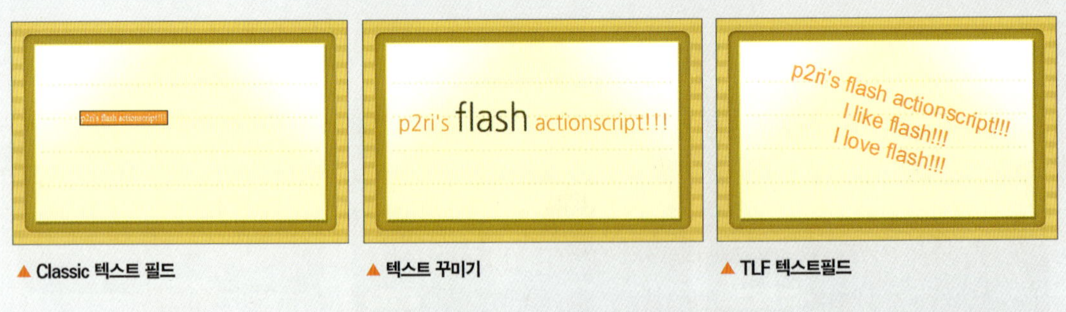

▲ Classic 텍스트 필드　　　　　▲ 텍스트 꾸미기　　　　　▲ TLF 텍스트필드

사운드 활용 : 라이브러리에 있는 음원을 재생해 보거나, mp3 파일을 로드하여 재생해 봅니다.

▲ 라이브러리 사운드 재생　　　　　▲ mp3 플레이어

비디오 활용 : 플래시 비디오 플레이어와 PC 카메라 사용 방법을 공부합니다.

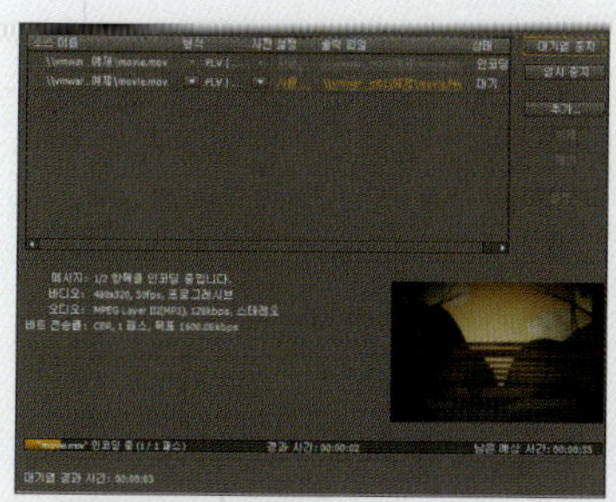

▲ 플래시 비디오 파일 변환

▲ 비디오 플레이어

▲ PC 카메라

이미지/SWF 파일 로드 : 올 플래시 사이트를 제작하기 위해 외부 파일을 로드하는 방법을 공부합니다.

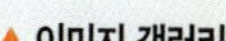

▲ 이미지 갤러리

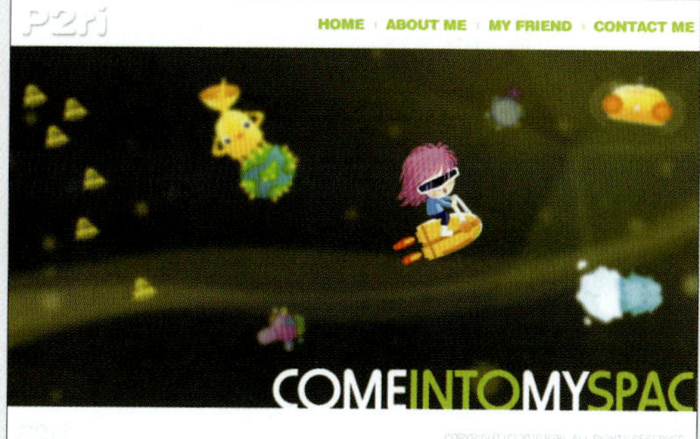

▲ SWF 로드

목차

PART 01

시작하는 디자이너를 위한 모션(Motion)

PART 02

모션(Motion)에 날개를 달아 주는 액션스크립트 (Actionscript)

Chapter 03 | 액션스크립트 활용   293

Chapter 04 | 멀티미디어 액션스크립트   363

바로바로 할 수 있는 플래시 CS5
1

시작하는 디자이너를 위한

모션
(Motion)

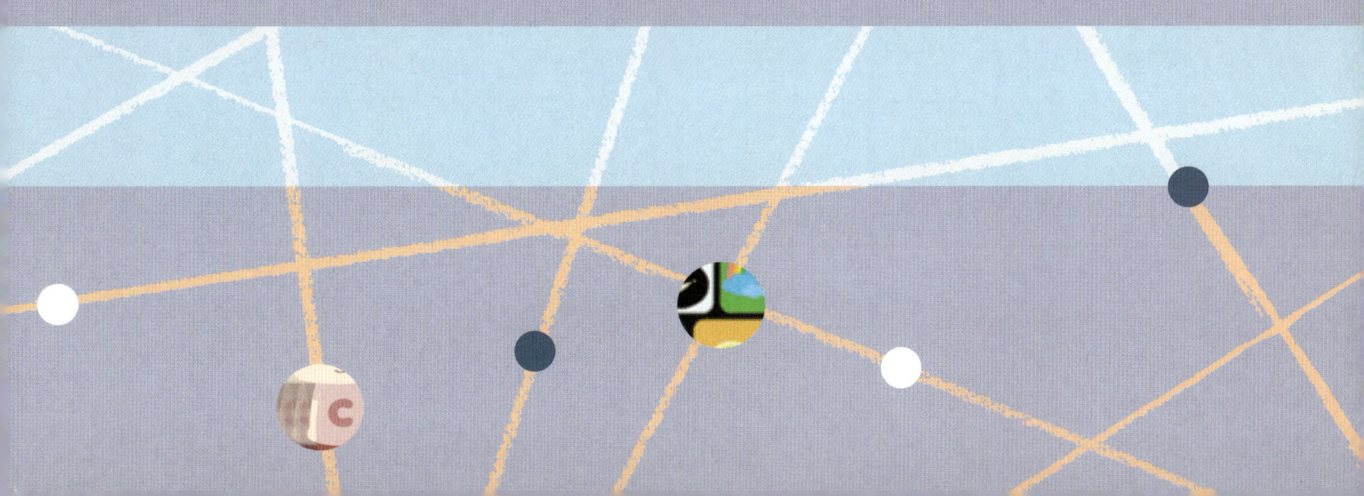

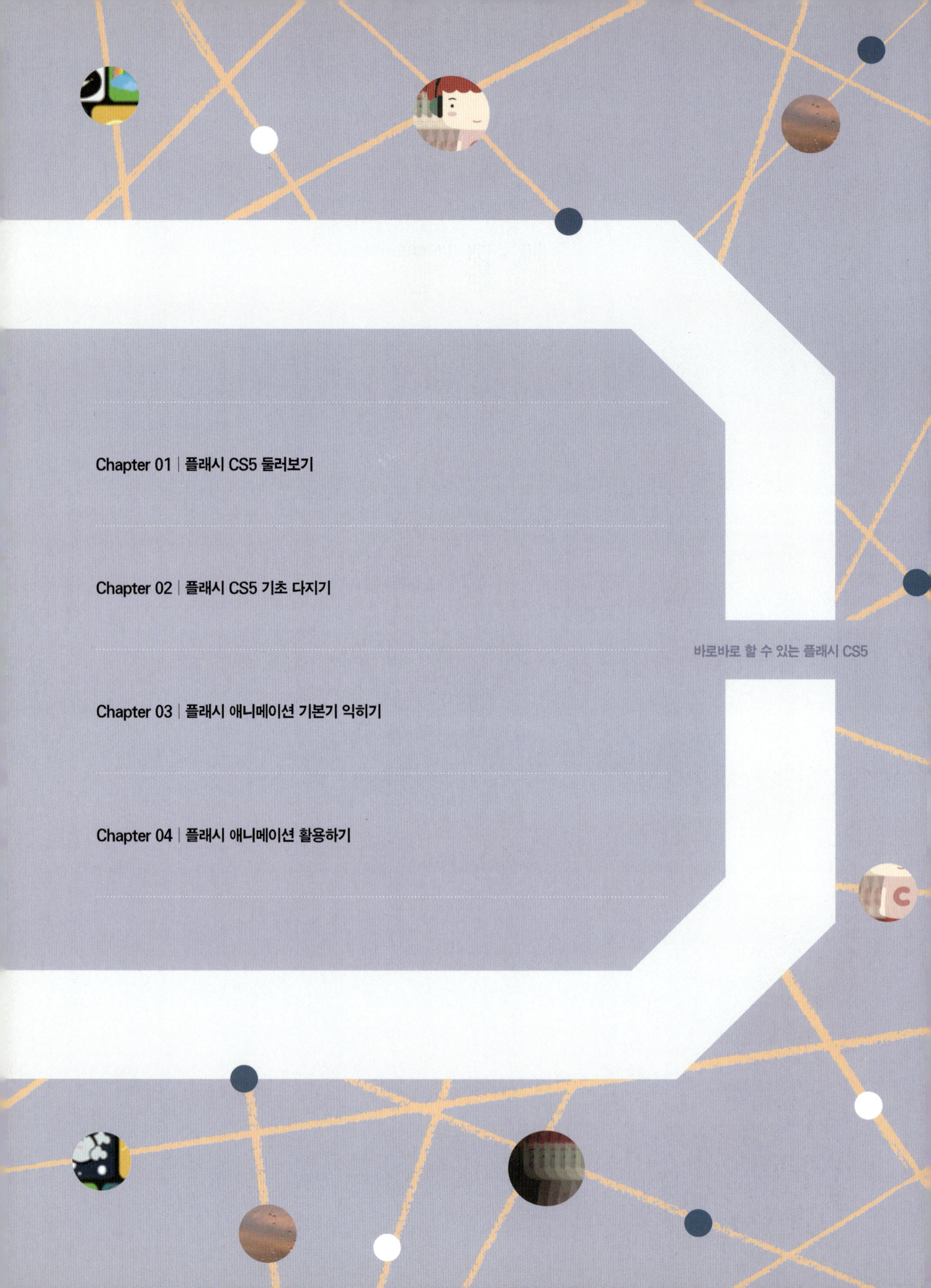

바로바로 할 수 있는 플래시 CS5

01

플래시 CS5
둘러보기

플래시 소개

플래시는 벡터 기반의 애니메이션 도구로, 사이트 제작은 물론 게임과 동영상, 모바일 및 UI 분야, 키오스크 등에도 많이 활용되고 있습니다. 특히, 사이트를 제작할 때 인터렉티브하고 다이내믹한 효과를 줄 수 있기 때문에 영화나 패션, 온라인 프로모션 사이트 등에도 적극 활용되고 있습니다.

추천 사이트

플래시에 관한 정보는 대부분 책을 통해 얻는 경우가 많지만, 사이트를 통해 얻는 경우도 많습니다. 특히, 이들 사이트에서는 사용자들이 플래시를 직접 사용하면서 얻은 노하우나 플래시와 관련된 최신 이슈들을 쉽게 접할 수 있습니다. 따라서 플래시와 관련된 다양한 사이트를 접해 보는 것도 플래시를 공부하는 데 많은 도움이 될 것입니다.

1 | Favourite Website Awards

전 세계의 우수한 플래시 사이트를 분야별로 선정하여 소개하고 있습니다.

▲ FWA(http://www.thefwa.com)

2 | 디비컷

플래시 사이트에 대한 사용자의 클릭 수를 총점, 조회 수 등으로 분류, 소개하고 있습니다.

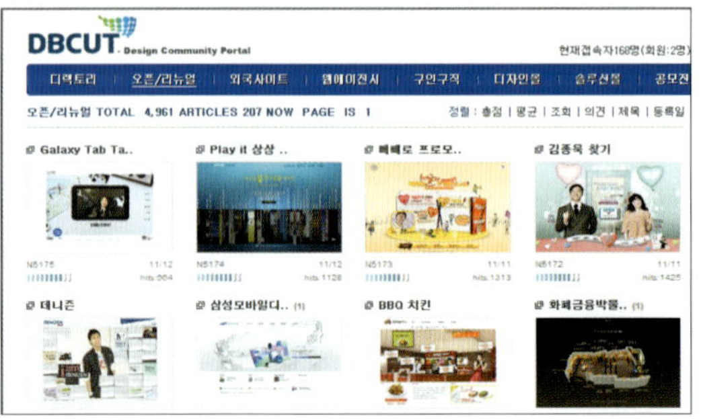

▲ 디비컷(http://dbcut.com)

3 | 디자인팝

카테고리별로 사이트를 소개하고 있으며, 자신이 만들고자 하는 사이트를 분야별로 벤치마킹해 볼 수 있습니다.

▲ 디자인팝(http://www.designpop.co.kr)

4 | 오데이

최근에 만들어진 사이트를 소개하고 있기 때문에 최근 트렌드를 분석하는 데 유용합니다. 또한 웹 에이전시별 포트폴리오를 볼 수 있으며, 해당 에이전시에 대한 정보도 파악할 수 있습니다.

▲ 오데이(http://www.5day.co.kr)

2 플래시 공부에 도움이 되는 사이트

1 | 도움말의 활용

플래시를 공부할 때 가장 먼저 참고할 것은 플래시 메뉴의 [Help]-[Flash Help]를 선택하면 나타나는 도움말(Help) 파일입니다. 도움말 파일은 플래시를 공부할 때 반드시 참고해야 할 좋은 교재라고 할 수 있습니다. 파일의 내용이 영문으로 구성되어 있어서 불편함을 느끼는 사람은 사이트(http://help.adobe.com/ko_KR/flash/cs/using/index.html)에 직접 접속하여 한글 파일이나 PDF 문서를 다운로드하여 살펴볼 수도 있습니다.

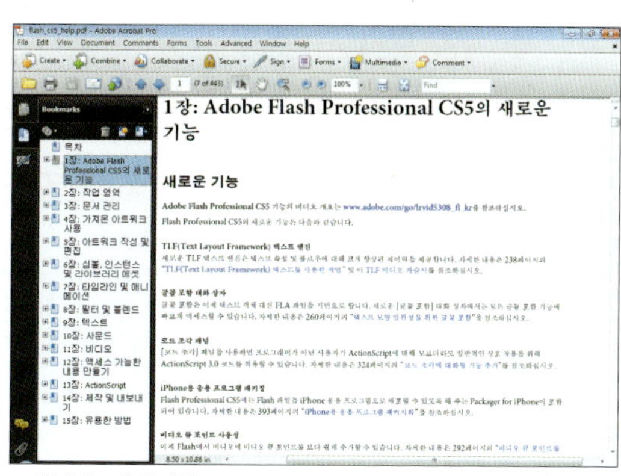

▲ 플래시 도움말 파일

2 | 다양한 카페

다음은 많은 회원 수를 보유하고 있고, 아울러 왕성한 활동을 하고 있는 클럽 또는 카페입니다. 이들 사이트에서는 액션스크립트에 관한 다양한 정보를 습득할 수 있을 뿐만 아니라 서로의 개발 사례를 소개하고 함께 토론하면서 정보를 공유할 수 있습니다.

1 플생사모

▲ 플생사모(http://cafe.naver.com/flashdev)

2 플래시 액션스크립트

▲ 플래시 액션스크립트(http://cafe.naver.com/flashactionscript)

3 Shift

▲ Shift(http://cafe.naver.com/shiftouch)

앞에서 살펴본 바와 같이 플래시를 사용하면 실로 많은 것들을 표현할 수 있습니다. 만약 여러분이 플래시 입문자라면 이 책에 소개한 사이트와 예제를 바탕으로 열심히 학습하여 무한한 상상력을 지닌 멋진 플래셔가 되기를 바랍니다.

플래시 CS5의 새로운 기능과 특징

이번에는 플래시 CS5의 새로운 기능에 대해 알아보겠습니다. 플래시 CS5는 보다 풍부하고 인터랙티브한 인터넷 저작을 위해 탄생하였으며, PC를 비롯한 모바일 디바이스 등에 일관성 있는 콘텐츠를 전달하기 위한 다양한 기술을 제공하고 있습니다.

TLF 텍스트를 사용한 작업

플래시 CS5부터는 TLF(Text Layout Framework)라고 부르는 새로운 텍스트 엔진을 사용하여 FLA 파일에 텍스트를 추가할 수 있습니다. TLF는 다양한 서식 있는 텍스트 레이아웃 기능과 텍스트 특성에 대한 세밀한 제어 기능을 지원합니다.

TLF 텍스트를 사용하면 클래식 텍스트라고 부르는 이전의 텍스트 엔진에서보다 텍스트를 정밀하게 제어할 수 있을 뿐만 아니라 인쇄 품질의 타이포그래피를 사용하여 텍스트를 제어할 수도 있습니다.

TLF 텍스트 상태에서는 무비클립 심벌로 변환하지 않더라도 3D 회전, 색상 효과 및 블렌드 모드와 같은 특성을 적용할 수 있습니다.

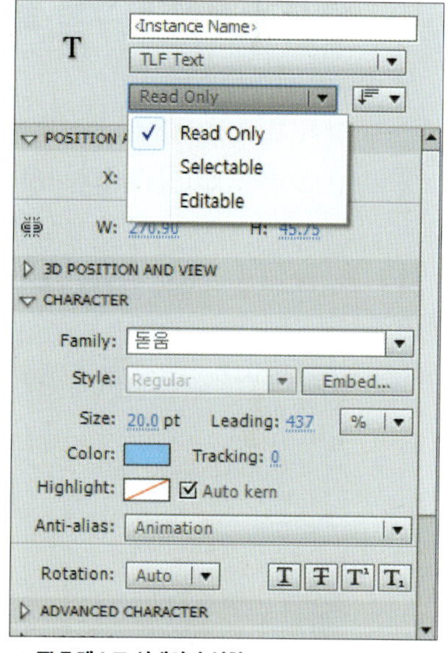

▲ TLF 텍스트 상태의 속성창

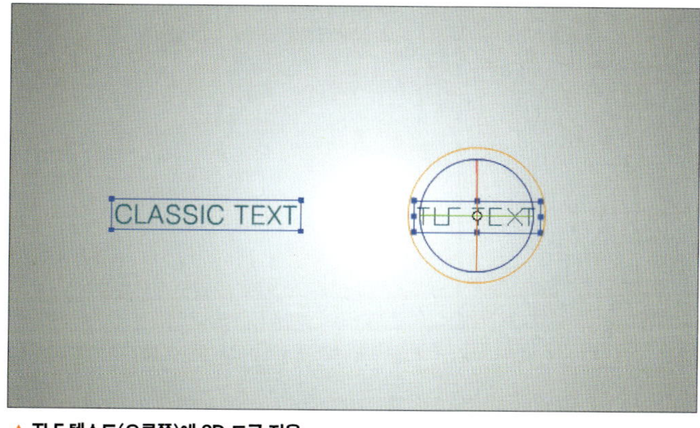

▲ TLF 텍스트(오른쪽)에 3D 도구 적용

또한, 여러 텍스트 컨테이너 간에 텍스트 흐름을 지정할 수도 있습니다. 이러한 컨테이너를 '스레드된' 또는 '링크된' 텍스트 컨테이너라고 합니다.

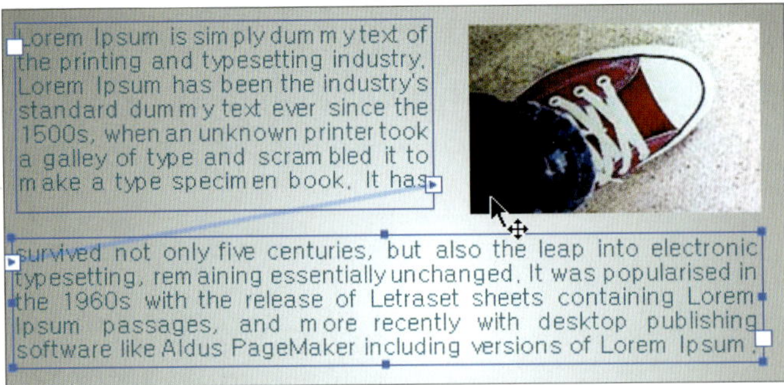

▲ 2개의 TLF 텍스트 컨테이너가 링크된 상태

2 장식 드로잉 도구로 패턴 그리기

장식 드로잉 도구(Deco Tool)를 사용하면, 사용자가 만드는 그래픽 모양을 복잡하고 기하학적 패턴으로 바꿀 수 있습니다. 장식 드로잉 도구는 단계적 드로잉이라는 알고리즘 계산을 통해 나무, 번개, 불과 같은 입자 현상의 움직임을 신속하게 만들 수 있습니다. 단일 심벌이나 다중 심벌을 브러시 도구나 스프레이 브러시 도구와 함께 사용하면 만화경 효과와 같은 애니메이션을 만들 수 있습니다.

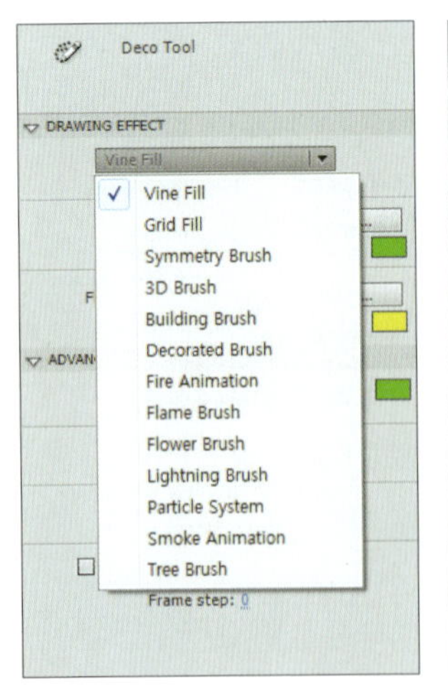

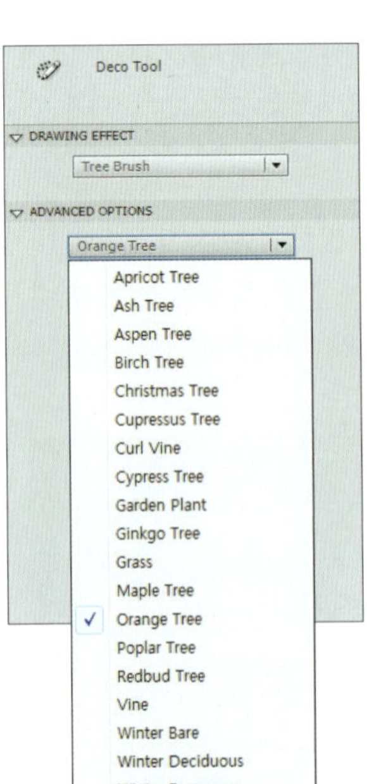

▲ 장식 드로잉 도구로 그린 빌딩과 나무

동영상 강의 [드로잉 도구 사용하기] 참고

3 탄력적인 뼈 도구

뼈(Bone) 도구에 새롭게 추가된 모션 속성을 사용하면 반동이나 탄력을 줄 수 있기 때문에 좀 더 사실적이고 생동감 있는 애니메이션을 제작할 수 있습니다.

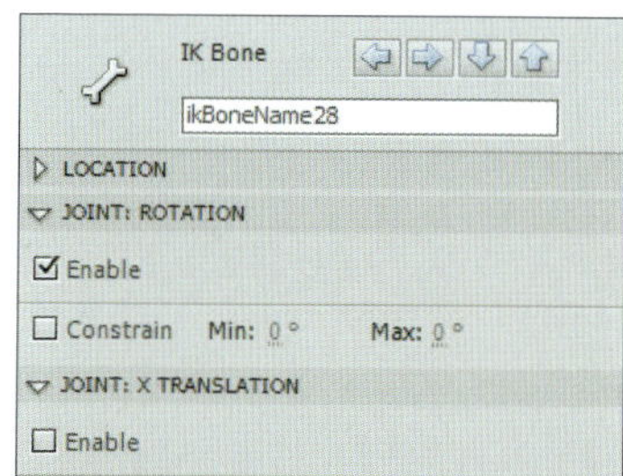

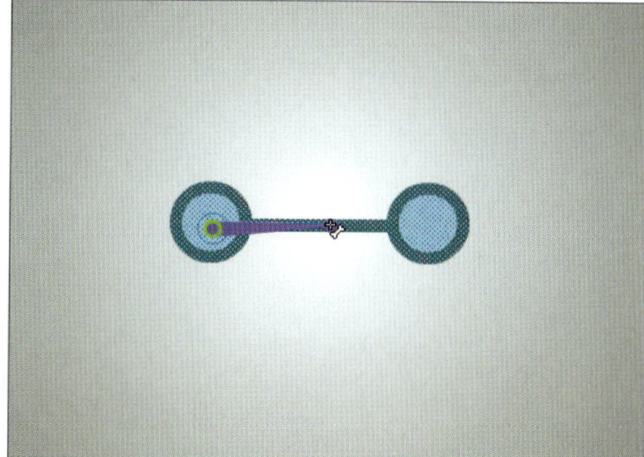

▲ 뼈 도구 적용

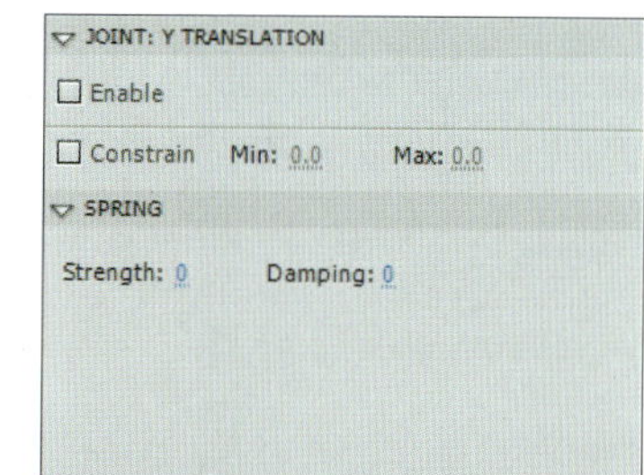

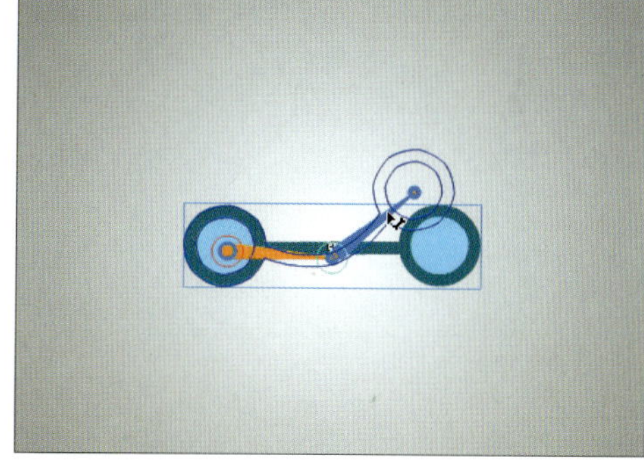

▲ SPRING 속성으로 탄력 주기

4 XML 기반의 FLA 소스 파일

XML 기반의 FLA 파일 포맷을 구현할 수 있기 때문에 공동 프로젝트 작업을 쉽게 진행할 수 있습니다. 압축되지 않은 프로젝트는 폴더처럼 표시되거나 작동하므로 이미지와 같은 자산을 신속하게 관리, 수정할 수 있습니다.

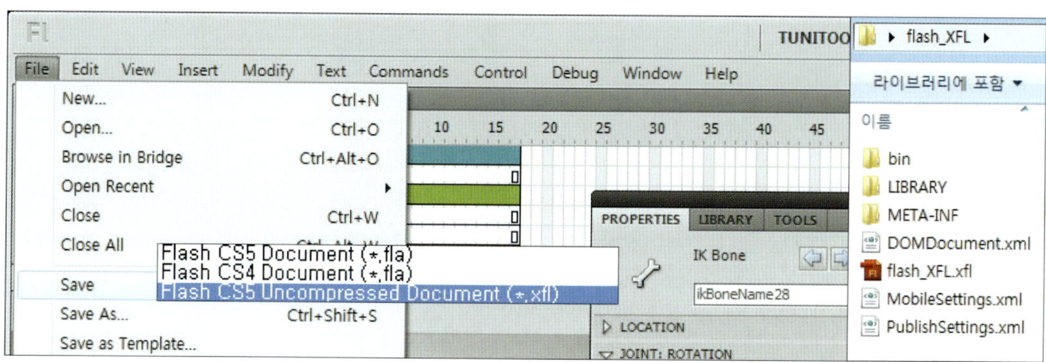

코드 조각 패널

사전에 만들어진 코드 조각 패널을 이용하여 좀 더 손쉽게 ActionScript® 3.0 언어를 익힐 수 있습니다. 일반적인 액션스크립트, 애니메이션, 오디오 및 비디오 삽입 등을 위해 미리 작성된 편리한 코드 조각을 사용하면 프로젝트 완료 시간을 단축할 수 있습니다.

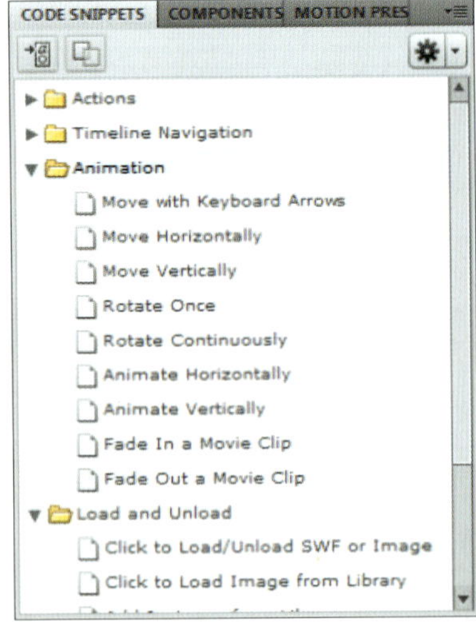

▲ 코드 조각 패널

플래시 CS5는 이와 같은 새로운 기능 외에도 여러 가지 기능들이 향상되었으며, 사용자가 플래시를 좀 더 쉽고 빠르게 적용할 수 있도록 다양한 기능들을 제공합니다. 더 자세한 내용은 어도비 사이트(http://www.adobe.com/kr/products/flash/design)를 참고하기 바랍니다.

02

플래시 CS5
기초 다지기

플래시 작업 환경 둘러보기

이 장에서는 플래시 CS5의 화면 구성에 대해 알아보겠습니다. 플래시 CS5의 시작 화면은 기본적인 템플릿 문서를 열고자 할 때 사용하는 Create From Template과 이전에 작업했던 문서를 열고자 할 때 사용하는 Open a Recent Item, 그리고 새로운 창을 열고자 할 때 사용하는 Create New로 구성되어 있습니다. 특히, 플래시 CS5에서는 플래시의 여러 가지 기능을 배울 수 있는 'Learn' 메뉴가 추가되었습니다.

플래시 CS5의 화면 구성

플래시 CS5의 전체 화면에 대해 살펴보겠습니다.

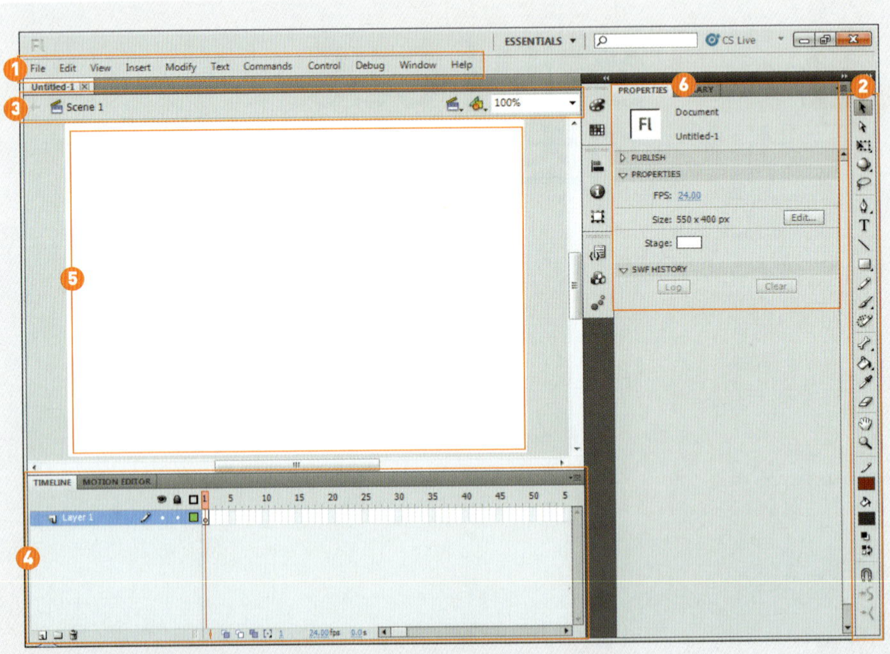

❶ 메뉴(Menu Bar) : 플래시 CS5에서 사용되는 메뉴를 모아 놓은 곳입니다.

❷ 도구 상자(Tools) : 플래시에서 오브젝트를 그리거나 색상을 변경하는 각종 도구들을 모아 놓은 곳입니다.

❸ 편집 바(Edit Bar) : 현재 작업 중인 창인 Scene을 표시하거나, 심벌 또는 그룹 편집 창을 보여 주거나, 작업 영역의 화면 비율을 조절할 수 있는 곳입니다.

❹ 타임라인(Time Line) : 레이어 또는 프레임을 추가하여 애니메이션을 진행하거나 제어하는 곳입니다.

❺ 작업 영역(Stage) : 플래시 애니메이션이 표현되는 곳입니다.

❻ 속성 패널(Properties) : 각종 심벌이나 기타 오브젝트의 속성을 제어하는 곳입니다. 도구 상자의 도구와 오브젝트들을 선택할 때마다 표시되는 내용이 바뀝니다.

스테이지

새로운 칭을 열었을 때 화면의 기운데에 나타나는 스테이지(Stage)는 그림이 그려지는 도화지와 같은 곳이라고 생각하면 됩니다. 스테이지를 정확하게 구분하면 실제로 웹상에 보이는 스테이지와 최종 무비에는 표현되지 않지만 실제로 작업을 하는 공간인 작업 영역(Work Area)로 나눌 수 있습니다. 스테이지의 크기는 웹상에 보이는 실제 플래시 애니메이션의 크기이므로 스테이지 영역 안에서 작업이 이루어져야 합니다. 이 스테이지의 크기나 색상은 속성 패널을 통해 변경할 수 있습니다.

도구 상자

플래시에서 오브젝트를 그리거나 색상을 변경하는 등의 각종 도구들을 모아 놓은 곳입니다. 도구 상자는 도구(Tool) 영역과 뷰(View) 영역, 컬러(Color) 영역, 그리고 옵션(Option) 영역으로 구분할 수 있으며, 도구 영역에 있는 해당 도구를 선택할 때마다 옵션 영역과 속성 패널이 바뀝니다.

❶ **도구 영역** : 그림을 그리거나 색상을 지정하는 도구들을 모아 놓은 영역입니다.

❷ **뷰 영역** : 스테이지를 확대 또는 축소하고, 손쉽게 이동할 수 있도록 해 주는 도구들을 모아 놓은 영역입니다.

❸ **컬러 영역** : 선과 면의 컬러를 지정할 수 있도록 해 주는 영역입니다.

❹ **옵션 영역** : 각 도구를 선택했을 때 세부적인 기능을 선택할 수 있도록 해 주는 영역입니다.

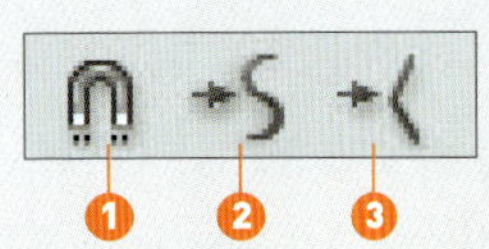 **선택 도구(Selection Tool)** : 오브젝트를 선택할 때 사용합니다.

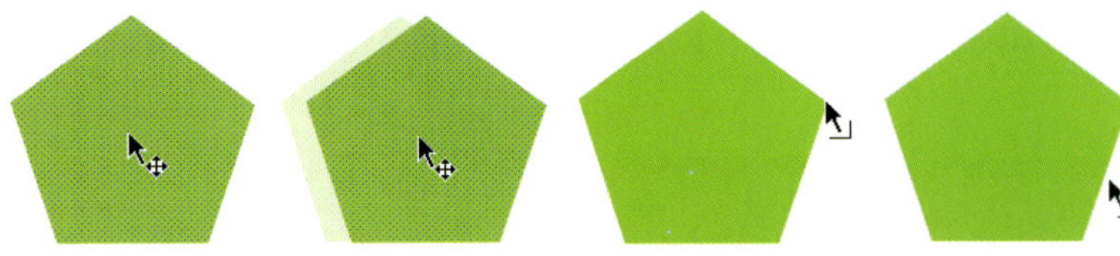

❶ **Snap to objects** : 오브젝트 이동 시 다른 오브젝트나 격자에 자석처럼 붙습니다.

❷ **Smooth** : 선택한 오브젝트의 외곽을 부드럽게 처리합니다(shape object만).

❸ **Straighten** : 선택한 오브젝트의 외곽을 직선으로 처리합니다(shape object만).

▲ 선택 도구를 사용한 오브젝트 이동과 변형

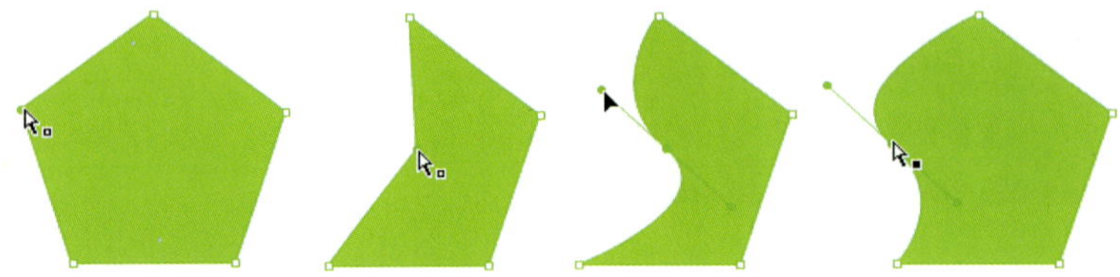 **부분 선택 도구(Subselection Tool)** : 모양 오브젝트의 정점을 선택하거나 이동할 때 사용(Alt 를 누르고 포인트를 조절하면 곡선화가 가능)합니다.

▲ 부분 선택 도구를 사용한 정점 변경과 곡면화

자유 변형 도구(Free Transform Tool) : 오브젝트 모양을 자유롭게 변형할 때 사용합니다.

:: **심벌 오브젝트** : 회전, 기울이기, 크기 변형을 할 수 있습니다.

:: **모양 오브젝트** : 왜곡, 둘러싸기 등과 같은 자유로운 형태의 변형을 할 수 있습니다.

❶ **Rotate and Skew** : 오브젝트를 회전하거나 기울기를 조절합니다.

❷ **Scale** : 오브젝트의 크기를 조절합니다.

❸ **Distort** : 오브젝트를 왜곡합니다(모양(Shape) 상태에서만 가능).

❹ **Envelope** : 오브젝트의 둘러싸인 조절점으로 형태를 변형합니다(모양 상태에서만 가능).

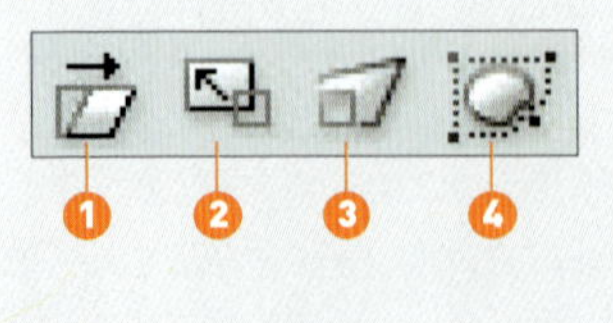

▲ Scale/Rotate(모양과 심벌 모두 가능)

▲ Skew(모양과 심벌 모두 가능)

▲ Distort(모양만 가능)

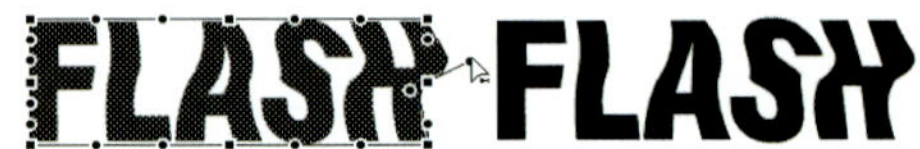
▲ Envelope 둘러싸기(모양만 가능)

그레이디언트 변형 도구(Gradient Transform Tool) : 그레이디언트의 방향과 범위, 각도를 변형할 때 사용합니다.

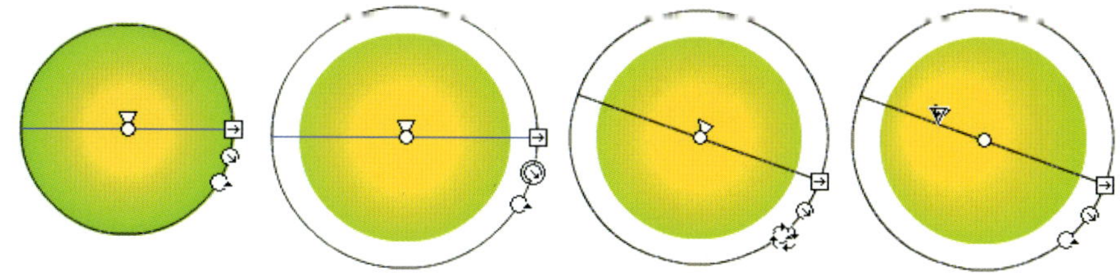

▲ 그러데이션의 초점 변경 가능

▲ 컬러 패널에서 그레이디언트 속성 변경 가능

회전 도구(3D Rotate Tool) : 오브젝트를 회전하여 3D 효과를 만들 때 사용합니다.

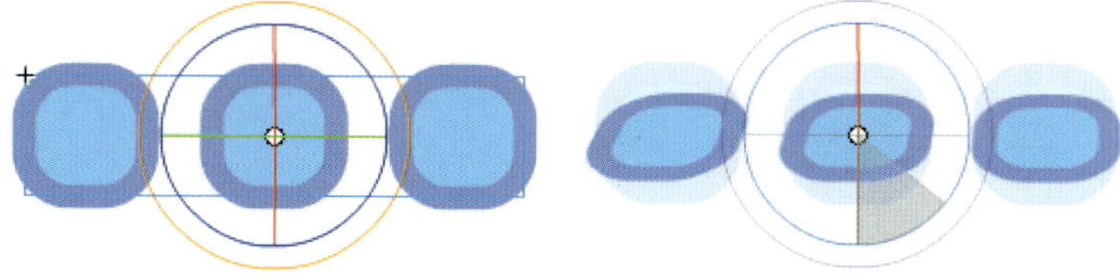

3D 평행 이동 도구(3D Translation Tool) : 3D 공간에서 오브젝트를 이동할 때 사용합니다.

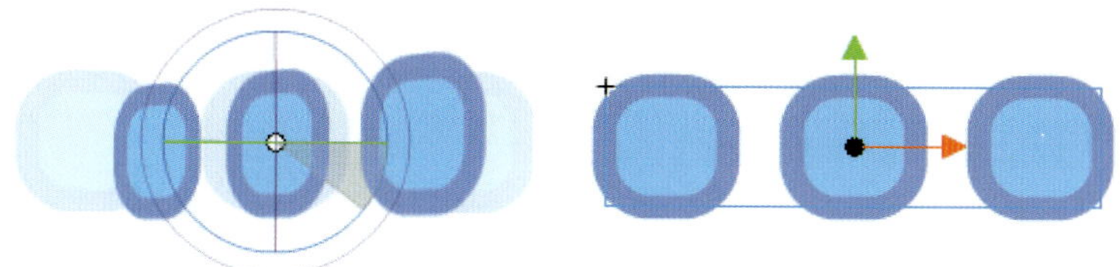

올가미 도구(Lasso Tool) : 마우스로 드래그하여 지정한 영역의 일부만 선택할 때 사용합니다.

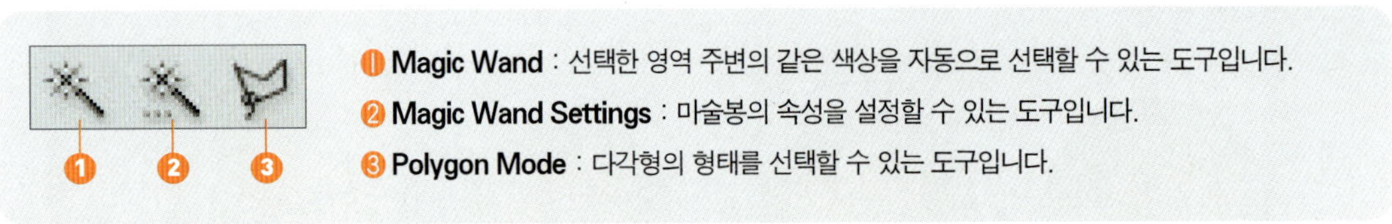

펜 도구(Pen Tool) : 자세하고 세밀한 오브젝트를 그리고자 할 때 사용합니다.

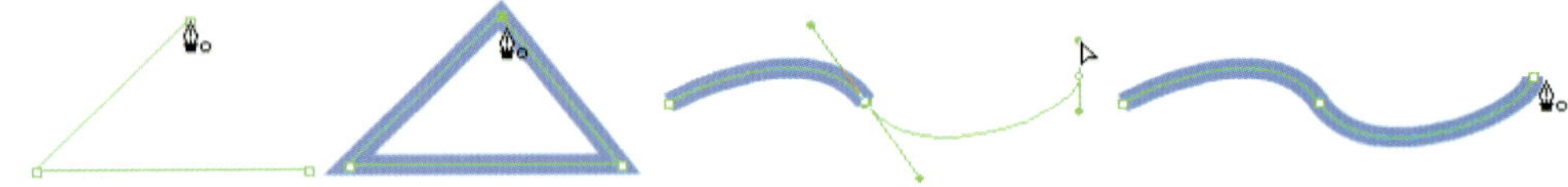

시작점과 끝점이 정확하게 일치하지 않으면 라인만 생성되고, 시작점과 끝점이 정확하게 일치하면 채워진 오브젝트가 완성됩니다. 한편, 시작점을 클릭한 후 마우스에서 손을 떼지 않고 마우스를 누른 채로 드래그하면 직선 핸들러가 생기는데, 이 핸들러를 조절하면 곡선을 그릴 수 있습니다.

텍스트 도구(Text Tool) : 텍스트를 입력할 때 사용합니다. TLF(Text Layout Framework) Text와 Classic Text 타입으로 구분됩니다.

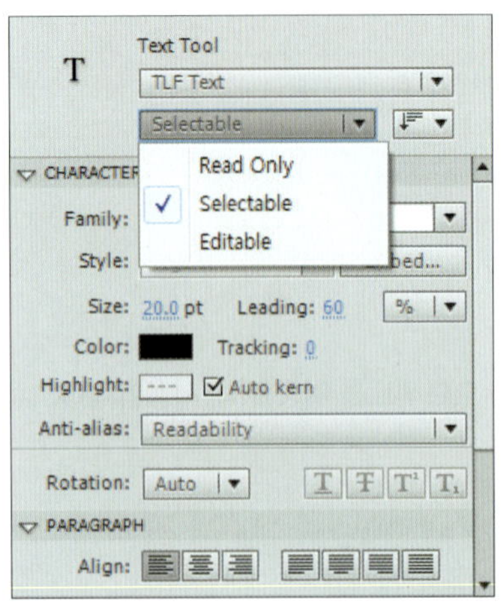
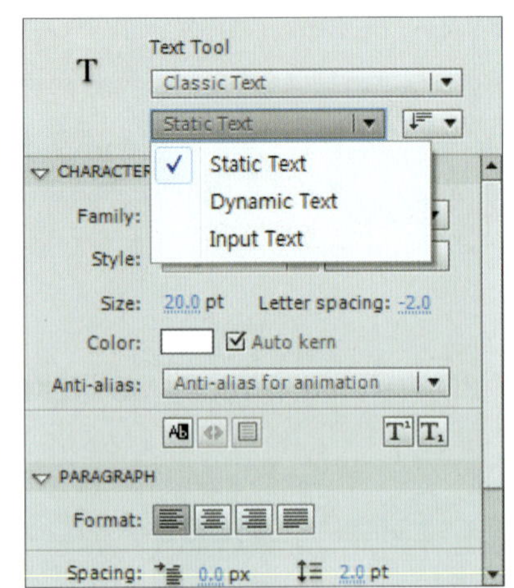

◥ 선 도구(Line Tool) : 선을 그릴 때 사용합니다(두께 200px까지 가능, 그러데이션 가능).

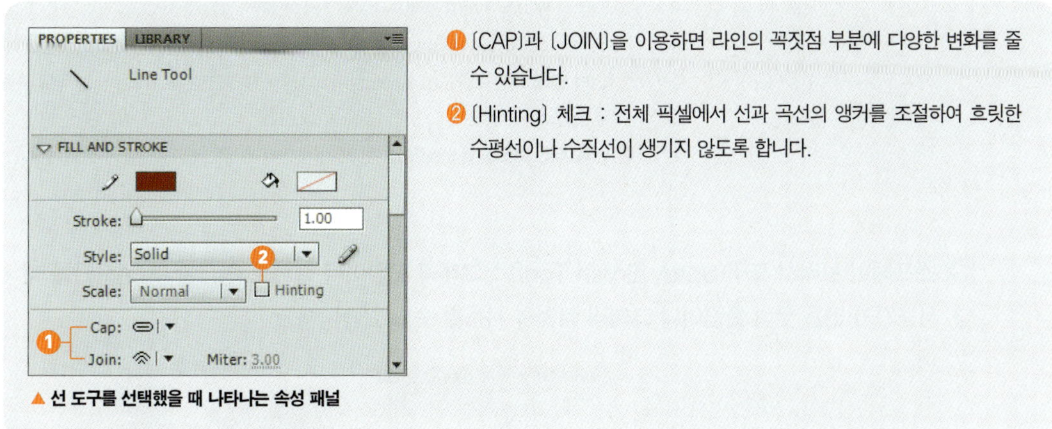

❶ (CAP)과 (JOIN)을 이용하면 라인의 꼭짓점 부분에 다양한 변화를 줄 수 있습니다.

❷ (Hinting) 체크 : 전체 픽셀에서 선과 곡선의 앵커를 조절하여 흐릿한 수평선이나 수직선이 생기지 않도록 합니다.

▲ 선 도구를 선택했을 때 나타나는 속성 패널

◢ 사각형 도구(Rectangle Tool) : 사각형을 그릴 때 사용합니다. 속성 패널을 이용하면 꼭짓점 부분을 라운딩 처리할 수 있습니다. 사각형 도구에 속해 있는 다른 도구는 다음과 같습니다.

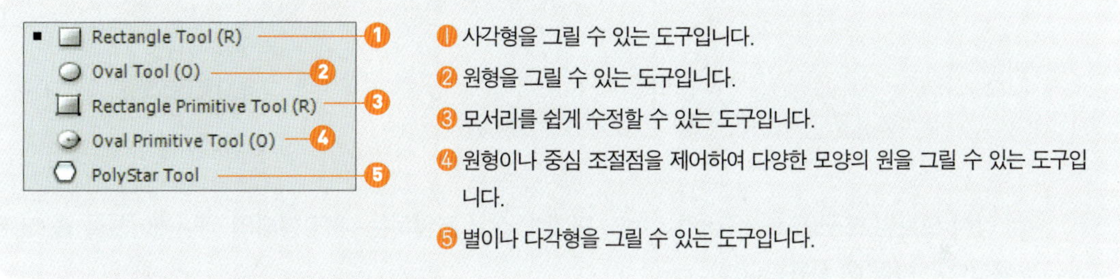

❶ 사각형을 그릴 수 있는 도구입니다.

❷ 원형을 그릴 수 있는 도구입니다.

❸ 모서리를 쉽게 수정할 수 있는 도구입니다.

❹ 원형이나 중심 조절점을 제어하여 다양한 모양의 원을 그릴 수 있는 도구입니다.

❺ 별이나 다각형을 그릴 수 있는 도구입니다.

◢ 연필 도구(Pencil Tool) : 연필로 그림을 그리는 것처럼 선을 그릴 때 사용합니다.

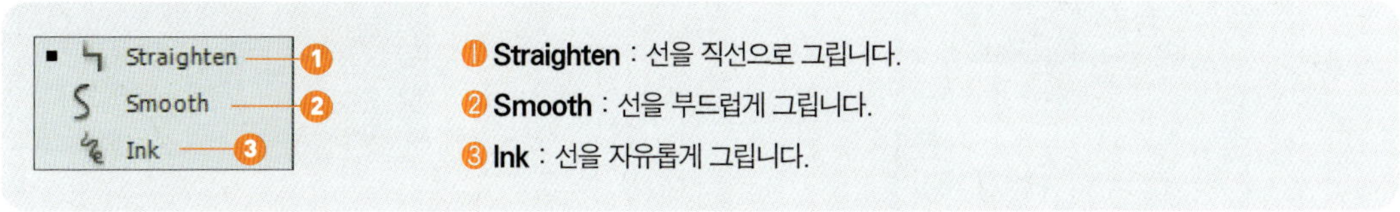

❶ **Straighten** : 선을 직선으로 그립니다.

❷ **Smooth** : 선을 부드럽게 그립니다.

❸ **Ink** : 선을 자유롭게 그립니다.

◢ 브러시 도구(Brush Tool) : 붓으로 그림을 그리는 것처럼 자유롭게 그릴 때 사용합니다.

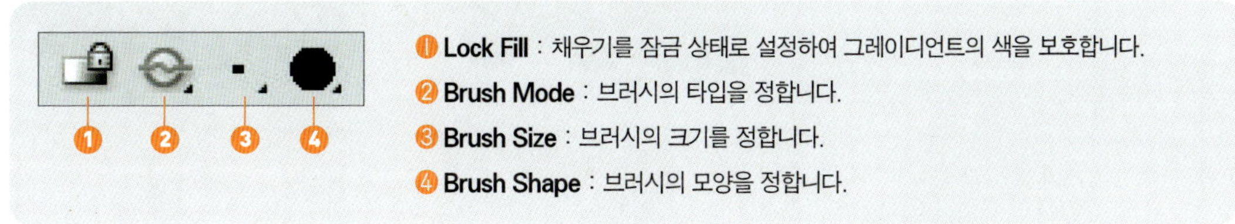

❶ **Lock Fill** : 채우기를 잠금 상태로 설정하여 그레이디언트의 색을 보호합니다.

❷ **Brush Mode** : 브러시의 타입을 정합니다.

❸ **Brush Size** : 브러시의 크기를 정합니다.

❹ **Brush Shape** : 브러시의 모양을 정합니다.

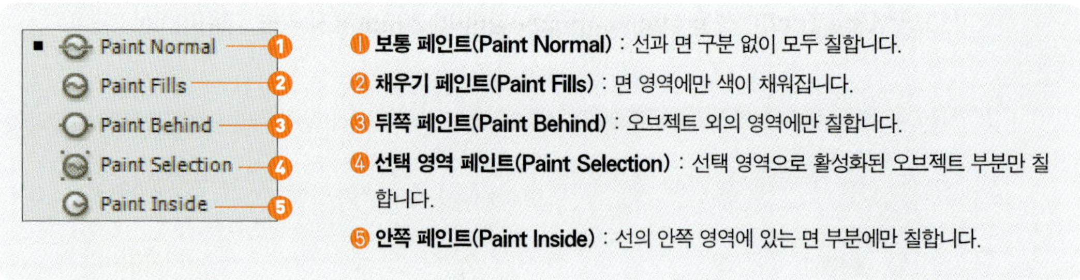

① **보통 페인트(Paint Normal)** : 선과 면 구분 없이 모두 칠합니다.

② **채우기 페인트(Paint Fills)** : 면 영역에만 색이 채워집니다.

③ **뒤쪽 페인트(Paint Behind)** : 오브젝트 외의 영역에만 칠합니다.

④ **선택 영역 페인트(Paint Selection)** : 선택 영역으로 활성화된 오브젝트 부분만 칠합니다.

⑤ **안쪽 페인트(Paint Inside)** : 선의 안쪽 영역에 있는 면 부분에만 칠합니다.

스프레이 브러시 도구(Spray Brush Tool) : 그래픽 모양이나 객체로 복잡한 패턴을 만들 때 사용합니다. 사용자가 만든 무비 클립이나 그래픽 심벌을 사용할 수도 있습니다.

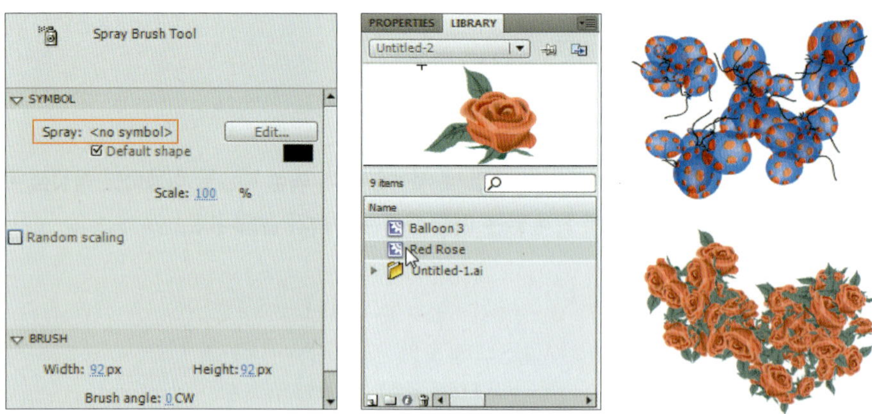

장식 드로잉 도구(Deco Tool) : 여러 단계에 걸쳐 표현하는 패턴 형태의 애니메이션을 좀 더 편리하고 효율적으로 만들 때 사용합니다.

뼈 도구(Bone Tool) : 모양(Shape) 또는 심벌에 IK 뼈를 추가할 때 사용합니다.

바인드 도구(Bind Tool) : 뼈에 연결된 제어점을 강조하거나 표시하는 도구로, 움직임을 자연스럽게 만들고자 할 때 사용합니다.

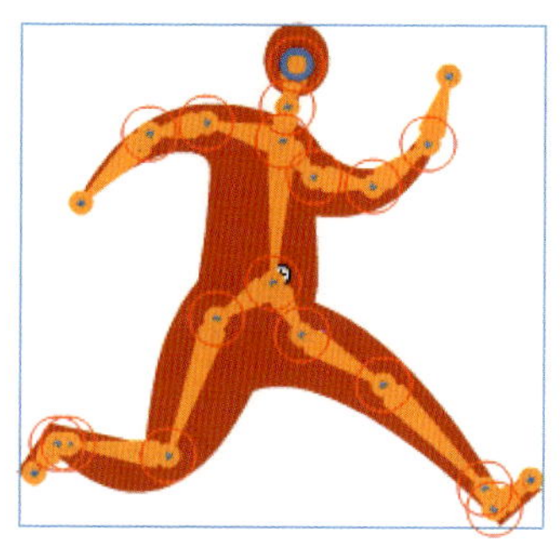

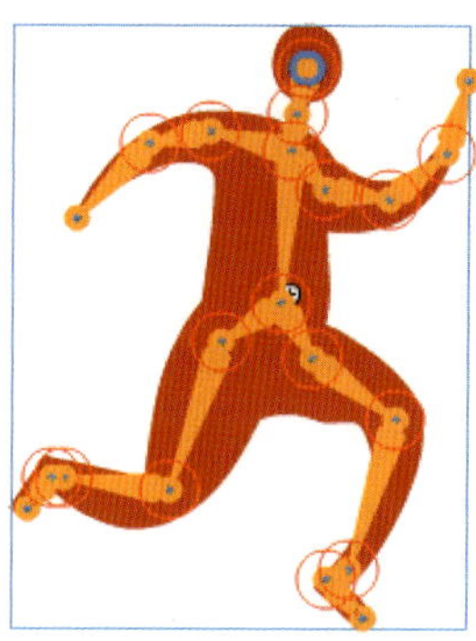

▲ 뼈 도구를 이용 뼈를 추가　　▲ 바인드 도구로 제어점 표시　　▲ 뼈대를 선택하여 모양 변경

잉크병 도구(Ink Bottle Tool) : 오브젝트에 선을 생성하거나 선의 색상, 굵기, 종류, 스타일을 변경할 때 사용합니다.

페인트 통 도구(Paint Bucket Tool) : 오브젝트의 면에 색상을 추가하거나 변경할 때 사용합니다.

❶ **Don't Close Gaps** : 오브젝트에 틈이 없을 때만 면 색상을 변경할 수 있습니다.

❷ **Close Small Gaps** : 오브젝트에 작은 틈이 있어도 무시하고 면 색상을 변경할 수 있습니다.

❸ **Close Medium Gaps** : 오브젝트에 조금 큰 틈이 있어도 무시하고 면 색상을 변경할 수 있습니다.

❹ **Close Large Gaps** : 오브젝트에 큰 틈이 있어도 무시하고 면 색상을 변경할 수 있습니다.

스포이드 도구(Eyedropper Tool) : 색상 정보를 추출할 때 사용합니다(선의 색상 정보를 추출하면 잉크병 도구로, 면 색상 정보를 추출하면 페인트 통 도구로 변경).

▲ 선의 색상 추출 시 잉크병 도구로 전환　　　　　▲ 면의 색상 추출 시 페인트 통 도구로 전환

지우개 도구(Eraser Tool) : 오브젝트를 지울 때 사용합니다(지우개 도구 더블클릭 : 스테이지에 있는 모든 오브젝트가 지워짐).

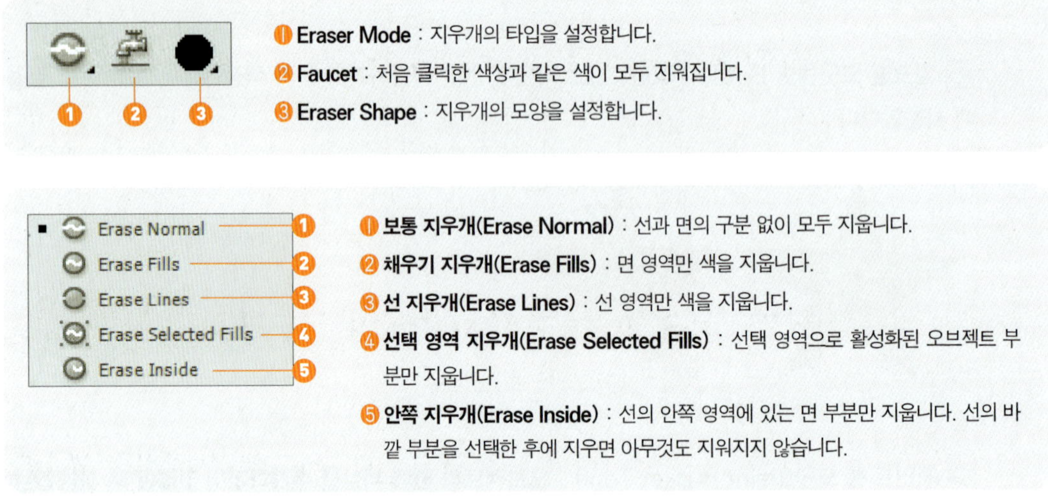

❶ **Eraser Mode** : 지우개의 타입을 설정합니다.
❷ **Faucet** : 처음 클릭한 색상과 같은 색이 모두 지워집니다.
❸ **Eraser Shape** : 지우개의 모양을 설정합니다.

❶ 보통 지우개(Erase Normal) : 선과 면의 구분 없이 모두 지웁니다.
❷ 채우기 지우개(Erase Fills) : 면 영역만 색을 지웁니다.
❸ 선 지우개(Erase Lines) : 선 영역만 색을 지웁니다.
❹ 선택 영역 지우개(Erase Selected Fills) : 선택 영역으로 활성화된 오브젝트 부분만 지웁니다.
❺ 안쪽 지우개(Erase Inside) : 선의 안쪽 영역에 있는 면 부분만 지웁니다. 선의 바깥 부분을 선택한 후에 지우면 아무것도 지워지지 않습니다.

손바닥 도구(Hand Tool) : 스테이지를 원하는 위치로 이동할 때 사용합니다.

돋보기 도구(Zoom Tool) : 스테이지를 확대 또는 축소할 때 사용합니다(확대 : Ctrl + Spacebar 를 누른 상태에서 스테이지를 클릭, 축소 : Ctrl + Alt + Spacebar 를 누른 상태에서 스테이지를 클릭)

Colors : 선과 면의 색상을 지정할 때 사용합니다.

Black and White : 선은 검은색으로, 면은 흰색으로 설정할 때 사용합니다.

Swap Color : 선과 면의 색을 서로 바꿀 때 사용합니다.

속성 패널

속성(Properties) 패널은 플래시 요소나 심벌을 제어할 수 있는 패널입니다. 도구 상자에서 선택한 도구나 오브젝트에 따라 다른 패널이 나타납니다.

기본 속성 패널에서는 스테이지의 크기 또는 배경색을 지정하거나 초당 프레임 수를 지정할 수도 있습니다.

심벌을 선택했을 때 나타나는 속성 패널을 이용하면, 심벌을 구분하거나, 다른 심벌로 대체하거나, 크기를 제어할 수 있습니다. 또한 각종 컬러 이펙트나 필터를 제어할 때와 마찬가지로 심벌에 따라 3D를 제어할 수도 있습니다.

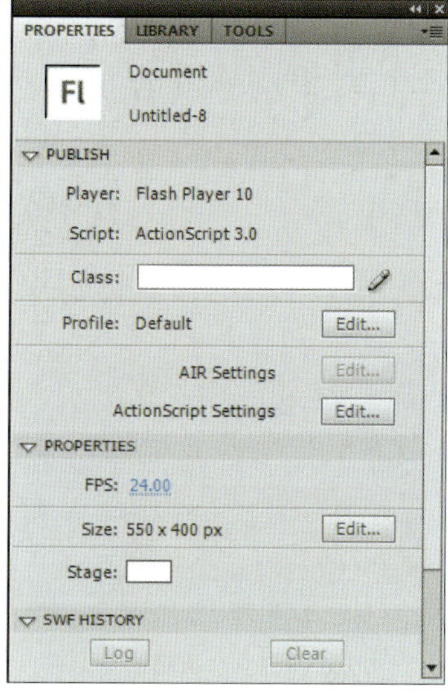

▲ 기본 속성 패널 상태

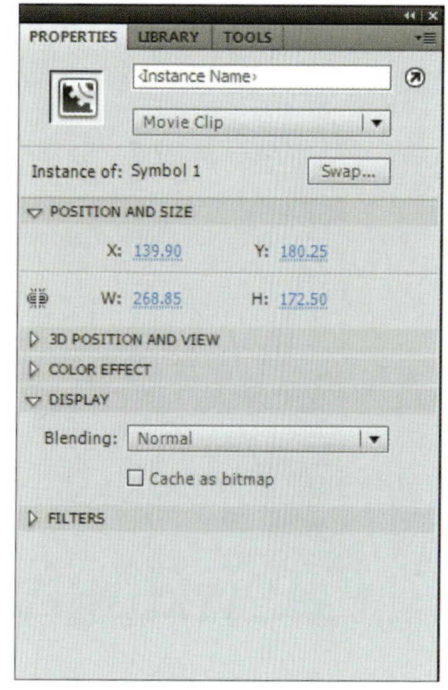

▲ 심벌 선택 시 패널 상태

텍스트를 선택했을 때 나타나는 속성 패널을 이용하면, 문단 설정을 비롯하여 텍스트의 서체, 크기, 색상을 지정할 수 있습니다. 플래시 CS5에서부터는 TLF(Text Layout Framework) 텍스트 엔진이 추가되어 텍스트를 더욱 다양하게 제어할 수 있습니다.

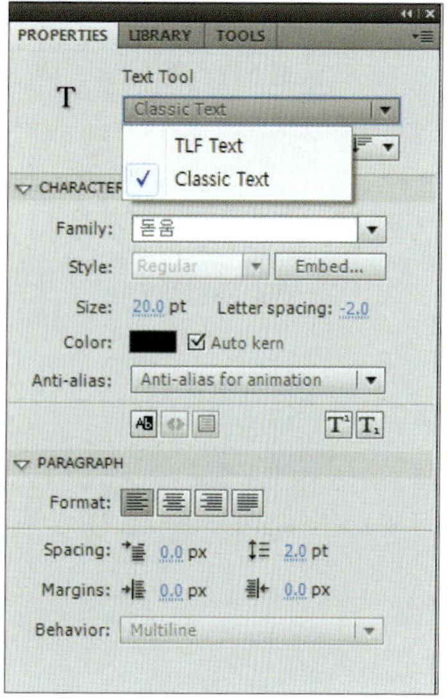

▲ 텍스트 선택 시 패널 상태

기타 패널

이번에는 플래시 애니메이션 작업에 주로 사용하게 될 패널을 중심으로 살펴보겠습니다. 애니메이션 작업 시 가장 많이 사용되는 패널은 [Align], [Info], [Transform], [Color] 패널입니다.

1 │ [Align] 패널 보기

정렬 패널은 스테이지에 있는 심벌을 비롯한 각종 오브젝트를 정렬할 때 사용합니다. 정렬 패널을 잘 사용하면 작업 속도를 한층 높일 수 있습니다.

① 정렬(Align) : 오브젝트 사이 또는 스테이지와 오브젝트 사이를 정렬할 때 사용합니다.

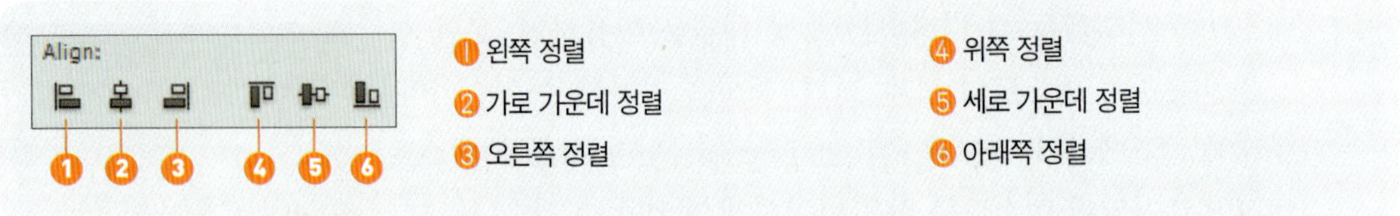

② 분배(Distribute) : 오브젝트나 스테이지를 중심으로 같은 간격을 유지하도록 지정할 때 사용합니다.

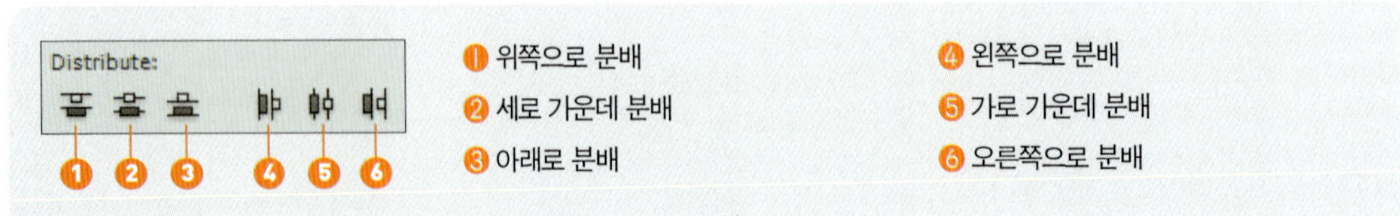

③ 크기 일치(Match Size) : 오브젝트 사이 또는 스테이지를 기준으로 크기를 일치시킬 때 사용합니다.

④ 간격(Space) : 오브젝트들과 오브젝트 사이의 공간을 일정하게 정렬할 때 사용합니다.

2 | (Info) 패널 보기

스테이지에 있는 심벌이나 오브젝트의 정보를 알고자 할 때 사용합니다. 주로 너비와 높이, 좌표 값을 구하기 위한 패널입니다.

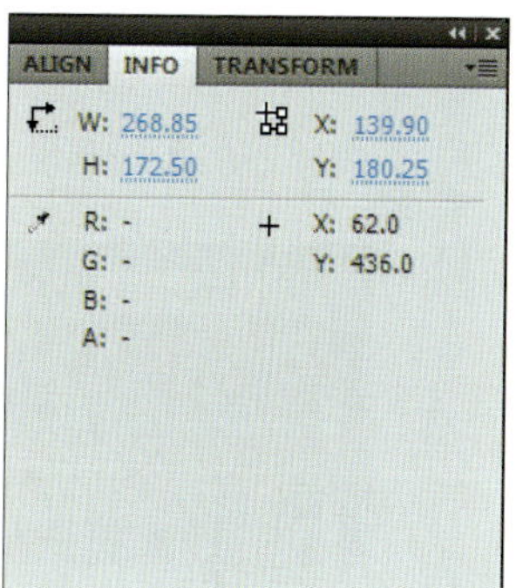

3 | (Transform) 패널 보기

스테이지 오브젝트의 크기나 회전(Rotate), 기울기(Skew)를 변형할 때 사용하는 패널로, 3D를 제어할 수도 있습니다.

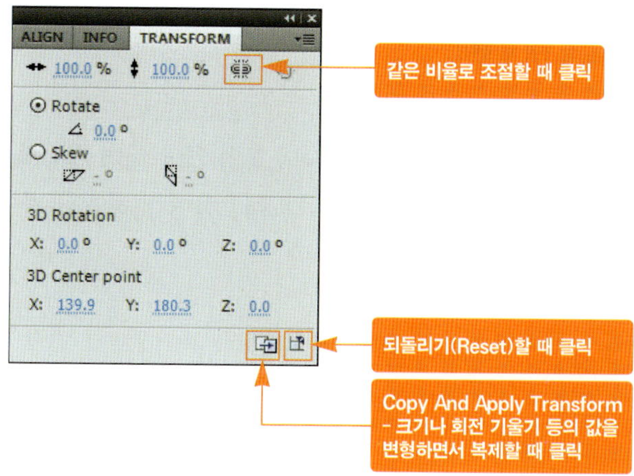

같은 비율로 조절할 때 클릭

되돌리기(Reset)할 때 클릭

Copy And Apply Transform
- 크기나 회전 기울기 등의 값을
변형하면서 복제할 때 클릭

4 | (Color) 패널 보기

색을 지정할 때 사용하는 패널입니다. 선과 면의 색을 지정할 수 있으며, 그레이디언트도 설정할 수 있습니다. 모양 오브젝트의 색상과 알파 값을 지정하는 패널입니다.

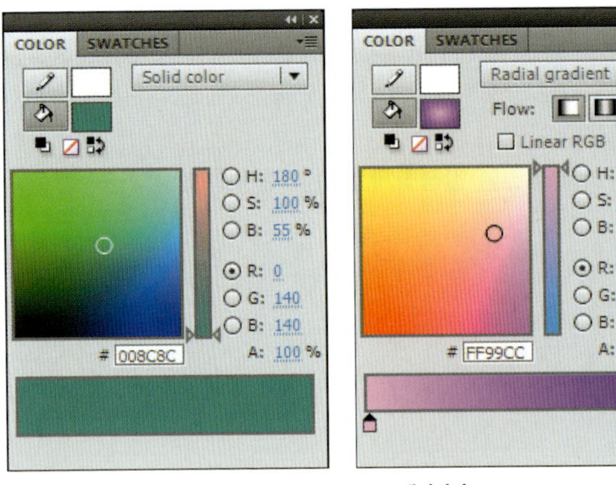

▲ 단일 색상 　　　　　▲ 그레이디언트

5 | (Color Swatch) 패널 보기

색상 견본을 선택하여 바로 사용할 수 있는 패널입니다. 색상을 등록하거나 제거할 수도 있습니다.

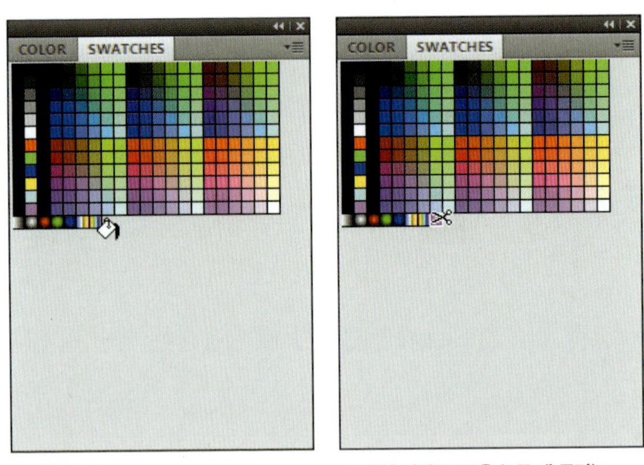

▲ 색상 추가 　　　　　▲ 색상 제거(Ctrl 을 누른 채 클릭)

이 밖에도 매우 많은 다양한 패널이 있으며, 플래시 화면 우측 상단의 작업 영역 제어 메뉴를 이용하면 사용 용도에 따라 제어할 수 있습니다. 이때는 패널의 경계를 드래그하여 넓히거나 작업 영역(Work Area)를 기본 값으로 설정하는 것이 좋습니다.

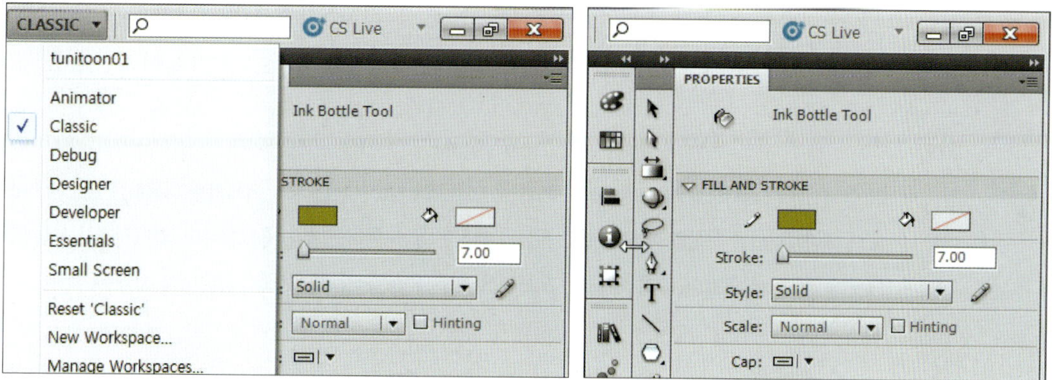

작업창은 사용자의 편의대로 재설정할 수 있고, 패널의 크기나 위치를 제어할 수도 있으며, 필요한 패널을 따로 분리하여 배치할 수도 있습니다.

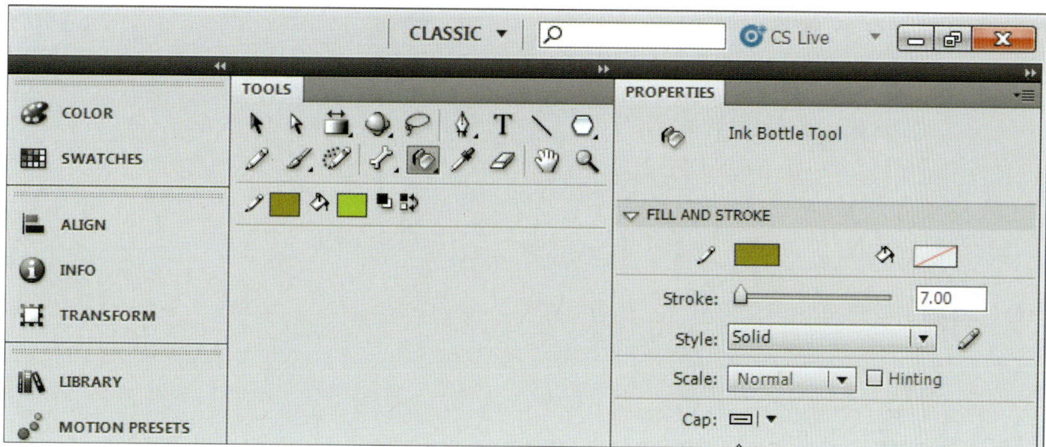

플래시 요소의 종류와 특징

이 장에서는 플래시에서 사용하는 여러 가지 요소에 대해 알아보겠습니다. 플래시는 사용하는 요소에 따라 다른 형태의 애니메이션을 제작할 수 있으므로 종류와 특징을 잘 파악하는 것이 중요합니다. 플래시에서 사용하는 요소는 크게 모양(Shape) 요소, 그룹(Group) 오브젝트, 심벌(Symbol) 오브젝트가 있습니다.

모양(Shape)

그룹(Group)

심벌(Symbol)

▲ 플래시 요소의 종류

모양

1 | 드로잉 모드

가장 먼저 플래시의 기본적인 요소인 모양(Shape)에 대해 알아보겠습니다. 모양(shape) 요소는 드로잉 도구를 이용하여 그린 상태의 요소들을 말하며, 오브젝트 드로잉(Object Drawing) 옵션의 선택 여부에 따라 병합 드로잉 모드와 객체 드로잉 모드로 구분할 수 있습니다.

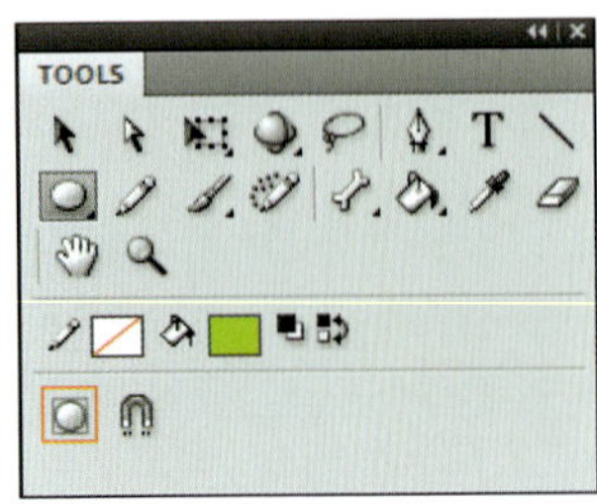
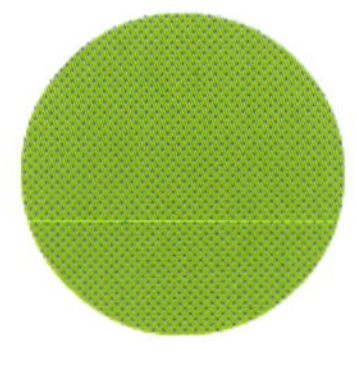
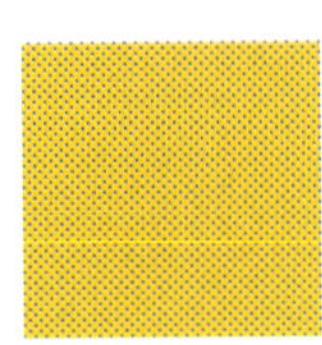

▲ 오브젝트 드로잉 옵션을 선택하지 않은 병합 드로잉 모드

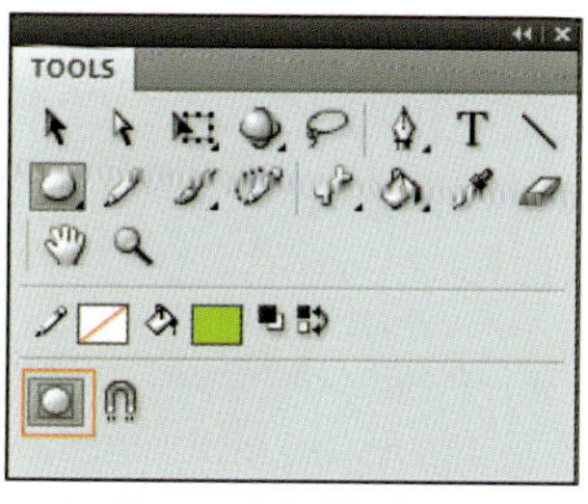 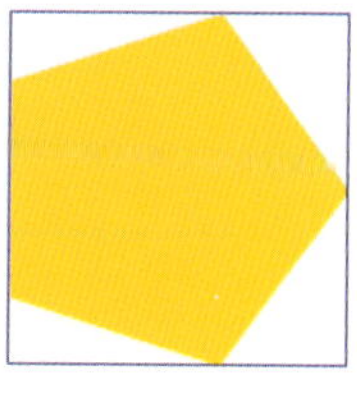 

▲ 오브젝트 드로잉 옵션을 선택한 객체 드로잉 모드

> **tip** 플래시에서 드로잉 도구로 도형을 그릴 경우 병합 드로잉 모드가 기본이 되며, 이 상태에는 도형이 모두 분리되어 있는 특징을 가집니다(드로잉 도구 : 펜 도구, 선 도구, 원형 도구, 사각형 도구, 연필 도구, 브러시 도구, 장식 드로잉 도구)

2 | 모양의 특징

■ 병합 드로잉 모드

병합 드로잉 모드 상태에서 모양은 분리된 상태라는 특징을 가지며, 도형이 겹치는 경우 병합되거나 분리되는 상태가 됩니다. 좀 더 구체적으로 알아보면 다음과 같습니다.

① 선과 면이 분리

– 선을 클릭하면 선만 선택되고, 면을 선택하면 면만 선택됨.

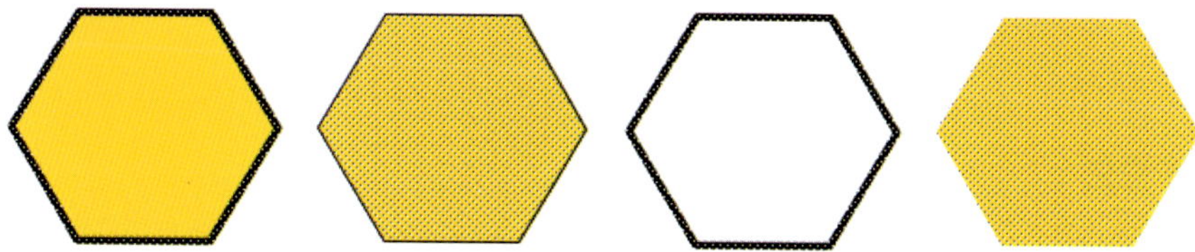

② 드래그해서 선택한 영역만 분리 가능

– 선택 도구로 면이나 선의 일부를 드래그하면 드래그한 영역만 선택

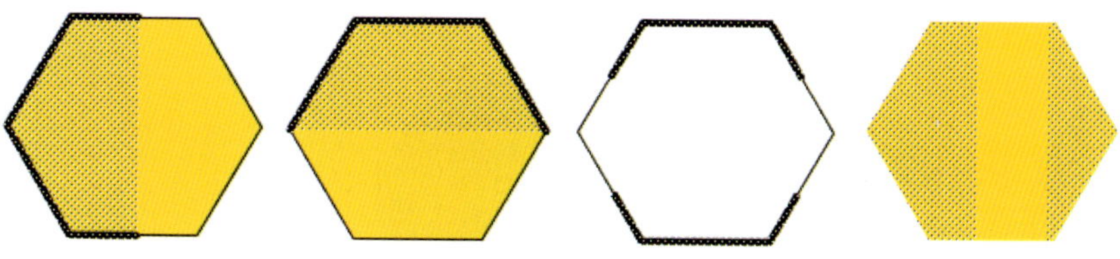

> **tip** 면을 더블클릭하면 선과 면이 모두 선택되고, 선을 더블클릭하면 선이 모두 선택됨.

③ 선이 꺾이거나 다른 선이나 면과 겹치는 경우 분리

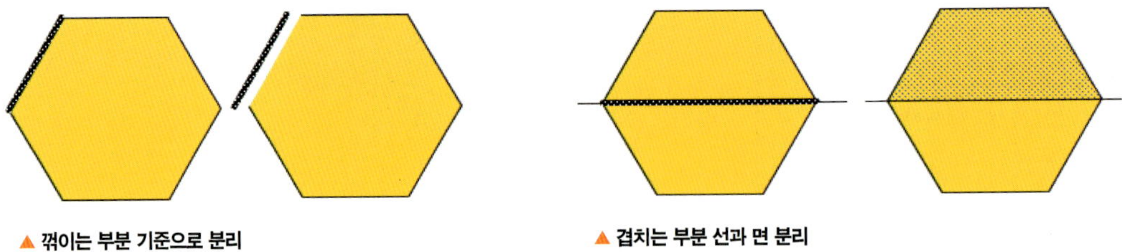

▲ 꺾이는 부분 기준으로 분리　　　　　　　▲ 겹치는 부분 선과 면 분리

④ 동일한 색상이 겹칠 경우 병합/다른 색이 겹칠 경우 분리

⑤ 꼭짓점 제어 및 테두리 곡면화 가능
– 앵커 포인트와 베지어 곡선으로 이루어진 플래시 도형의 특성

② 객체 드로잉 모드

객체 드로잉은 독립성을 가지고 있다는 특징이 있기 때문에 별도의 개별 오브젝트 상태가 되며, 그룹의 성격을 가지게 됩니다.

① 객체 드로잉 모드의 경우 모양이 서로 겹쳐 있더라도 병합되지 않습니다.
– 모양을 분리하거나 다시 정렬해도 원래 모양대로 변경되지 않음.

② 객체 드로잉의 경우라도 기본 모양의 속성은 가지고 있으므로 꼭짓점의 이동이나 테두리의 곡면화가 가능

> **tip** 모양(Shape) 요소의 두 가지 모드인 병합 드로잉 모드와 객체 드로잉 모드의 차이는 두 개 이상의 도형이 서로 병합되거나 분리되느냐의 여부와 독립적인 개별 오브젝트인지, 아닌지의 여부에 달려 있습니다.

2 그룹

플래시에서 그룹(Group)의 특징을 가지고 있는 요소로는 이미지, 텍스트, 프리미티브 도구(▦)로 그린 도형, 객체 드로잉 모드 상태의 도형과 그룹화(Ctrl + G)한 도형 등을 들 수 있습니다.

1 | 이미지와 텍스트

이미지나 텍스트는 처음부터 그룹이며, 특히 텍스트의 경우는 한 글자 한 글자가 각각 그룹 상태라는 점에 유의해야 합니다. 이미지나 텍스트의 파란색 테두리로 인해 심벌로 오해하는 경우가 많으므로 특히 주의해야 합니다.

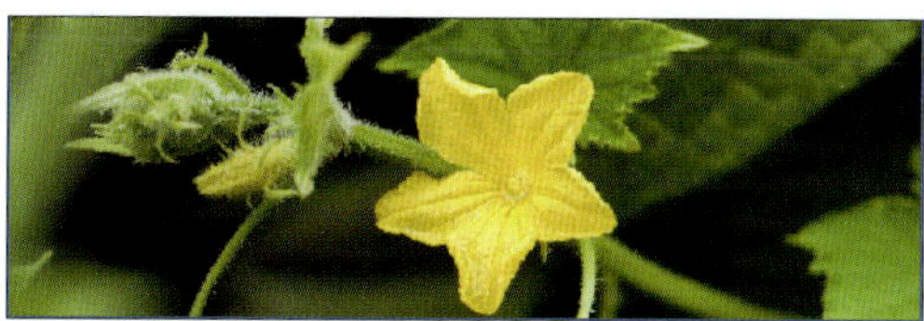

2 | 프리미티브 도구를 이용한 드로잉

보다 다양한 형태의 도형을 표현할 수 있는 프리미티브 도구를 이용해도 그룹의 속성을 가지는 도형을 그릴 수 있습니다.

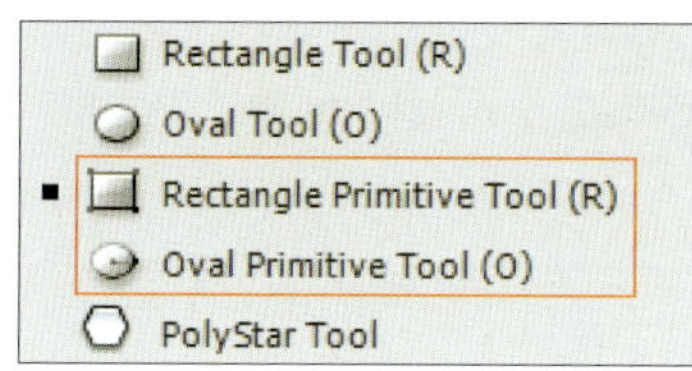

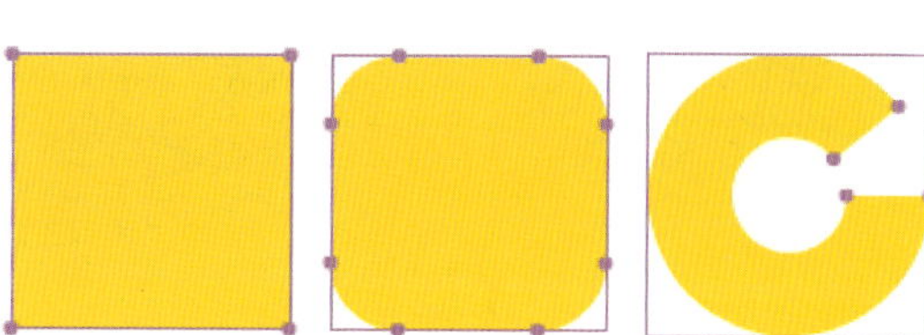

3 | 오브젝트 드로잉 선택_객체 드로잉 모드

앞의 모양 도구에서 언급한 바와 같이 플래시에서 도형을 그릴 때는 도형 도구를 선택한 후, 하단 옵션의 오브젝트 드로잉을 선택하였는지의 여부에 따라 그룹의 성격이 달라집니다.

▲ 병합 드로잉 모드

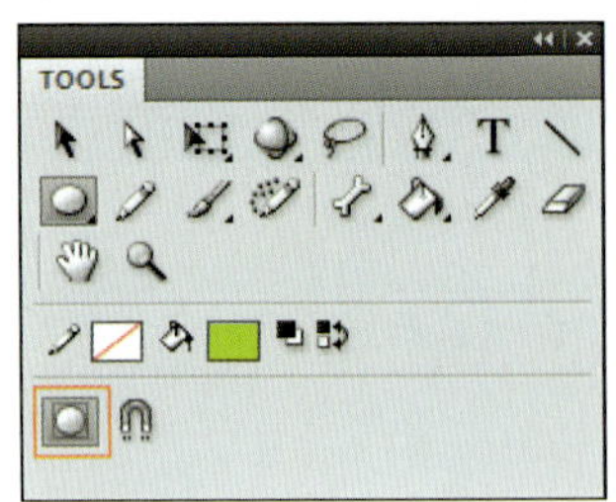
▲ 객체 드로잉 모드

오브젝트 드로잉을 선택한 경우 객체 드로잉 모드가 되고, 이 경우에 그려진 도형은 그룹의 성격을 가지게 됩니다.

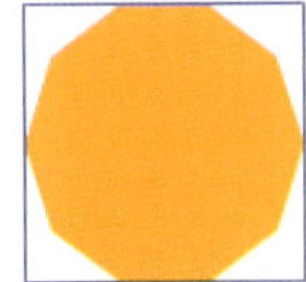

4 | 그룹화

병합 드로잉 모드에서 그린 모양(Shape) 요소를 그룹화(Ctrl + G)하면 이 요소 역시 그룹 요소가 됩니다. 아래 그림은 연필 도구와 같은 드로잉 도구를 이용하여 드로잉한 후, 메뉴에서 [Modify]-[Group](Ctrl + G)를 선택하여 그룹화한 상태를 나타낸 것입니다.

tip 그룹이 앞서 설명한 모양(shape)과 다른 점은, 분리되어 있지 않다는 점과 애니메이션에 직접 영향을 미치는 요소가 아니라는 점입니다. 작업의 편의를 위해 주로 사용되는 그룹 요소는 모양(Shape) 요소로 만들어 주거나 심벌로 전환해 주어야만 애니메이션이 가능합니다.

심벌

쉼벌(Symbol)은 플래시 애니메이션의 기본 요소로서, 플래시에서 가장 많이 사용되는 요소이기도 합니다. 플래시의 다양한 요소를 심벌로 변환하면 심벌의 원본은 라이브러리에 등록됩니다. 이때 스테이지에 있는 심벌을 '인스턴스(instance)' 라고 합니다.

속성창에서는 심벌의 종류에 따라 다양한 속성을 부여할 수 있습니다. 각 심벌에는 레이어가 있는 고유의 타임라인과 스테이지가 있으며, 기본 타임라인과 마찬가지로 레이어나 프레임, 키프레임을 타임라인에 추가할 수 있습니다. 또한 심벌은 편집창을 가지고 있으며, 심벌을 더블클릭하면 편집창에서 수정 또는 편집을 할 수 있습니다.

1 | 심벌의 종류

플래시 애니메이션의 핵심 요소인 심벌은 그래픽 심벌(Graphic Symbol), 무비클립 심벌(MovieClip Symbol), 버튼 심벌(Button Symbol)로 나누어집니다. 라이브러리에 등록된 심벌은 종류에 따라 다른 아이콘으로 표시되며, 각각의 심벌은 사용 용도에 따라 다음과 같이 구분됩니다.

▲ 라이브러리 패널

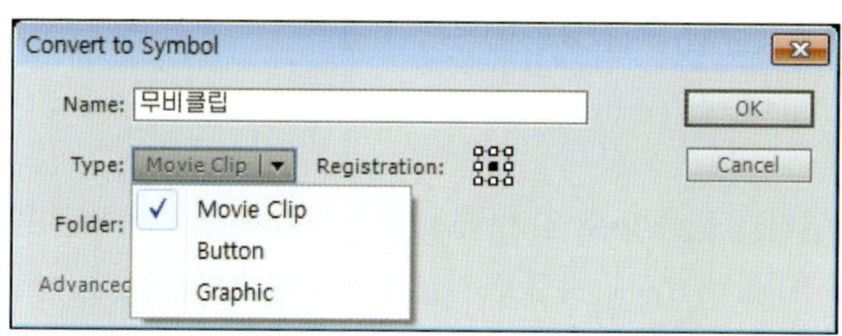

▲ 심벌 변환 대화상자

1 그래픽 심벌

그래픽 심벌(Graphic Symbol)은 클래식 트위닝에 사용되는 기본 심벌로서, 정지된 이미지의 재사용이나 다른 심벌의 부분으로 사용됩니다. 그래픽 심벌은 속성 패널을 통해 컬러 이펙트와 루프 속성을 조절할 수 있습니다.

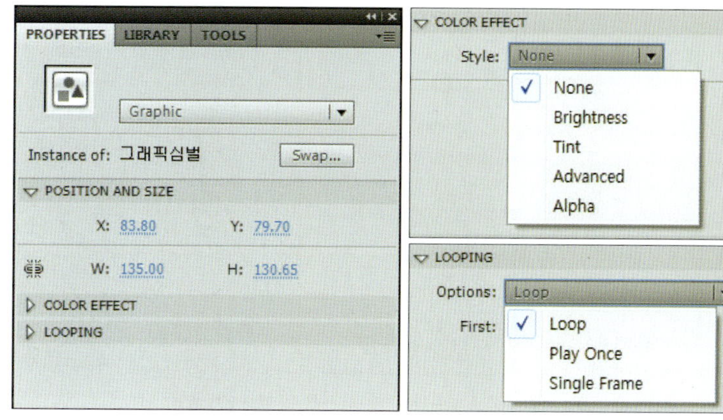

또한 자체 타임라인을 통해 애니메이션을 주었을 경우, 반복을 다양하게 설정할 수 있기 때문에 하나의 애니메이션으로 여러 형태의 애니메이션 느낌을 표현할 수 있습니다.

❷ 무비클립 심벌

무비클립 심벌(MovieClip Symbol)은 메인 신(Main Scene)의 기본 타임라인과 별개의 자체 타임라인을 가지고 있는 독립적인 심벌이며, 같은 패턴의 반복 애니메이션을 할 경우에 사용되는 심벌입니다. 무비클립 심벌은 그래픽 심벌에 비해 더 다양한 속성을 부여할 수 있으며, 3D 제어는 물론 그래픽 심벌과 같이 다양한 컬러 이펙트를 제어할 수 있다는 특징이 있습니다.

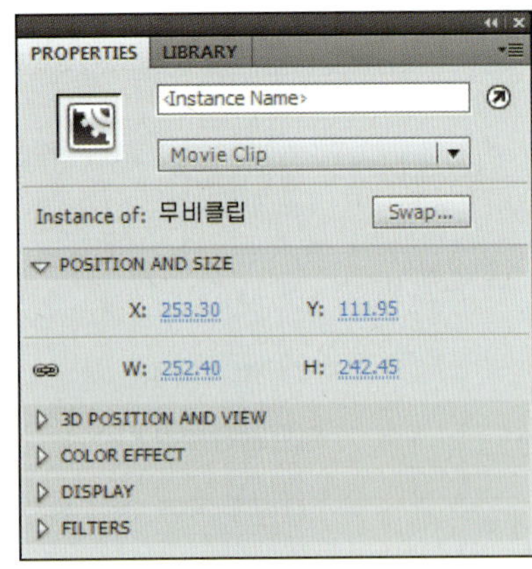
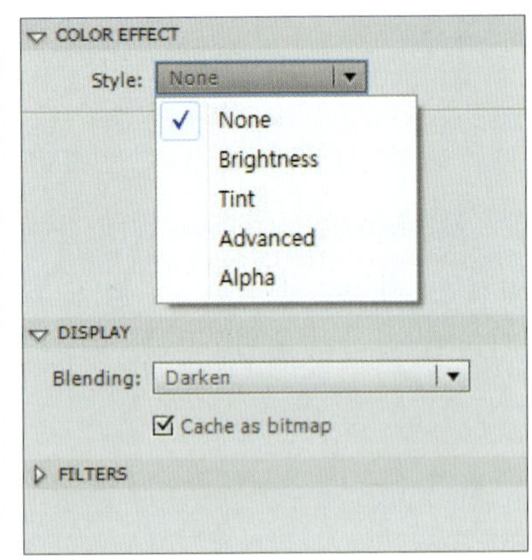

또한 그래픽 심벌에는 없는 블렌딩과 필터를 적용할 수 있기 때문에 포토샵이나 일러스트가 없어도 간단한 이펙트 처리를 할 수 있습니다.

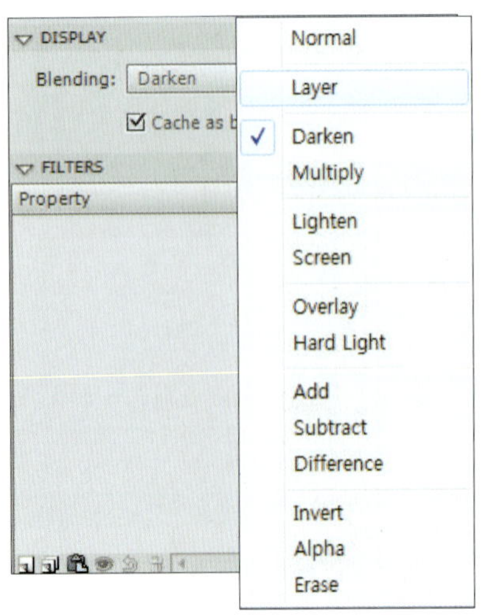

▲ 블렌딩 모드 적용 패널 　　　　　▲ 필터 추가 패널

특히, 무비클립 심벌은 자체 타임라인을 통해 사운드나 다른 타임라인 애니메이션을 포함할 수 있기 때문에 다중 타임라인 구조의 다중 애니메이션을 만들 수 있습니다. 또한 버튼 심벌 안에 무비클립 심벌을 배치할 경우 애니메이션 버튼을 만들 수 있으며 액션스크립트를 사용하여 스크립팅을 할 수도 있습니다.

❸ 버튼 심벌

버튼 심벌(Button Symbol)은 마우스 클릭, 롤오버 등과 같은 마우스 이벤트가 있는 심벌로, 마우스에 반응하는 인터렉티브한 상황에 효과적으로 사용할 수 있습니다. 액션스크립트 2.0을 사용할 경우에는 버튼 심벌에 직접 액션을 지정할 수 있으며, 액션스크립트 3.0에서는 버튼 인스턴스에 액션을 지정하여 제어할 수도 있습니다.

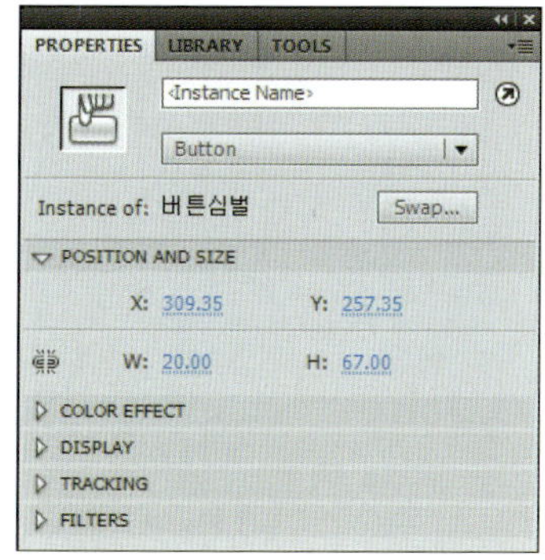
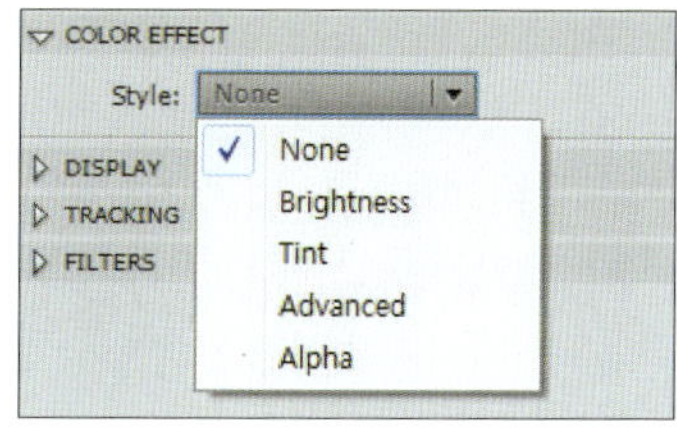
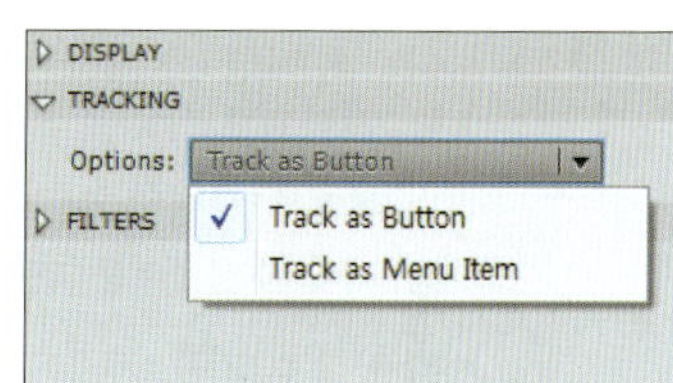

버튼 심벌 역시 무비클립 심벌과 마찬가지로 블렌드 효과를 주거나 필터를 추가하여 이펙트를 적용할 수 있습니다.

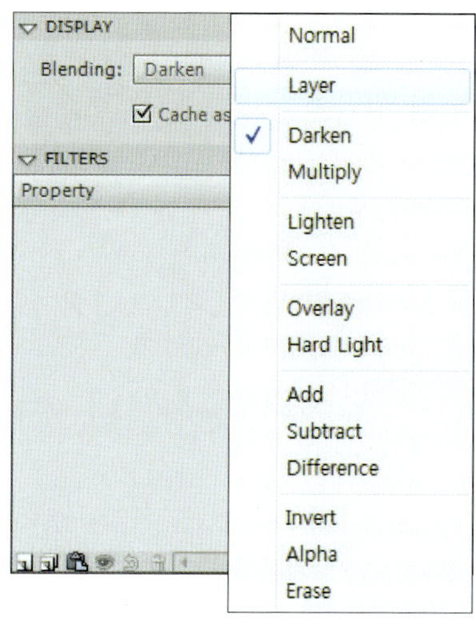

▲ 블렌딩 모드 적용 패널

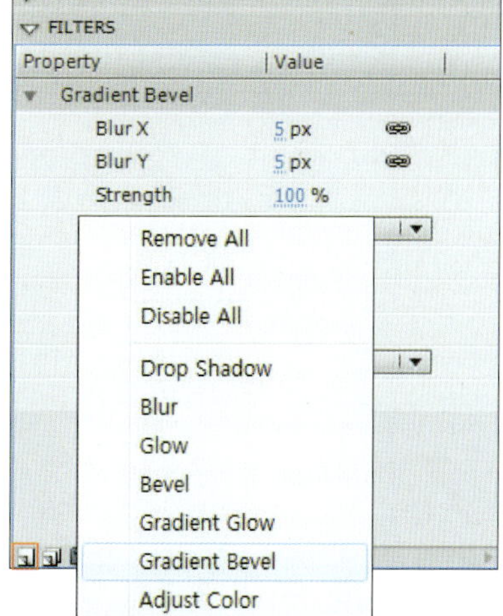

▲ 필터 추가 패널

여기서! 잠깐! Cache as bitmap

버튼 심벌과 무비클립 심벌은 'Cache as bitmap'에 체크를 한 후, 런타임에 비트맵으로 캐시되도록 지정하면, Flash Player의 재생 성능을 최적화할 수 있습니다. 기본적으로 Flash Player는 모든 프레임에서 스테이지의 각 벡터 항목을 다시 그리지만 패널에서 'Cache as bitmap'에 체크를 하면 비트맵이 되면서 스테이지의 위치가 변하지 않기 때문에 Flash Player가 계속해서 항목을 다시 그릴 필요가 없게 됩니다. 따라서 Flash Player의 재생 성능이 매우 좋아집니다.

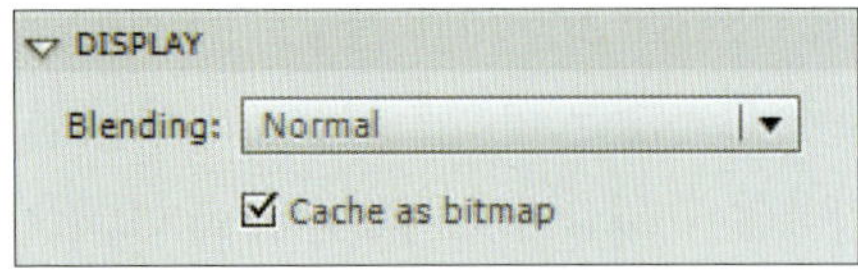

여기서! 잠깐! 심벌의 종류와 특징

■ **그래픽 심벌**

- 클래식 트윈(Classic Tween)의 기본 심벌
- 애니메이션 반복을 다양하게 설정할 수 있음.

■ **무비클립 심벌**

- 모션 트윈(Motion Tween)의 기본 심벌
- Scene과 별개의 독립적인 애니메이션
- 동일 · 반복 패턴 애니메이션에 유용
- 필터 · 블렌딩 · 3D 효과 가능
- 액션스크립트 제어 가능
- 'Cache as bitmap'에 체크를 하면, 애니메이션 속도를 향상시킬 수 있음.

■ **버튼 심벌**

- 마우스 이벤트가 있는 심벌
- 필터 · 블렌드 효과 가능
- 액션스크립트로 제어 가능

버튼 심벌과 무비클립 심벌은 그래픽 심벌과 달리 필터와 블렌드 효과를 줄 수 있기 때문에 훨씬 더 다양한 애니메이션이 가능하며, 비트맵 캐싱을 사용하여 렌더링 성능을 더욱 향상시킬 수 있습니다.

심벌과 인스턴스, 그리고 라이브러리

플래시의 다양한 요소를 심벌로 변환할 경우, 원본은 라이브러리에 등록됩니다. 이때 스테이지에서 애니메이션을 하는 요소를 '인스턴스'라고 합니다. 스테이지에 있는 인스턴스는 라이브러리에 있는 원본 심벌의 사본이라고 생각하면 됩니다.

1 심벌

심벌은 한 번 만든 후 해당 문서나 다른 문서에서 다시 사용할 수 있는 오브젝트입니다. 플래시 애니메이션을 만들다 보면 동일한 오브젝트나 유사한 오브젝트를 많이 사용하게 되는데, 매번 사용할 때마다 새로운 오브젝트를 만들면, 용량이 그만큼 커지게 됩니다. 그러나 심벌의 경우는 한 번 심벌로 등록한 후에는 그 심벌을 복사하거나 재사용하더라도 용량에는 큰 변화가 없기 때문에 SWF 파일의 재생 속도가 훨씬 빨라집니다. 따라서 애니메이션을 할 때 용량의 효율성 측면을 고려한다면 심벌을 사용하는 것이 좋습니다.

모양과 심벌을 비교해 보면 아래 그림과 같습니다. 왼쪽 이미지는 모양 요소이며, 오른쪽은 심벌로 변환한 요소입니다.

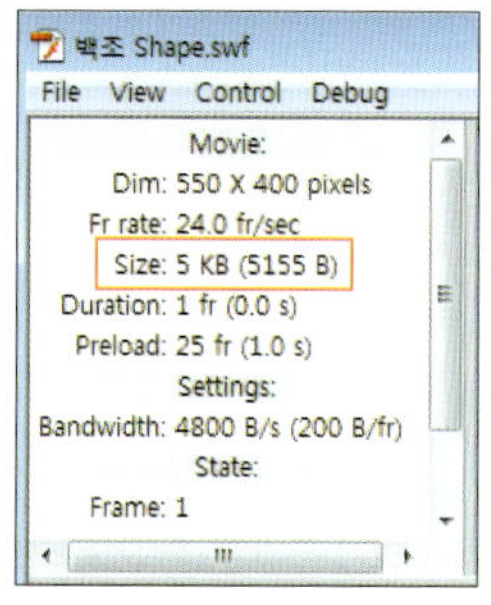
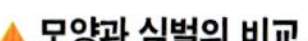

▲ 모양과 심벌의 비교

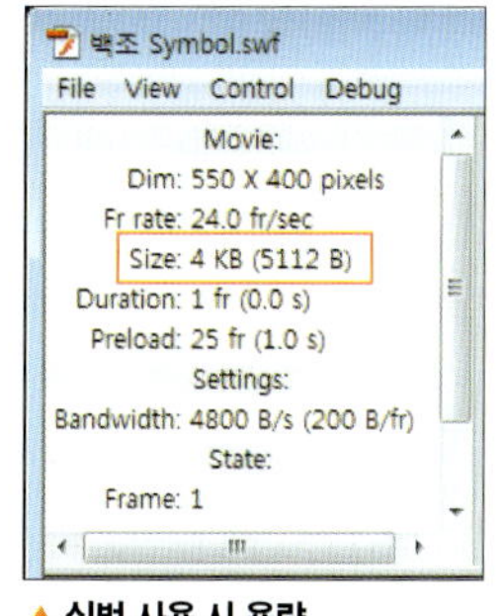

▲ 심벌 사용 시 용량

아래 그림은 스테이지에 모양 4개와 심벌 4개를 배치하여 비교한 것입니다. 그림의 개수는 같지만 용량에서는 현저한 차이를 나타내고 있으며, 분리되어 있는 모양의 경우 용량이 약 3배 정도 크고, 심벌의 경우는 스테이지에 있는 요소가 인스턴스로 구성되어 있기 때문에 용량 차이가 크지 않다는 것을 알 수 있습니다.

▲ 모양 4개와 인스턴스 4개가 복제되어 배치된 상태의 용량 비교

2 인스턴스

인스턴스는 스테이지에 있거나 다른 심벌에 중첩된 심벌의 사본을 말하며, 색상, 크기, 기능은 부모 심벌인 원본 심벌과 다를 수 있습니다. 모든 심벌은 편집창을 가지고 있기 때문에 원본을 수정하거나 편집할 수 있고, 스테이지에 있는 심벌을 더블클릭하거나 라이브러리에 있는 심벌을 더블클릭하면, 심벌 편집창으로 이동할 수 있습니다.

▲ 심벌을 편집창으로 이동할 때의 편집 바(Edit Bar)

스테이지에 있는 인스턴스에 'Tint'나 'Advanced' 효과 등을 적용하면 해당 인스턴스만 업데이트 되고 원본은 영향을 받지 않기 때문에 원래 상태를 유지할 수 있습니다.

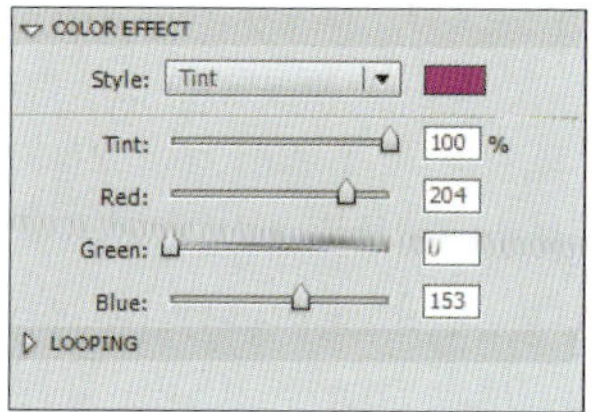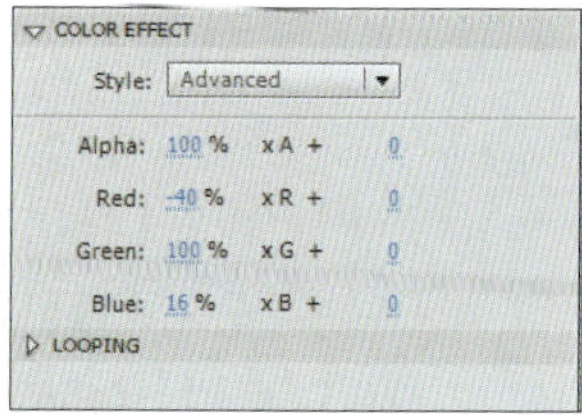

▲ 인스턴스에 색상 변화를 준 상태

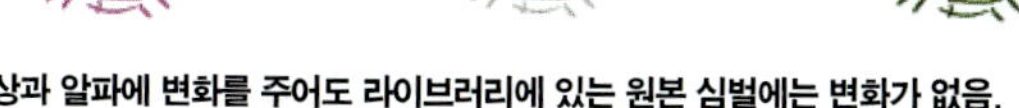

▲ 색상과 알파에 변화를 주어도 라이브러리에 있는 원본 심벌에는 변화가 없음.

심벌 편집창에서 원본 심벌을 편집하면 모든 인스턴스가 영향을 받아 스테이지에 있는 인스턴스가 업데이트됩니다. 라이브러리에 있는 심벌은 인스턴스에 영향을 미치므로 불필요하게 변화를 주거나 지우면 안됩니다. 만약 라이브러리에 있는 심벌을 지우면 스테이지에 있는 인스턴스들도 모두 사라집니다.

3 라이브러리

앞에서 설명한 대로 심벌을 만들면 심벌의 원본은 라이브러리에 자동으로 등록됩니다. 라이브러리는 심벌을 보관하고 있는 창고와 같은 곳입니다. 라이브러리 패널은 심벌뿐만 아니라 비디오 클립, 사운드 클립, 비트맵 이미지 및 벡터 아트웍 등 플래시에서 작업되는 대부분의 오브젝트를 모두 관리, 보관합니다.

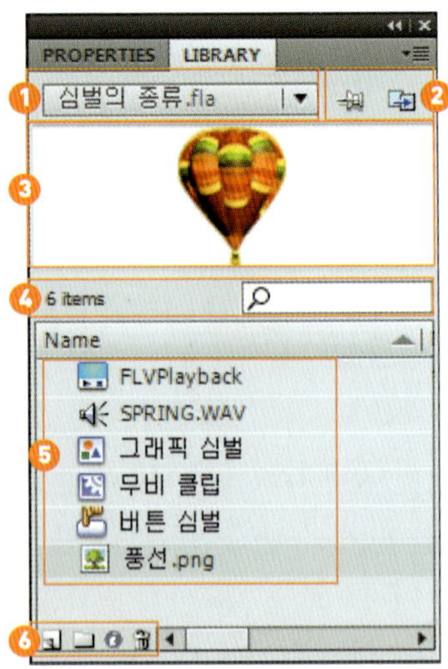

❶ 현재 열려 있는 플래시 파일의 라이브러리

❷ pin current Library : 클릭해서 선택하면 라이브러리가 고정되어 다른 플래시 파일로 넘어가도 고정시켜 둔 라이브러리만 보임.

New library panel : 라이브러리 패널을 또 하나 열어 줄 수 있음.

❸ 심벌 프리뷰 화면으로 무비클립이나 사운드는 플레이(play) 및 확인이 가능함.

❹ 라이브러리에 있는 심벌이나 이미지의 이름을 검색할 수 있음.

❺ 라이브러리가 보관하고 있는 심벌

❻ New Symbol : 새로운 심벌 추가 버튼

New Folder : 새로운 폴더 추가 버튼

Properties : 선택한 오브젝트의 속성창으로 이동

Delete : 지우기

라이브러리에 있는 심벌은 현재 문서 외부에 있는 다른 플래시 무비에서 사용된 라이브러리의 심벌과 공유가 가능하기 때문에 다른 심벌로 업데이트하거나 교체할 수 있습니다.

라이브러리에서 심벌 교체하기

예제파일 | 부록DVD\Sample\Part01\Ch02\백조 Symbol2.fla
예제파일 | 부록DVD\Sample\Part01\Ch02\걸어가는 미운오리.fla

1 메뉴 바에서 (File)-(Open)(Ctrl + O)을 선택하여 '백조 Symbol2.fla'을 엽니다.

2 라이브러리에서 원하는 심벌을 선택한 후, 마우스 오른쪽 버튼을 클릭하면 나타나는 단축 메뉴에서 (Properties)를 선택합니다.

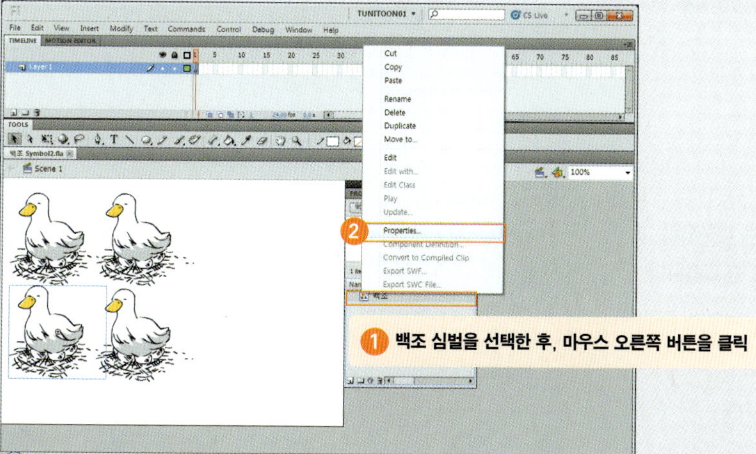

① 백조 심벌을 선택한 후, 마우스 오른쪽 버튼을 클릭

3 심벌 프로퍼티(Symbol Properties) 옵션에서 〔Advanced〕를 클릭하여 옵션창을 펼친 후, 하단의 〔Source〕-〔Browse〕를 클릭합니다.

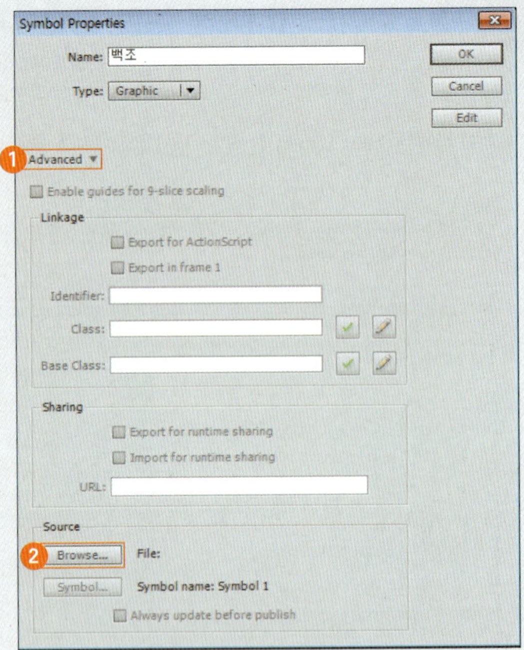

4 원하는 플래시 파일('걸어가는 미운오리.fla')을 선택하면 해당 파일에서 사용한 심벌을 선택할 수 있는 옵션이 나타나는데, 여기에서 원하는 심벌을 선택합니다.

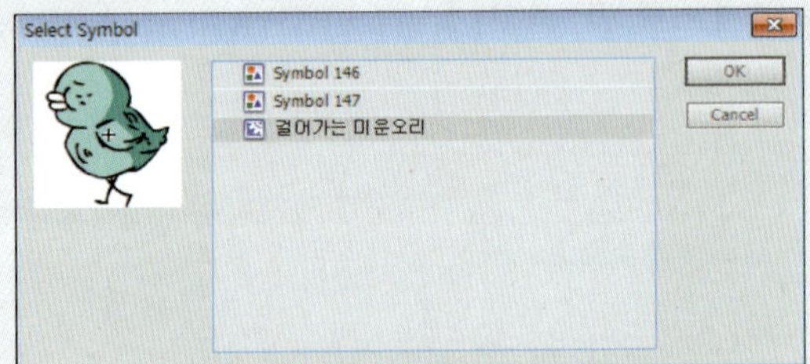

5 백조 심벌이 백조 그림에서 미운오리 그림으로 교체된 것을 확인할 수 있습니다.

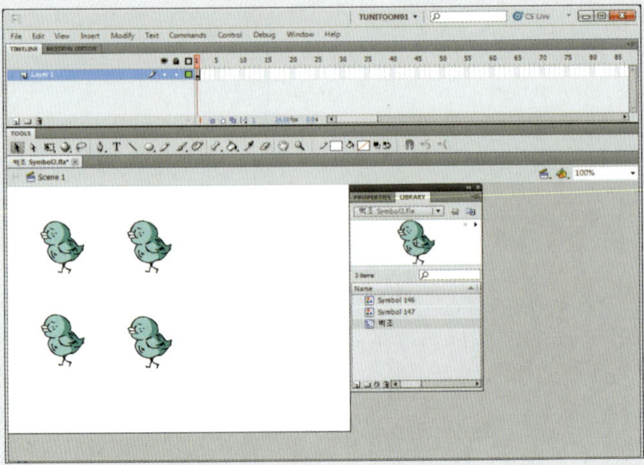

앞의 작업 단계에서 라이브러리에 이미 있는 같은 이름의 심벌을 가져온 경우에는 실수로 기존 심벌을 덮어쓰지 않도록 하기 위해 경고창이 열립니다. 경고창에서 상황에 맞게 대체를 히기니 대체하지 않도록 하며 이름 충돌 문제를 해결할 수 있습니다.

여기서 잠깐! 심벌의 특징

1. 만들면 원본은 라이브러리에 저장
   - 스테이지에는 인스턴스가 애니메이션에 참여

2. 스테이지에 있는 인스턴스에 변화를 주어도 원본에는 영향을 미치지 않는다. 그러나 원본 심벌에 변화를 주면 인스턴스에 영향을 미친다.

3. 원본만 용량을 가진다.

4. 인스턴스를 더블클릭하면 원본 편집창으로 이동한다.
   - 모든 인스턴스는 원본이 있으며, 별도의 편집창을 가지고 있다.

5. 클래식 트윈 및 모션 트윈에 적합하며, 비교적 용량이 적다.

6. 재사용할 수 있다.

:: **심벌과 인스턴스** : 플래시 오브젝트를 심벌로 변환할 경우, 원본은 라이브러리에 보관됨.

:: **라이브러리** : 심벌, 동영상, 사운드, 일러스트 이미지, 비트맵 이미지 등과 같은 원본 심벌 보관 장소

:: **인스턴스(instance)** : 라이브러리에 보관된 원본의 복사본(일종의 가상본)

타임라인과 레이어, 모션 에디터

이 장에서는 타임라인과 레이어에 대해 알아보겠습니다. 기본적으로 타임라인은 레이어를 추가하거나 프레임을 추가하여 애니메이션을 진행 또는 제어하는 곳입니다. 타임라인은 오브젝트를 구성하고 중첩시켜 보여 줄 수 있는 '레이어 영역'과 오브젝트가 움직이는 등의 애니메이션을 제어할 수 있는 '프레임 영역'으로 구분되어 있습니다.

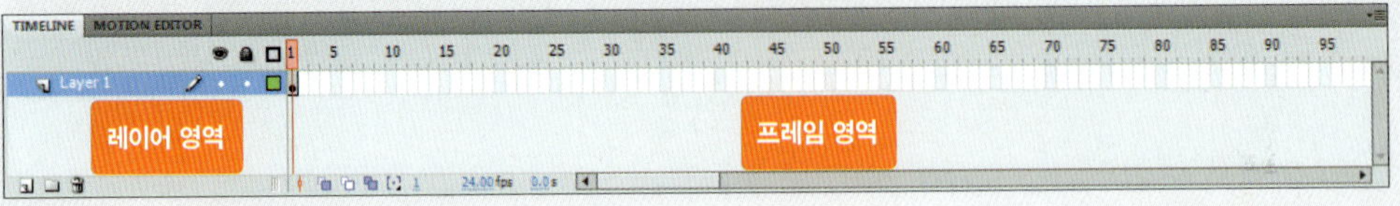

레이어

레이어는 도화지 역할을 하는 것으로, 여러 장을 추가하여 사용할 수 있고, 해당 레이어에 그림을 그리거나 오브젝트를 삽입할 수도 있습니다. 레이어를 추가하면 오브젝트가 겹치도록 할 수 있고, 여러 애니메이션을 보여 주면서 순서를 결정하거나 관리할 수 있습니다. 레이어는 투명 비닐과 같은 것으로, 여러 오브젝트의 순서나 위치를 조절하는 데 유용합니다.

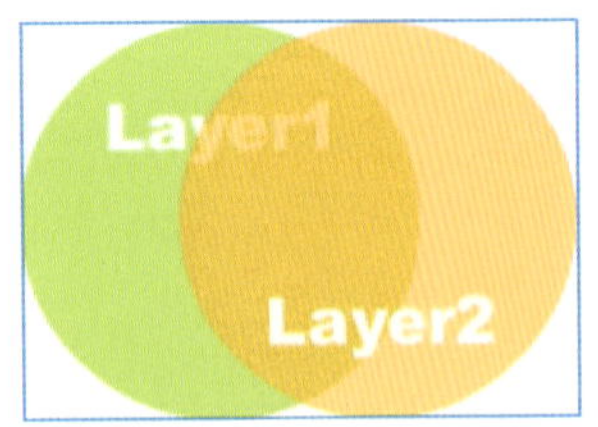

▲ 투명하다.

▲ 여러 장을 겹칠 수 있고, 순서를 변경할 수 있다.

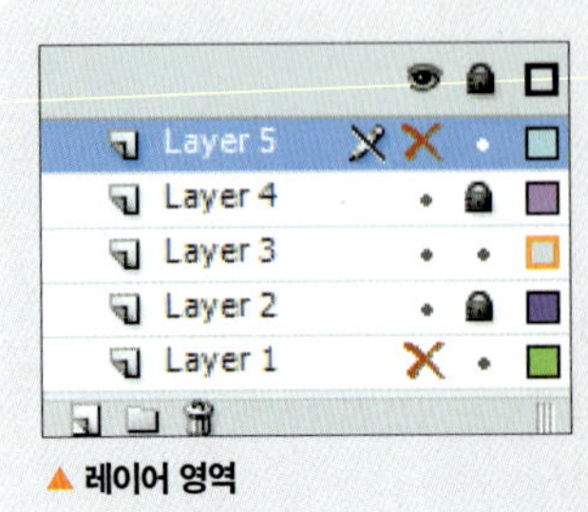

▲ 레이어 영역

- **Show/Hide All Layers** : 레이어를 보이게 하거나 감춥니다.
- **Lock/Unlock All Layers** : 모든 레이어 잠그거나 풀어 줍니다.
- **Show All Layers as Outline** : 모든 레이어의 외곽선
- **New Layer** : 새로운 레이어를 추가합니다.
- **New Folder** : 레이어 폴더를 삽입합니다.

2 타임라인

이번에는 플래시 애니메이션이 모든 것을 보여 주는 타임라인에 대해 알아보겠습니다. 프레임 영역에서는 애니메이션을 위한 장면을 추가 또는 제거하거나 애니메이션의 길이를 지정하여 애니메이션을 보여 줍니다.

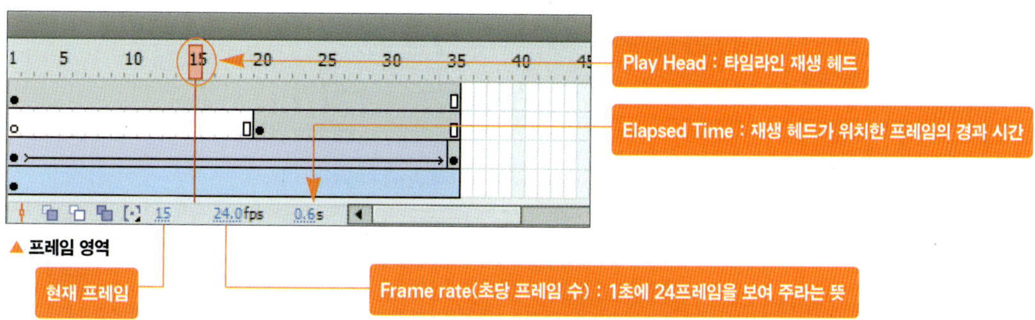

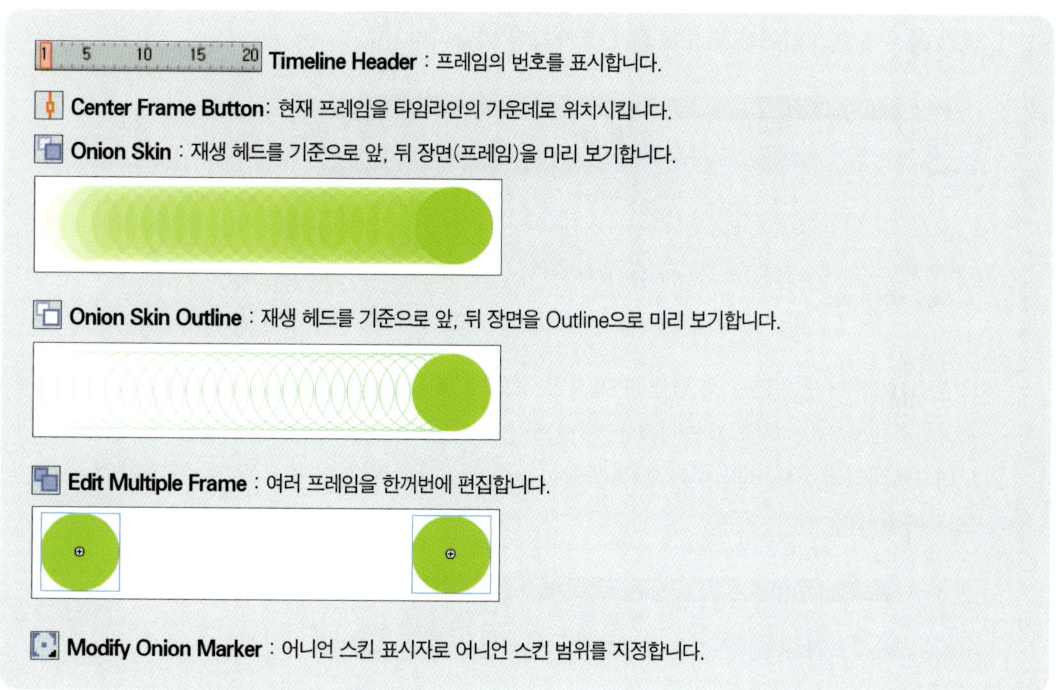

프레임 영역에서는 여러 종류의 애니메이션이 만들어지는데 애니메이션의 종류에 따라 프레임의 상태와 색상이 달라집니다. 플래시에서는 프레임 바이 프레임(Frame By Frame) 애니메이션, 모양 트윈(Shape Tween) 애니메이션, 클래식 트윈(Classic Tween) 애니메이션을 만들 수 있습니다. 플래시 CS4부터는 기존의 모션 트윈(Motion Tween)을 클래식 트윈(Classic Tween)이라고 표현하며, 타임라인(Timeline)과 모션 에디터(Motion Editor)를 이용한 애니메이션 기법인 모션 트윈(Motion

Tween)이 추가되었습니다. 그리고 뼈 도구를 이용하여 만들 수 있는 역기구학(IK) 애니메이션도 가능해졌습니다.

애니메이션의 종류에 따라 어떤 상태의 프레임을 만들 수 있는지 알아보겠습니다.

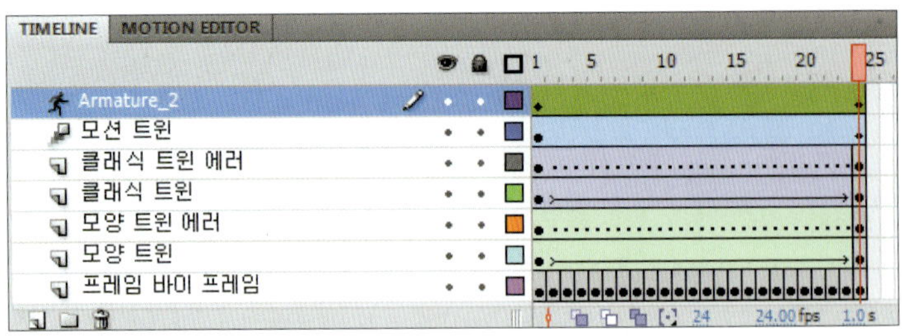

▲ 애니메이션별 타임라인 상태

먼저 프레임 바이 프레임 애니메이션의 경우, 타임라인은 매 프레임마다 키프레임이 있는 상태입니다. 프레임 바이 프레임 애니메이션은 보여 주고자 하는 장면을 일일이 키프레임으로 추가해서 표현하기 때문에 프레임마다 키프레임이 추가되어 있습니다.

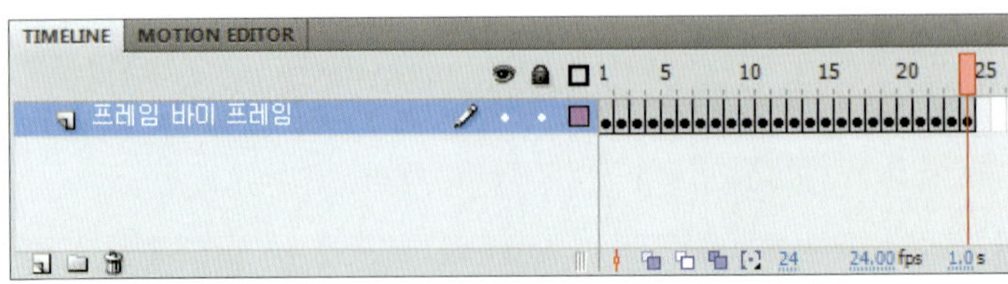

▲ 프레임 바이 프레임

모양 트윈 애니메이션은 첫 장면과 마지막 장면에 보여 주고자 하는 오브젝트를 그려 장면에 변화를 주고, 중간 단계는 모양 트윈이라는 애니메이션 기법으로 처리하는 방식입니다. 타임라인의 상태를 보면 1프레임과 24프레임에는 키프레임이 있고, 중간에는 실선이 있으며, 프레임의 색상이 연두색으로 바뀝니다.

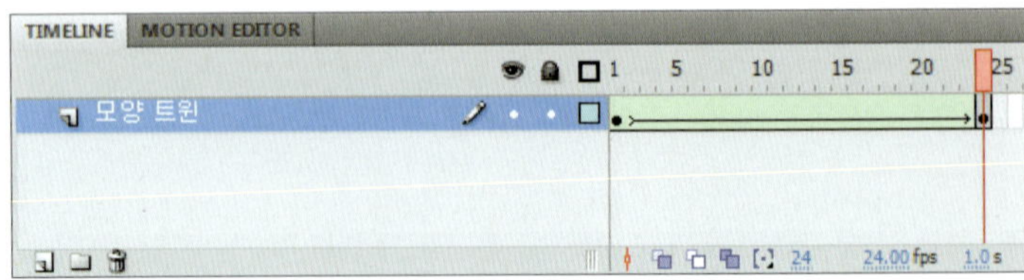

▲ 모양 트윈

클래식 트윈 애니메이션 역시 모양 트윈 애니메이션과 마찬가지로 첫 장면과 마지막 장면에 보여 주고자 하는 오브젝트를 그려 장면에 변화를 주고, 중간 단계는 클래식 트윈이라는 애니메이션 기법으로 처리하는 방식입니다. 타임라인을 보면 1프레임과 30프레임에는 키프레임이 있고, 중간에는 실선이 있으며, 프레임의 색상이 보라색으로 바뀌어 있는 것을 알 수 있습니다.

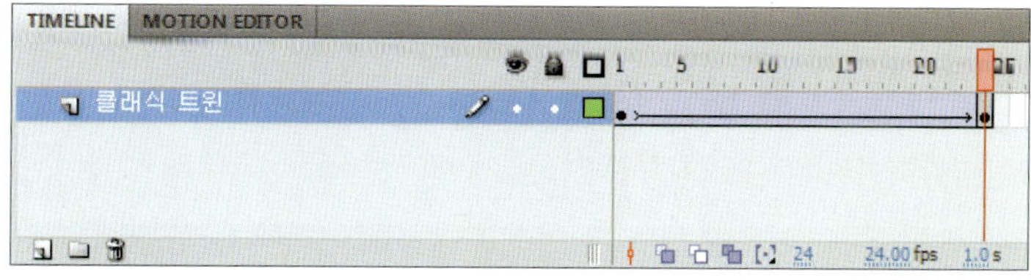

▲ 클래식 트윈

모션 트윈 애니메이션은 모양 트윈이나 클래식 트윈과 같은 실선이 생기지 않으며, 오브젝트(객체)를 직접 제어하게 되면 자동으로 키프레임이 생성되는 방식이며, 프레임의 색상이 하늘색으로 바뀝니다.

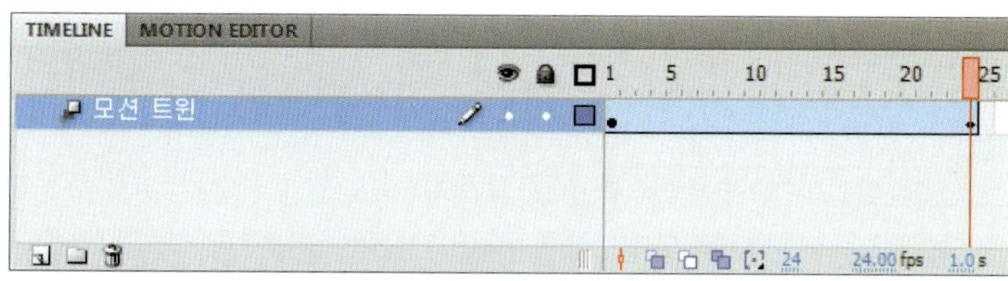

▲ 모션 트윈

뼈 도구를 이용하여 역기구학(IK) 애니메이션을 할 경우에는 'Armature' 라는 레이어 이름이 자동으로 생성되며, 프레임의 색상이 초록색으로 바뀝니다.

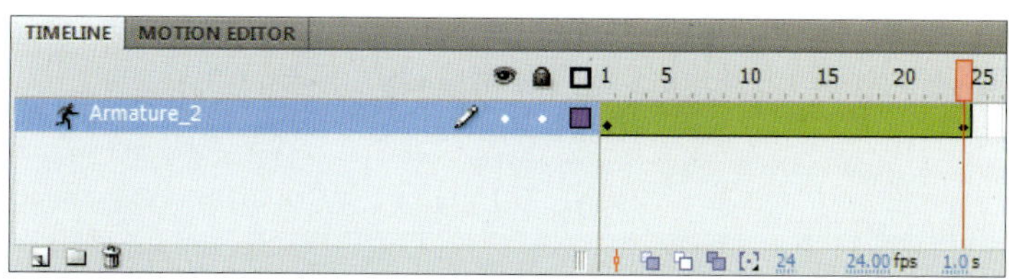

▲ 역기구학(IK) 애니메이션

모양 트윈 애니메이션이나 클래식 트윈 애니메이션에서 실선이 아니라 점선이 생기는 이유는 기법에 맞지 않는 애니메이션을 했거나 적합한 오브젝트를 사용하지 않았기 때문입니다.

또한 타임라인은 클래식 모션 가이드(Classic Motion Guide)

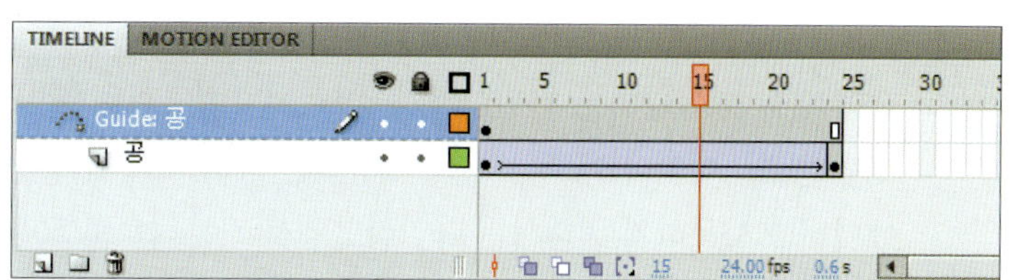

▲ 클래식 모션 가이드 상태의 타임라인

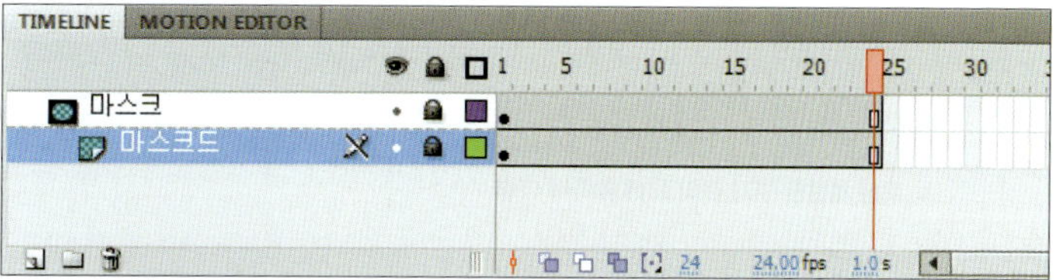

▲ 마스크 상태의 타임라인

와 마스크(Mask)를 사용했을 때도 레이어 아이콘의 모양이 조금 다르게 표시됩니다. 클래식 모션 가이드(Classic Motion Guide)를 사용하면 가이드(Guide) 레이어와 가이디드(Guided) 레이어가 생기고, 마스크(Mask)를 설정했을 경우에는 마스크(Mask) 레이어와 마스크드(Masked) 레이어가 생깁니다. 각각의 레이어 아이콘 모양을 눈여겨보기 바랍니다.

3 프레임과 키프레임

이제 프레임과 키프레임에 대해 살펴보겠습니다. 타임라인은 앞에서도 언급했듯이 레이어 영역과 프레임 영역으로 나누어집니다. 프레임 영역에서 프레임과 키프레임의 차이는 다음과 같습니다.

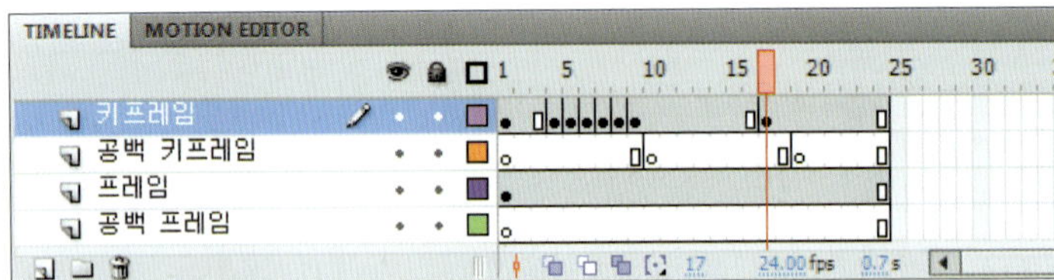

잠깐! 프레임 용어

- **프레임(Frame)** : 오브젝트는 있지만 변화는 없는 상태로, 한 장면을 변화 없이 계속 보여 주고자 할 때 사용합니다(F5).
- **키프레임(Keyframe)** : 오브젝트가 있으며, 애니메이션 장면에 변화를 주고자 할 때 사용합니다(F6).
- **공백 프레임(BlankFrame)** : 오브젝트가 없으며, 변화 없이 프레임에 아무것도 없는 상태를 표현할 때 사용합니다.
- **공백 키프레임(BlankKeyframe)** : 오브젝트가 없으며, 비어 있는 키프레임 상태를 말합니다(F7).

4 모션 에디터

플래시 모션 에디터는 타임라인과 같이 애니메이션을 제어할 수 있는 패널로, 영상 전문 제작 프로그램인 프리미어나 애프터 이펙트와 같은 방식으로 애니메이션을 줄 수 있습니다. 플래시에서 모션 에디터를 사용하기 위해서는 타임라인에서 기본적으로 모션 트윈 애니메이션을 만들어야 합니다.

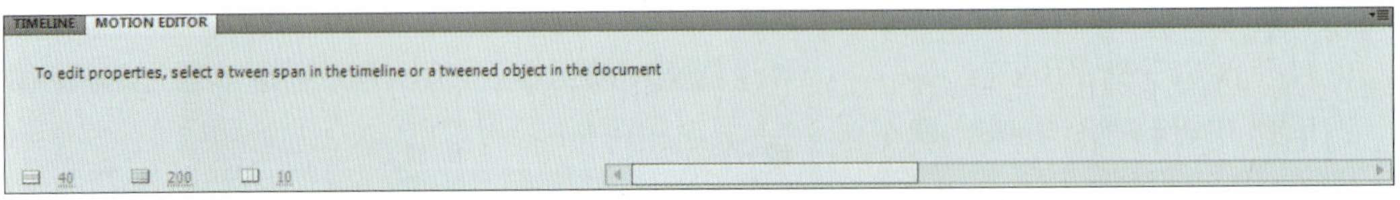

▲ 모션 트윈을 주기 전의 모션 에디터 패널

모션 에디터를 활용하면 Ease(속도감) 애니메이션을 쉽고 다양하게 적용할 수 있기 때문에 티임라인에서 작업하는 것에 비해 작업 성능을 향상시킬 수 있을 뿐만 아니라 좀 더 세련된 애니메이션을 구현할 수 있습니다.

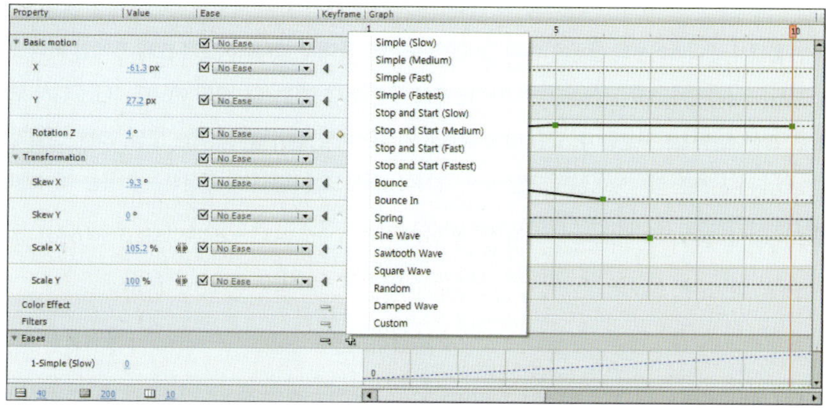

▲ 모션 트윈을 준 후의 모션 에디터 패널

또한 속성 패널을 사용하지 않고도 색상이나 필터 효과를 적용하기가 편하기 때문에 오브젝트 제어가 쉽고, 작업 시간도 좀 더 효율적으로 운용할 수 있습니다.

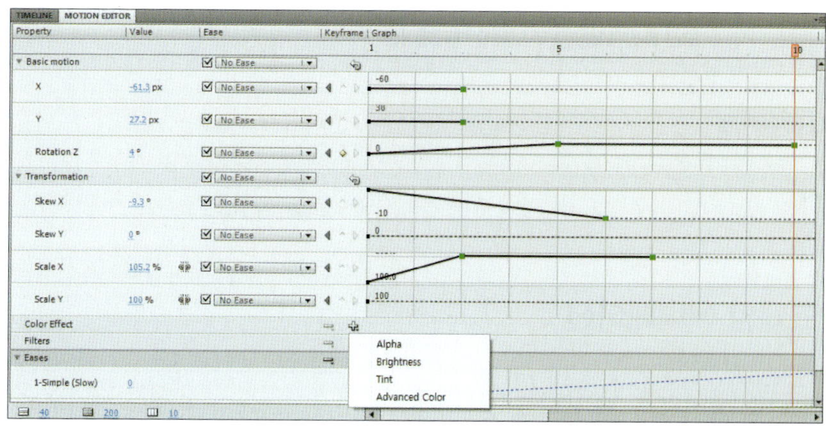

▲ 모션 에디터에서 컬러 이펙트 주기

이번 장을 마치며

레이어, 타임라인, 프레임에 대한 이해는 플래시 애니메이션을 하기 위한 가장 기본적이고 중요한 단계로, 애니메이션의 종류에 따라 다른 타임라인의 특성을 잘 파악할 수 있기 때문에 작업에 대한 효율성을 높이거나 에러율을 줄이는 데 많은 도움이 됩니다.

플래시 애니메이션의 종류

이 장에서는 플래시 애니메이션의 종류에 대해 알아보겠습니다. 플래시 애니메이션은 크게 프레임 바이 프레임 애니메이션, 트윈 애니메이션, 역기구학(IK) 애니메이션으로 구분할 수 있습니다. 트윈 애니메이션은 다시 모양 트윈, 클래식 트윈, 모션 트윈으로 구분할 수 있습니다. 앞에서 언급한 바와 같이 플래시에는 모양, 그룹, 심벌의 세 가지 오브젝트가 있습니다. 트윈 애니메이션을 모양 트윈, 클래식 트윈, 모션 트윈으로 구분하는 이유는 애니메이션에 사용되는 오브젝트의 종류와 특성이 각각 다르기 때문입니다.

여기서! 잠깐! **플래시 애니메이션의 종류**

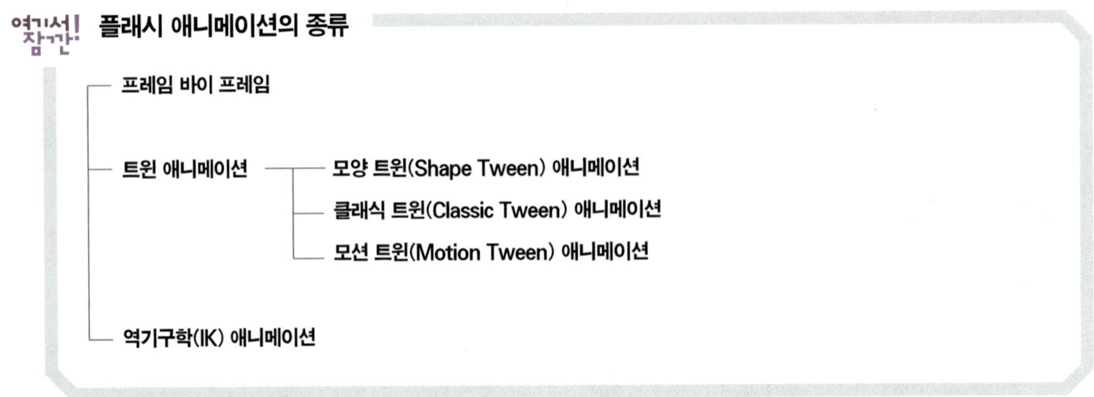

1 프레임 바이 프레임 애니메이션

프레임 바이 프레임 애니메이션은 '셀 애니메이션'이라고도 하며, 표현하고자 하는 애니메이션의 각 장면을 한 장면씩 일일이 타임라인에 직접 표현하는 방식입니다. 우리가 텔레비전에서 보는 애니메이션의 대부분이 셀 애니메이션입니다. 프레임 바이 프레임 애니메이션에서는 모양이나 그룹, 심벌을 모두 사용하여 애니메이션을 할 수 있습니다.

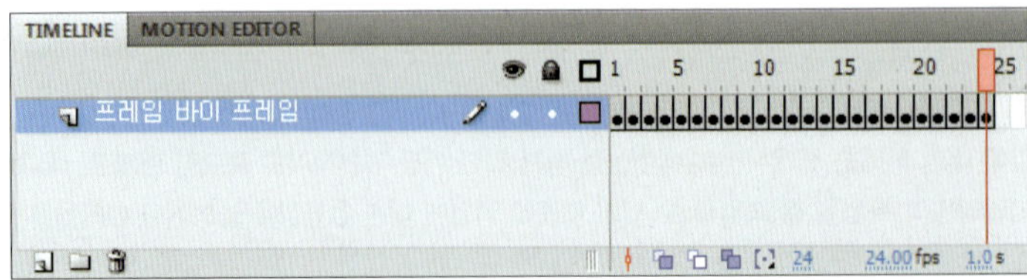

모양 트윈

모양 트윈은 플래시의 요소 중 모양(Shape)을 이용하여 작업한 애니메이션을 말합니다. 모양은 도구 상자의 사각형 도구 등을 사용하여 그린 도형들을 말하며, 플래시에서는 도형을 그릴 때 처음부터 그룹으로 그리거나 모양 상태로 그릴 수 있도록 지정할 수 있습니다. 여기에서 모양을 그릴 수 있는 상태로 지정한 후 크기, 위치, 알파, 색상, 형태가 변하는 모양 트윈을 주면 됩니다. 모양 트윈을 통해 도형의 형태가 변하는 애니메이션을 줄 수 있다는 점은 클래식 트윈 및 모션 트윈과의 차별적인 요소라고 할 수 있습니다.

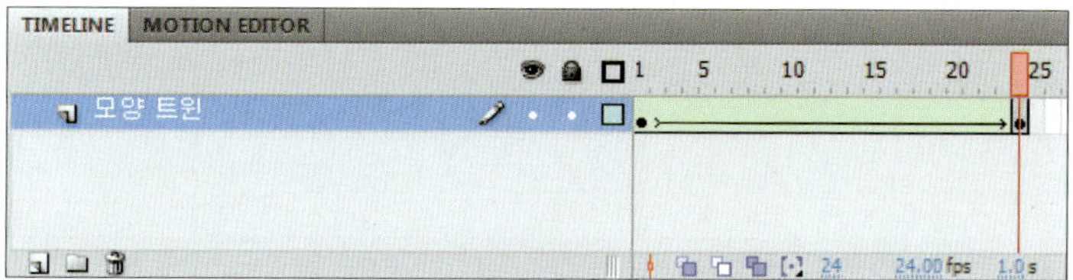

클래식 트윈

클래식 트윈은 플래시 CS4 이전 버전에서 모션 트윈이라는 이름으로 불렸던 애니메이션 기법으로, 모양 트윈과 마찬가지로 심벌 오브젝트를 이용하여 크기, 위치, 알파, 색상이 변하는 애니메이션을 줄 수 있습니다. 일반적으로 클래식 트윈은 그래픽 심벌을 사용하여 애니메이션을 하며, 클래식 트윈은 모든 심벌(무비클립 심벌, 버튼 심벌)을 이용하여 애니메이션을 할 수 있습니다.

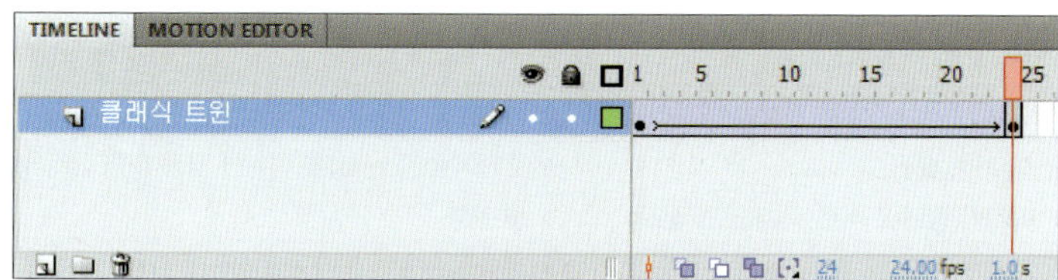

모션 트윈

모션 트윈은 플래시 CS4부터 새로 추가된 애니메이션 기법으로, 타임라인과 모션 에디터에서 클래식 트윈과 같은 애니메이션을 줄 수 있습니다. 또한 타임라인뿐만 아니라 모션 에디터를 이용한 애니메이션 처리도 가능하고, 다양한 자원을 이용한 속도감 제어도 가능하기 때문에 클래식 트윈에 비해 다이내믹하고 다양한 애니메이션을 할 수 있습니다. 모션 트윈은 객체(오브젝트)를 직접 제어하여 애니메이션을 할 수 있으며, 3D 제어 애니메이션 또한 할 수 있기 때문에 확장성과 효율성이 매우 높습니다.

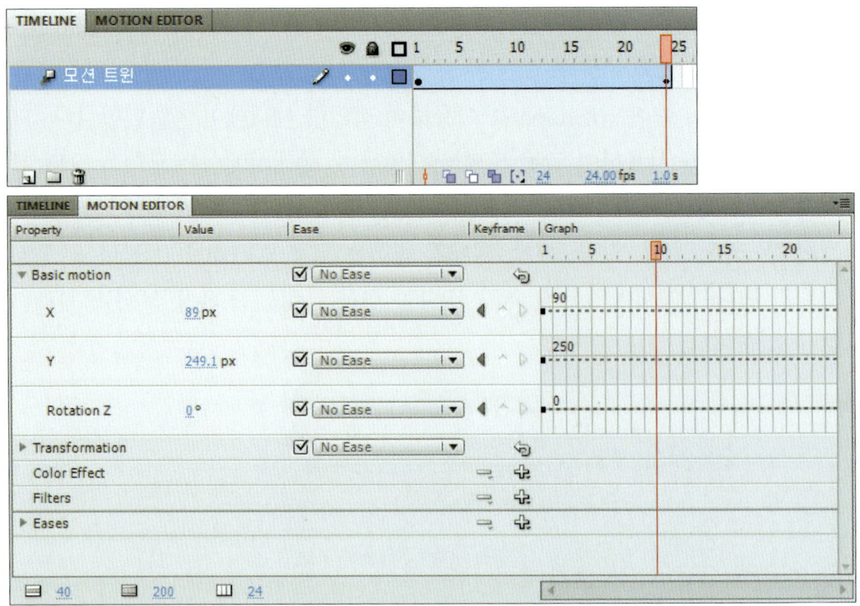

역기서! 잠깐! 모양 트윈과 클래식 · 모션 트윈의 비교

클래식 · 모션 트윈은 모양 트윈 같이 형태가 변하는 애니메이션을 줄 수 없습니다. 대신 클래식 · 모션 트윈은 모션 가이드를 이용하여 애니메이션의 경로를 지정해 주거나 로테이트(Rotate)를 이용하여 회전 애니메이션을 줄 수 있다는 점이 특징입니다.

구분	모양 트윈	클래식 · 모션 트윈
요소	모양	심벌
효과	크기, 색상, 알파, 위치, 형태	크기, 색상, 알파, 위치
차별화 및 장점	■ 형태의 변화가 가능하기 때문에 다양한 모양의 애니메이션이 가능(몰핑) ■ 첫 장면과 마지막 장면이 서로 다른 오브젝트라도 가능	■ 가이드라인을 이용하여 경로가 있는 모션 가능 ■ 로테이트(Rotate)를 이용한 자동 회전 애니메이션 가능 ■ 심벌을 사용하기 때문에 용량이 적음.
단점	용량이 클래식/모션 트윈에 비해 큼.	하나의 레이에서는 동일한 심벌을 사용해야 함.

5 역기구학 애니메이션

역기구학(IK) 애니메이션은 플래시 CS4부터 새로 추가된 애니메이션으로, 뼈의 관절 구조를 사용하여 모양이나 오브젝트들이 서로 유기적으로 움직이도록 처리하는 방법입니다. 뼈를 사용하면 모양이나 심벌을 최소한의 노력만으로도 자연스럽고 복합적으로 움직이도록 할 수 있습니다. 예를 들면 팔,

다리, 얼굴 표현과 같은 캐릭터 애니메이션을 간편하게 만들어 자연스러운 모션을 만들 수 있습니다.

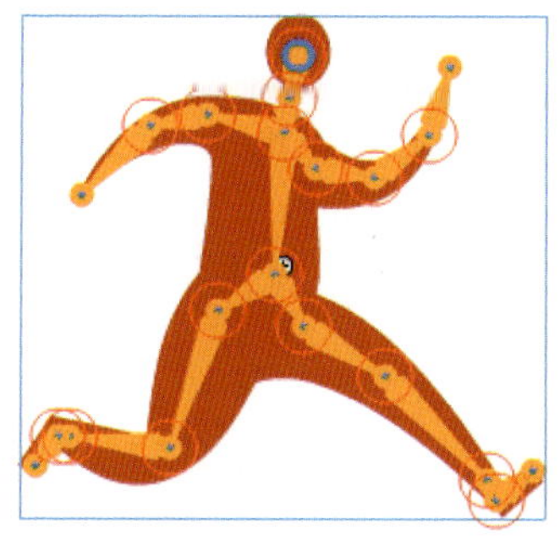 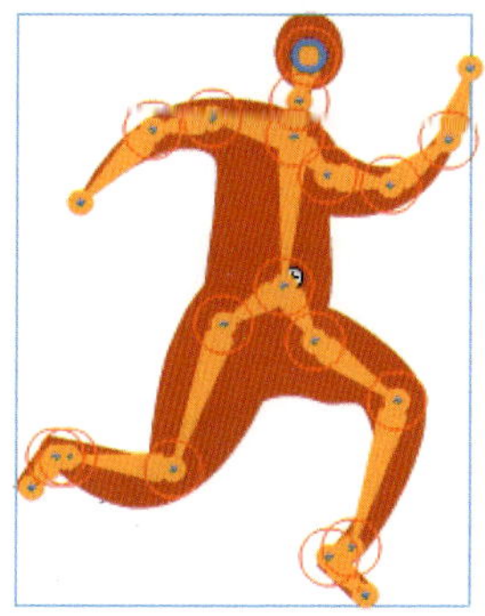

별도의 심벌이나 단일 모양 내부에 뼈를 추가할 수 있으며, 하나의 뼈가 움직이면 연결된 다른 뼈들이 움직임을 시작한 뼈에 반응하여 움직입니다. 역기구학을 사용하여 애니메이션을 만드는 경우에는 객체의 시작과 끝의 위치만 지정하면 됩니다.

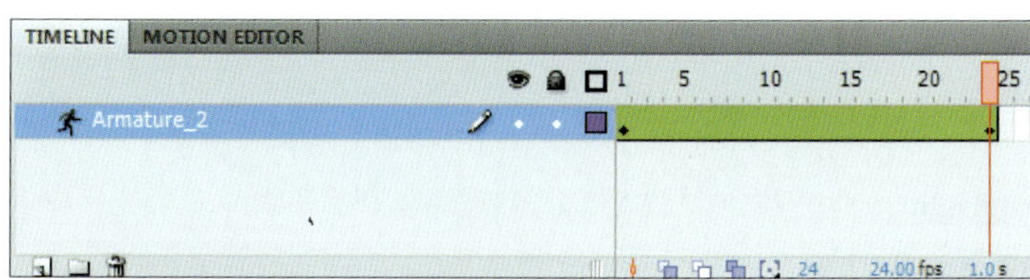

플래시 요소의 종류

- **모양** : 모양 트윈에 적합한 요소

- **심벌** ─ **클래식 트윈** : 그래픽 심벌이 기본 요소임(모든 심벌 가능).
  └─ **모션 트윈** : 무비클립 심벌이 기본 요소임.

- **그룹** : 애니메이션의 위한 요소가 아니며, 편리한 작업을 위해 사용하는 요소임.
  - 모양 트윈의 요소가 되려면 분리(BreakApart(Ctrl + B))해야 함.
  - 트위닝 애니메이션에 사용하려면 심벌로 변환(F8)해야 함.

* 역기구학(IK) 애니메이션 : 모양 요소와 심벌 사용 가능

모양 트윈과 클래식/모션 트윈의 차이는 사용하는 요소가 모양이냐 심벌이냐의 여부에 있습니다. 오브젝트를 잘못 선택해서 애니메이션을 만들 경우에는 원하는 결과물이 나오지 않을 수 있으므로 특징을 정리하면서 차이를 파악해 보기 바랍니다.

플래시 기초 정리

● 플래시 요소의 종류

플래시에서 사용하는 요소는 크게 모양(Shape) 오브젝트, 그룹(Group) 오브젝트, 심벌(Symbol) 오브젝트가 있습니다.

모양(Shape)

그룹(Group)

심벌(Symbol)

▲ 플래시 요소의 종류

● 심벌의 종류와 특징

:: 그래픽 심벌

– 클래식 트윈(classic Tween)의 기본 심벌

– 애니메이션 반복을 다양하게 설정할 수 있음.

:: 무비클립 심벌

– 모션 트윈(Motion Tween)의 기본 심벌

– Scene과 별개의 독립적인 애니메이션

– 동일 · 반복 패턴 애니메이션에 유용

– 필터 · 블렌딩 · 3D 효과 가능

– 액션스크립트 제어 가능

– 'Cache as bitmap' 체크로 애니메이션 속도를 향상시킬 수 있음.

:: 버튼 심벌

– 마우스 이벤트가 있는 심벌

– 필터 · 블랜드 효과 가능

– 액션스크립트로 제어 가능

● 플래시 애니메이션의 종류

```
┌─ 프레임 바이 프레임
├─ 트윈 애니메이션 ─┬─ 모양 트윈(Shape Tween) 애니메이션
│                  ├─ 클래식 트윈(Classic Tween) 애니메이션
│                  └─ 모션 트윈(Motion Tween) 애니메이션
└─ 역기구학(IK) 애니메이션
```

Chapter

03

플래시 애니메이션
기본기 익히기

프레임 바이 프레임 애니메이션

프레임 바이 프레임 애니메이션은 각각의 프레임에서 보여 주고자 하는 애니메이션을 한 프레임씩, 즉 한 장면씩 일일이 작업하는 애니메이션으로, 프레임마다 다른 요소로 이루어져 있을 때 매우 유용합니다. 프레임 바이 프레임은 각 장면에 해당하는 내용을 한 프레임씩 작업하므로 사용되는 요소에 제한이 없습니다.

프레임 바이 프레임 애니메이션 기본

프레임 바이 프레임(Frame by Frame) 애니메이션 기법을 이용하여 왼쪽에서 오른쪽으로 이동하는 애니메이션을 만들어 보겠습니다. 이번 애니메이션에서는 키프레임에 대한 개념을 이해할 수 있으며, 애니메이션의 변화를 주는 시점에는 반드시 키프레임을 추가한 후에 작업해야 한다는 점도 알 수 있습니다.

예제파일 | 부록DVD\Sample\Part01\Ch03\프레임 바이 프레임 01.fla
완성파일 | 부록DVD\Sample\Part01\Ch03\프레임 바이 프레임 01_완성.fla

핵심포인트

1 | 키프레임의 개념 이해

2 | 변화 시점에 키프레임 추가

3 | Frame : 애니메이션의 변화는 없지만 앞의 장면을 보여 주고자 할 때 (F5)

4 | Keyframe : 애니메이션에 변화를 주는 시점에 사용 (F6)

tip  도형의 선택과 이동은 도구상자에서 선택 도구( )를 사용합니다.

01 메뉴 바에서 [File]-[Open](Ctrl + O)을 선택하여 '프레임 바이 프레임01.fla' 파일을 엽니다.

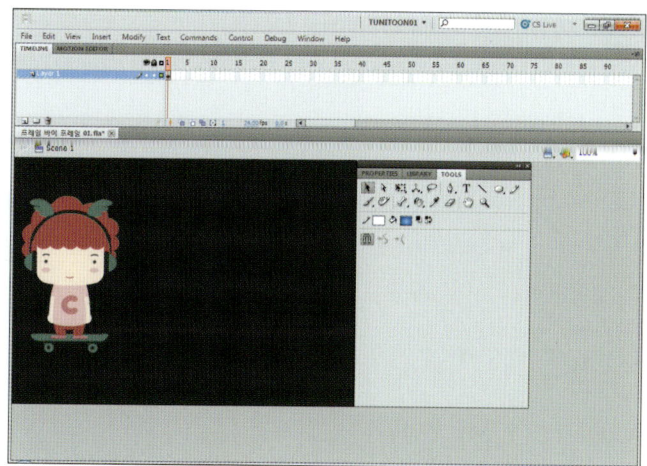

02 2프레임을 선택하고, 메뉴 바에서 [Insert]-[Timeline]-[Keyframe](F6)을 선택하여 키프레임을 추가한 후, '토마' 캐릭터를 선택하여 원하는 거리만큼 이동시킵니다.

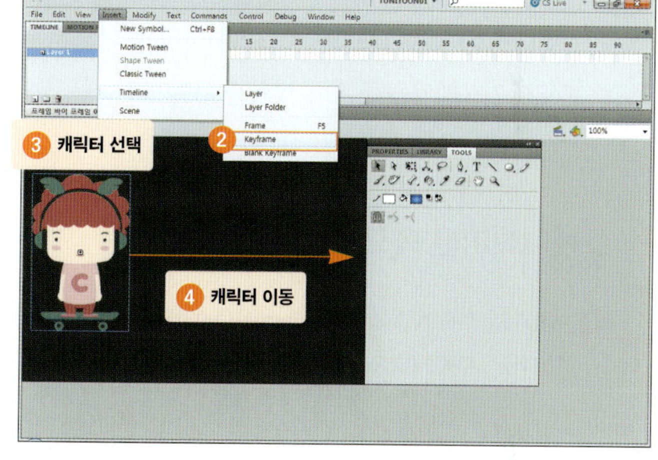

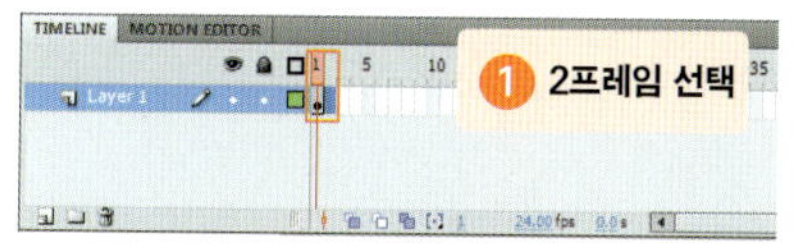

03 3프레임을 선택하고, 메뉴 바에서 [Insert]-[Timeline] - [Keyframe](F6)을 선택하여 키프레임을 추가한 후, 앞 단계에서와 같이 '토마' 캐릭터를 원하는 거리만큼 이동시킵니다. 총 5프레임까지 이 과정을 반복하여 키프레임을 삽입하고 '토마' 캐릭터를 이동시킵니다.

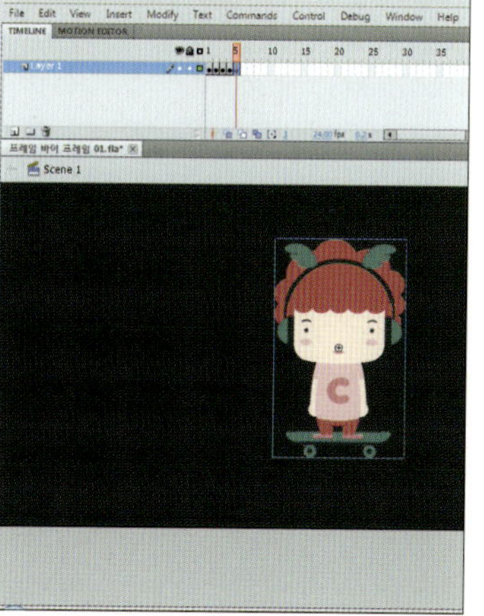

tip 애니메이션의 변화를 주려는 시점에는 반드시 키프레임을 먼저 추가한 후에 도형을 이동시켜야 합니다.

04 메뉴 바의 [Control]–[Test Movie] –
[Test](Ctrl + Enter)를 선택하여 무
비를 확인합니다.

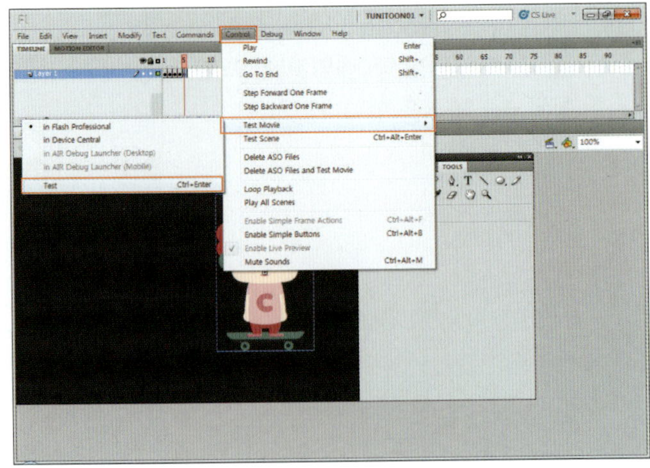

프레임 바이 프레임 애니메이션은 이와 같이 한 장면 한 장면씩 일일이 키프레임을 추가하고 도형의
위치나 색상 등에 변화를 주는 방식입니다. 프레임 바이 프레임 애니메이션에서 기억해야 할 것은
반드시 키프레임을 준 후에 변화를 주어야 한다는 것입니다.

2 애니메이션 속도 조절하기

◉ **예제파일** | 부록DVD\Sample\Part01\Ch03\프레임 바이 프레임 02.fla 또는 프레임 바이 프레임 01_완성.fla

  완성파일 | 부록DVD\Sample\Part01\Ch03\프레임 바이 프레임 02_완성.fla

01 1프레임을 선택한 후, 메뉴 바에서
[Insert]–[Timeline]–[Frame](F5)
을 선택하여 프레임을 추가합니다.

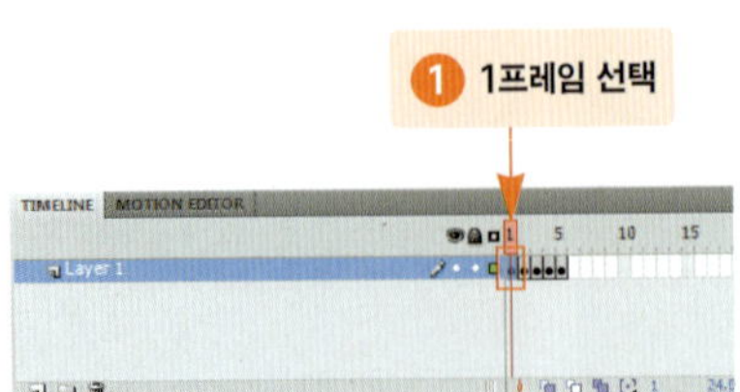

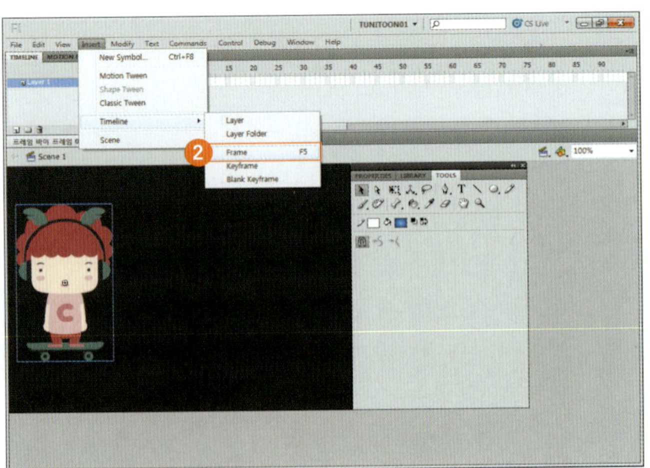

02 타임라인을 살펴보면 프레임이 추가되어 1프레임의 장면이 2프레임에 걸쳐 보이는 것을 알 수 있습니다.

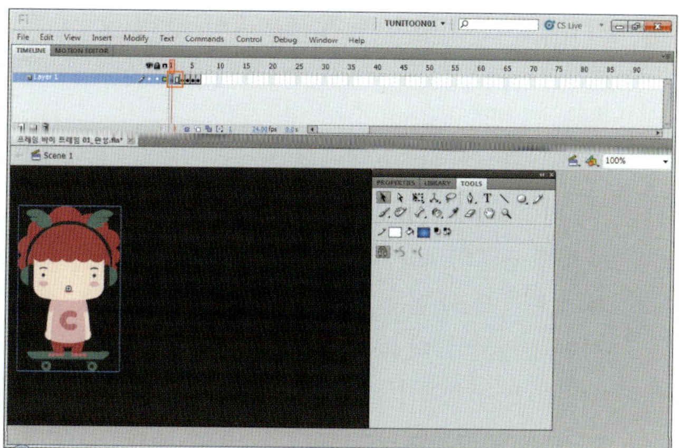

03 1프레임을 다시 선택한 후, 메뉴 바에서 [Insert]-[Timeline]-[Frame] (F5)을 선택하여 프레임을 5프레임까지 추가합니다.

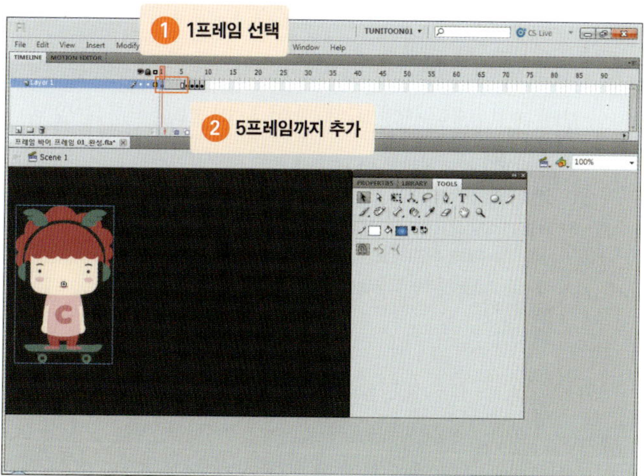

04 타임라인과 스테이지를 확인해 보면, 1프레임부터 5프레임까지는 애니메이션의 변화가 없으며, 프레임을 추가하기 전에는 첫 번째 장면이 한 프레임으로 한번 나타났지만 이제는 같은 장면이 5프레임에 걸쳐 보이게 되어 다섯 번 나타나는 것을 알 수 있습니다.

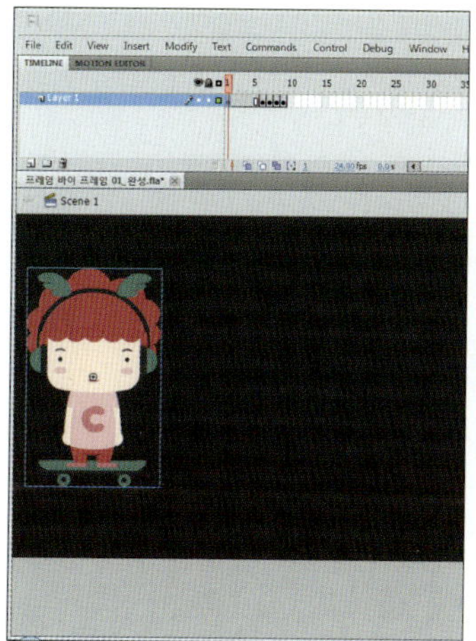

05 이번에는 원래 두 번째 장면인 6프레임을 선택하고, 메뉴 바에서 [Insert]-[Timeline]-[Frame](F5)을 선택하여 4개의 프레임을 추가한 후, 나머지 프레임도 같은 방법으로 추가해 줍니다. 프레임 상태를 확인해 보면 1, 6, 11, 16번 프레임이 키프레임 상태이며, 다른 프레임들은 캐릭터는 있고, 변화는 없는 프레임 상태라는 것을 알 수 있습니다.

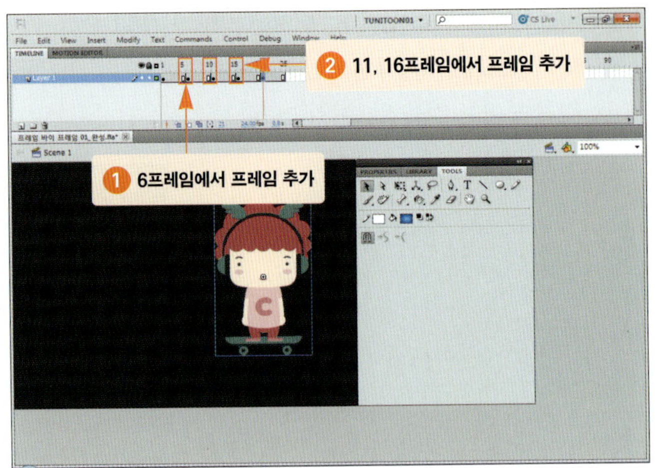

06 메뉴 바에서 [Control]-[Test Movie]-[Test](Ctrl + Enter)를 선택하여 무비를 확인합니다. 처음에 만든 애니메이션에 비해 많이 느려졌다는 것을 알 수 있습니다.

tip 애니메이션 속도를 능동적으로 빠르게 또는 느리게 하고자 한다면 타임라인에서 프레임을 추가할 때 어떤 영역은 프레임을 많이 추가하고, 어떤 영역은 프레임을 적게 추가하면 됩니다.

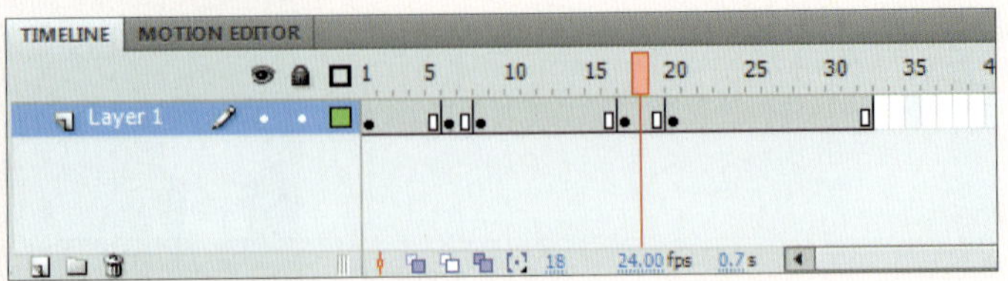

프레임 바이 프레임의 기본 순서

1 | 그린다.

2 | 키프레임을 준다.

3 | 변화를 준다.

프레임 바이 프레임의 핵심 포인트

- 프레임 바이 프레임 애니메이션은 보여 주고자 하는 한 장면 한 장면을 각각의 키프레임에 일일이 작업할 때 사용한다.
- 애니메이션에 변화를 주고자 할 때는 '선 키프레임 후 변화'를 반드시 기억한다.

엽기선! 잠깐! 키프레임(프레임)을 추가하는 세 가지 방법

1 | 해당 프레임을 선택하고 메뉴 바의 (Insert)-(Timeline)-(Keyframe)((Insert)-(Timeline)-(Frame))을 이용

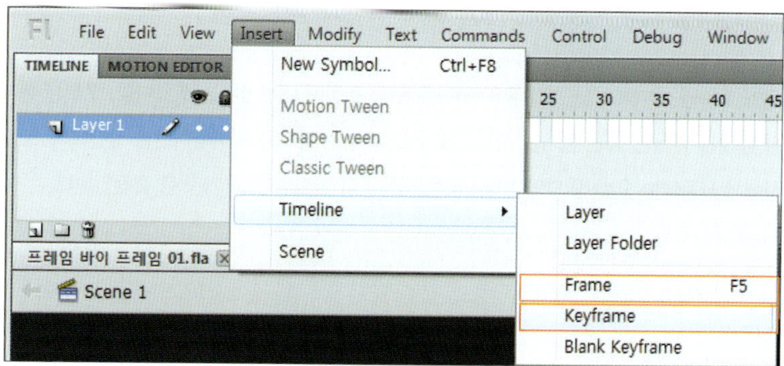

2 | 해당 프레임에서 마우스 오른쪽 버튼을 클릭하면 나타나는 단축 메뉴의 (Insert Keyframe)((Insert Frame)) 이용

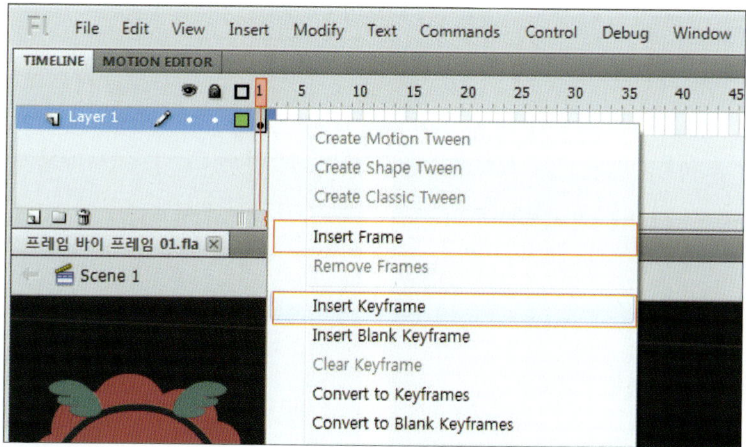

3 | 단축키 사용

- 프레임 추가 : F5 (프레임 삭제 : Shift + F5)
- 키프레임 추가 : F6

플래시에서는 프레임을 추가하거나 키프레임을 추가하는 상황이 많이 발생합니다. 따라서 프레임을 추가하는 단축키인 F5와 키프레임을 추가하는 단축키인 F6를 기억해 두면 작업의 속도가 훨씬 빨라집니다.

모양 트윈 애니메이션

이 장에서는 트위닝 애니메이션 기법 중의 하나인 모양 트윈에 대해 살펴보겠습니다. 트위닝 애니메이션은 첫 장면과 마지막 장면을 만들면 중간 단계는 자동으로 만들어 주는 형태의 애니메이션을 말합니다. 모양 트윈 애니메이션은 플래시에서 사용되는 요소 중 모양(Shape)을 이용하여 만드는 것이 가장 큰 특징입니다.

1 모양 트윈 애니메이션

모양 트윈(Shape Tween) 애니메이션과 프레임 바이 프레임(Frame by Frame) 애니메이션은 많은 차이가 있으므로 서로 비교하면서 만들어 보기 바랍니다.

 **tip** 플래시 오브젝트의 종류에는 모양, 심벌, 그룹이 있으며, 모양은 도형 도구에서 그린 처음의 도형 상태로 분리되어 있는 요소를 말합니다.

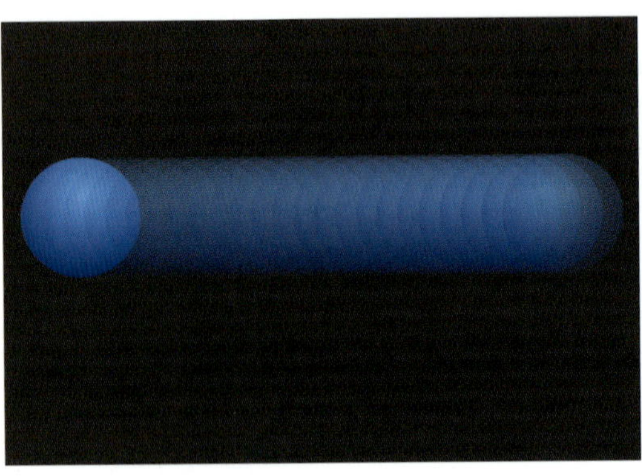 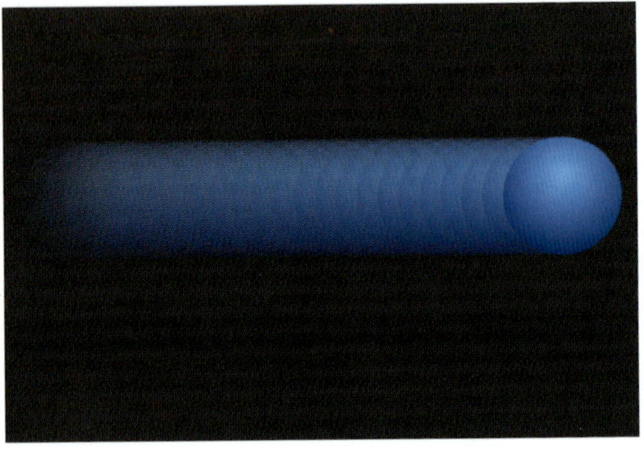

예제파일 | 부록DVD\Sample\Part01\Ch03\모양 트윈 01.fla
완성파일 | 부록DVD\Sample\Part01\Ch03\모양 트윈 01_완성.fla

 핵심
포인트

1 | 플래시 요소 중 모양 요소 사용

2 | 초당 프레임 수

3 | 모양 트윈은 모양 요소들 사이 또는 중간 프레임에 적용

4 | Tween : between의 줄임말로 '~ 사이에', '~ 중간에'라는 뜻

완성 예제를 확인해 보면 앞서 다루었던 프레임 바이 프레임 애니메이션에 비해 좀 더 부드럽고 자연스럽다는 것을 알 수 있습니다. 이렇게 부드러운 움직임을 주는 것이 바로 트윈을 활용한 기법입니다.

01 메뉴 바에서 [File]–[Open](Ctrl + O)을 선택하여 '모양 트윈 01.fla'를 엽니다.

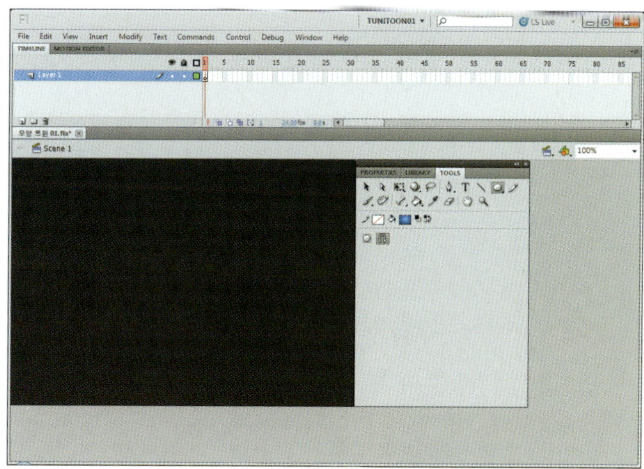

02 도구 상자의 원형 도구(◯)를 이용하여 원을 그립니다.

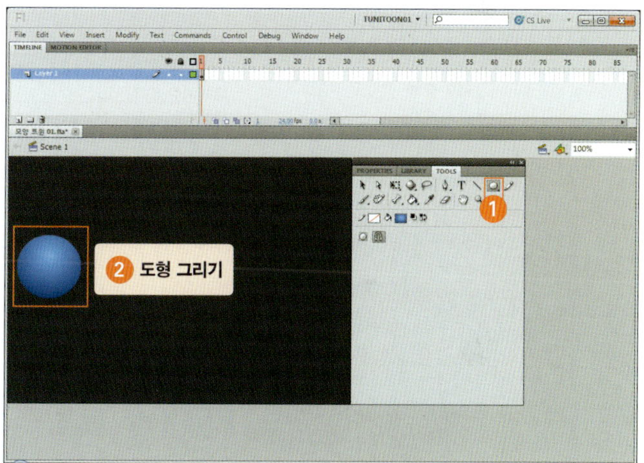

03 24프레임을 선택한 후, 마우스 오른쪽 버튼을 클릭하면 나타나는 단축 메뉴에서 [Insert Keyframe](F6)을 선택하여 키프레임을 추가합니다.

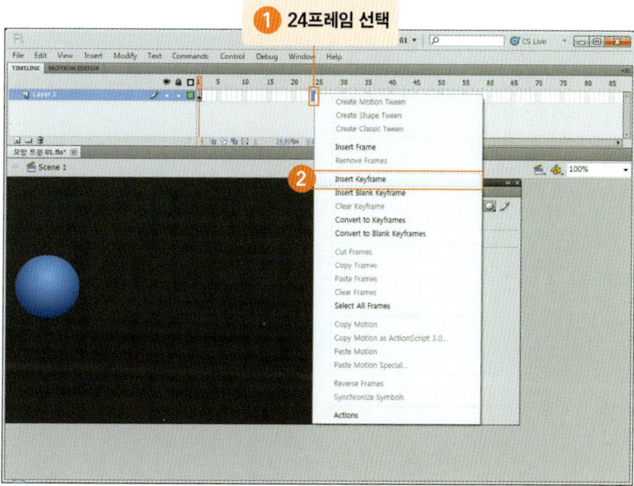

초당 프레임 수(FPS)

초당 프레임 수는 1초에 보여 줄 수 있는 프레임의 수를 말하며, 1초당 보여 줄 수 있는 프레임의 기준을 설정할 수 있고
기본 설정은 24프레임입니다. 초당 프레임 수가 24fps로 설정된 경우, 1초는 총 24프레임을 의미합니다.

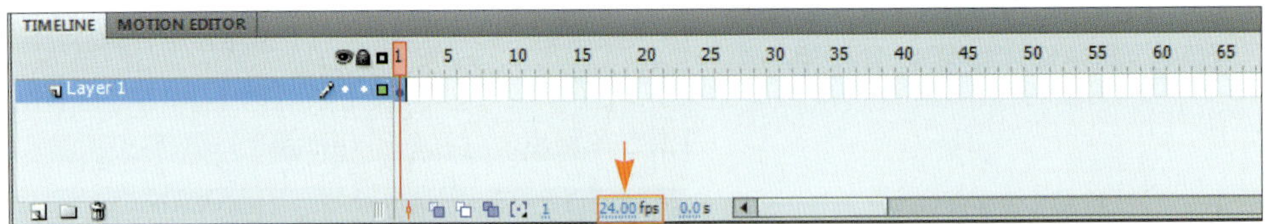

초당 프레임 수는 사용자가 조절할 수 있기 때문에 애니메이션의 느낌에 따라 값을 더 많이 줄 수도 있고, 적게 줄 수도 있
습니다. 초당 프레임 수의 값이 클수록 애니메이션의 속도는 빨라집니다. 초당 프레임 수를 제어하면 애니메이션의 전체
적인 속도를 빠르게 또는 느리게 제어할 수 있습니다.

초당 프레임 수 설정

1 | 타임라인 하단

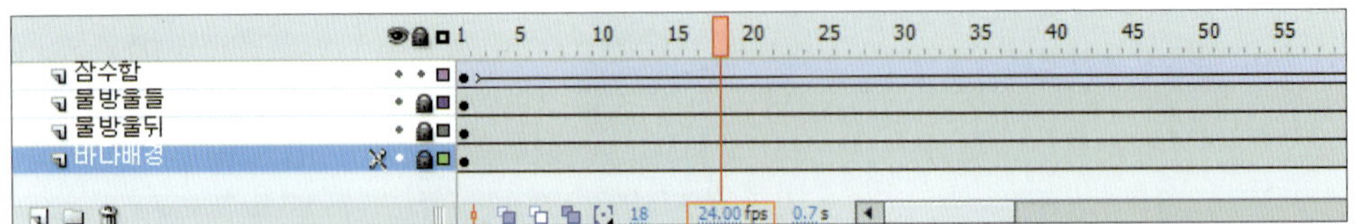

2 | PROPERTIES 패널의 PROPERTIES 부분에 있는 FPS 부분에서 수정

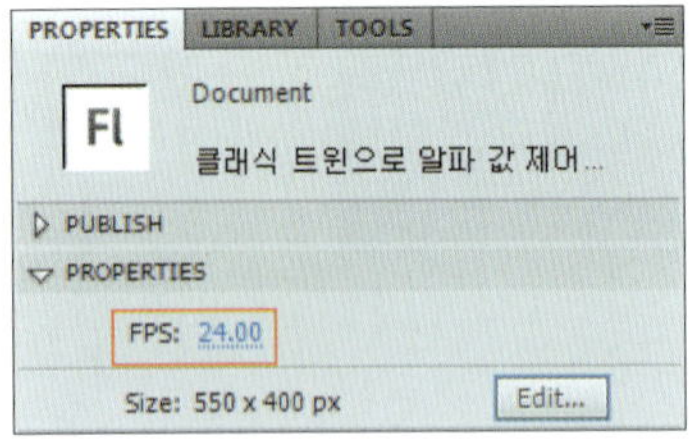

3 | 스테이지를 선택한 후, (PROPERTIES) 패널의 (Edit)-(Document Settings)-(Frame rates)를 선택

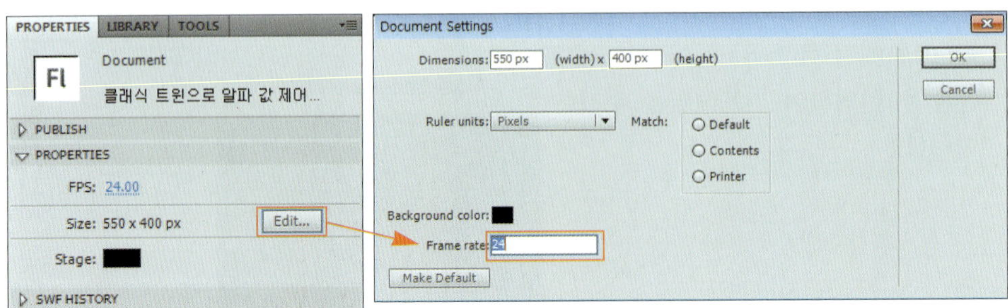

04 선택 도구(⌐)로 도형을 선택한 후, 원하는 만큼 이동(위치 변화)시킵니다.

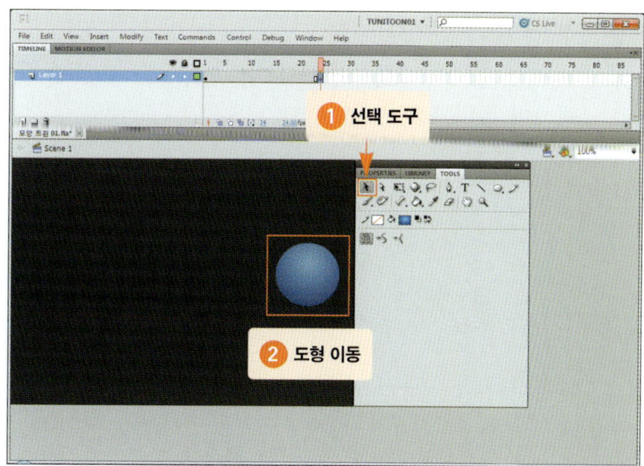

05 1프레임과 24프레임 사이의 프레임 중 한곳을 선택하고, 메뉴 바에서 [Insert]-[Shape Tween]을 선택하여 모양 트윈을 삽입합니다.

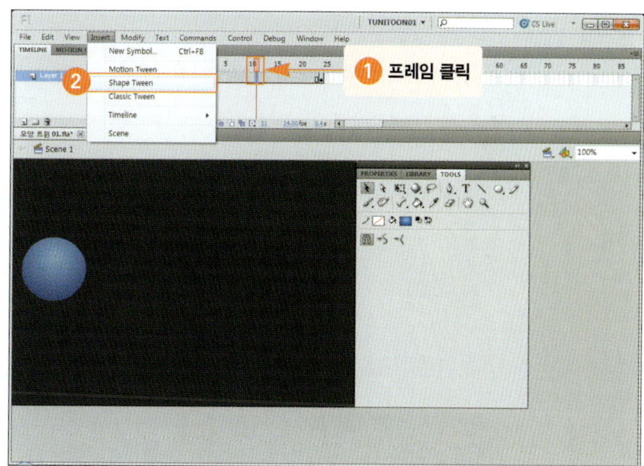

06 타임라인을 확인해 보면 1프레임과 24프레임 사이의 회색 프레임이 연두색으로 바뀌고, 실선의 화살표가 생긴 것을 알 수 있습니다.

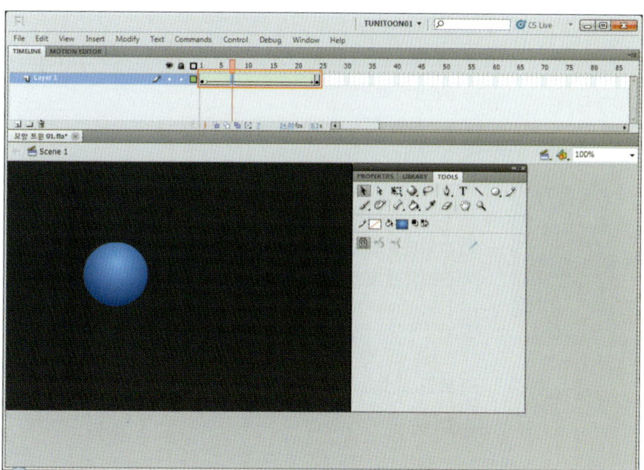

07 메뉴 바에서 [Control]-[Test Movie]-[Test](Ctrl + Enter)를 선택하여 무비를 확인합니다.

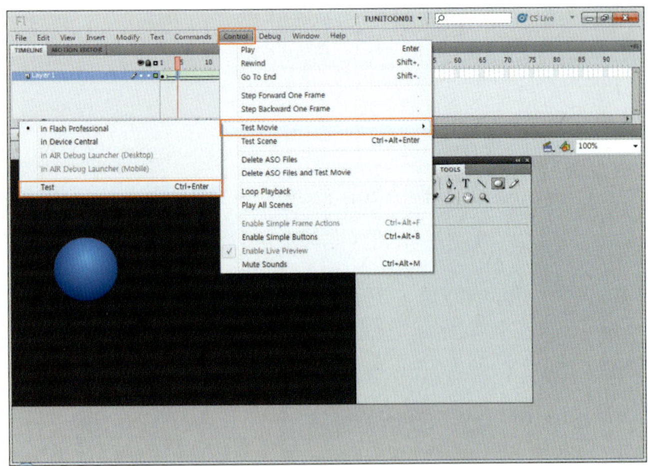

열기선! 잠깐! 애니메이션 속도 조절

1 | 키프레임 사이의 간격을 다르게 처리 : 애니메이션의 구간별(부분적으로) 속도 제어 가능

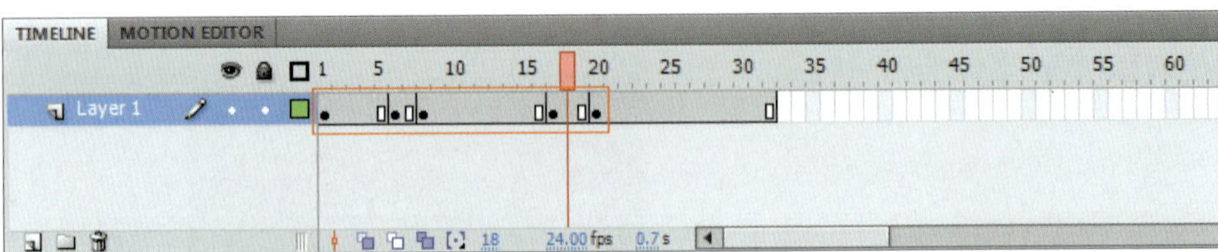

2 | 초당 프레임 수 조절 : 애니메이션의 전체 속도 제어 가능

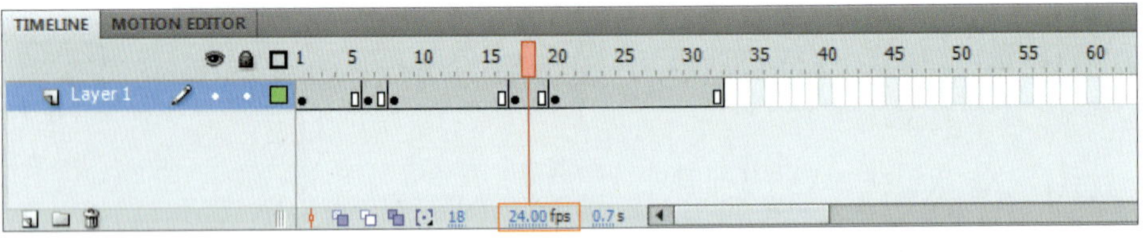

테스트 무비를 통해 무비를 확인하면 프레임 바이 프레임에 비해 왼쪽에서 오른쪽으로 이동하는 애니메이션이 좀 더 부드러워진 것을 알 수 있습니다.

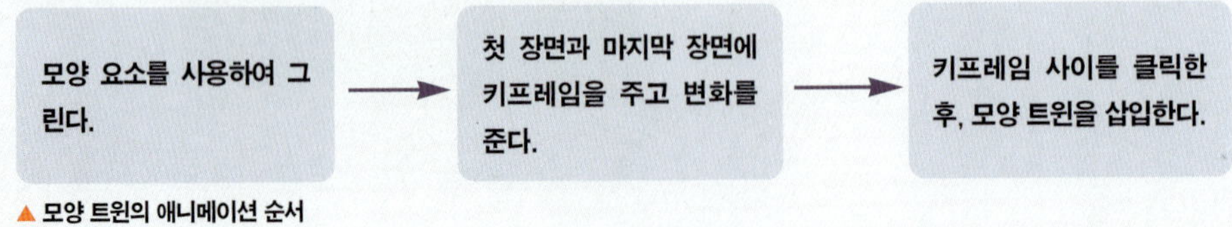

▲ 모양 트윈의 애니메이션 순서

모양 힌트

이 장에서는 모양 힌트에 대해 알아보겠습니다. 모양 트윈은 모양 요소를 사용한다는 특징과 모양 요소가 분리되어 있다는 특징을 이용하여 형태 변화 애니메이션을 줄 수 있습니다. 모양 힌트는 종이접기처럼 형태가 바뀌면서 새로운 형태가 만들어지는 애니메이션 등에 효율적으로 적용할 수 있는 애니메이션으로, 이는 모양 트윈에서만 줄 수 있는 고유한 특징입니다.

1 모양 힌트를 이용한 애니메이션

모양 힌트(Shape Hint)를 이용하여 종이가 접히는 애니메이션을 만들어 보겠습니다.

예제파일 | 부록DVD\Sample\Part01\Ch03\모양 힌트.fla
완성파일 | 부록DVD\Sample\Part01\Ch03\모양 힌트_완성.fla

**핵심
포인트**

1 | 모양 힌트 추가하기

2 | 모양 힌트는 트윈의 시작 프레임에 추가한다.

3 | 모양 힌트는 모양 트윈에서만 적용할 수 있다.

 삼각형 접기 애니메이션

01 메뉴 바에서 [File]–[Open](Ctrl + O)을 선택하여 '모양 힌트.fla' 파일을 엽니다.

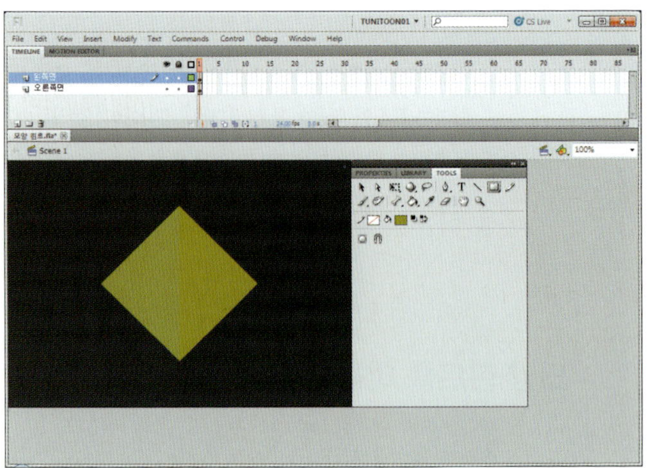

02 '오른쪽면' 레이어의 20프레임을 선택한 후, 마우스 오른쪽 버튼을 클릭하면 나타나는 단축 메뉴에서 [Insert Frame](F5)을 선택하여 프레임을 추가합니다.

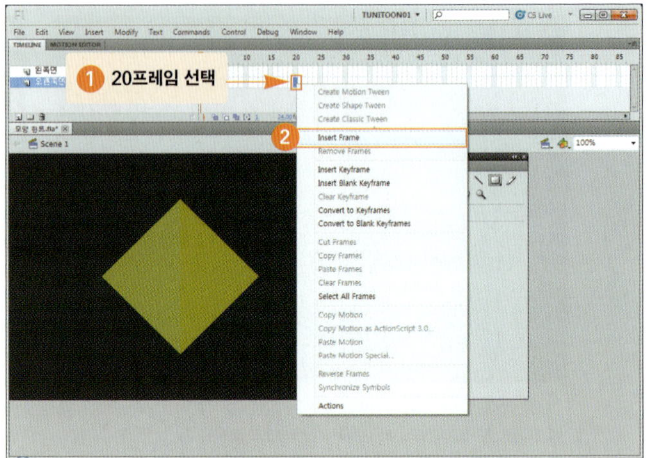

03 '왼쪽면' 레이어의 20프레임을 선택한 후, 마우스 오른쪽 버튼을 클릭하면 나타나는 단축 메뉴에서 [Insert Keyframe](F6)을 선택하여 키프레임을 추가합니다.

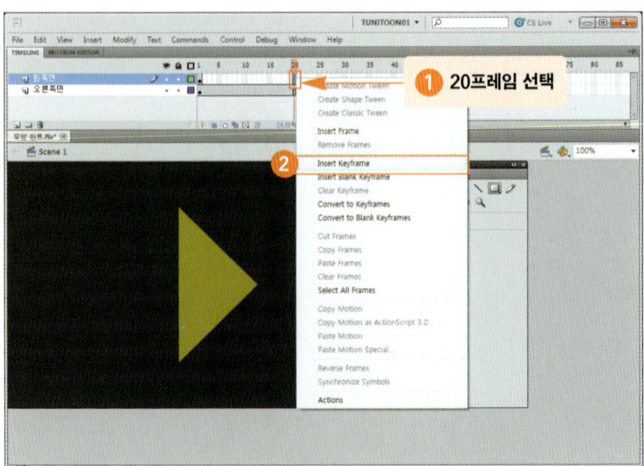

04 도구 상자에서 자유 변형 도구(▣)를 선택한 후, '왼쪽면' 레이어에 있는 삼각형이 왼쪽 꼭지점을 오른쪽으로 이동하고, 색상을 바꿉니다.

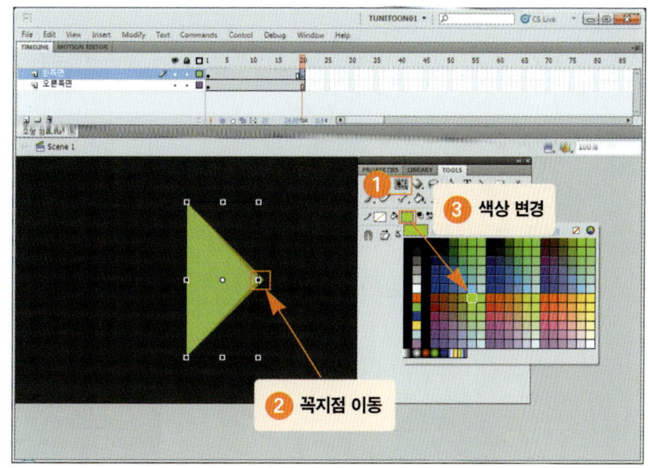

05 '왼쪽면' 레이어의 1프레임과 20프레임 사이를 선택한 후, 마우스 오른쪽 버튼을 클릭하면 나타나는 단축 메뉴에서 [Create Shape Tween]을 선택하여 모양 트윈을 추가합니다.

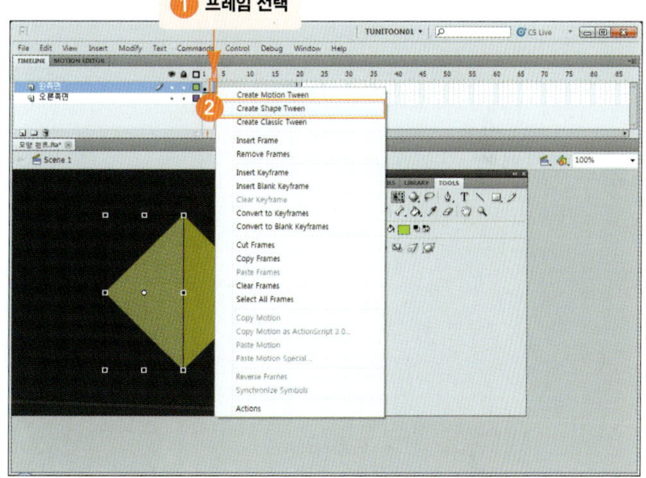

06 애니메이션을 확인하기 위해 메뉴 바에서 [Control]-[Test Movie]-[Test](Ctrl + Enter)를 선택하여 무비를 확인합니다. 삼각형이 접히는 느낌으로 이동하지 않고, 회전하면서 이동하는 몰핑 현상이 발생하는 것을 알 수 있습니다.

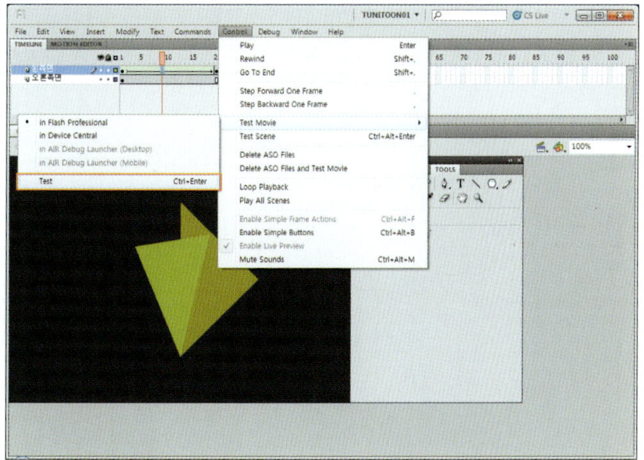

STEP 02 몰핑 현상을 해결하기 위한 모양 힌트 추가

01 '왼쪽면' 레이어의 플레이 헤드(1)를 1프레임으로 이동한 후, 메뉴 바에서 [Modify]-[Shape]-[Add Shape Hint](Ctrl + Shift + H)를 선택합니다.

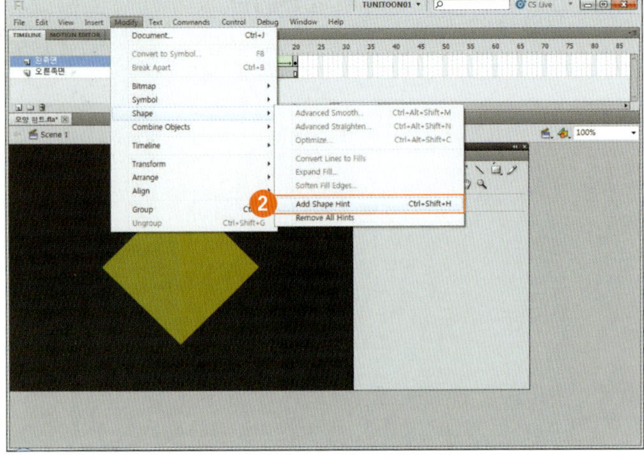

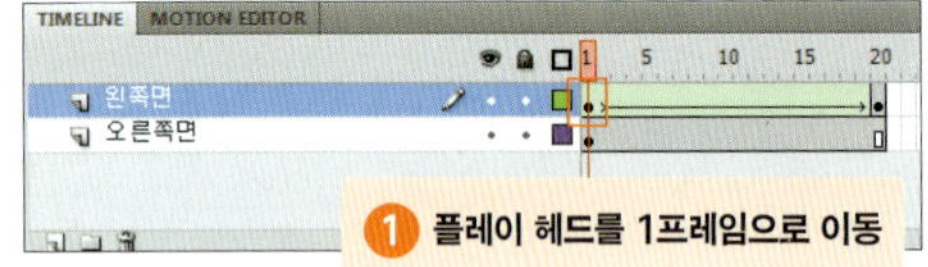

02 빨간색의 'ⓐ' 아이콘이 추가된 것을 알 수 있습니다.

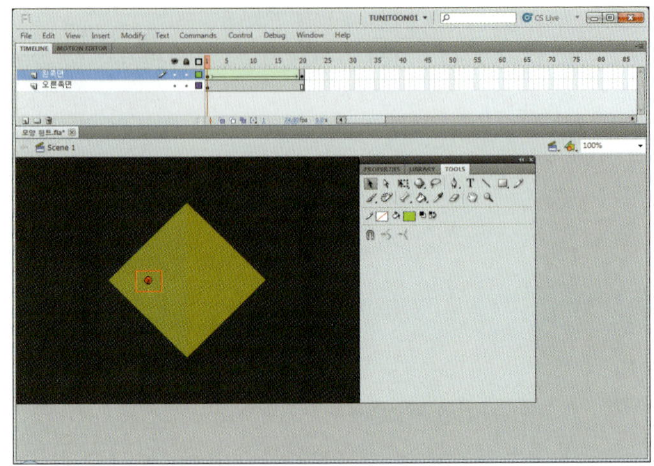

03 'ⓐ' 아이콘을 삼각형의 왼쪽 꼭짓점으로 이동합니다.

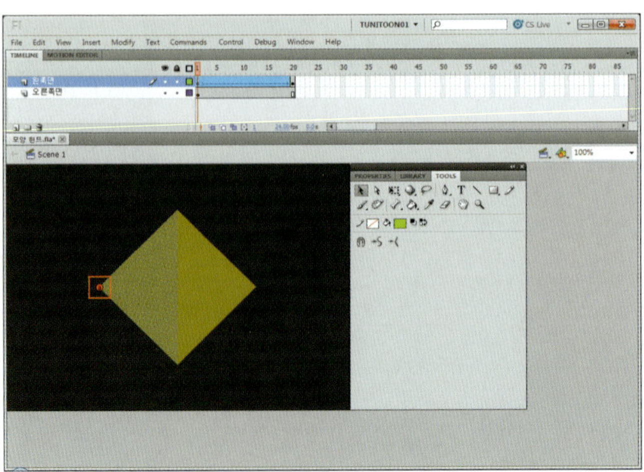

04 플레이 헤드(■)를 20프레임으로 이동한 후, 빨간색의 'ⓐ' 아이콘을 삼각형이 접혀진 오른쪽 꼭지점에 맞춥니다.

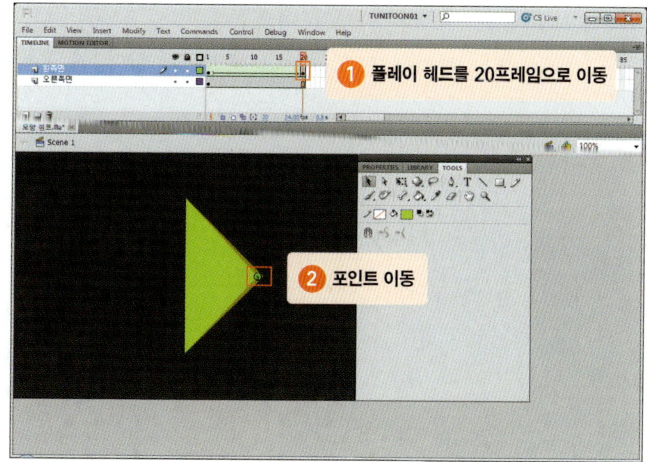

> **tip** 프레임의 삼각형 포인트 부분과 20프레임의 삼각형 포인트 부분이 맞으면 앞프레임은 노란색, 뒷프레임은 연두색으로 바뀝니다. 무비를 확인한 후, 문제 없이 자연스럽게 삼각형이 접히면 모양 힌트가 정상적으로 적용이 된 것입니다. 여전히 몰핑 현상이 발생할 경우는 다음 단계를 계속 이어서 진행하면 됩니다.

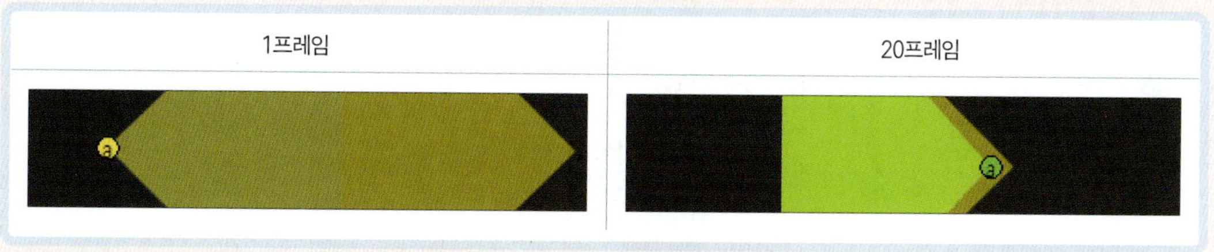

05 플레이 헤드(■)를 다시 1프레임으로 이동한 후, 메뉴 바에서 [Modify]-[Shape]-[Add Shape Hint](Ctrl + Shift + H)를 선택합니다.

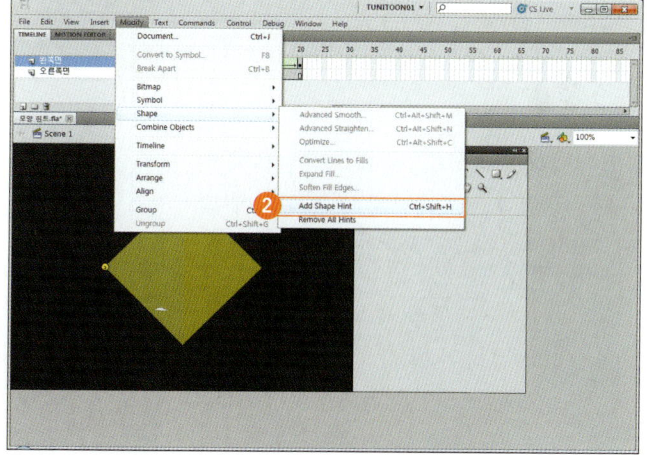

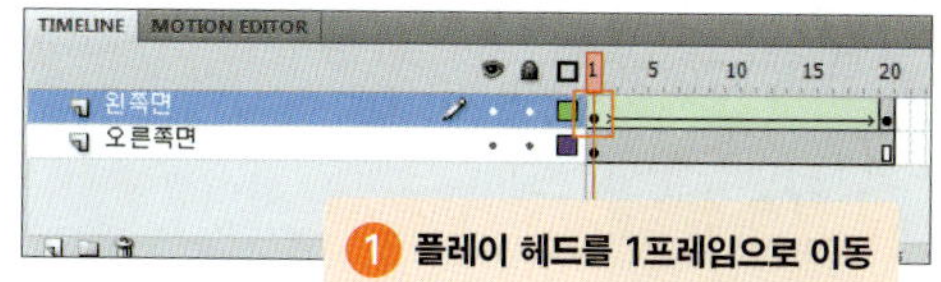

> **tip** **모양 힌트를 추가한 후에도 아이콘이 안보일 경우**
>
> 모양 힌트 아이콘은 화면을 확대하거나 축소하는 경우 가끔 아이콘이 사라지는 경우가 발생합니다. 이 경우에는 메뉴 바에서 [View]-[Show Shape Hints]를 선택하면 됩니다.

> **tip** **모양 힌트 배치**
>
> 모양 힌트는 가능하면 시계 방향 또는 반시계 방향 등과 같이 한 방향으로 주는 편이 좋습니다.

06 이번에는 'ⓑ' 라는 빨간 아이콘이 생깁니다. 이어서 다시 한 번 모양 힌트를 추가하여 'ⓒ' 아이콘이 나오도록 합니다.

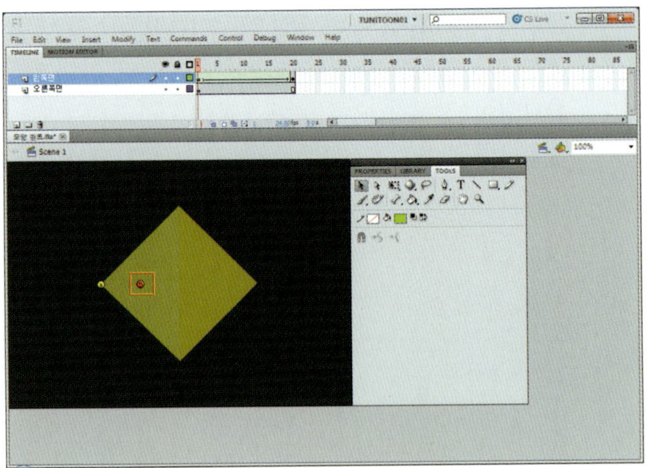

07 'ⓑ' 와 'ⓒ' 아이콘을 각각의 꼭짓점에 맞춥니다.

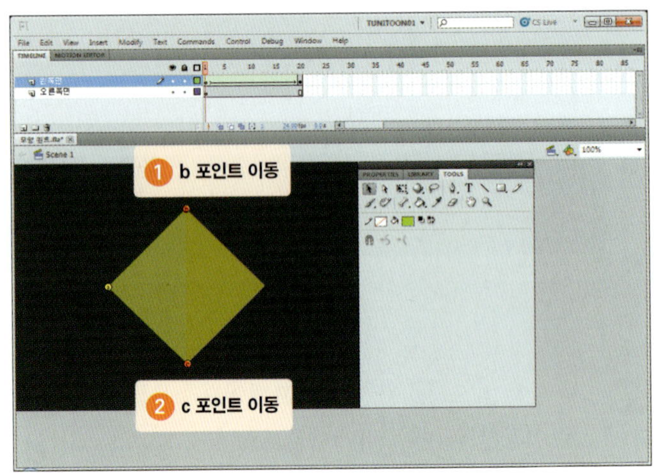

tip 모양 힌트는 도형의 꼭짓점과 외곽선에 추가할 수 있으며, 정확하게 추가되면 앞 프레임은 노란색, 뒷 프레임은 연두색으로 바뀌고 잘못 추가되면 빨간색이 됩니다.

08 플레이 헤드(▮)를 20프레임으로 이동한 후, 1프레임에 맞춘 위치에 맞게 'ⓑ' 와 'ⓒ' 아이콘을 맞춥니다.

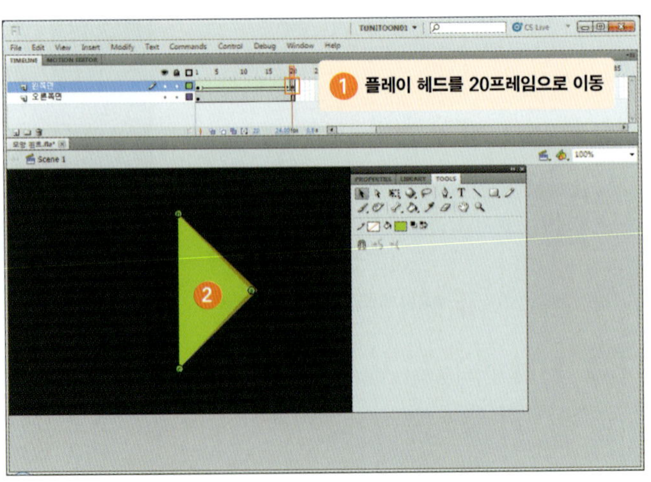

09 메뉴 바에서 [Control]-[Test Movie]-[Test](Ctrl + Enter)를 선택하여 무비를 확인합니다.

엽기서! 잠깐! 모양 힌트 용도 변화

● 동영상 강의 〔모양 힌트 용도 변화〕 참고

모양 힌트는 정상적인 모양이 만들어지도록(몰핑 현상이 생기지 않도록) 처리해 주는 방법이지만, 의도적으로 모양 힌트 아이콘의 위치를 다르게 맞추어 트랜지션 효과를 만들기도 합니다.

▲ 1프레임   ▲ 20프레임

엽기서! 잠깐! 모양 힌트를 추가하는 네 가지 방법

1 | 메뉴 바에서 〔Modify〕-〔Shape〕-〔Add shape Hint〕를 선택

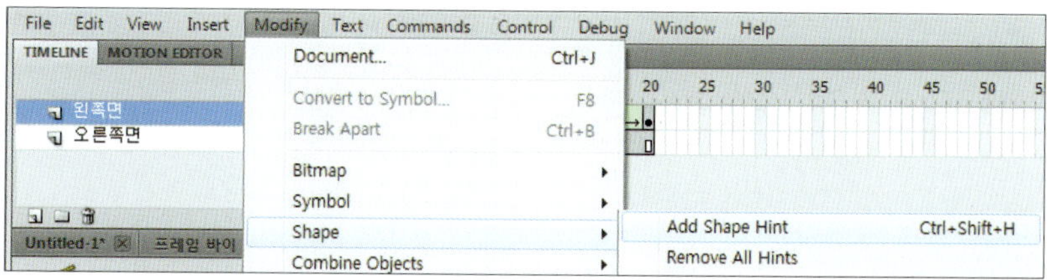

2 | 추가된 모양 힌트 아이콘을 선택한 후, 마우스 오른쪽 버튼을 클릭하면 나타나는 단축 메뉴에서 〔Add Hint〕를 선택

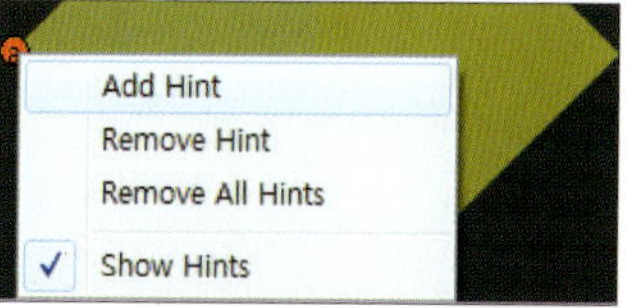

3 | 추가된 모양 힌트 아이콘을 선택한 후, Ctrl 을 누른 채 클릭하고 드래그

4 | 단축키 Ctrl + Shift + H 를 누름.

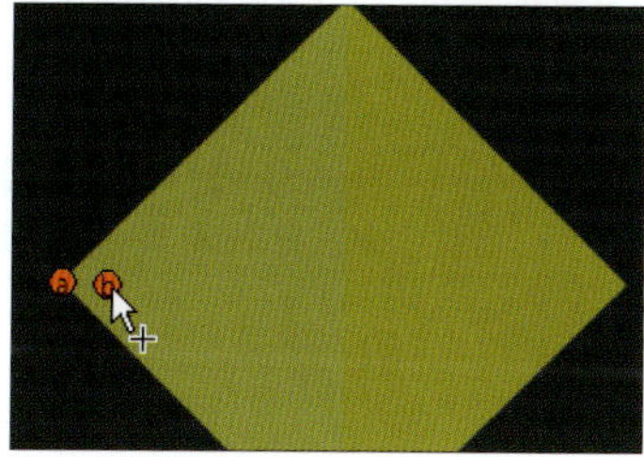

모양 트윈과 모양 힌트

모양은 일정한 점의 집합으로 이루어진 것으로, 왼쪽에 있는 사각형이 오른쪽으로 이동되는 애니메이션으로 설명하면 다음과 같습니다.

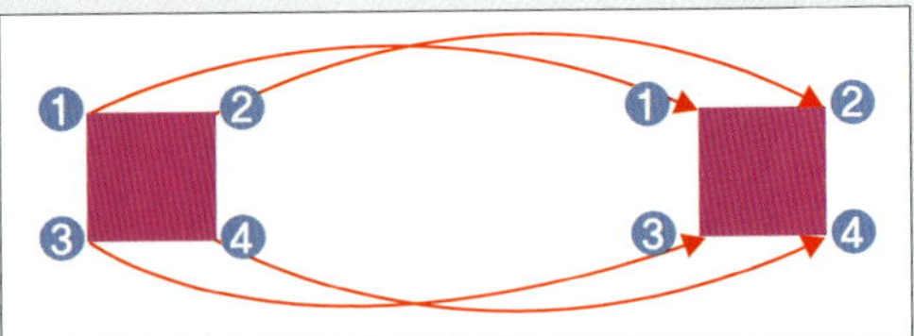

왼쪽 사각형의 ❶은 오른쪽 사각형의 ❶로 이동하고, 왼쪽 사각형의 ❷는 오른쪽 사각형의 ❷로, 왼쪽 사각형의 ❸은 오른쪽 사각형의 ❸으로, 왼쪽 사각형의 ❹는 오른쪽 사각형의 ❹로 이동하면서 트위닝이 진행됩니다.

그런데 모양 요소를 이용한 애니메이션의 경우에는 반드시 이런 형태로 진행되지 않고 경우에 따라서는 오른쪽 그림과 같이 다르게 진행될 수도 있습니다. 이런 상황은 예상치 못한 결과를 초래할 수 있으며, 애니메이션이 뭉개지거나 꼬이면서 몰핑(Morphing) 현상이 발생할 수도 있습니다.

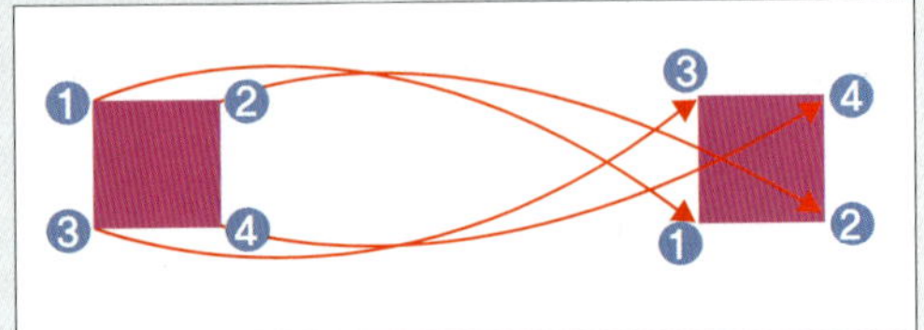

이 현상은 모양 요소가 분리되어 있다는 특징 때문에 발생하는 것으로, 이를 이용하여 특별한 애니메이션을 만들어낼 수 있지만, 경우에 따라서는 예상치 못한 결과를 초래하므로 애니메이션 작업에 혼란을 가져올 수도 있습니다.

플래시 애니메이션에서는 이러한 몰핑 현상을 제어하기 위해 모양 힌트라는 메뉴를 제공하고 있습니다. 모양 힌트는 앞에서 설명한 대로 처음 장면의 ❶이 다음 장면에서도 ❶의 위치로 이동하도록 힌트를 주는 명령이라고 생각하면 됩니다.

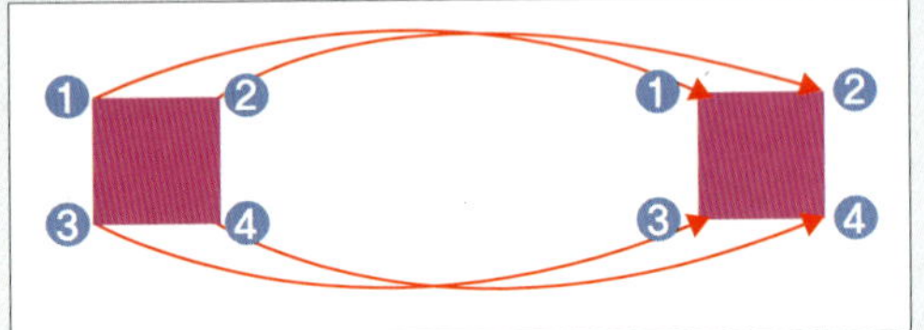

모양 힌트는 몰핑 현상을 없앨 때도 사용하지만 의도된 몰핑 효과를 통해 독특한 효과를 줄 때도 사용합니다.

모양 힌트는 몰핑 현상이 생겼을 때 모양 요소가 애니메이션되는 동안 꼬이거나 뭉개지지 않도록 해 주는 메뉴입니다. 모양 트윈 애니메이션을 주었을 때만 사용할 수 있으며, 앞쪽 프레임(시작 프레임)에서 모양 힌트를 추가하고 뒤쪽 프레임에서 위치를 정확하게 맞추어야 합니다.

클래식 트윈 애니메이션

이 장에서는 클래식 트윈을 이용한 애니메이션에 대해 알아보겠습니다. 클래식 트윈은 뒤에서 다룰 모션 트윈과 함께 플래시 애니메이션에서 가장 많이 사용되는 애니메이션 기법입니다. 플래시에서 사용되는 여러 요소 중 심벌이라는 오브젝트를 이용하여 애니메이션을 제작하며, 매우 부드럽고 자연스러운 애니메이션을 만들 수 있다는 특징이 있습니다.

1 클래식 트윈 애니메이션 만들기

클래식 트윈(Classic Tween)이 모양 트윈과 다른 점은 애니메이션에 사용되는 오브젝트가 심벌이라는 데 있습니다. 이번에는 기본 심벌인 그래픽 심벌을 이용하여 클래식 트윈 애니메이션을 만들어 보겠습니다. 클래식 트윈 애니메이션은 앞에서 다루었던 모양 트윈 애니메이션과 거의 비슷한 단계로 이루어집니다. 프레임 바이 프레임에서 사용한 캐릭터로 학습을 진행할 것이므로, 프레임 바이 프레임과 어떤 차이가 있는지를 생각하면서 만들어 보면 좀 더 이해하기가 쉬울 것입니다.

예제파일 | 부록DVD\Sample\Part01\Ch03\클래식 트윈01.fla
완성파일 | 부록DVD\Sample\Part01\Ch03\클래식 트윈01_완성.fla

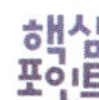

핵심
포인트

1 | 트위닝 애니메이션 : 2개 이상의 키프레임이 있어야 하며, 키프레임과 키프레임 사이에 트윈을 준다.

2 | 클래식 트윈에 사용되는 오브젝트는 반드시 심벌이어야 하며, 색상, 크기, 위치, 알파의 변화를 주는 애니메이션이 가능하다.

01 메뉴 바에서 [File]–[Open](Ctrl + O)을 선택하여 '클래식 트윈 01.fla' 파일을 엽니다.

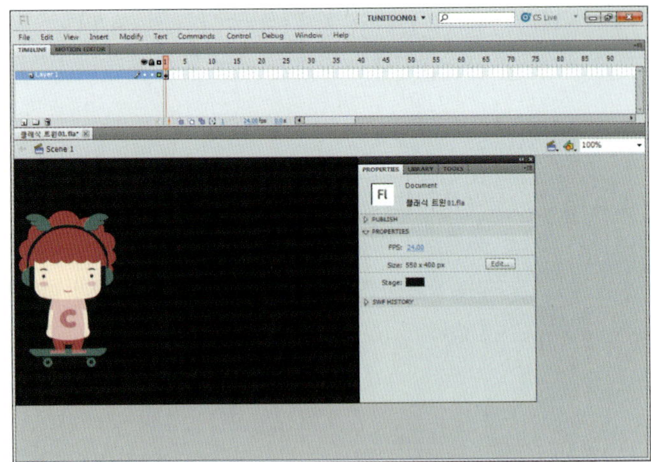

02 도구 상자의 선택 도구( )를 이용하여 '토마' 캐릭터를 모두 선택합니다(또는 Ctrl + A).

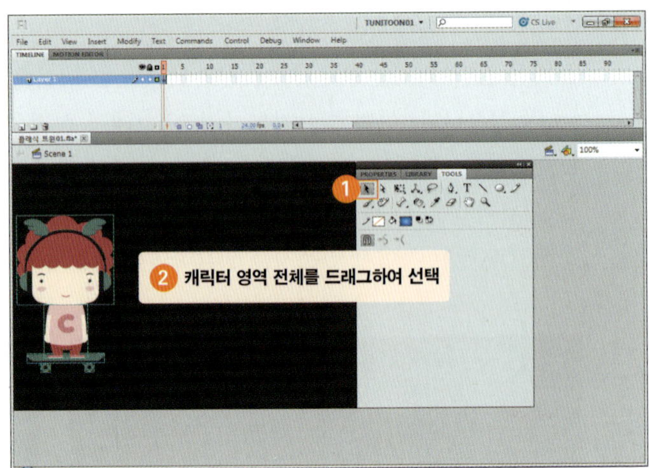

여기서 잠깐! 심벌의 종류와 특징

- **심벌의 종류** : 그래픽 심벌, 버튼 심벌, 무비클립 심벌
- **심벌의 용도** : 모든 심벌들은 클래식 트윈이나 모션 트윈에서 사용할 수 있으며, 애니메이션에 적합한 심벌은 그래픽 심벌과 무비클립 심벌임.
- **심벌의 특징**
  - 심벌의 원본은 라이브러리에 보관되며, 스테이지에 있는 오브젝트는 인스턴스임.
  - 스테이지에 있는 인스턴스에 변화를 주어도 원본에는 변화가 없지만 라이브러리에 있는 원본에 변화를 주면 인스턴스에 변화가 생김.
  - 라이브러리에 있는 원본을 지우면 안됨.

03 캐릭터가 모두 선택된 상태에서 메뉴 바의 [Modify]-[Convert to Symbol] (F8)을 선택하여 심벌로 변환합니다. 이 과정이 모양 트윈과 가장 다른 점입니다.

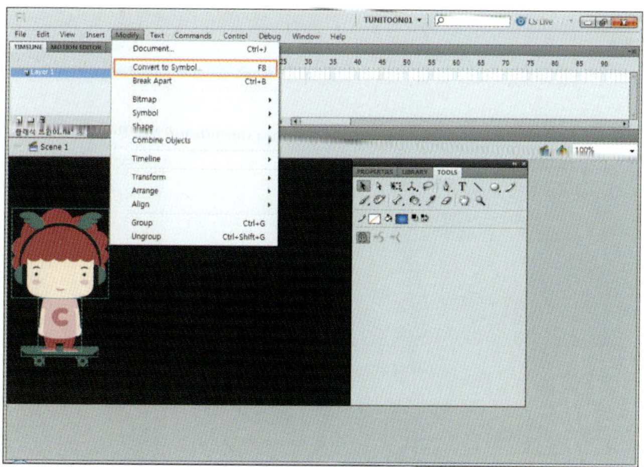

04 심벌의 종류는 기본 심벌인 그래픽 심벌을 선택합니다(이름 : 토마).

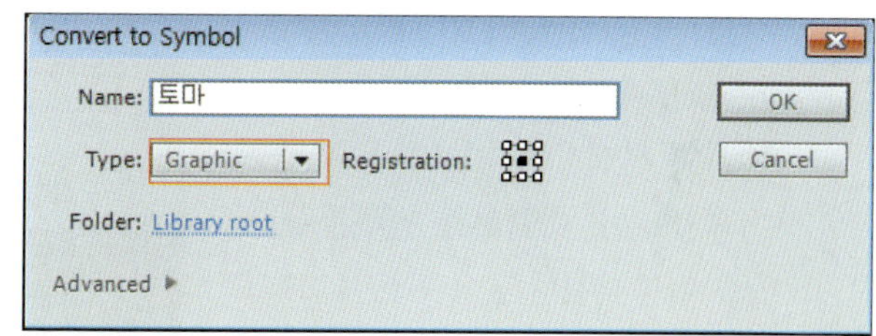

05 메뉴 바에서 [window]-[Library] (Ctrl + L)를 선택하여 확인해 봅니다.

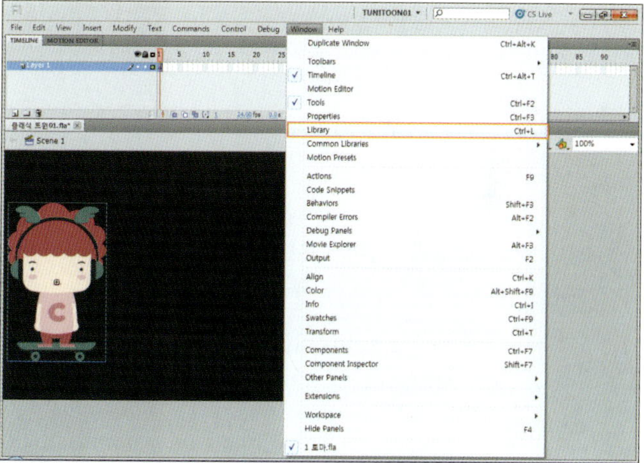

06 '토마' 라는 이름으로 그래픽 심벌이 생성된 것을 확인할 수 있습니다.

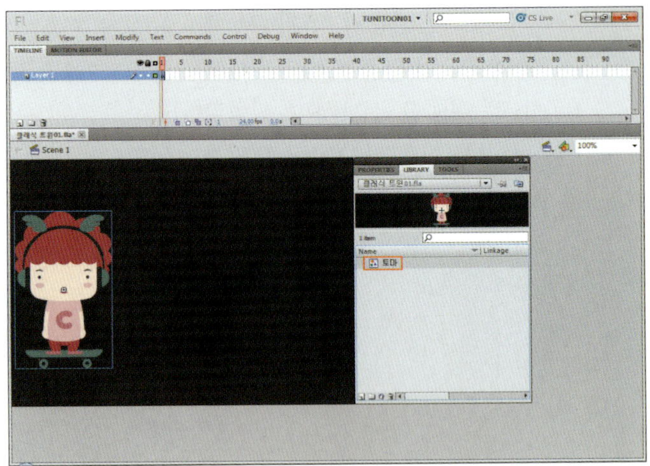

07 24프레임을 선택하고, 메뉴 바에서 [Insert]-[Timeline]-[Keyframe] (F6)을 선택하여 키프레임을 추가한 후, '토마' 캐릭터를 원하는 거리만큼 이동시킵니다.

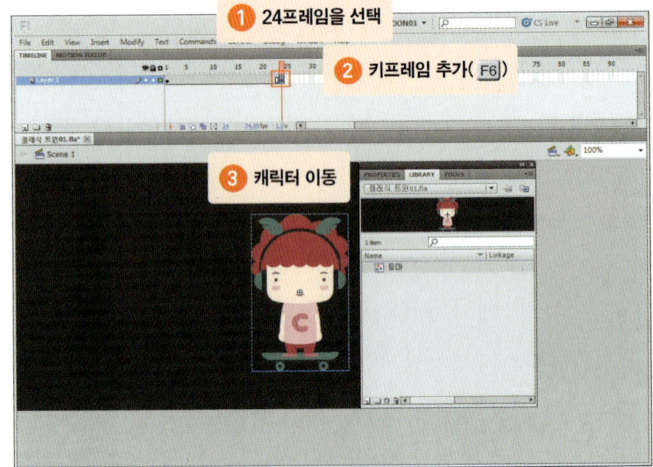

08 1번 키프레임과 24번 키프레임 사이의 프레임 중 한곳을 클릭한 후, 메뉴 바에서 [Insert]-[Classic Tween]을 선택하여 클래식 트윈을 줍니다.

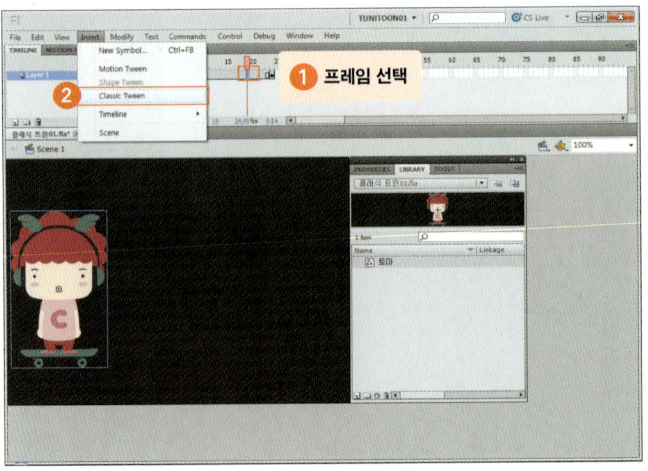

09 타임라인을 확인해 보면 1프레임과 24프레임 사이의 회색 프레임이 보라색으로 바뀌고, 실선의 화살표가 생긴 것을 알 수 있습니다.

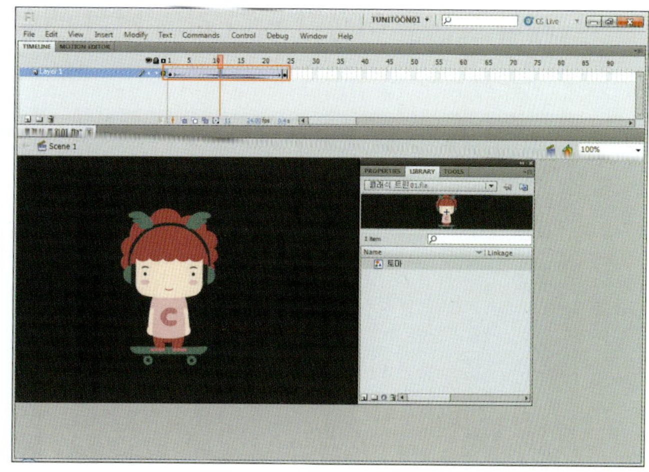

10 메뉴 바에서 [Control]–[Test Movie]–[Test](Ctrl + Enter)를 선택하여 무비를 확인합니다. 이미 앞에서 만들어 보았던 프레임 바이 프레임이나 모양 트윈과 비슷한 애니메이션이라는 것을 확인할 수 있습니다. 특히 프레임 바이 프레임 애니메이션에 비해 매우 부드럽게 진행되는 것을 볼 수 있습니다.

알기쉬운 잠깐! 모양 트윈 VS 클래식 트윈

구분	모양 트윈	클래식 트윈
용량	Movie: Dim: 550 X 400 pixels Fr rate: 24.0 fr/sec Size: 4 KB (5098 B) Duration: 1 fr (0.0 s)	Movie: Dim: 550 X 400 pixels Fr rate: 24.0 fr/sec Size: 4 KB (5075 B) Duration: 1 fr (0.0 s)
요소	모양 사용	심벌 사용
타임라인	TIMELINE MOTION EDITOR — 모양트윈	TIMELINE MOTION EDITOR — 클래식트윈
특징	1. 모양 트윈은 형태의 변화가 가능하기 때문에 다양한 모양의 애니메이션을 할 수 있음. 2. 각 키프레임에서 다른 모양의 요소로 작업할 수 있음.	1. 클래식 트윈에 사용되는 요소가 심벌이기 때문에 모양 트윈에 비해 용량이 적음(심벌은 라이브러리에 있는 원본만 파일 용량에 포함되며 스테이지의 인스턴스는 거의 용량을 차지하지 않음). 2. 모양 트윈과 클래식 트윈을 둘 다 표현할 수 있는 애니메이션의 경우에는 클래식 트윈으로 작업한 것이 용량 면에서 효율적임.

2

클래식 트윈을 이용한 알파 값의 변화 애니메이션

예제파일 | 부록DVD\Sample\Part01\Ch03\클래식 트윈으로 알파 값 제어하기.fla
완성파일 | 부록DVD\Sample\Part01\Ch03\클래식 트윈으로 알파 값 제어하기_완성.fla

핵심포인트

1 | 라이브러리에 있는 심벌 사용하기

2 | 심벌에 알파 값과 색상 변환하기

STEP 01 　　　　　　　　　　　　　　　　　　　스테이지에 심벌 배치하기

01 메뉴 바에서 [File]-[Open](Ctrl + O)을 선택하여 '클래식 트윈을 이용한 알파 값 제어하기.fla' 파일을 엽니다.

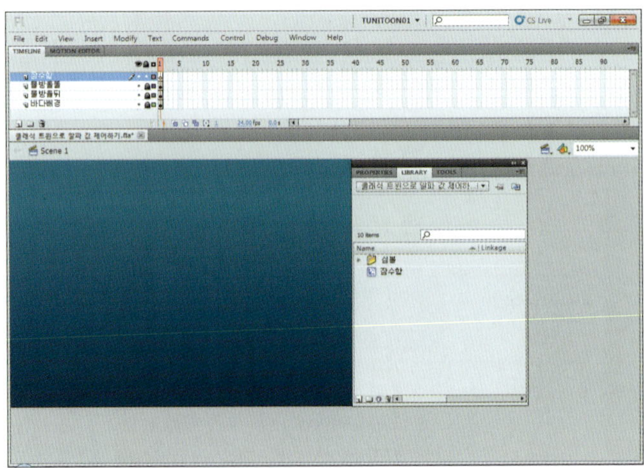

tip 레이어 잠금 처리

레이어가 여러 개 있을 경우, 사용하지 않는 레이어는 작업에 방해가 되지 않도록 레이어의 자물쇠 부분을 클릭하여 잠금 처리해 두는 편이 좋습니다.

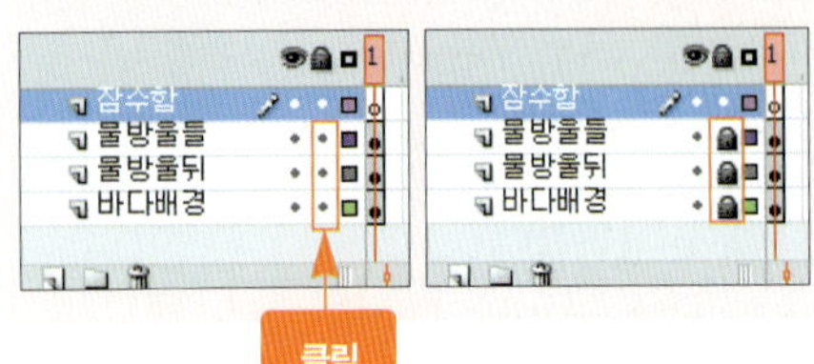

02 라이브러리 패널이 열려 있지 않은 경우에는 메뉴 바에서 [Window]–[Library]를 선택하여 라이브러리 패널을 엽니다.

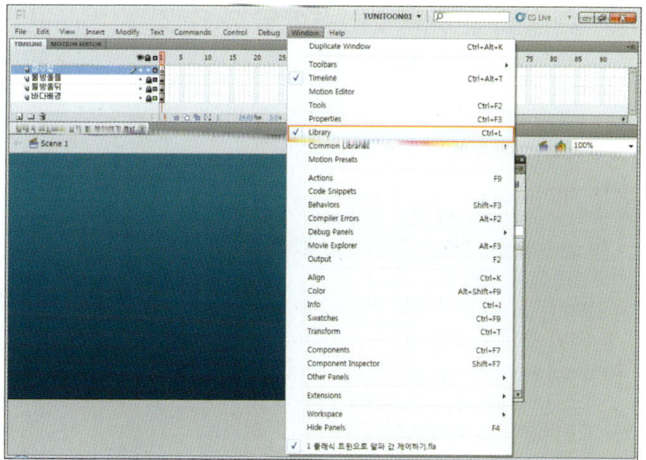

03 타임라인의 '잠수함' 레이어의 1프레임을 선택하고 라이브러리 패널에서 '잠수함' 심벌을 선택하여 스테이지에 끌어다 놓습니다.

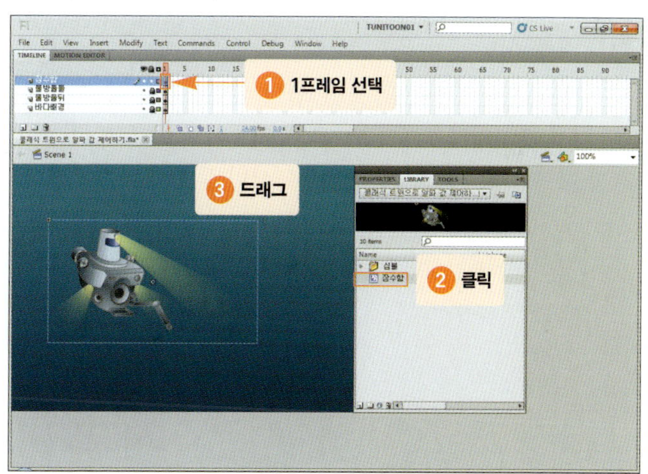

STEP 02   심벌의 크기와 알파 값 제어하기

01 '잠수함' 레이어의 24프레임을 선택한 후, 메뉴 바에서 [Insert]–[Timeline]–[Keyframe](F6)을 선택하여 키프레임을 추가합니다.

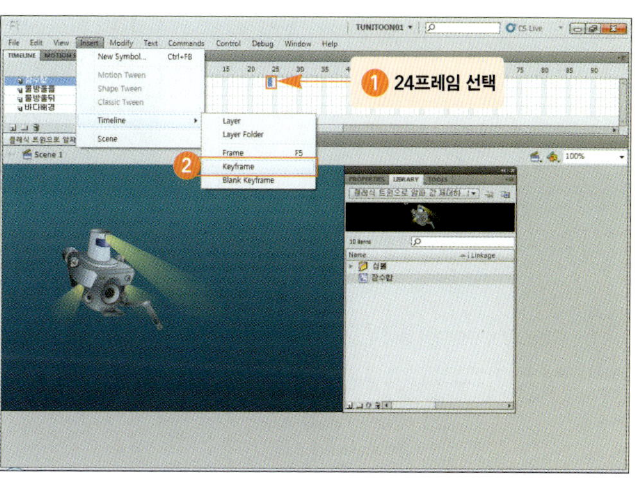

02 나머지 레이어의 24프레임을 선택한 후, 메뉴 바에서 [Insert]-[Timeline]-[Frame](F5)을 선택하여 프레임을 추가합니다.

> **tip**
>
> ■ **프레임 추가(** F5 **)** : 변화는 없지만 특정 프레임까지 보여 줄 내용이 있을 때 추가함.
> - '물방울들/물방울뒤/바다배경' 레이어는 변화 없이 계속 보여 줄 내용이므로 프레임 추가
>
> ■ **키프레임 추가(** F6 **)** : 변화를 주고자 할 때 추가하는 프레임으로 변화를 주는 시점에 키프레임을 추가함.
> - '잠수함' 레이어는 움직임이 추가되므로 24프레임에 키프레임을 추가

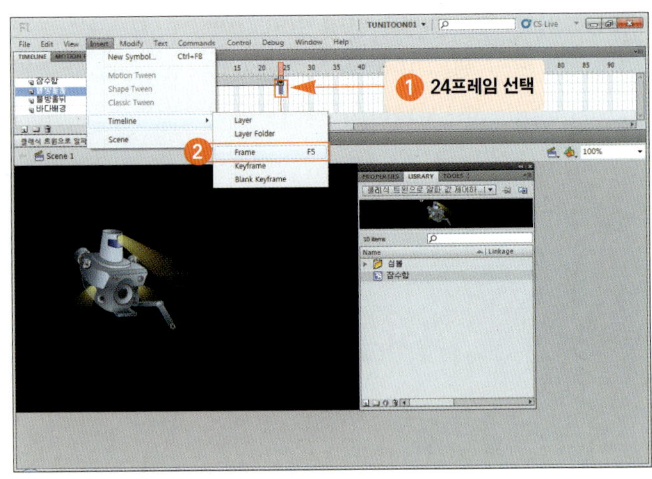

03 좌측 상단에서 우측 하단으로 움직이는 애니메이션을 주기 위해 플레이 헤드( )를 1프레임으로 이동한 후, 1프레임에 있는 '잠수함' 심벌을 도구 상자에서 선택 도구( )를 이용하여 좌측 상단으로 이동합니다.

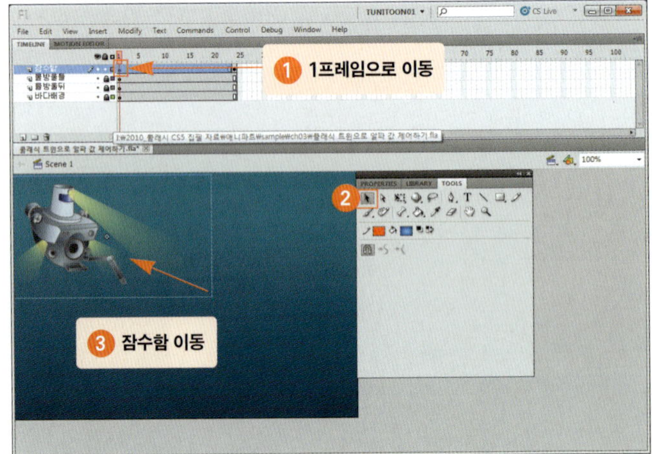

04 도구 상자에서 자유 변형 도구( )를 이용하여 '잠수함' 심벌의 사이즈를 줄입니다.

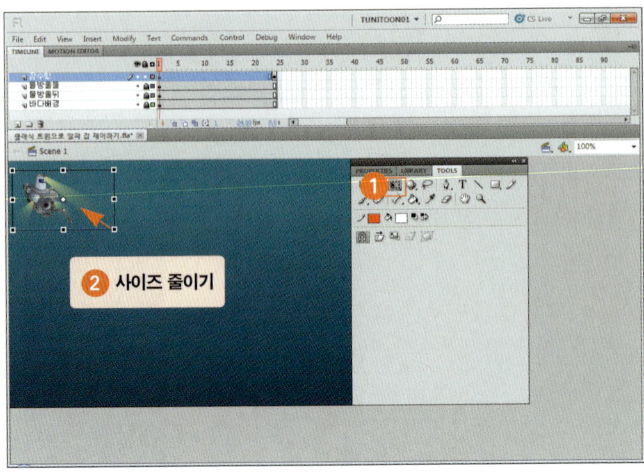

> **tip** **자유 변형 도구로 크기 줄이기**
>
> **같은 비율로 줄이기** : Shift 를 누른 채 모서리 포인트를 조절

05 '잠수함' 심벌이 선택된 상태에서 [PROPERTIES] 패널의 [COLOR EFFECT]-[Alpha] 값을 '0%'로 조절합니다.

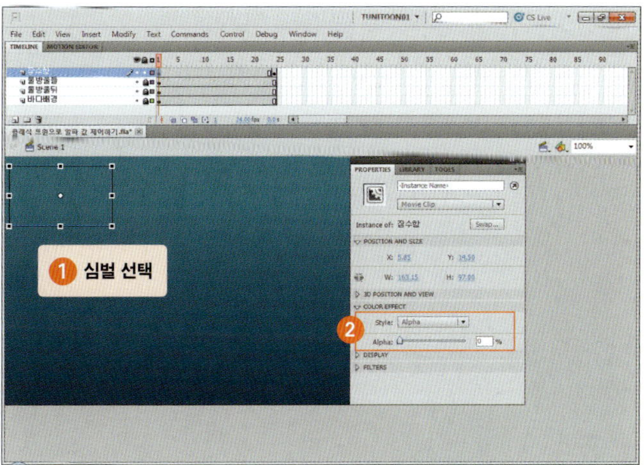

06 플레이 헤드(🔢)를 24프레임으로 이동한 후 '잠수함' 심벌을 우측 하단으로 이동한 후, 자유 변형 도구(🔣)를 이용하여 '잠수함' 심벌의 사이즈를 크게 조절합니다.

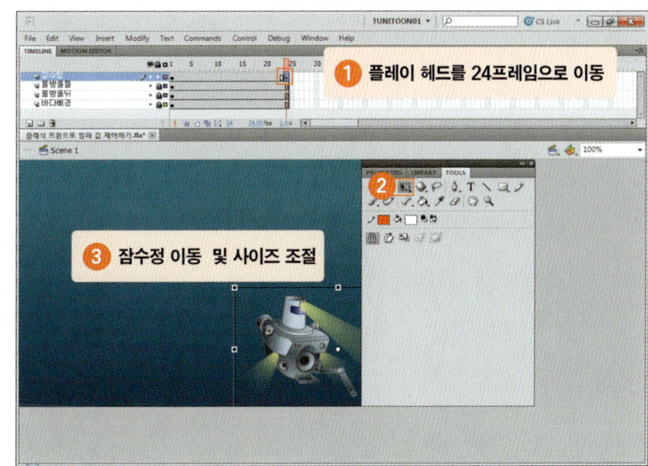

07 '잠수함' 레이어의 1프레임과 24프레임 사이를 선택한 후, 메뉴 바에서 [Insert]-[Classic Tween]을 선택하여 클래식 트윈을 지정합니다.

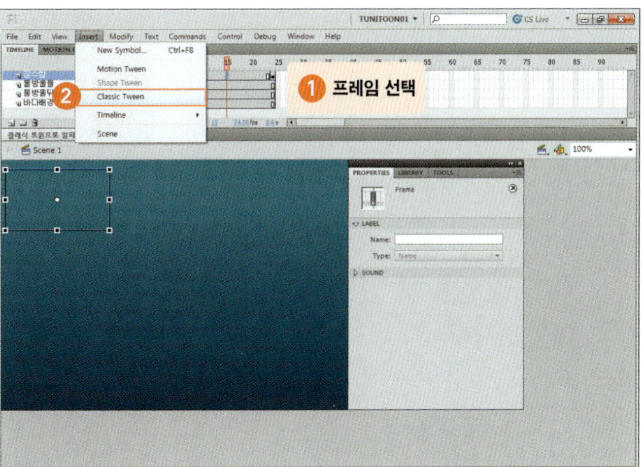

08 보라색의 실선으로 클래식 트윈이 생성되었는지 확인합니다.

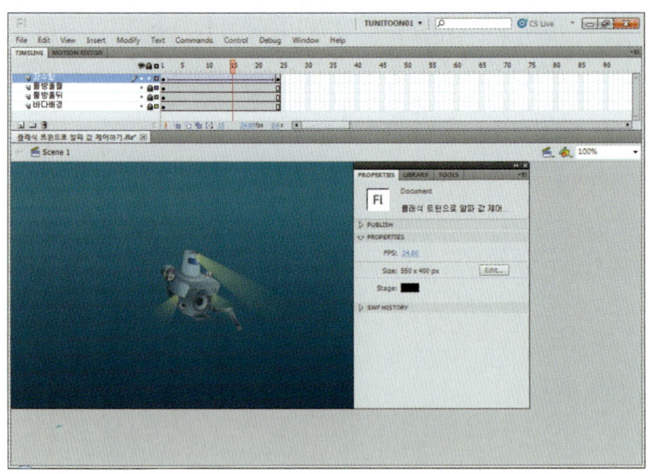

09 메뉴 바에서 [Control]-[Test Movie]-[Test](Ctrl + Enter)를 선택하여 무비를 확인합니다. 초당 프레임 수가 24프레임으로 설정되어 있으므로 애니메이션이 비교적 빠른 느낌이 있습니다.

STEP 03 　　　　　　　　　　프레임 추가로 애니메이션 속도 조절하기

01 1프레임과 24프레임 사이를 드래그 하여 프레임을 선택합니다.

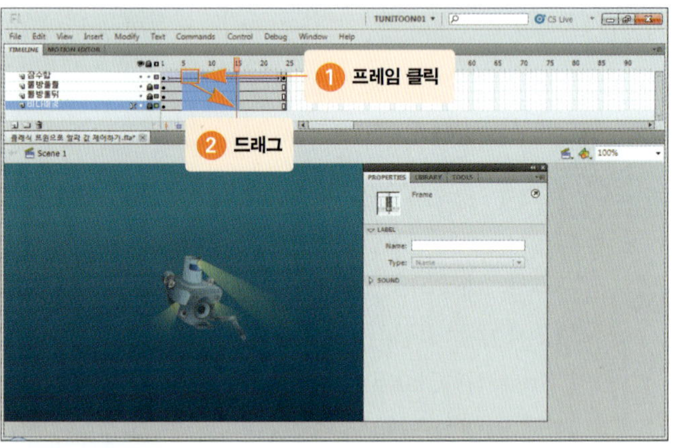

02 메뉴 바에서 [Insert]-[Timeline]- [Frame](F5)을 선택하여 프레임을 추가합니다.

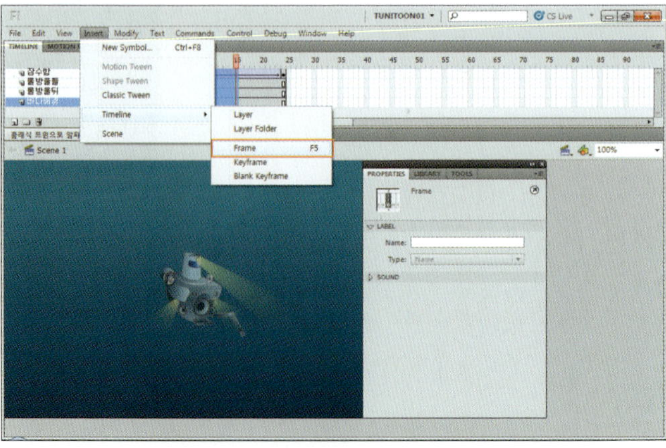

03 드래그하여 선택한 범위만큼 프레임이 추가되어 전체 프레임 수가 늘어난 것을 확인할 수 있습니다.

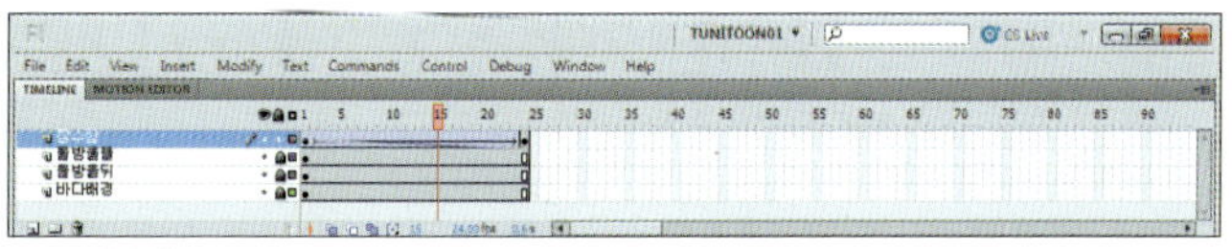

▲ 프레임 추가 전

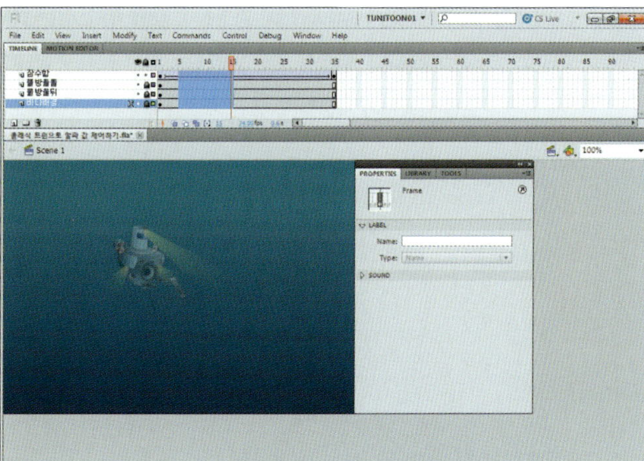

▲ 프레임 추가 후

tip

- F5 : 프레임 추가
- Shift + F5 : 프레임 제거

프레임 추가는 타임라인에서 선택한 프레임의 범위만큼 추가할 수 있습니다. 즉 한 프레임만 선택하고 프레임 추가를 하면 한 프레임씩, 10프레임을 선택하고 프레임을 추가하면 10프레임씩 추가됩니다.

04 메뉴 바에서 [Control]-[Test Movie]-[Test](Ctrl + Enter)를 선택하여 무비를 확인하고, 원하는 속도가 나올 때까지 프레임을 추가합니다. 완성 예제인 '클래식 트윈으로 알파 값 제어하기_완성.fla'는 300프레임까지 추가한 상태입니다.

클래식 트윈 애니메이션의 특징

① 심벌 오브젝트를 사용한다.
② 첫 장면과 마지막 장면에 키프레임을 준 후에 변화를 준다.
③ 하나의 레이어에는 동일한 심벌로 작업해야 한다.

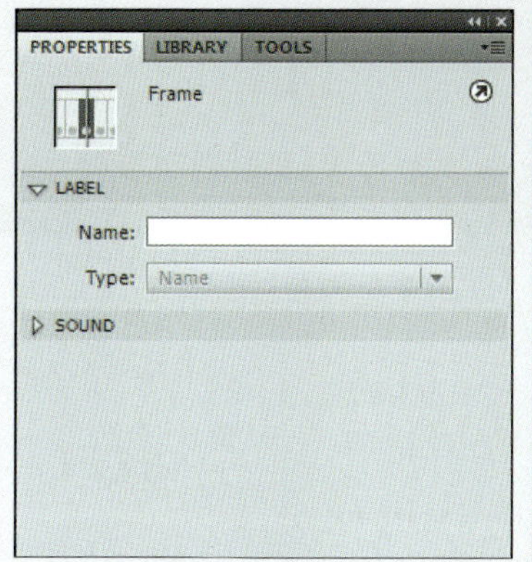

▲ 프레임을 선택할 경우의 패널

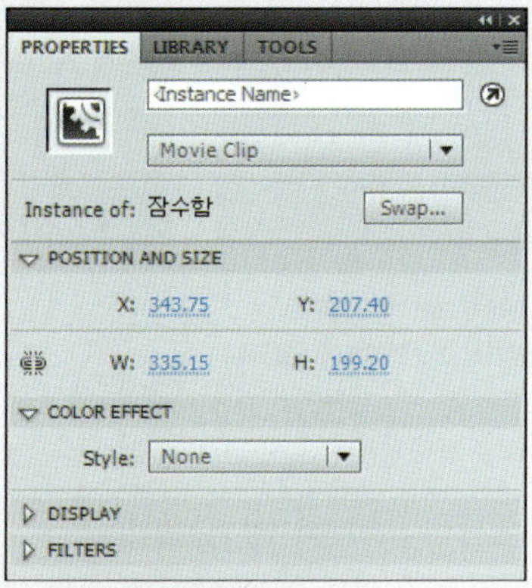

▲ 심벌을 선택할 경우의 패널

클래식 트윈은 (PROPERTIES) 패널에서 (COLOR EFFECT)의 위치, 크기, 색상, 알파 값의 변화를 통한 애니메이션을 줄 수 있습니다. 변화를 줄 때는 키프레임을 먼저 추가해야 하며, 변화를 주고자 하는 심벌이 선택되어 있어야 합니다. (PROPERTIES) 패널은 프레임을 선택한 경우와 심벌을 선택한 경우에 따라 다르게 나타나므로 반드시 심벌을 선택한 후에 변화를 주어야 합니다.

클래식 모션 가이드

이 장에서는 애니메이션에 경로를 지정해 줄 수 있는 클래식 모션 가이드를 이용한 애니메이션 제작 기법에 대해 알아보겠습니다. 클래식 모션 가이드는 직선 경로 중심의 기법이 아니라 이동 경로가 곡선의 형태이거나 움직이는 경로를 사용자가 지정할 수 있는 기법입니다.

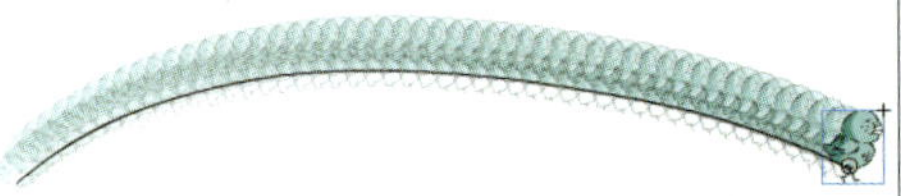 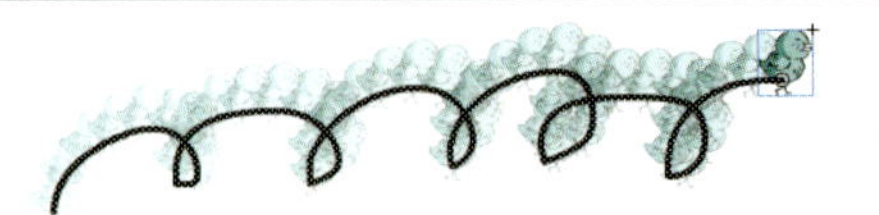

클래식 모션 가이드 애니메이션

클래식 트윈을 이용한 애니메이션은 주로 직선 움직임 위주의 애니메이션을 만듭니다. 즉, 애니메이션의 경로는 왼쪽, 오른쪽, 위 또는 아래 등의 애니메이션만을 만들 수 있었습니다. 실제 우리가 애니메이션을 만들 경우에는 자유로운 움직임이나 곡선 경로를 가진 움직임이 필요할 때도 있으므로 클래식 모션 가이드(Classic Motion Guide)를 통해 경로가 있는 애니메이션을 만들어 보겠습니다.

 예제파일 | 부록DVD\Sample\Part01\Ch03\클래식 모션 가이드02.fla
완성파일 | 부록DVD\Sample\Part01\Ch03\클래식 모션 가이드02_완성.fla

핵심
포인트

1 | 클래식 모션 가이드는 클래식 트윈 애니메이션에서만 가능합니다.

2 | 클래식 모션 가이드는 2개 이상의 레이어에서 가능하며, 가이드라인은 선을 사용합니다.

01 메뉴 바에서 [File]-[Open](Ctrl +
ㅇ)을 선택하여 '클래식 모션 가이
드02.fla' 파일을 엽니다.

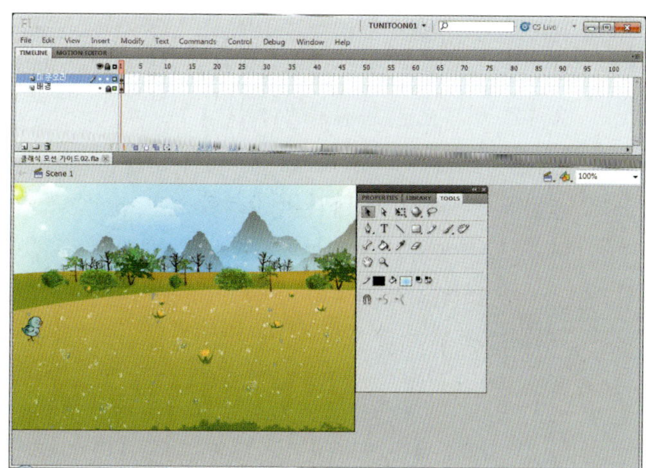

02 '미운오리' 레이어를 선택한 후, 마
우스 오른쪽 버튼을 클릭하면 나타
나는 단축 메뉴에서 [Add Classic
Motion Guide]를 선택합니다.

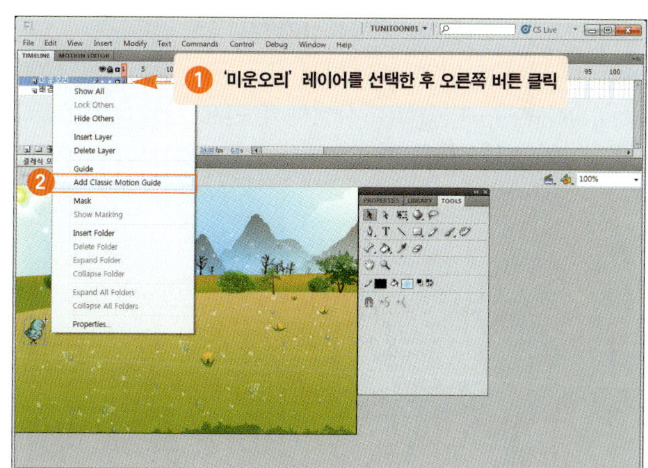

03 'Guide : 미운오리' 레이어의 1프레
임을 선택한 후, 연필 도구( )를
이용하여 '미운오리' 심벌이 따라
갈 수 있는 라인을 그립니다. 즉, 이
라인이 가이드라인이 됩니다.

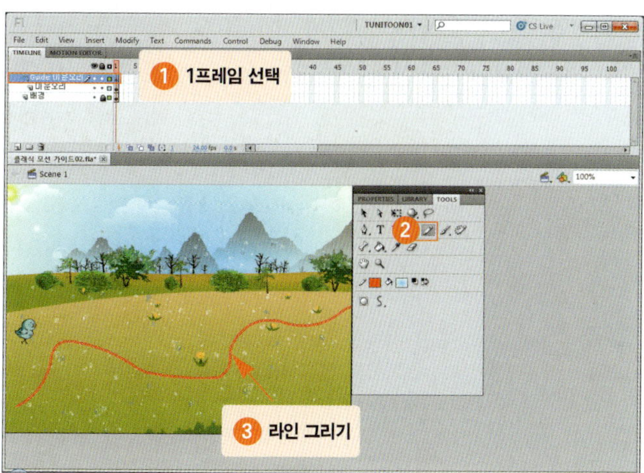

> **tip** 가이드라인은 면보다는 선으로 그리는 것이 좋으며, 중
> 간에 선이 끊기면 안됩니다. 브러시 도구( )를 사용하면 면
> 이 그려지므로, 연필 도구( )나 선 도구( )를 사용하는
> 것이 좋습니다. 또한 펜 도구( )로 라인을 그려 사용할 수도
> 있습니다.

04 '배경' 레이어와 'Guide : 미운오리' 레이어의 24프레임을 마우스 오른쪽 버튼으로 클릭하면 나타나는 단축 메뉴에서 [Insert Frame](F5)을 선택하여 프레임을 추가합니다.

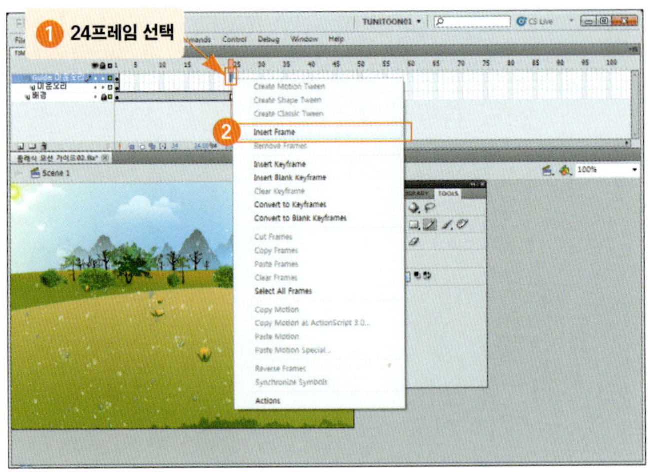

05 '미운오리' 레이어의 24프레임을 마우스 오른쪽 버튼으로 클릭하면 나타나는 단축 메뉴에서 [Insert Keyframe](F6)을 선택하여 키프레임을 추가합니다.

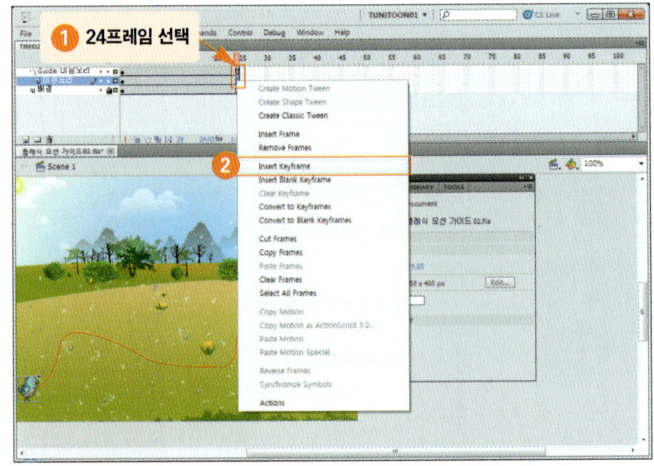

06 플레이 헤드(25)를 1프레임으로 이동한 후, '미운오리' 심벌의 중심점(기준점)을 라인의 시작점에 맞춥니다.

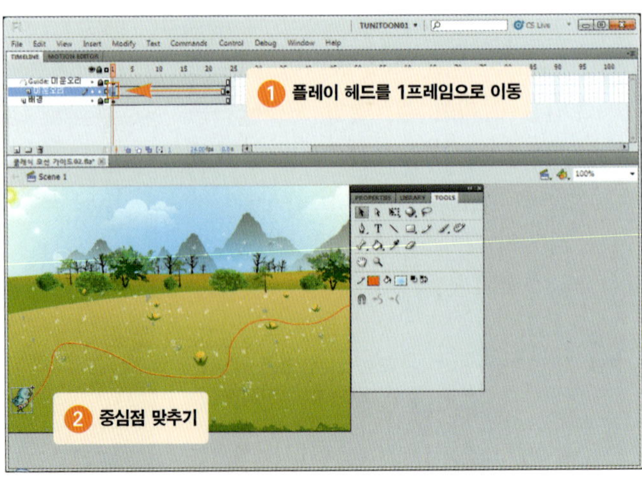

tip 도구 상자에서 'Snap to Objects(⌂)'를 클릭하여 활성화시킨 후 라인에 오브젝트를 가져가면 오브젝트가 라인에 달라붙어(Snap) 중심점을 맞추기가 편합니다.

07 플레이 헤드(1)를 24프레임으로 이동한 후, '미운오리' 심벌의 중심점 (기준점)을 라인이 끝점에 맞춥니다.

1프레임	24프레임
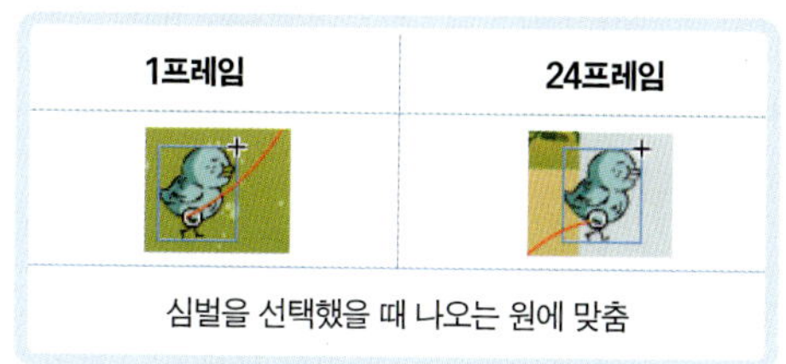	

심벌을 선택했을 때 나오는 원에 맞춤

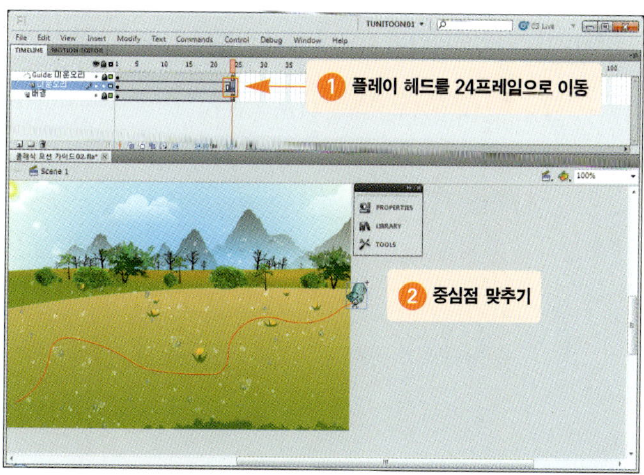

08 '미운오리' 레이어의 1프레임과 24프레임 사이를 선택한 후, 마우스 오른쪽 버튼을 클릭하면 나타나는 단축 메뉴에서 [Create Classic Tween]을 선택하여 클래식 트윈을 추가합니다(클래식 트윈은 **05** 단계 다음에 적용해도 됩니다).

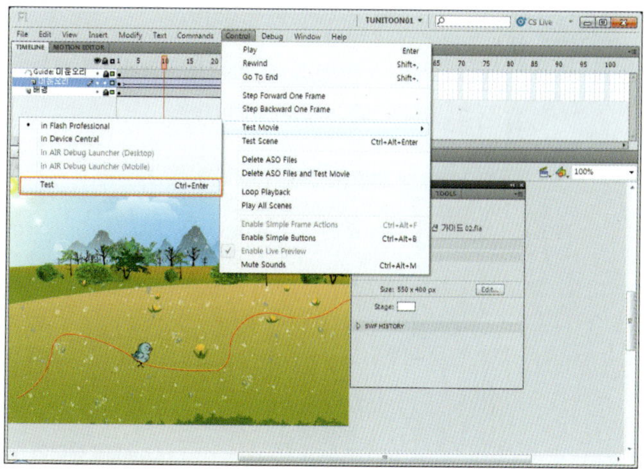

09 메뉴 바에서 [Control]-[Test Movie]-[Test](Ctrl + Enter)를 선택하여 무비를 확인합니다. 라인을 따라 이동하지 않을 경우에는 시작점과 끝점을 정확하게 맞추었는지 체크해 보거나 라인이 중간에 끊어졌는지를 확인합니다.

엿기서! 잠깐! 가이드라인의 각도에 따라 심벌의 각도 제어하기

- 1프레임과 24프레임 사이를 선택한 후 (PROPERTIES)-(TWEENING)의 'Orient to path'에 체크

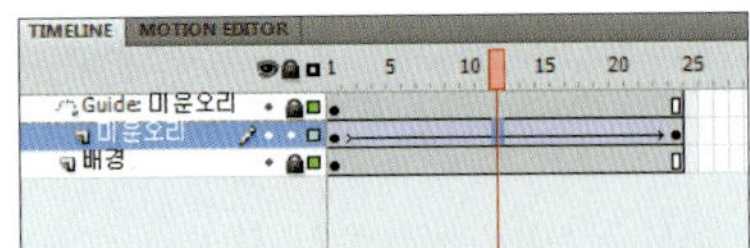 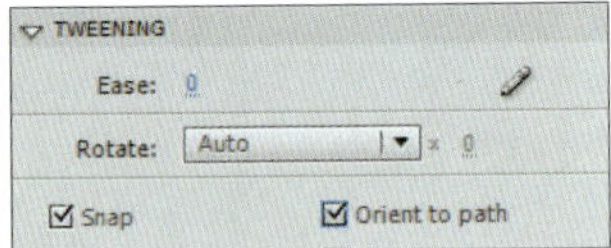

- 'Orient to path'는 반드시 사용해야 하는 것은 아니며, 움직임에 따라 사용함.
- 자유 변형 도구(   )를 이용하여 가이드라인의 각도에 맞게 심벌의 각도를 조절해도 됨.

엿기서! 잠깐! 가이드라인과 가이드 레이어

가이드라인(Guide Line)은 애니메이션이 진행되는 경로이며, 스테이지에서만 보일 뿐 실제 인터넷이나 플래시 플레이어에서는 보이지 않는 라인입니다.

- **가이드 레이어의 용도 1**
  - 클래식 트윈에 특정한 애니메이션의 경로를 주고자 할 때 사용합니다.

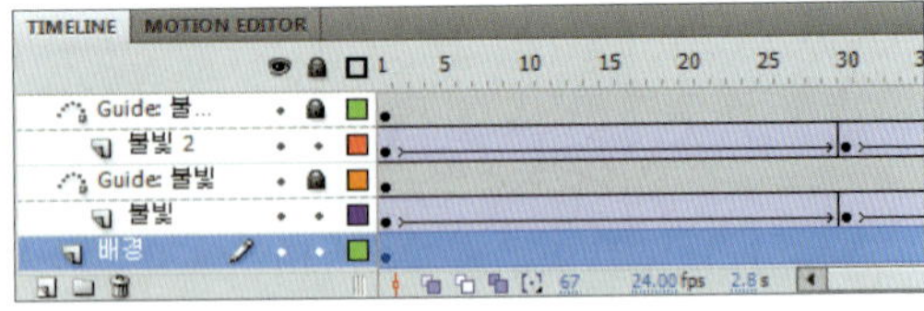

- **가이드 레이어의 용도 2**
  - 애니메이션에 가이드가 될 수 있는 밑그림 또는 자기만의 설명(주석) 등을 담아서 관리할 수 있습니다.

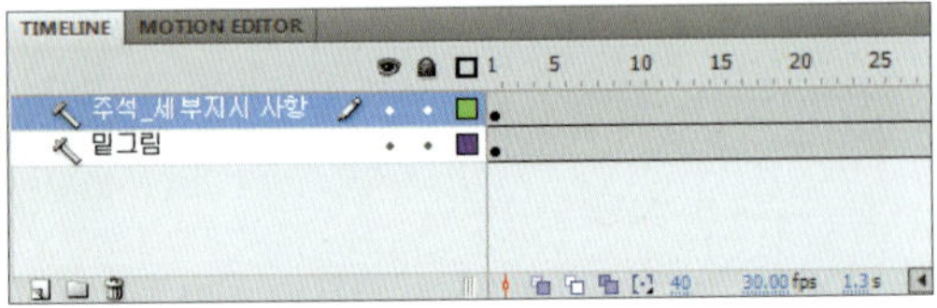

번장을 마치며

1 | 클래식 모션 가이드 애니메이션은 클래식 트윈 애니메이션에서만 가능

2 | 클래식 모션 가이드의 레이어 구조

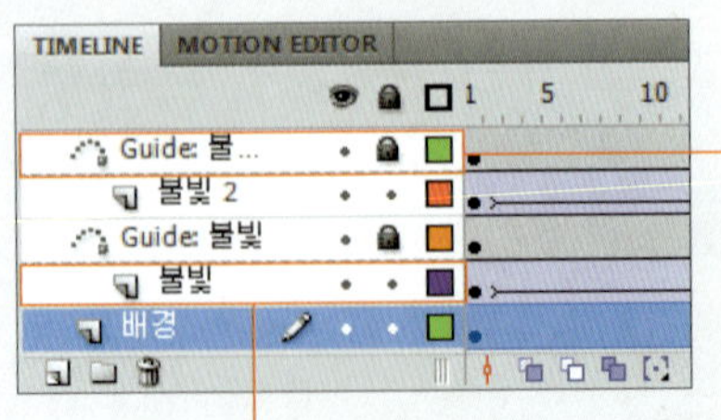

Guide 레이어

❶ 시작점과 끝점이 필요하기 때문에 면보다는 선을 사용하는 것이 편리함.

❷ 분리되어 있는 모양 속성의 선(라인)을 사용해야 하며, 가이드라인이 그룹이거나 심벌이면 안됨.

❸ 선이 중간에 끊기거나 너무 심하게 겹치면 안됨.

❹ 시작점과 끝점이 있어야 함.

Guided 레이어

❶ 반드시 클래식 트윈 애니메이션 상태이어야 함.

❷ 1프레임은 가이드라인의 시작점에 맞고, 마지막 프레임은 가이드라인의 끝점에 정확하게 맞추어야 함.

모션 트윈 애니메이션

이 장에서는 모션 트윈 애니메이션에 대해 알아보겠습니다. 모션 트윈은 트위닝 애니메이션 기법 중의 하나로 앞 단원에서 다루었던 클래식 트윈과 비슷하며, 클래식 트윈에서 줄 수 있는 변화는 물론, 3D 애니메이션도 만들 수 있습니다. 또한 타임라인과 모션 에디터를 활용하여 좀 더 다양한 애니메이션을 구현할 수 있습니다.

1 모션 트윈 애니메이션 만들기

모션 트윈(Motion Tween)을 이용한 애니메이션은 키프레임이 아닌 객체, 즉 오브젝트를 직접 제어할 수 있기 때문에 좀 더 쉽고 간단한 트위닝 애니메이션이 가능하며, 모션 트윈만의 특징을 활용하면 좀 더 다이내믹하게 표현할 수 있습니다.

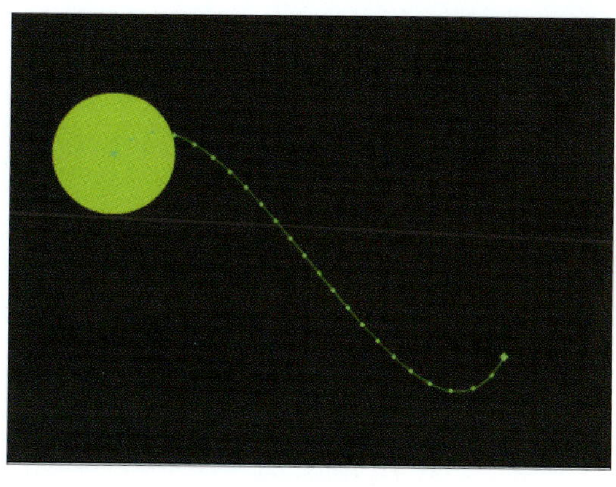
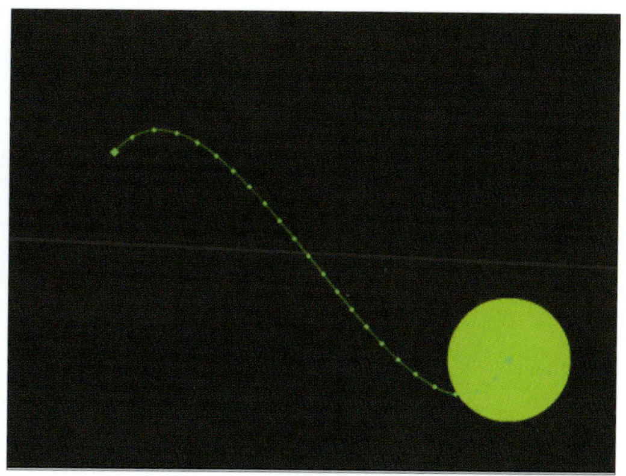

예제파일 | 부록DVD\Sample\Part01\Ch03\모션트윈.fla
완성파일 | 부록DVD\Sample\Part01\Ch03\모션트윈_완성.fla

핵심포인트

1 | 모션 트윈만의 특징

모션 트윈은 객체(오브젝트) 기반의 애니메이션으로, 첫째 키프레임이 아닌 객체(오브젝트) 자체를 선택하여 각각의 애니메이션 속성을 제어할 수 있다. 둘째 베지어 핸들을 사용하여 모션 패스를 손쉽게 변경할 수 있다. 셋째 3D 도구를 이용하여 3D 변형을 할 수 있으며, x, y, z축을 따라 움직임을 조절할 수 있다(3D 평행 이동 도구와 회전 도구 사용-3D 공간에서 2D 객체(오브젝트)에 애니메이션 적용 가능).

01 메뉴 바에서 [File]-[Open](Ctrl + ㅇ)를 선택하여 '모션트윈.fla' 파일을 엽니다.

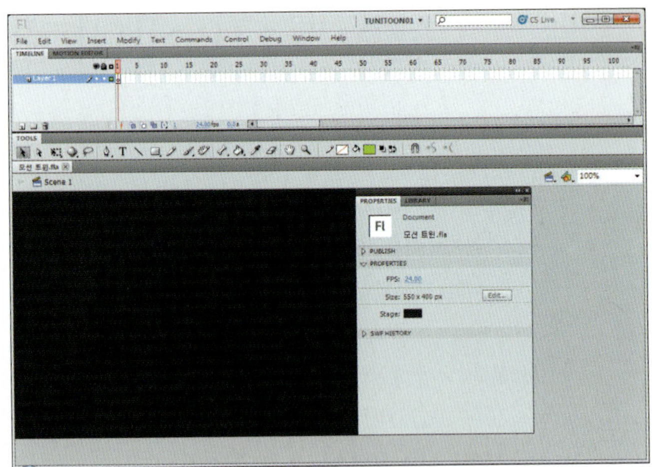

02 도구 상자의 원형 도구(○)를 선택한 후, 테두리가 없는 원을 그립니다.

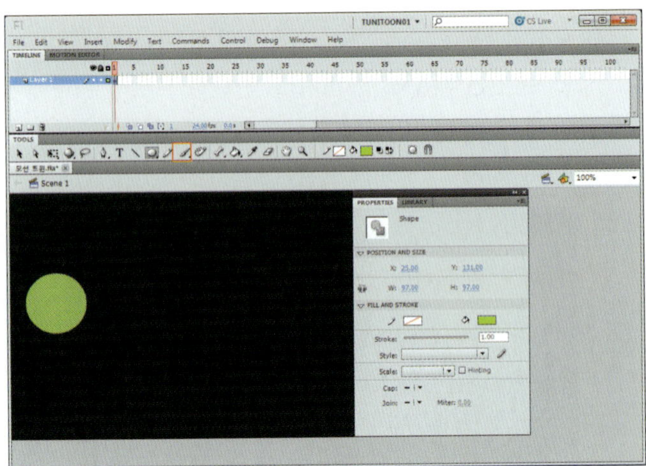

03 타임라인의 1프레임을 선택한 후, 메뉴 바에서 [Insert]-[Motion Tween]을 선택하여 모션 트윈 (Motion Tween)을 삽입합니다(또는 마우스 오른쪽 버튼을 클릭하면 나타나는 단축 메뉴에서 [Create Motion Tween]을 선택합니다).

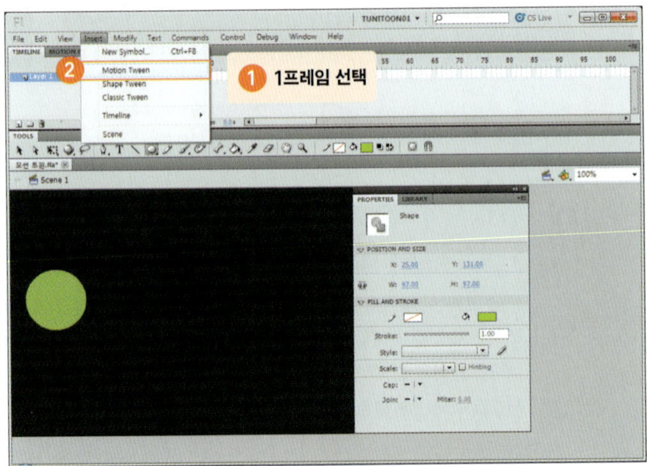

04 클래식 트윈이나 모션 트윈을 줄 때는 반드시 심벌로 변환하는 과정을 거쳐야 합니다. 그런데 모션 트윈에서는 심벌로 변환하지 않고 모션 트윈을 줄 경우, 심벌로 변환하고 트윈을 생성하겠느냐고 묻는 창이 열립니다.

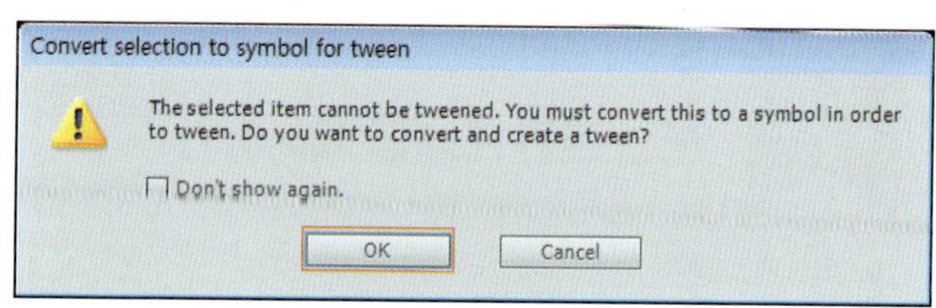

05 **04** 단계에서 'OK' 버튼을 클릭하면 스테이지에 있는 원은 자동으로 무비클립 심벌로 변환되며, 타임라인에는 24프레임까지 프레임이 추가됩니다.

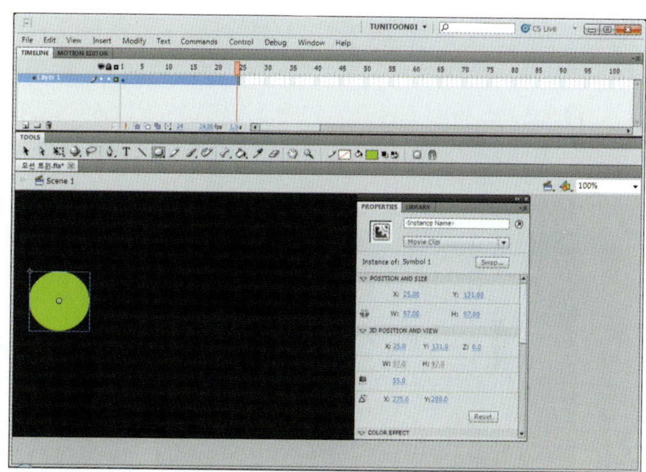

06 플레이 헤드(█)를 24프레임으로 이동한 후, 선택 도구(█)로 원을 선택하여 원하는 위치로 이동해 줍니다. 위치를 이동해 주면 자동으로 키프레임이 생성되고 모션 패스가 나타나는 것을 알 수 있습니다.

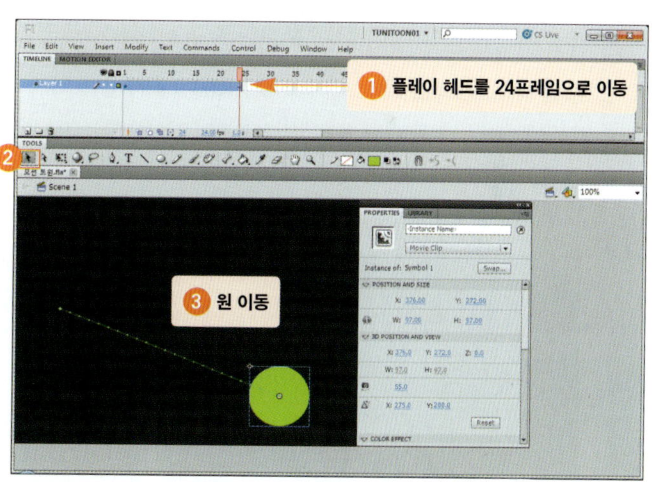

> **tip** 모션 트윈에서 생성되는 키프레임은 '속성 키프레임'이라고 합니다.

07 메뉴 바에서 [Control]-[Test Movie]-[Test](Ctrl + Enter)를 선택하여 무비를 확인합니다.

모션 트윈의 애니메이션 순서는 클래식 트윈보다 간단하며, 작업 과정도 더 단순하여 '1. 그린다.→2. 모션 트윈을 준다.→3. 변화를 준다.' 의 세 단계를 통해 모든 기본 애니메이션을 줄 수 있습니다. 모션 트윈을 주면 바로 심벌로 변환되므로 심벌로 변환하는 과정이 생략되며, 객체(오브젝트)를 직접 제어하여 변화를 주면 자동으로 키프레임이 생성되므로 키프레임을 주는 과정 역시 생략됩니다.

모션 트윈 프레임 제어하기

1 모션 패스 제어하기

모션 트윈으로 간단한 작업을 하여 모션 패스가 생성되었으므로 이번에는 모션 패스를 제어하여 애니메이션의 경로를 바꿔 보겠습니다. 모션 패스의 경로는 마치 클래식 모션 가이드(Classic Motion Guide)에서 경로를 설정하듯이 애니메이션의 경로를 지정해 줄 수 있습니다.

모션 패스 경로 제어

❶ 모션 패스 제어 : 모션 패스에 마우스 커서를 올려놓았을 때 화살표 아래 곡선 모양이 나타나면, 클릭하여 패스 라인을 곡선화할 수 있습니다.

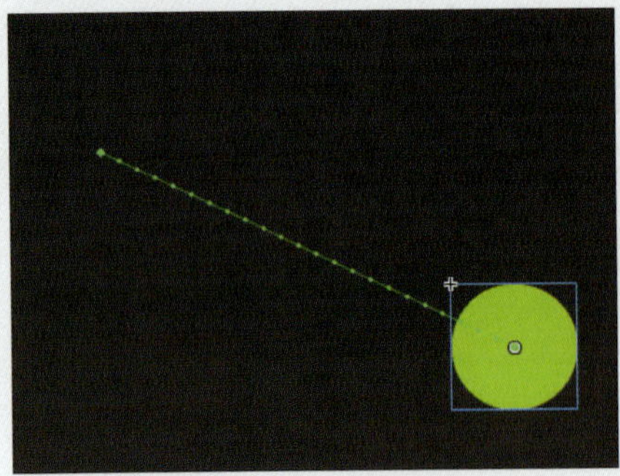

▲ 객체(오브젝트)를 이동한 후 생기는 모션 패스

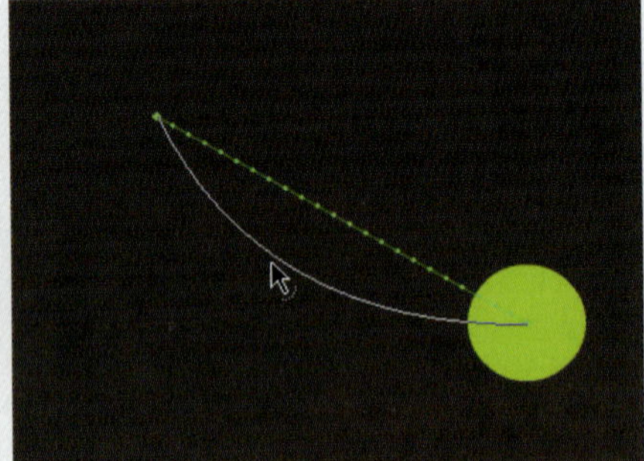

▲ 마우스로 모션 패스 곡선화하기

❷ 원 객체(오브젝트) 이동 : 원 객체(오브젝트)를 직접 클릭하여 선택한 후, 원하는 위치로 이동하여 경로를 만들어 줄 수 있습니다. 특히, 모션 트윈에서는 객체(오브젝트) 중심으로 변화를 줄 수 있으므로 객체(오브젝트)를 직접 클릭하여 이동을 하는 등의 변화를 줄 경우에는 속성 키프레임이 자동으로 생성되며, 모션 패스 경로 역시 자연스럽게 변형이 됩니다.

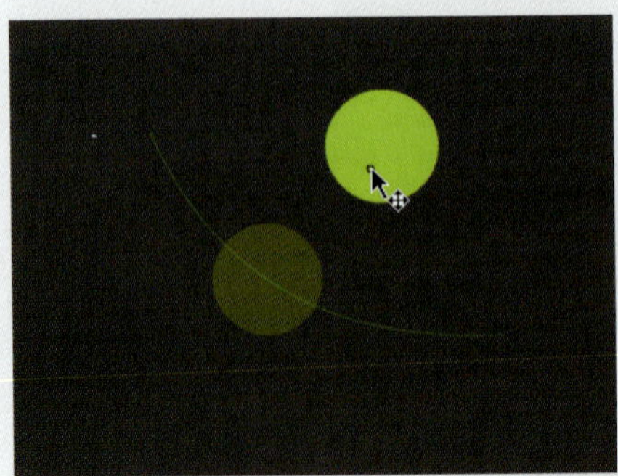

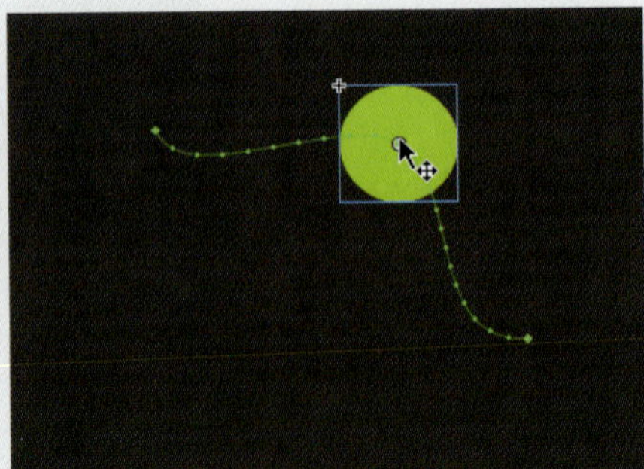

▲ 오브젝트를 직접 선택한 후 이동하여 모션 패스 모양 제어하기

❸ **앵커 포인트 변환 도구 이용 :** 도구 상자의 앵커 포인트 변환 도구 〔Convert Anchor Point Tool〕를 이용하여 핸들러를 조절할 수 있으며, 핸들러의 방향에 따라 다양하게 패스 경로를 변경할 수도 있습니다.

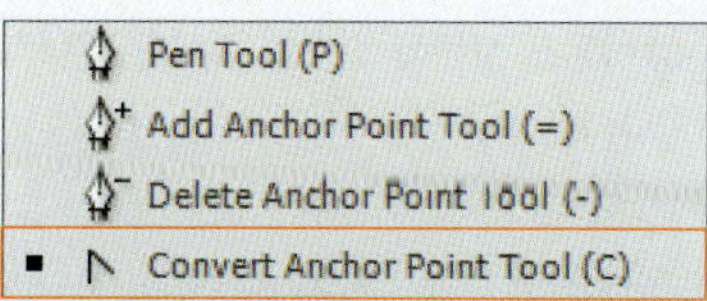

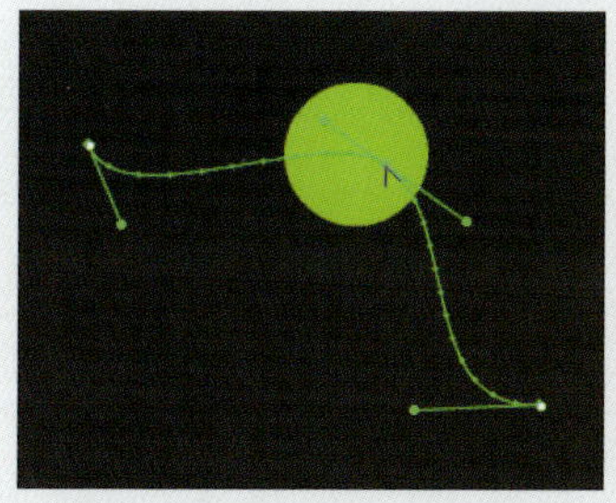
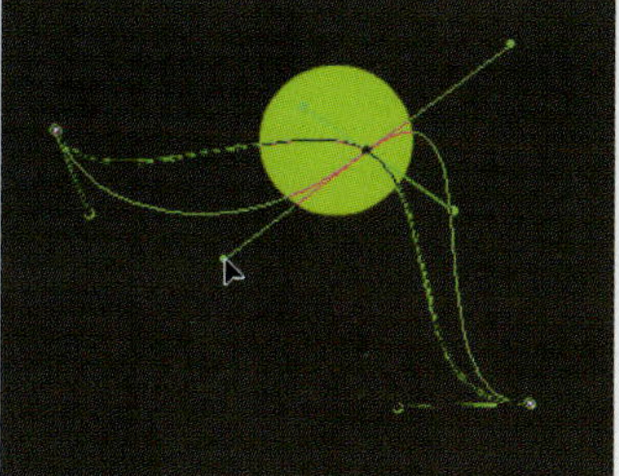
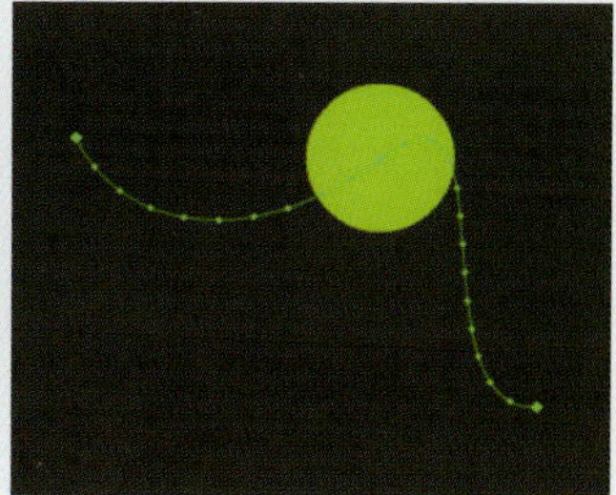

▲ 앵커 포인트 변환 도구를 이용한 경로 변화

앞에서 살펴본 바와 같이 클래식 트윈에서는 클래식 모션 가이드(Classic Motion Guide)를 이용하여 애니메이션에 경로를 설정하였지만 모션 트윈에서는 매우 간단하게 원이 이동하는 경로를 지정할 수 있습니다.

2 모션 트윈에서 속성 키프레임 추가하기

❶ **객체(오브젝트) 자체 변화 :** 모션 트윈에서 속성 키프레임을 추가하려면, 변화를 원하는 프레임으로 플레이 헤드를 이동한 후, 객체(오브젝트) 자체의 위치를 이동하는 등의 변화를 주면 됩니다. 다시 말해서 객체(오브젝트)를 직접 제어하면 자동으로 키프레임이 생성됩니다.

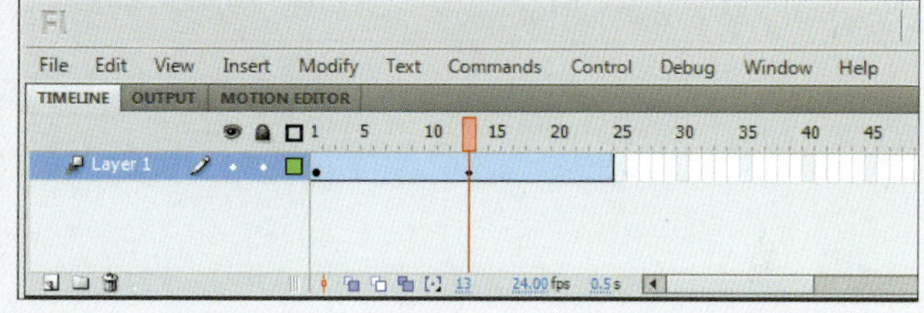

❷ **메뉴 바에서 속성 키프레임 추가 :** 클래식 트윈에서와 마찬가지로 플레이 헤드를 변화를 원하는 프레임으로 이동한 후, 메뉴 바에서 〔Insert〕-〔Timeline〕-〔Keyframe〕(F6)으로 추가할 수 있습니다. 다만 이 방법으로 키프레임을 추가할 경우에는 반드시 모션 트윈을 먼저 주어야 합니다.

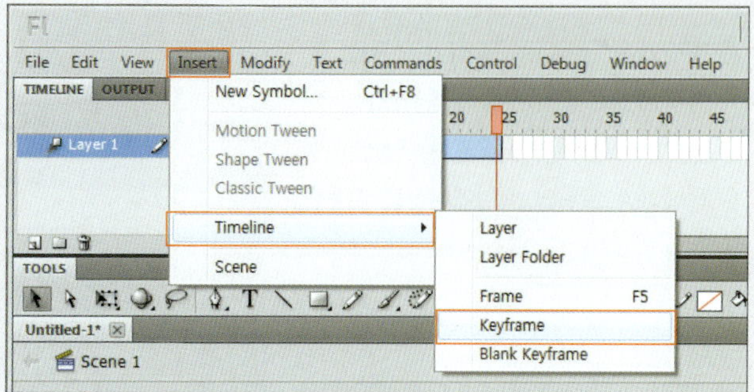

❸ **마우스 오른쪽 버튼을 클릭하면 나타나는 단축 메뉴를 이용하여 속성 키프레임 추가** : 타임라인에서 원하는 프레임을 선택한 후 마우스 오른쪽 버튼을 클릭하면 나타나는 단축 메뉴에서 〔Insert Keyframe〕을 선택하여 키프레임을 삽입할 수 있습니다. 이 경우에도 미리 모션 트윈을 주어야 합니다.

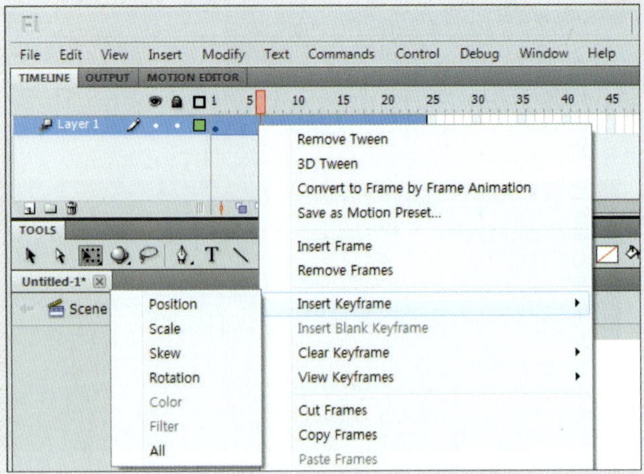

3 **모션 트윈에서 속성 키프레임 제거하기**

❶ **Clear Keyframes** : 키프레임을 선택한 후 마우스 오른쪽 버튼을 클릭하면 나타나는 단축 메뉴에서 〔Clear Keyframes〕를 선택하고, 지우고 싶은 항목에 체크를 하거나 'All'을 선택하여 모두 제거할 수 있습니다.

> **tip** 모션 트윈을 준 후 타임라인에서 한 프레임만 선택하기 위해서는 Ctrl 을 누른 채 해당 프레임을 클릭해야 합니다.

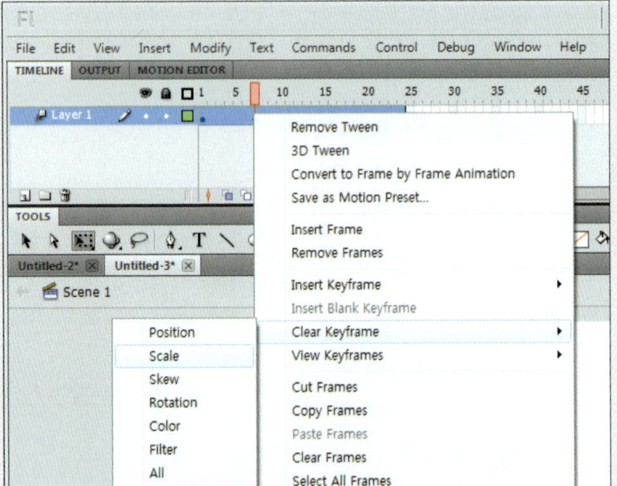

❷ **Remove Tween** : 프레임을 선택한 후, 마우스 오른쪽 버튼을 클릭하면 나타나는 단축 메뉴에서 〔Remove Tween〕을 선택하여 트위닝 애니메이션을 지우면 속성 키프레임도 없어집니다.

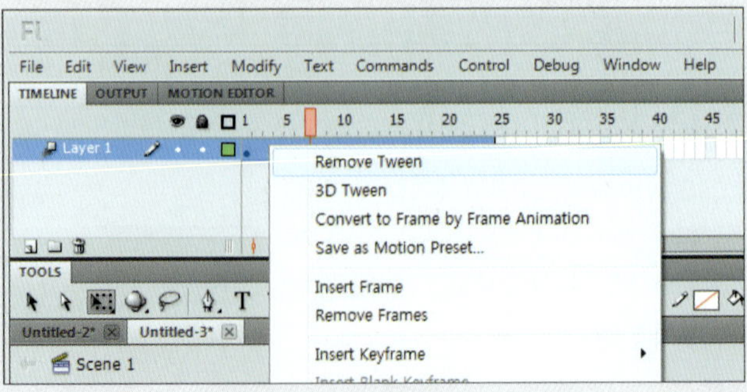

모션 트윈에서 반드시 기억해야 할 부분은 객체(오브젝트)를 직접 제어할 수 있다는 점과 이를 통해 경로가 있는 애니메이션을 만들 수 있다는 점입니다. 모션 트윈을 위해 만들어지는 기본 심벌은 무비클립 심벌입니다.

모션 트윈과 클래식 트윈의 애니메이션은 같은 듯 다른 형태로 만들어 쓸 수 있으며, 작업 순서는 다음과 같은 차이가 있습니다.

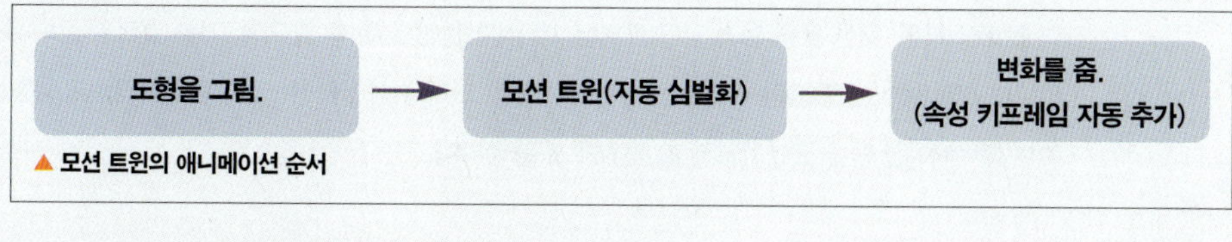

▲ 모션 트윈의 애니메이션 순서

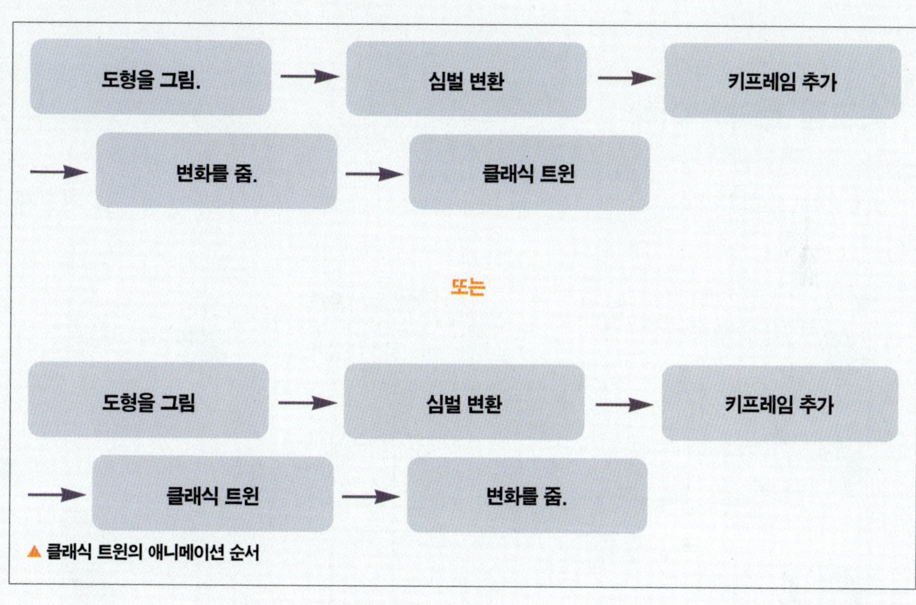

▲ 클래식 트윈의 애니메이션 순서

Ease를 이용한 가속·감속 모션의 이해

이 장에서는 플래시에서 속도감을 표현할 수 있는 'ease' 에 대해 알아보겠습니다. 플래시에서 'ease' 는 모양 트윈과 클래식 트윈, 모션 트윈 등과 같은 트위닝 애니메이션에서 줄 수 있으며, 가속 효과와 감속 효과를 표현하는 기법입니다. 애니메이션을 점점 빠르게 표현하거나 점점 느리게 표현할 수 있기 때문에 좀 더 생동감 있고 리듬감이 넘치는 애니메이션 등을 표현하고자 할 때 매우 유용합니다.

1 속도감 효과의 이해

속도감(Ease)을 이용하여 간단한 애니메이션을 만든 후, 가속과 감속 정도를 비교해 보겠습니다.

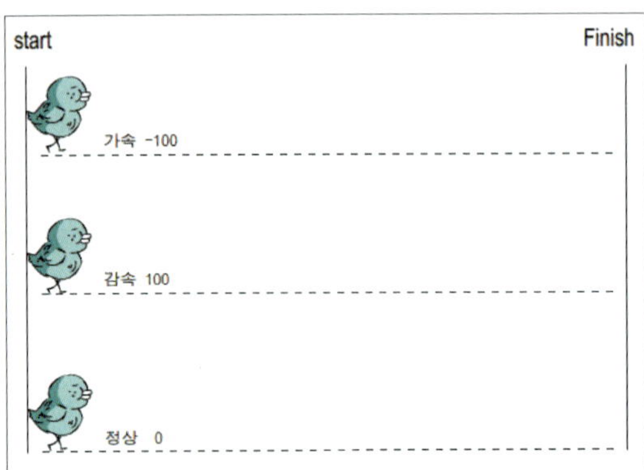

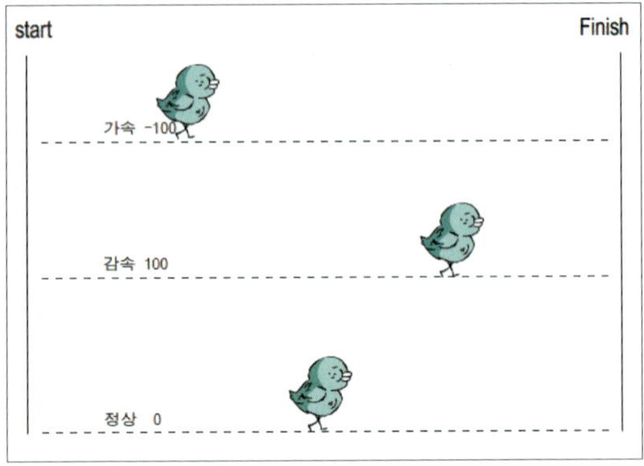

예제파일 | 부록DVD\Sample\Part01\Ch03\속도감.fla
완성파일 | 부록DVD\Sample\Part01\Ch03\속도감_완성.fla

핵심 포인트

1 | 속도감 효과를 주기 위해서는 반드시 트위닝 애니메이션이 있어야 함.

2 | Ease In(-100) : 가속 효과
Ease Out(100) : 감속 효과

01 메뉴 바에서 [File]-[Open](Ctrl + O)을 선택하여 '속도감.fla' 파일을 엽니다.

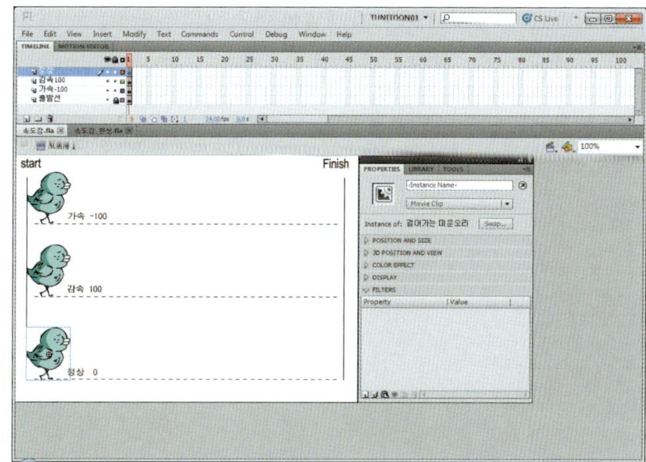

02 '출발선' 레이어의 100프레임을 선택한 후, 마우스 오른쪽 버튼을 클릭하면 나타나는 단축 메뉴에서 [Insert Frame](F5)을 선택하여 프레임을 추가합니다. 나머지 레이어도 같은 방법으로 100프레임까지 프레임을 추가합니다.

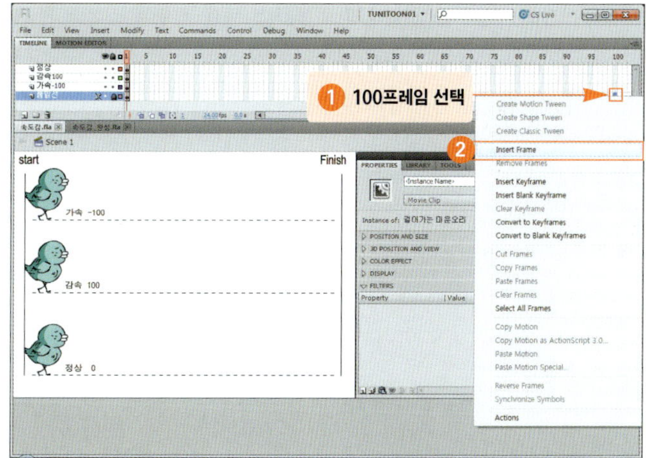

03 '정상' 레이어부터 '가속-100' 레이어를 모두 선택한 후, 마우스 오른쪽 버튼을 클릭하면 나타나는 단축 메뉴에서 [Create Motion Tween]을 선택하여 모션 트윈을 추가합니다(모두 선택 : Shift +레이어 클릭).

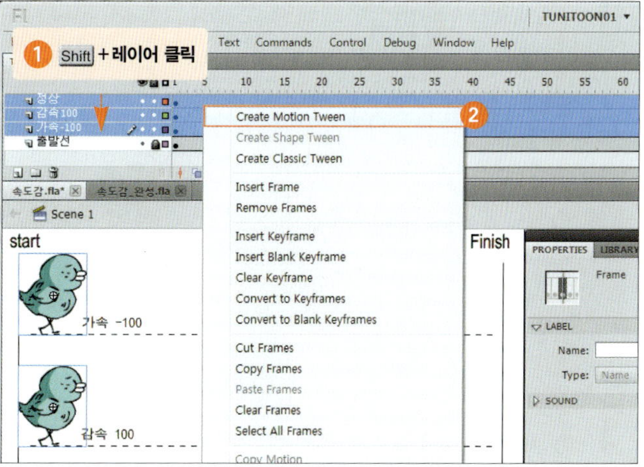

04 플레이 헤드(▯)를 100프레임으로 이동한 후, 스테이지에 있는 '오리' 심벌을 모두 선택하여 오른쪽 끝으로 이동합니다.

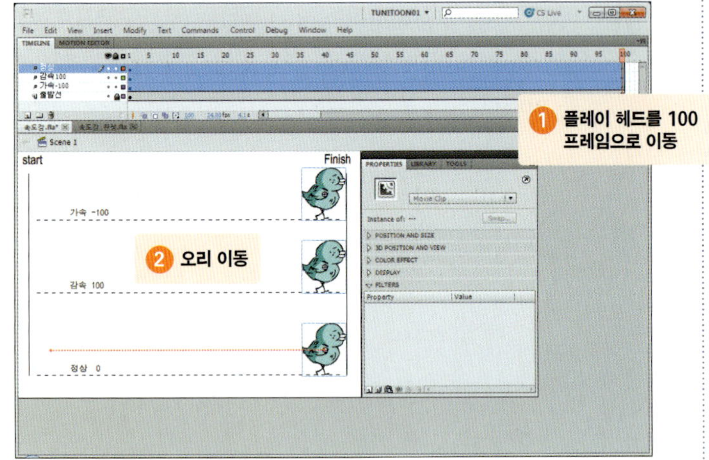

05 '가속-100' 레이어의 프레임 부분을 클릭한 후, [PROPERTIES]의 Ease에 -100을 입력합니다.

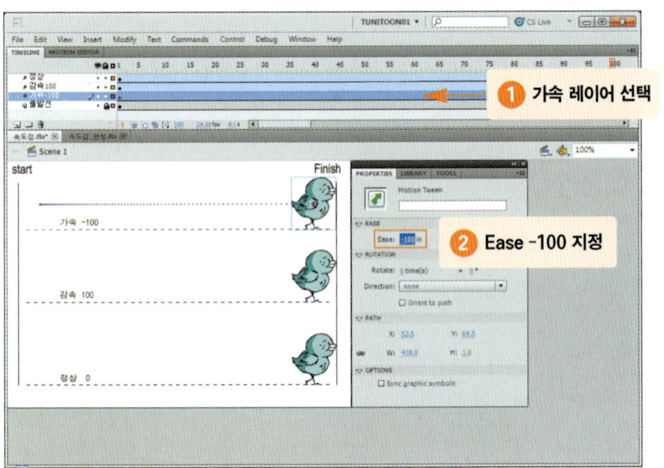

06 '감속100' 레이어의 프레임 부분을 클릭한 후, [PROPERTIES]의 Ease에 100을 입력합니다.

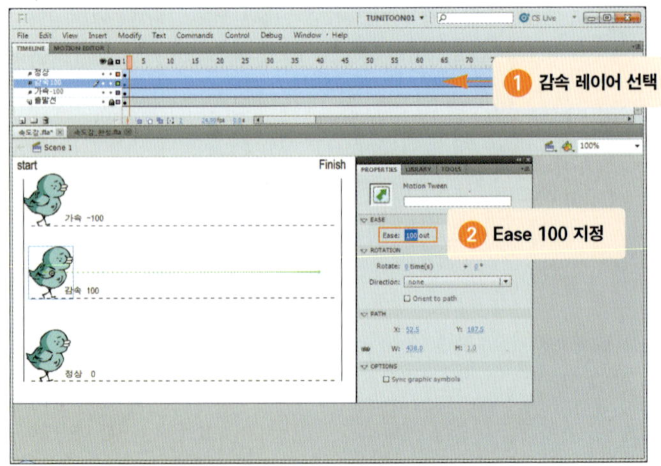

07 최종 확인을 위해 메뉴 바에서 [Control]-[Test Movie]-[Test](Ctrl + Enter)를 선택합니다. 테스트 무비를 실행하면 3마리의 오리 속도가 서로 차이가 나는 것을 알 수 있습니다. '가속100' 레이어에 있는 오리는 처음에는 천천히 움직이다가 점점 빨라지며, '감속-100' 레이어의 오리는 처음에는 빨리 움직이다가 나중에는 동시에 도착하게 됩니다. 이 예제에서는 가속과 감속의 대비를 확연하게 하기 위해 100과 -100을 활용했지만 직접 애니메이션에 적용할 때는 애니메이션의 느낌에 맞게 처리하는 것이 좋습니다.

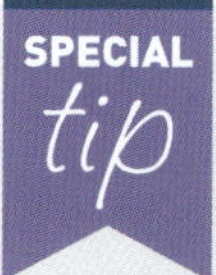

속도감 제어 패널 보기

속도감(Ease)은 트위닝 애니메이션을 주었을 때 (PROPERTIES)에서 적용할 수 있으며, 값은 -100~100까지로 -100일 경우 가속 효과를, 100일 경우에는 감속 효과를 줄 수 있습니다.

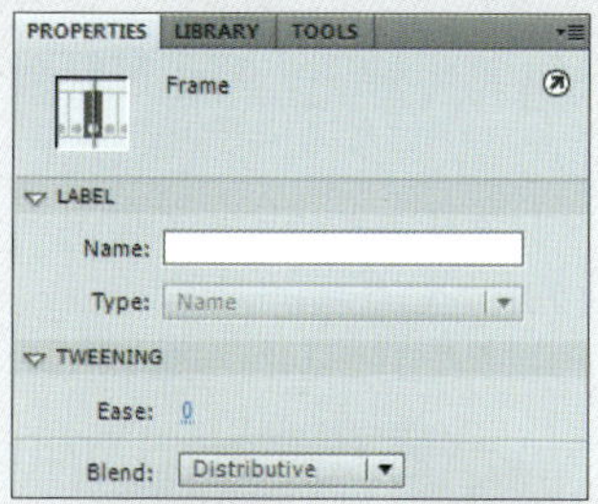

▲ 모양 트윈일 경우 Ease : -100~100

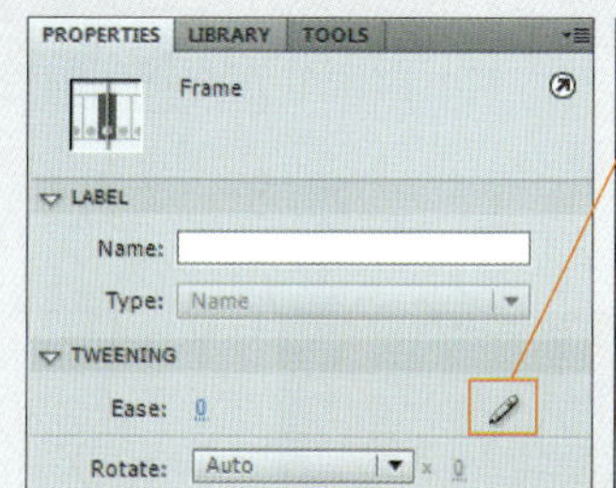

▲ 클래식 트윈일 경우 Ease : -100~100의 범위 외에 편집창에서 자유로운 설정 가능

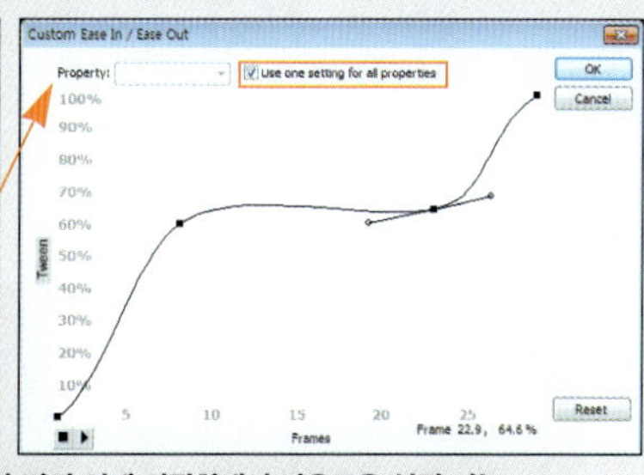

클래식 트윈에서 Ease 편집창을 이용할 경우 'use one setting for all properties'의 체크를 해제하면 rotate, scale, size, filters를 별도로 조절할 수 있습니다.

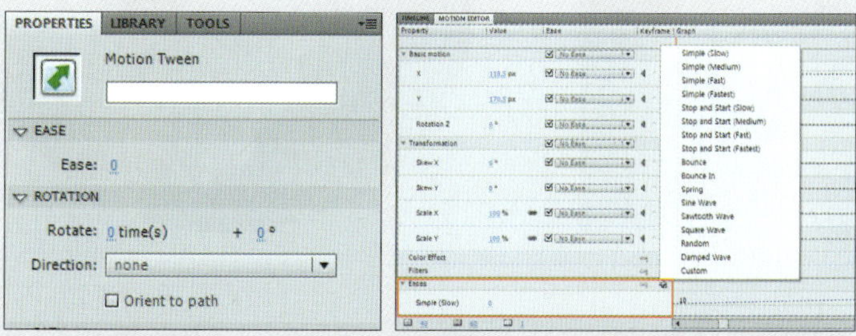

▲ 모션 트윈일 경우 Ease : -100~100의 범위 외에 타임라인 옆에 있는 MOTION EDITOR에서 Ease 추가 가능

속도감(Ease)은 트위닝 애니메이션에서 줄 수 있으며, 모양 트윈과 클래식 트윈, 그리고 모션 트윈 등 종류에 따라 적용 방법의 차이가 있습니다. 속도감을 잘 활용하면, 애니메이션에 생동감과 리듬감을 추가할 수 있습니다.

마스크

이 장에서는 마스크에 대해 알아보겠습니다. 플래시에서 마스크는 전체 영역 중에 특정 부분만을 보이게 하거나 보이지 않도록 처리하는 기법입니다. 플래시의 마스크 기법은 플래시 애니메이션에서 매우 비중이 높고 다양하게 사용하고 있습니다.

1 마스크 효과 적용하기

마스크(Mask) 기법은 앞서 살펴본 클래식 모션 가이드와 같이 두 개 이상의 레이어가 필요합니다. 상위 레이어는 Mask, 하위 레이어는 Masked로 상위 레이어인 Mask의 형태에 따라 하위 레이어의 이미지나 모션들을 볼 수 있습니다.

예제파일 | 부록DVD\Sample\Part01\Ch03\마스크.fla
완성파일 | 부록DVD\Sample\Part01\Ch03\마스크_완성.fla

핵심 포인트

1 | Mask : 상위 레이어이며, 보여 줄 모양이나 형태를 결정

2 | Masked : 하위 레이어이며, 보이게 될 이미지나 애니메이션을 결정

3 | 마스크를 통해 보이거나 보이지 않는 영역을 지정할 수 있음.

01 메뉴 바에서 [File]-[Open](Ctrl + O)을 선택한 후, '마스크.fla' 파일을 엽니다.

02 'Mask' 레이어의 1프레임을 선택한 후, 도구 상자에서 원형 도구(　)를 선택하여 그림과 같이 원을 그립니다.

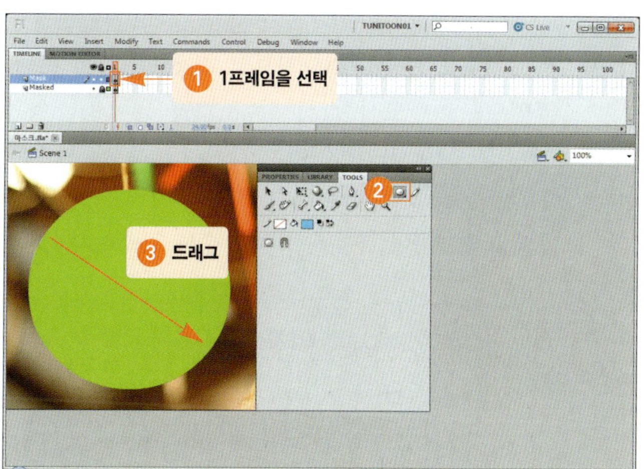

03 'Mask' 레이어를 선택한 후, 마우스 오른쪽 버튼을 클릭하면 나타나는 단축 메뉴에서 [Mask]를 선택합니다.

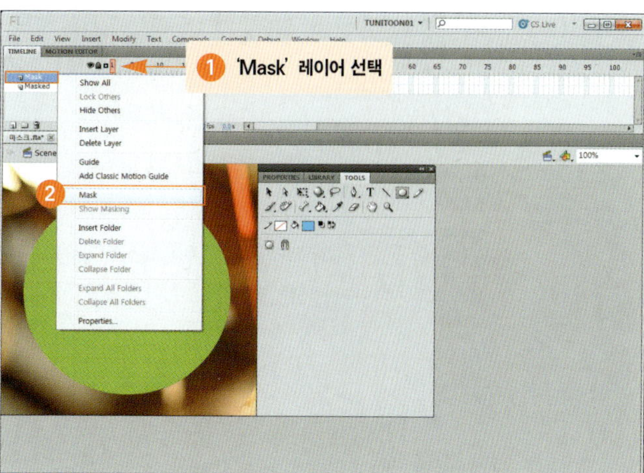

04 마스크를 지정한 후, 스테이지를 확인해 보면 'Mask' 레이어의 원형 도형 영역에 하단 레이어의 이미지가 보이는 것을 확인할 수 있습니다.

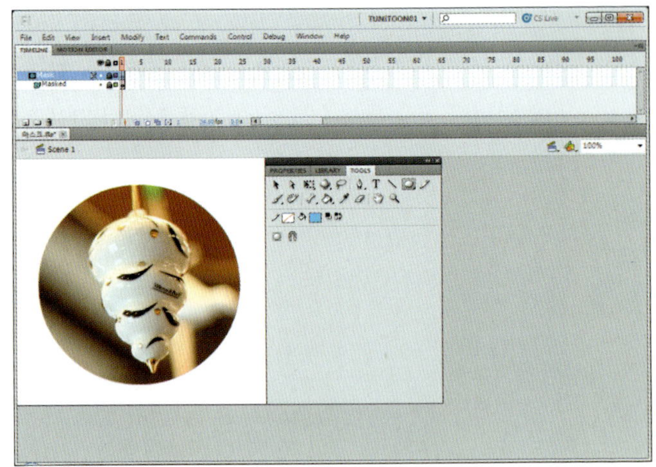

05 메뉴 바에서 [Control]-[Test Movie]-[Test](Ctrl + Enter)를 선택하여 무비를 확인합니다. 마스크가 Scene 상태에서 정상적으로 적용되었다고 하더라도 경우에 따라 최종 결과물이 다르게 보일 수 있으므로 반드시 Movie test(Ctrl + Enter)를 통해 확인하는 것이 좋습니다.

마스크가 설정되면 레이어 아이콘이 초록색으로 바뀌고, 자동으로 자물쇠가 생기면서 잠금 상태로 바뀌는 것을 알 수 있습니다. 자물쇠 잠금 상태가 되면 Scene에서 바로 미리 보기할 수 있으며, 자물쇠를 해제하여 위치를 수정할 수도 있습니다.

여기서 잠깐! 마스크(Mask) 레이어에서의 자물쇠 역할

1 | 자물쇠가 모두 잠금 상태일 경우 : Movie test를 하지 않고 Scene에서 미리 보기 가능

2 | 자물쇠가 일부 잠금 상태일 경우 : Scene에서 마스크의 위치나 보이게 될 이미지의 편집 가능

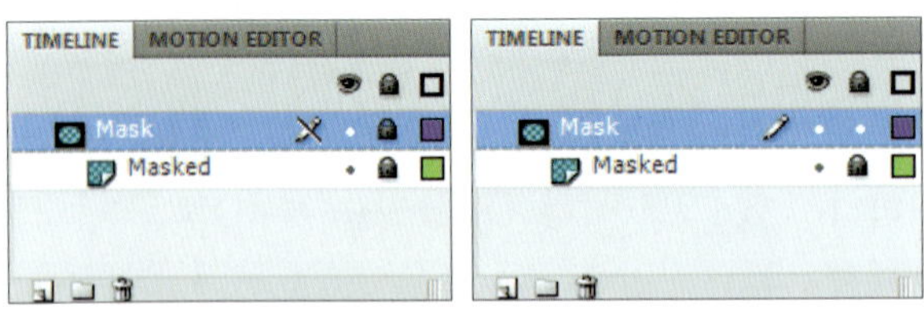

3 | Scene에서 자물쇠가 잠금 또는 풀림 상태 여부와 상관없이 Movie test(Ctrl + Enter)를 하면 모두 마스크가 적용되어 보인다.

마스크에서 자물쇠가 잠금 처리 된 경우 무비 테스트(Ctrl + Enter)를 하지 않고도 Scene에서 마스크 적용 결과를 확인할 수 있습니다. 또한 Scene에서 마스크의 위치나 모양을 수정하고자 할 경우에는 잠금 상태를 해지하면 됩니다.

2 마스크를 이용한 애니메이션 만들기

앞의 '마스크 효과 적용하기' 예제에 이어서 다음 단계를 진행합니다.

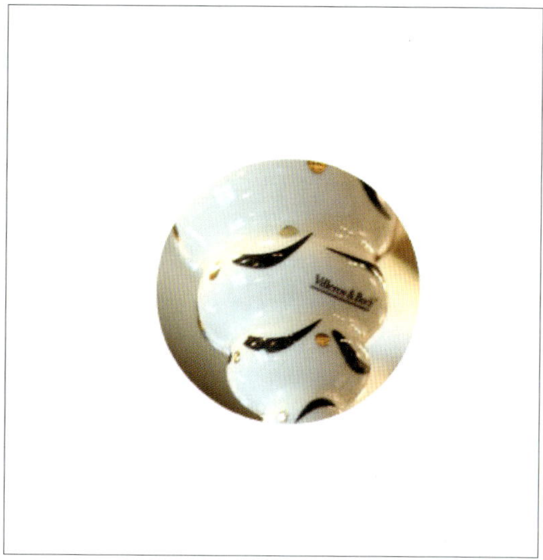

완성파일 | 부록CD\Sample\Part01\Ch03\마스크02_완성.fla

핵심 포인트

1 | Mask는 알파 색상 정보를 가질 수 없으며, 위치와 사이즈 정보만 가질 수 있습니다.

2 | Mask와 Masked 모두 애니메이션이 가능합니다.

01 'Masked' 레이어의 24프레임에 프레임을 추가(F5)하고, 'Mask' 레이어를 마우스 오른쪽 버튼으로 클릭하면 나타나는 단축 메뉴에서 [Insert Keyframe](F6)을 선택하여 키프레임을 추가합니다.

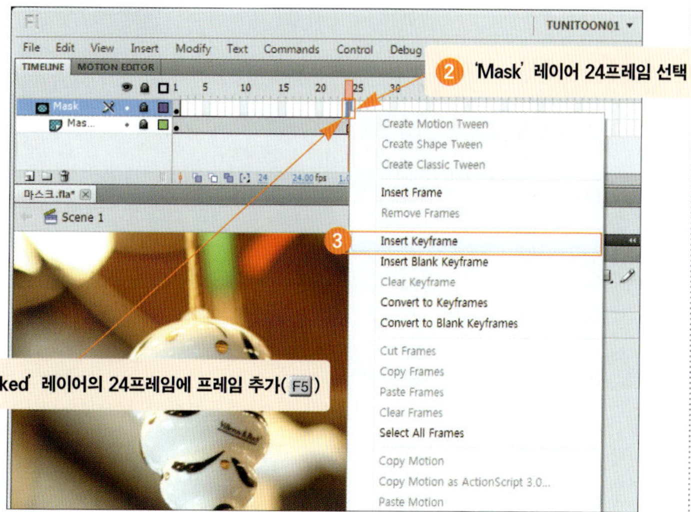

02 ‘Mask’ 레이어의 자물쇠 잠금을 해지하고 12프레임에 키프레임을 추가(F6)한 후, 도구 상자에서 자유 변형 도구(□)를 선택하여 원의 사이즈를 줄입니다.

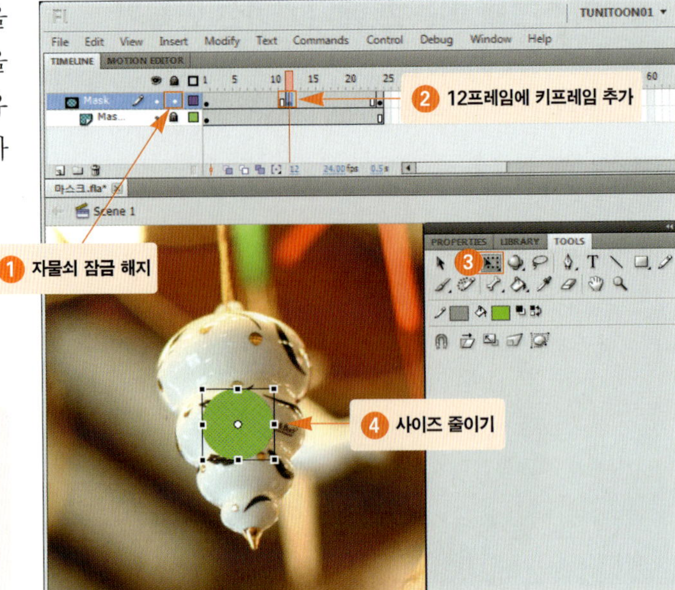

tip

- **가운데를 기준으로 줄이기** : Alt 누른 채 줄이기
- **같은 비율로 줄이기** : Shift 를 누른 채 줄이기
- **가운데를 기준으로 같은 비율로 줄이기** : Alt + Shift 를 동시에 누른 채 줄이기

03 ‘Mask’ 레이어의 1프레임과 24프레임 사이를 드래그하여 선택한 후, 마우스 오른쪽 버튼을 클릭하면 나타나는 단축 메뉴에서 [Create Shape Tween]을 선택합니다.

04 메뉴 바에서 [Control]-[Test Movie]-[Test](Ctrl + Enter)를 선택하여 무비를 확인합니다. 마스크 영역인 원의 크기 여부에 따라 하단에서 보이는 이미지의 범위도 달라지는 것을 알 수 있습니다.

마스크를 사용할 때 주의해야 할 점

1 마스크는 면의 속성을 가지는 요소에만 적용할 수 있으며, 선은 마스크가 될 수 없음(선을 사용하면 마스크 처리가 안되며, 아무것도 보이지 않음).

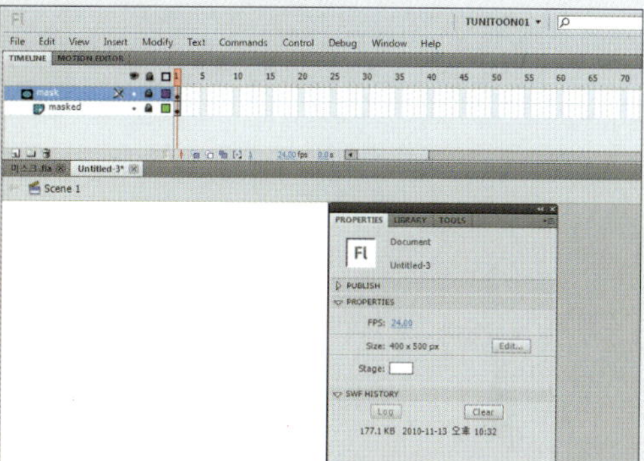

2 마스크 레이어에는 두 개 이상의 오브젝트가 있을 경우, 둘 중 하나만 마스크 처리됨(그룹+그룹/그룹+심벌/심벌+심벌/그룹+모양/심벌+모양).

▲ 심벌+그룹

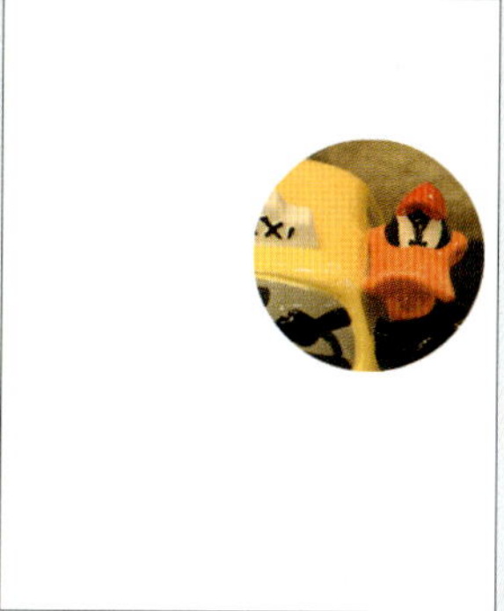

▲ 마스크 적용 결과

■ 모양과 심벌 또는 그룹이 있을 경우, 모양만 마스크 처리됨.

▲ 심벌+모양

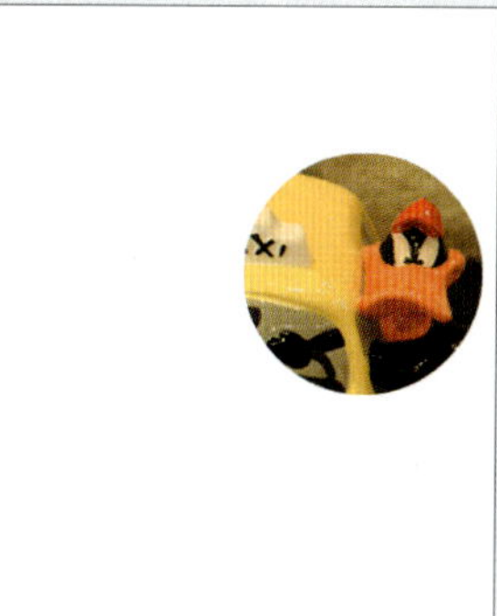

▲ 마스크 적용 결과

- Scene에서 하나의 오브젝트라고 하더라도 여러 개의 오브젝트를 묶어서 그래픽 심벌로 전환하거나 그룹으로 묶은 경우, 그 중 하나만 마스크로 적용됨.

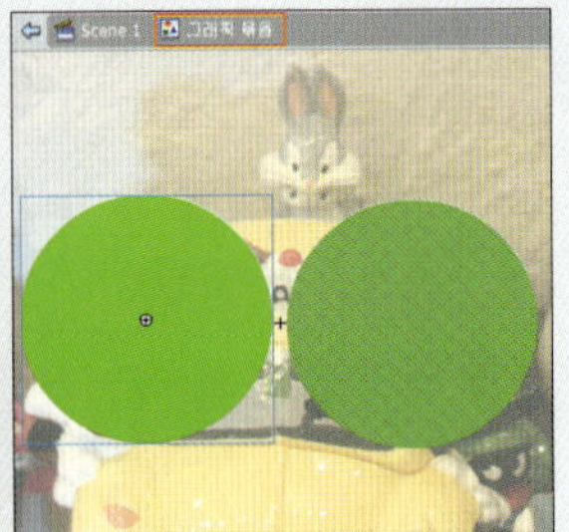

▲ 심벌과 모양을 그래픽 심벌로 묶음

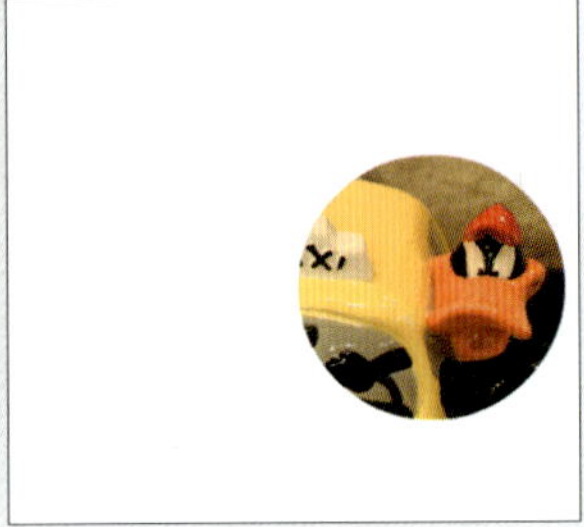

▲ 심벌과 모양을 그룹으로 묶음   ▲ 마스크 적용 결과

예외 1 | 모양+모양, 즉 모양 상태일 경우에는 여러 개라도 모두 마스크가 적용됨.

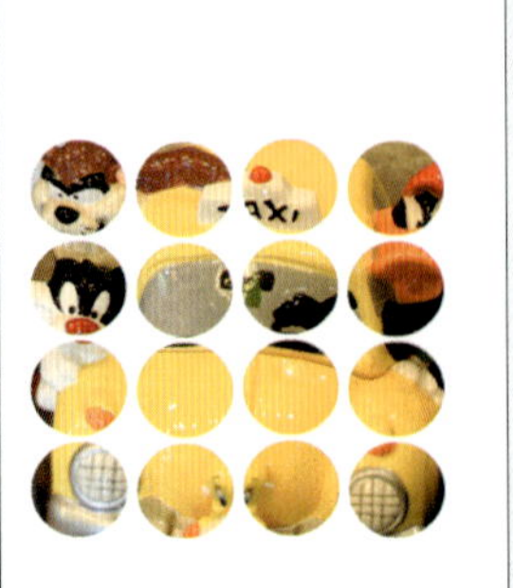

예외 2 | 여러 개의 오브젝트가 무비클립 심벌로 묶인 상태에서 Scene에 있을 경우에는 모두 마스크 가능(무비클립 편집 창 안에 여러 개의 그룹+그룹이나 그룹+심벌 등이 2개 이상이어도 됨).

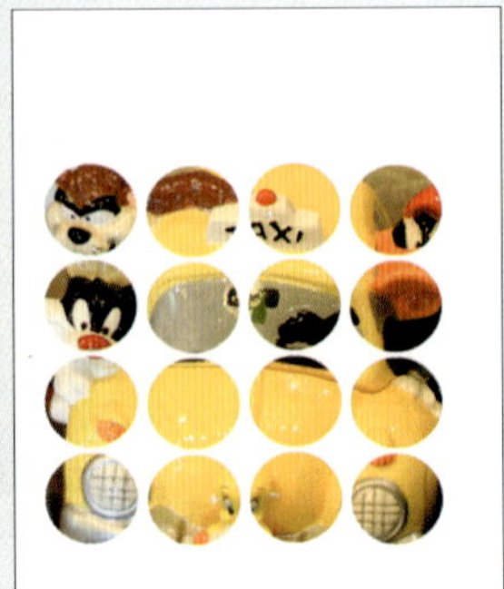

3 텍스트를 사용할 경우에는 (Properties) 패널에서 (classic text)-(static text)일 경우에만 마스크가 가능

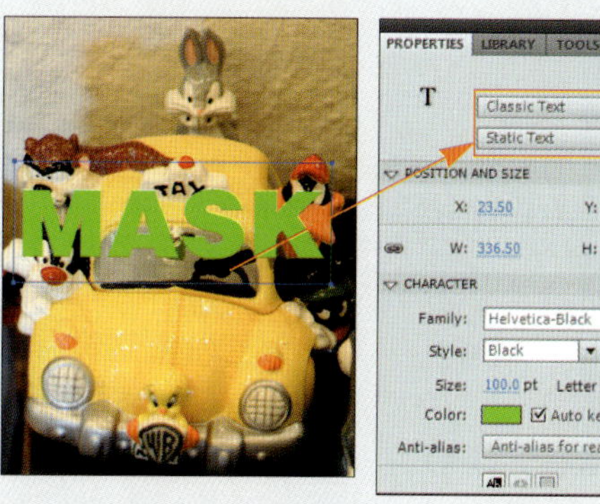
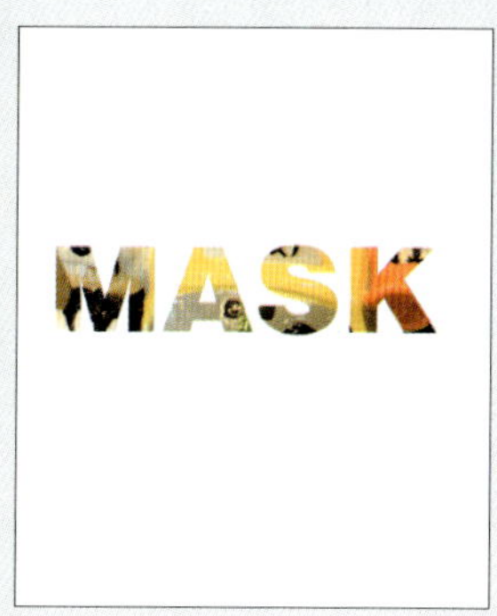

4 텍스트의 마스크 적용

■ (Properties) 패널에서 (classic text)의 경우라도 (input text)/(Dynamic text)일 경우, 마스크 처리가 안되며 Scene에서 보는 것과 Movie Test (Ctrl + Enter)로 보는 것이 다르게 나오므로 주의해야 함. Scene에서 적용 결과(좌)와 Movie test(Ctrl + Enter)로 적용한 결과(우)가 다르게 나타남.

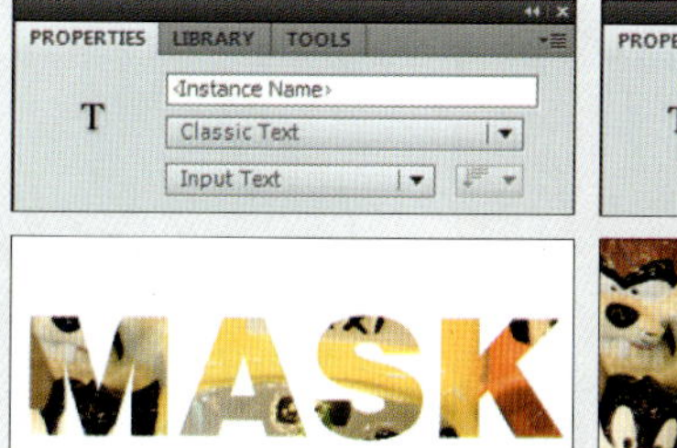
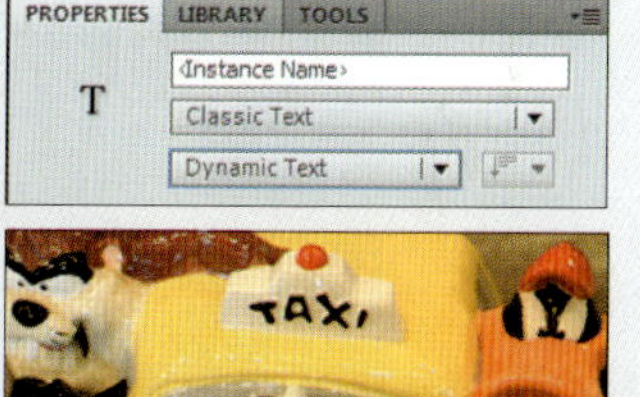

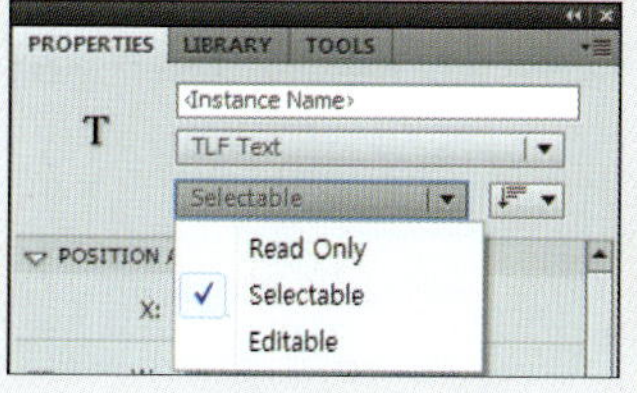

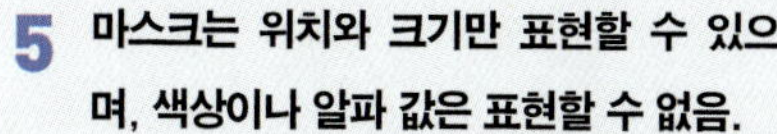

■ (Properties) 패널에서 (TLF Text)의 경우에는 마스크가 정상적으로 적용되지 않음(Scene에서 적용 결과(상)와 Movie test(Ctrl + Enter)로 적용한 결과(하)가 다르게 나타남).

5 마스크는 위치와 크기만 표현할 수 있으며, 색상이나 알파 값은 표현할 수 없음.

1 | 마스크 애니메이션은 두 개 이상의 레이어가 필요

2 | 마스크의 레이어 구조

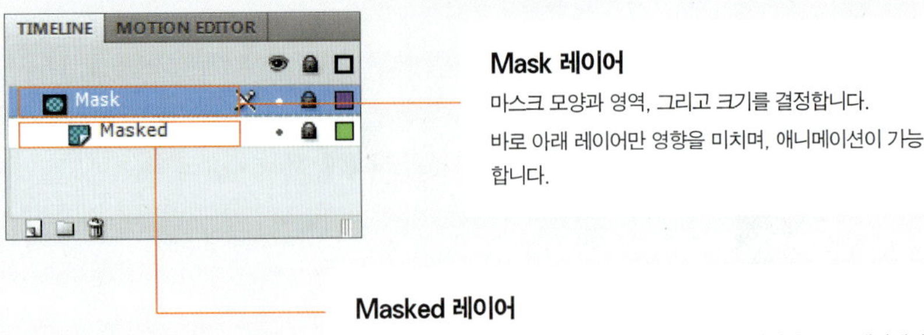

Mask 레이어

마스크 모양과 영역, 그리고 크기를 결정합니다.
바로 아래 레이어만 영향을 미치며, 애니메이션이 가능
합니다.

Masked 레이어

상위 Mask 레이어에 의해 보이게 될 이미지나 모션이며, 모든 애니메이
션이 가능합니다.

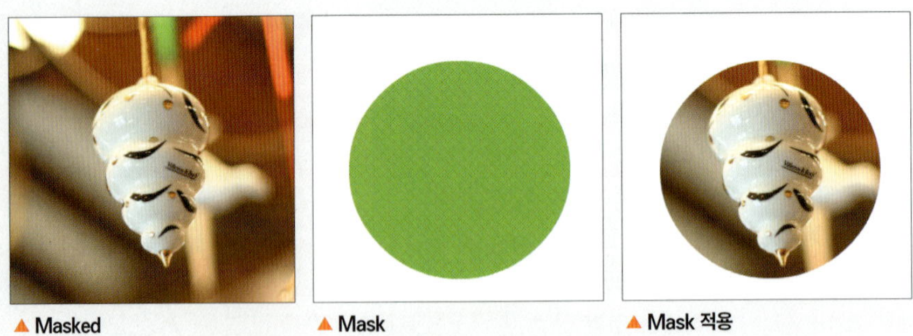

▲ Masked　　　　▲ Mask　　　　▲ Mask 적용

3 | 마스크 적용의 최종 확인은 반드시 Movie test(Ctrl + Enter)를 통해 확인

마스크는 앞에서도 강조한 바 있듯이 Scene 상태에서 정상적으로 적용되었다고 하더라도 경우에 따라 최종 결과물
이 다르게 보일 수 있으므로 반드시 Movie test(Ctrl + Enter)를 통해 확인하는 것이 좋습니다. 마스크에 애니메이
션을 줄 경우, 마스크 영역에 있는 요소의 크기, 영역 값의 영향을 받습니다.

무비클립 심벌과 그래픽 심벌

이 장에서는 무비클립 심벌과 그래픽 심벌에 대해 좀 더 구체적으로 알아보겠습니다. 무비클립 심벌과 그래픽 심벌은 같은 듯 다른 용도로 사용할 수 있으며, 두 심벌 모두 클래식 트윈 애니메이션이나 모션 트윈 애니메이션을 할 수 있는 기본 오브젝트입니다. 지금부터 왼쪽에서 오른쪽으로 이동하는 간단한 애니메이션을 이용하여 두 심벌의 특징을 살펴보겠습니다.

무비클립 심벌과 그래픽 심벌 비교하기

예제파일 | 부록DVD\Sample\Part01\Ch03\무비클립과 그래픽 심벌 비교.fla
완성파일 | 부록DVD\Sample\Part01\Ch03\무비클립과 그래픽 심벌 비교_완성.fla

핵심 포인트

1 | 무비클립 심벌 : 편집창에서 독립적인 애니메이션을 구현할 수 있으며, 반복 패턴의 애니메이션에 효율적임.

2 | 그래픽 심벌 : Scene에서 애니메이션 미리 보기가 가능하며, 반복 속성을 다양하게 지정할 수 있음.

무비클립 심벌 편집창에서 애니메이션하기

01 메뉴 바에서 [File]-[Open](Ctrl +
ㅇ)을 선택하여 '무비클립과 그래
픽 심벌 비교.fla' 파일을 엽니다.
Scene에는 무비클립 심벌('MC')과
그래픽 심벌('G')이 서로 다른 레이
어에 미리 배치되어 있습니다.

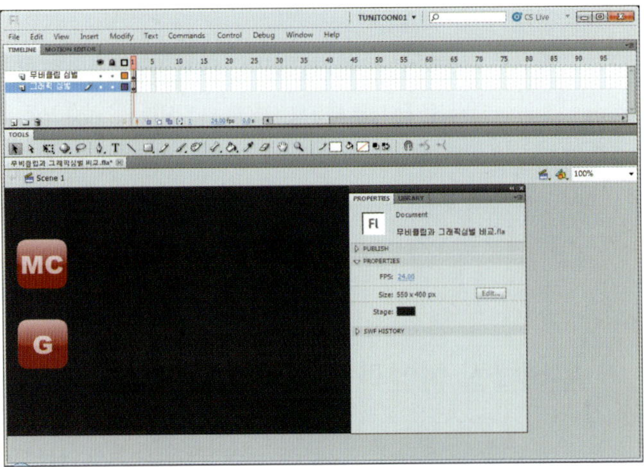

02 '무비클립 심벌' 레이어의 1프레임을 선택한 후, 스테이지에 있는 'MC' 라고 쓰인 심벌을 더블클릭
하여 무비클립 심벌 편집창으로 이동합니다.

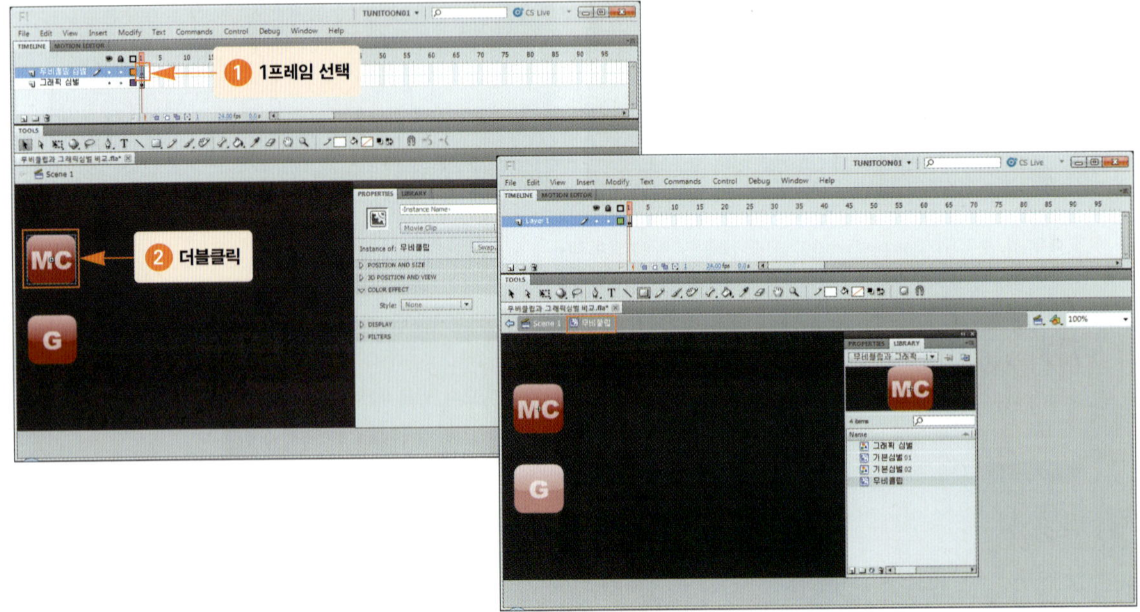

열기서! 잠깐! 무비클립 심벌과 그래픽 심벌 편집창

무비클립 심벌과 그래픽 심벌은 모두 원본 편집창을 가지고 있습니다. 심벌을 더블클릭하면 편집창에서 작업을 할 수 있
고, 메인 작업창인 Scene과 마찬가지로 자체적인 타임라인과 스테이지를 가지고 있습니다. 라이브러리 패널의 심벌을
더블클릭하여 편집창으로 이동할 수도 있습니다.

03 '무비클립' 심벌의 편집창에서 48 프레임을 선택한 후, 마우스 오른쪽 버튼을 클릭하면 나타나는 단축 메뉴에서 [Insert Keyframe](F6)을 선택하여 키프레임을 추가합니다.

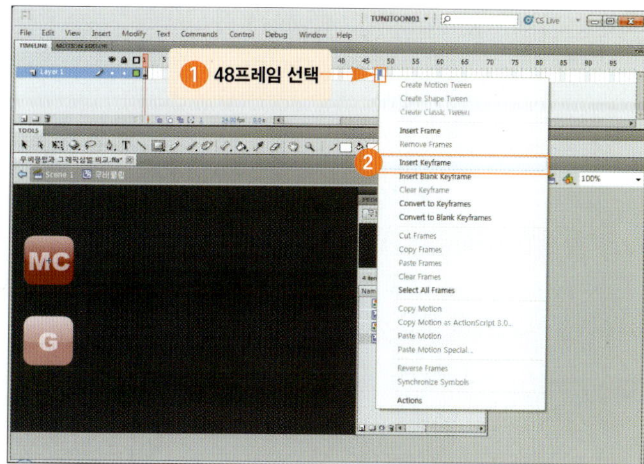

04 현재 작업창(무비클립 편집창)에 있는 '기본심벌01' 오브젝트를 선택하여 스테이지의 오른쪽으로 이동합니다('기본심벌01'은 기본 무비클립 상태).

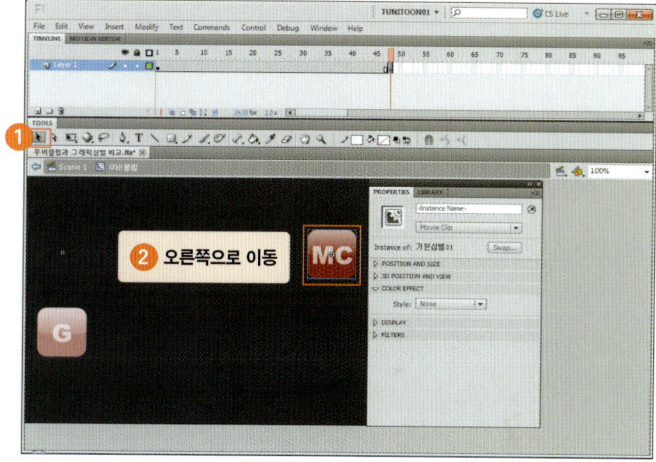

tip 작업창이 Scene이든 무비클립 심벌(그래픽 심벌) 편집창이든 클래식 트윈을 하려면 선택한 요소가 반드시 심벌 상태여야 합니다.

05 1프레임과 48프레임 사이를 선택한 후, 마우스 오른쪽 버튼을 클릭하면 나타나는 단축 메뉴에서 [Create Classic Tween]을 선택합니다.

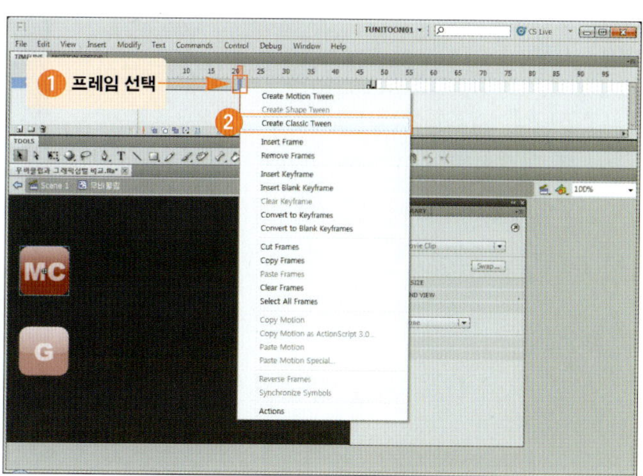

06 편집 바(Edit Bar)에서 'Scene 1'을 클릭하여 Scene으로 이동합니다.

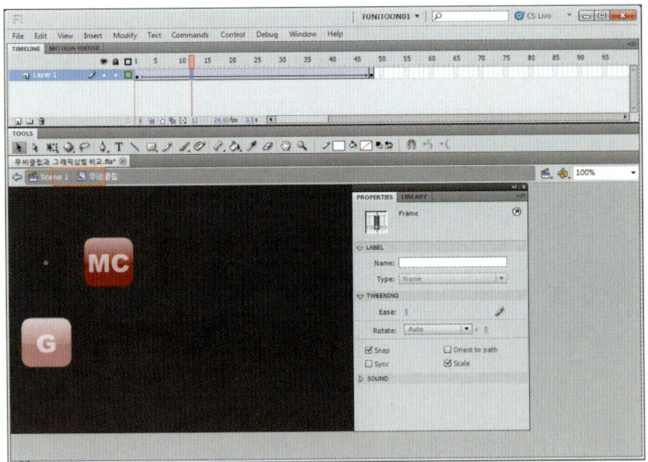

07 Scene에서 타임라인에 1프레임만 있는지 확인합니다. '무비클립 심벌'은 Scene에서 애니메이션 작업을 한 것이 아니라 무비클립 편집창에서 작업을 했기 때문에 Scene에는 1프레임만 있는 상태입니다.

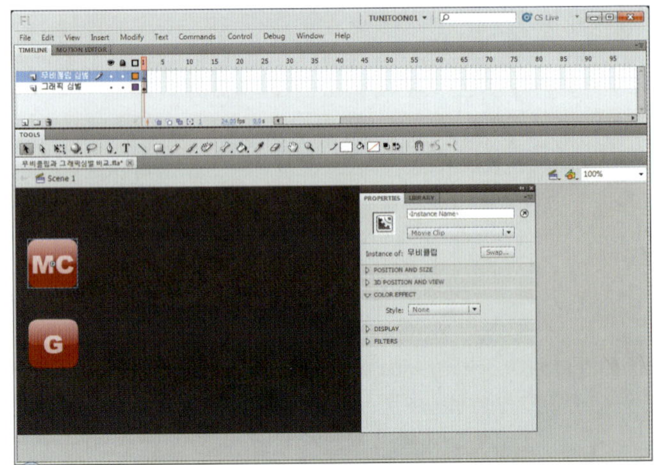

08 메뉴 바에서 [Control]-[Test Movie]-[Test](Ctrl + Enter)를 선택하여 무비를 확인합니다. Scene에는 1프레임만 있지만 왼쪽에서 오른쪽으로 이동하는 자체 애니메이션을 포함하고 있기 때문에 왼쪽에서 오른쪽으로 움직이는 애니메이션을 볼 수 있습니다.

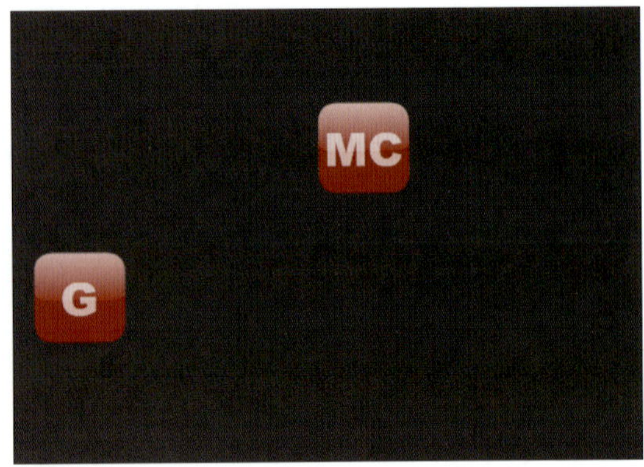

STEP 02   그래픽 심벌 편집창에서 애니메이션하기

01 Scene에 있는 '그래픽 심벌' 레이어의 1프레임을 선택한 후, 스테이지에 있는 'G'라고 쓰인 심벌을 더블클릭하여 '그래픽 심벌' 편집창으로 이동합니다.

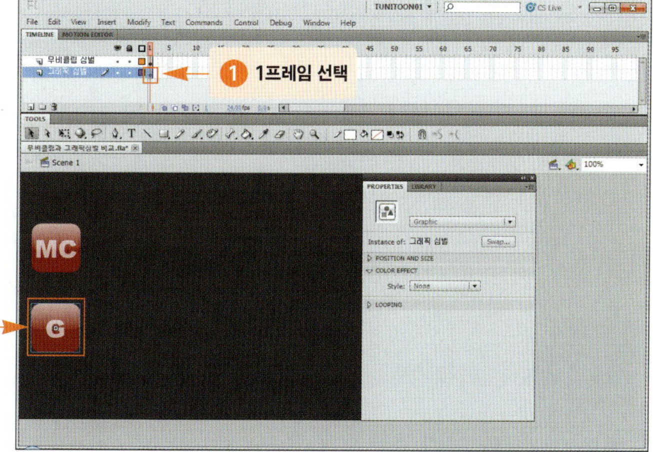

02 그래픽 심벌 편집창에서 48프레임을 선택한 후, 마우스 오른쪽 버튼을 클릭하면 나타나는 단축 메뉴에서 [Insert Keyframe](F6)을 선택하여 키프레임을 추가합니다.

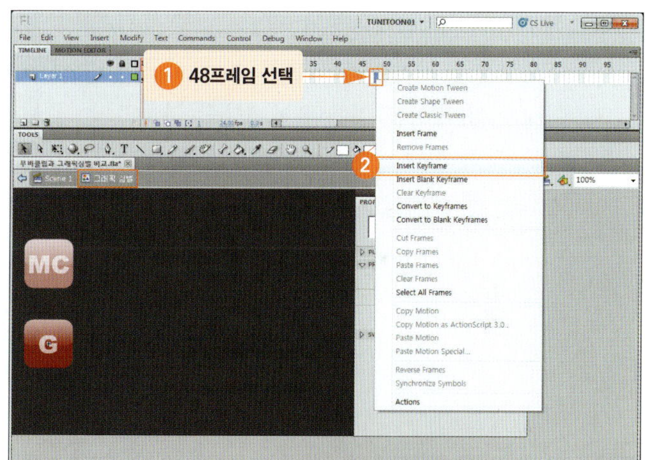

03 그래픽 심벌 편집창에서의 작업도 무비클립 편집창에서와 동일한 애니메이션이므로 '무비클립 심벌 편집창에서 애니메이션하기'의 **04** 단계(오브젝트 이동)와 **05** 단계(클래식 트윈 지정)까지 진행합니다.

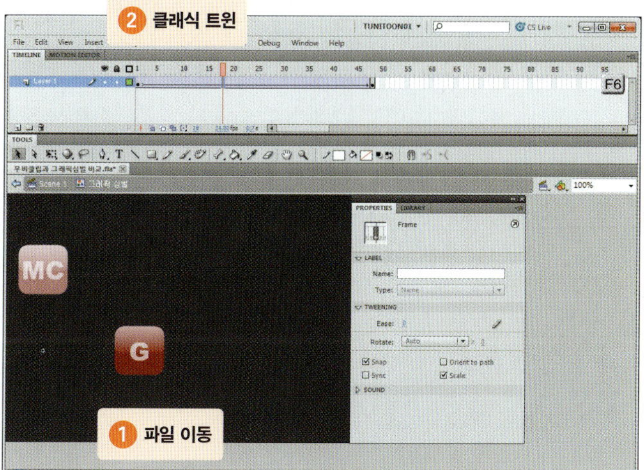

04 편집 바(Edit Bar)에서 'Scene 1'을 클릭하여 Scene으로 이동합니다.

05 Scene에서 타임라인에 1프레임만 있는지 확인합니다. '그래픽 심벌'은 앞의 '무비클립 심벌'과 마찬가지로 Scene에서 애니메이션 작업을 한 것이 아니라 그래픽 심벌 편집창에서 작업했기 때문에 Scene에는 1프레임만 있는 상태입니다.

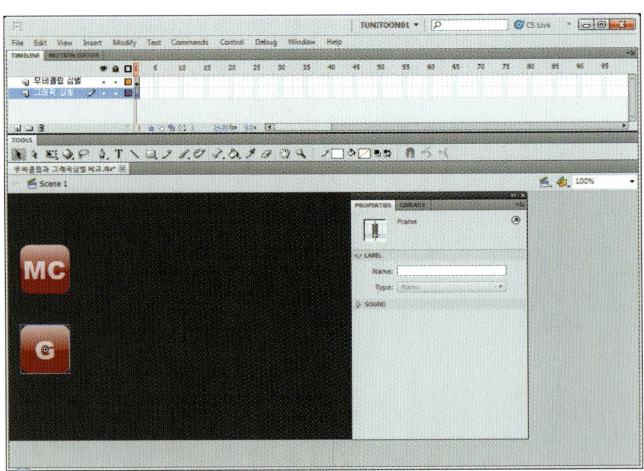

06 메뉴 바에서 [Control]-[Test Movie]-[Test](Ctrl + Enter)를 선택하여 무비를 확인합니다. 앞에서 작업했던 무비클립 심벌과 달리 그래픽 심벌의 애니메이션이 나타나지 않는 것을 볼 수 있습니다.

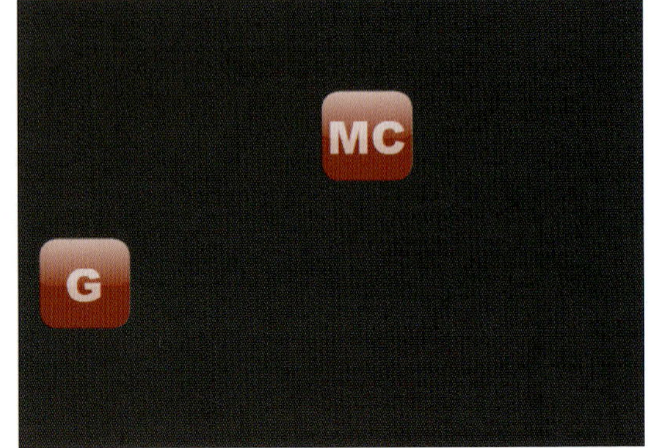

07 그래픽 심벌의 자체 애니메이션을 확인하기 위해 Scene의 타임라인에서 모든 레이어의 48프레임을 선택한 후, 마우스 오른쪽 버튼을 클릭하면 나타나는 단축 메뉴에서 [Insert Frame]을 선택하여 프레임을 추가합니다.

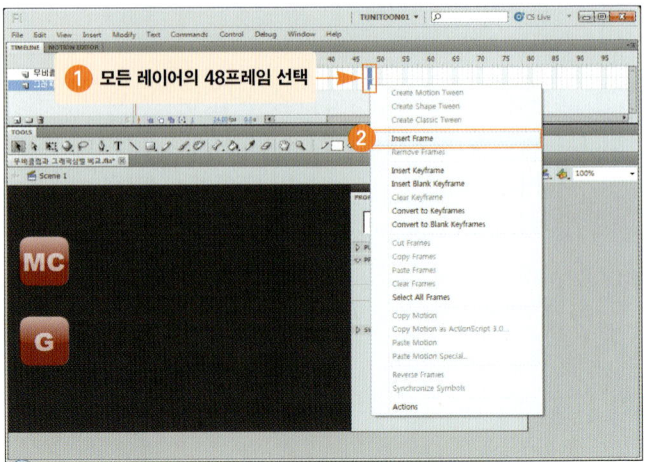

08 다시 한 번 메뉴 바에서 [Control]-[Test Movie]-[Test](Ctrl + Enter)를 선택하여 무비를 확인합니다. 그래픽 심벌은 편집창에서 작업한 자체 애니메이션을 볼 수 있습니다.

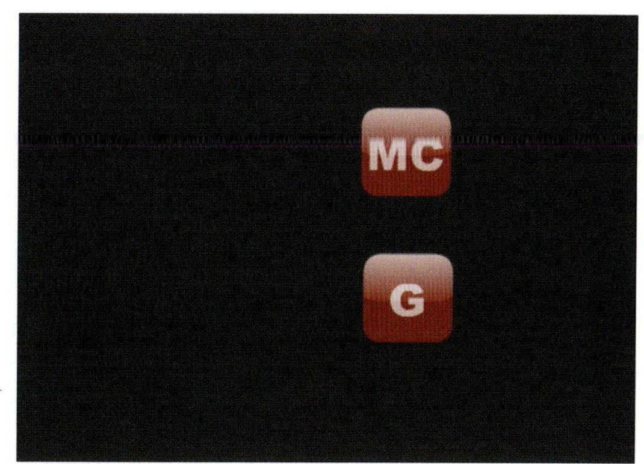

SPECIAL tip

무비클립 심벌과 그래픽 심벌의 비교

1 무비클립은 자체 애니메이션을 준 후 Scene에 1프레임만 있어도 자체 애니메이션을 반복해서 보여 줄 수 있기 때문에 '밤하늘에 무수히 반짝이는 별' 등과 같은 반복 패턴의 애니메이션에 효과적입니다.

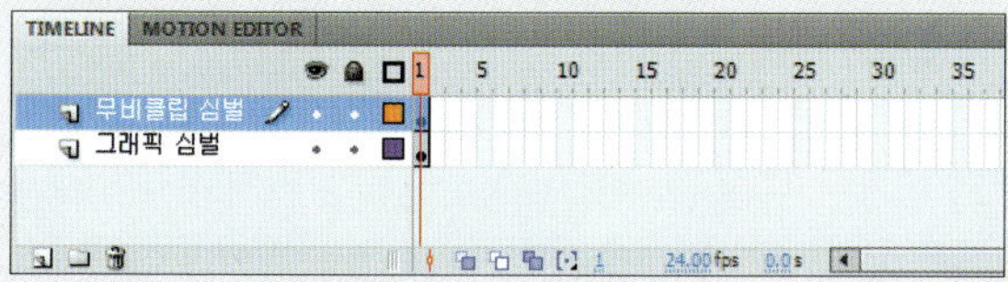

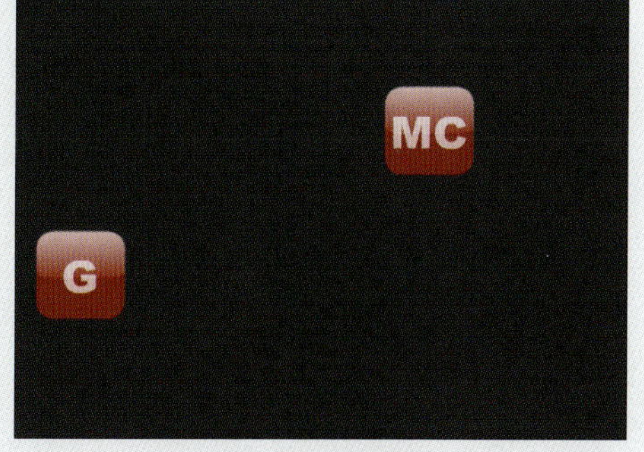

2 그래픽 심벌은 자체 애니메이션의 프레임 길이와 보여 주는 곳(여기서는 Scene)의 프레임 길이가 같아야 자체 애니메이션을 보여 줄 수 있습니다.

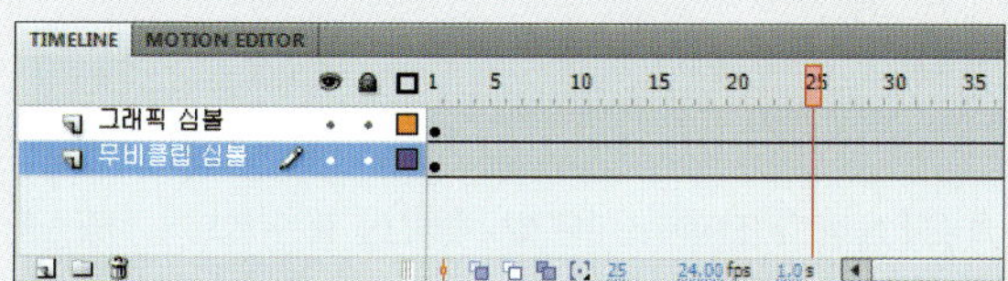

3 그래픽 심벌의 경우 Scene에서 자체 애니메이션의 미리 보기가 가능합니다.

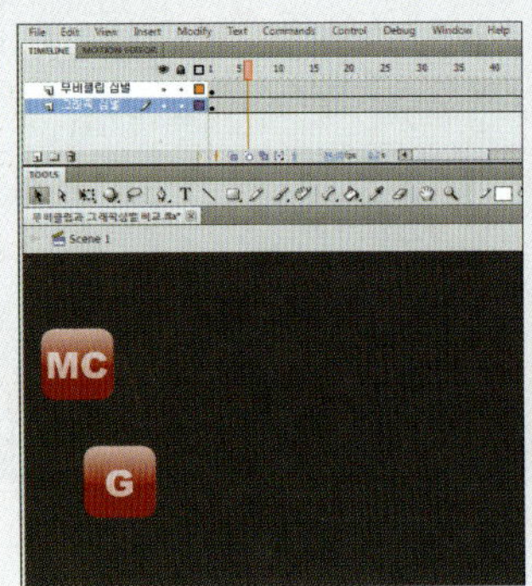
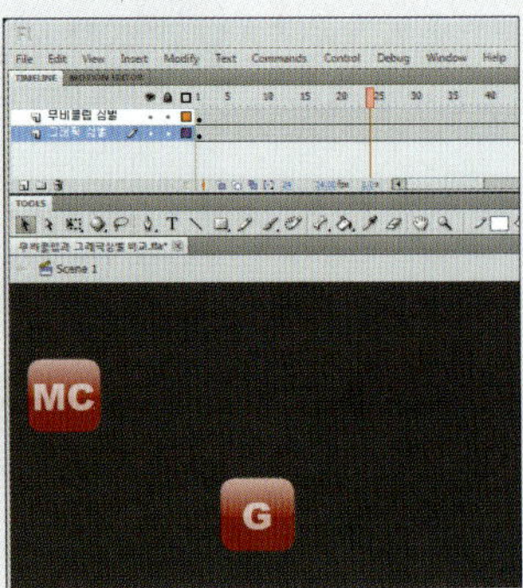
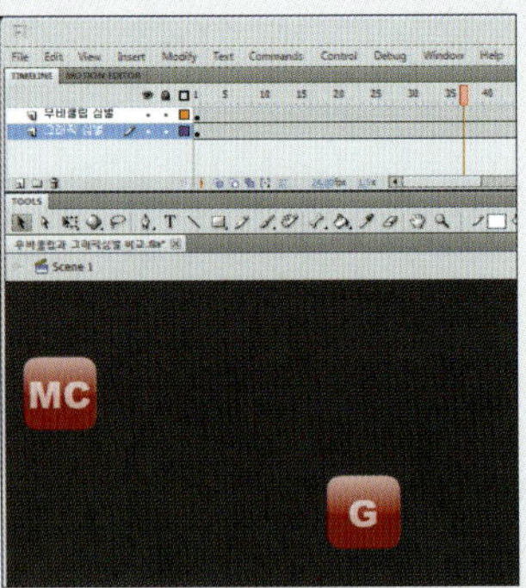

4 그래픽 심벌의 경우 다양한 반복 설정이 가능하며, 자체 애니메이션의 처음 시작하는 프레임 지정도 가능합니다.

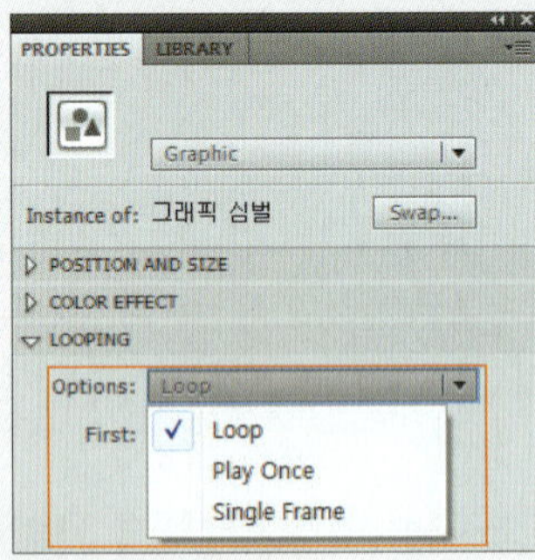

▲ 반복 설정 가능

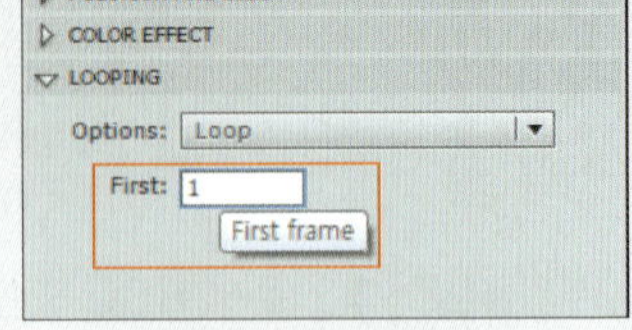

▲ 처음 시작하는 프레임 설정 가능

표로 정리하면 다음과 같습니다.

구 분	무비클립	그래픽 심벌
프레임 길이	- Scene에 1프레임만 있어도 반복 애니메이션 가능 - Scene의 길이와 자체 길이가 같지 않아도 됨.	- Scene(보여 주는 곳)과 자체 프레임 길이가 같아야 함.
미리보기	- Scene에서 미리 보기 불가능	- Scene에서 미리 보기 가능
특징	- Scene과 별개의 독립적인 애니메이션 - 필터, 블렌딩, 3D 효과를 줄 수 있음. - 'Cache as bitmap'에 체크를 하면 애니메이션 속도를 향상시킬 수 있음. - 액션스크립트 제어가 가능함.	- 애니메이션 반복 상황 설정 가능(Loop/Play Once/Single Frame) - (PROPERTIES) 패널에서 First 지정(자체 애니메이션의 스타트 시점(frame) 지정 가능). 위 두 가지의 특징을 이용하여 하나의 애니메이션으로 다양한 애니메이션 표현 가능
활용	무한 반복 패턴의 애니메이션에 효율적	멀티 프레임(중첩) 애니메이션에 효율적

앞에서 살펴본 바와 같이 무비클립 심벌과 그래픽 심벌은 편집창에서 자체 애니메이션을 줄 수 있으며, 최종 애니메이션을 Scene에서 확인할 때 몇 가지 차이가 있습니다. 일반적으로 실무 작업 시 다른 애니메이션과 상관없는 독립적인 패턴의 경우는 무비클립을 사용하는 편이며, 다른 애니메이션과 비교하여 배치하거나 같은 패턴의 애니메이션을 순차적으로 다루고 싶을 경우에는 그래픽 심벌을 사용하는 경우가 많습니다. 무비클립을 선택할 것인지, 그래픽 심벌을 선택할 것인지는 작업에 편의에 따라 또는 애니메이션을 표현하고 싶은 느낌에 따라 선택적으로 사용하는 것이 좋습니다.

역기구학 애니메이션

이 장에서는 역기구학(IK) 애니메이션에 대해 알아보겠습니다. 역기구학(IK) 애니메이션은 뼈의 관절 구조를 사용하여 모양이나 심벌이 서로 유기적으로 움직일 수 있게 해 주는 애니메이션 기법입니다. 하나의 뼈가 움직이면서 연결된 다른 뼈들이 반응하여 움직일 수 있기 때문에 잡아당기거나 구부리는 동작 등을 손쉽게 만들 수 있고 자연스러운 움직임을 만들 수 있습니다.

역기구학(IK) 애니메이션 만들기

● **예제파일** | 부록DVD\Sample\Part01\Ch03\역기구학 애니메이션.fla
완성파일 | 부록DVD\Sample\Part01\Ch03\역기구학 애니메이션_완성.fla

**핵심
포인트**

1 | 역기구학(IK) 애니메이션에서는 뼈(bone) 도구로 뼈대를 심은 후, 뼈대를 제어할 수 있다.

2 | 뼈대를 심은 후 뼈대끼리 유기적으로 연결할 수 있습니다(예 몸통과 다리 연결, 몸통과 팔 연결 가능).

3 | 모양 요소 또는 심벌에 뼈대를 심을 수 있다.

STEP 01   **뼈대 심기**

01 메뉴 바에서 [File]–[Open](Ctrl + O)를 선택하여 '역기구학 애니메이션.fla' 파일을 엽니다.

02 '토마' 캐릭터의 머리, 몸통, 다리, 팔 등이 모두 심벌로 변환되어 있는 것을 알 수 있습니다. 도구 상자에서 뼈(Bone) 도구( )를 이용하여 몸통, 머리, 엉덩이 부분에 뼈대를 심습니다.

tip 각 뼈에는 머리(둥근 끝)와 꼬리(뾰족한 끝)가 있으며, 첫 번째 뼈가 루트 뼈입니다.

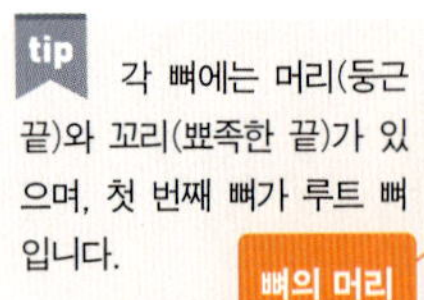

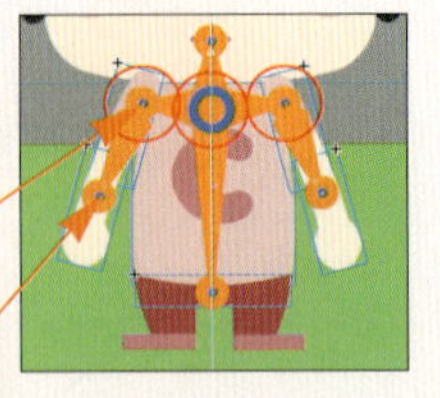

목 부분을 클릭

머리 방향으로 드래그

뼈대 머리(둥근 원) 클릭

엉덩이 방향으로 드래그

03 양쪽 어깨와 어깨에서 팔로 이어지는 뼈대를 연결합니다. 처음에 연결한 뼈대(루트 뼈)에 이어서 연결해야 하므로 몸통에 연결된 뼈대의 머리 부분에서 시작해야 합니다.

04 마지막으로 양쪽 다리에 뼈대를 연결합니다.

05 레이어 상태를 확인해 보면, 'Armature'라는 이름의 레이어가 새로 추가되고, 기존의 '토마' 레이어에 있던 심벌이 이동한 것을 볼 수 있습니다. 이 레이어를 '포즈 레이어'라고 하며, 이 단계에서 포즈를 추가하여 애니메이션을 구성할 수 있습니다.

 심벌 정돈하고 뼈대 고정하기

뼈대를 심은 후에는 어깨나 다리 부분이 몸통이나 머리보다 위에서 보일 수도 있기 때문에 심벌의 높이를 정돈하겠습니다.

01 먼저 도구 상자에서 선택 도구(![])를 이용하여 캐릭터의 몸통을 선택한 후, 마우스 오른쪽 버튼을 클릭하면 나타나는 단축 메뉴에서 [Arrange]-[Bring to Front]를 선택하여 맨 위로 올립니다.

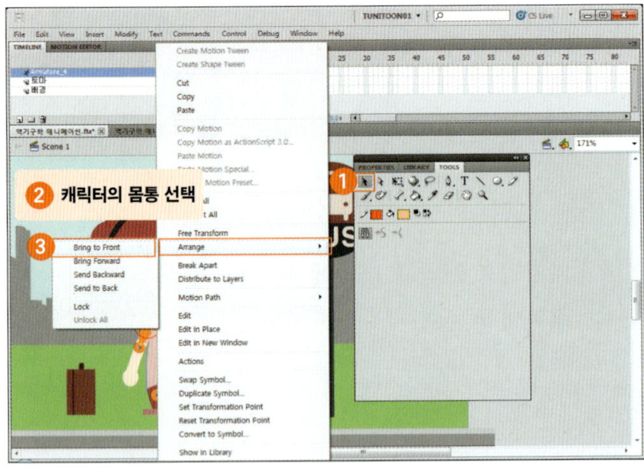

02 이번에는 캐릭터의 머리를 선택한 후, 마우스 오른쪽 버튼을 클릭하면 나타나는 단축 메뉴에서 [Arrange]-[Bring to Front]를 선택하여 맨 위로 올립니다.

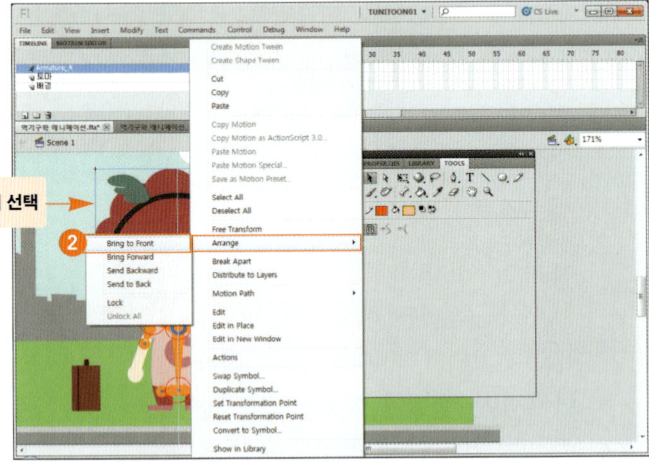

Arrange 전후

▲ 정돈 전 　　　　　 ▲ 정돈 후

03 선택 도구(⬉)를 이용하여 몸통과 머리, 양쪽 어깨, 그리고 다리 뼈대를 Shift 를 누른 상태에서 모두 선택하고, [PROPERTIES]-[JOINT ROTATION]의 Enable의 체크를 해제합니다.

뼈대 선택하기

뼈대를 선택하고 제어하기 위해서는 선택 도구(⬉)를 이용해야 합니다. 뼈대의 색상은 레이어의 아웃라인(Outline) 색상에 따라 차이가 있습니다.

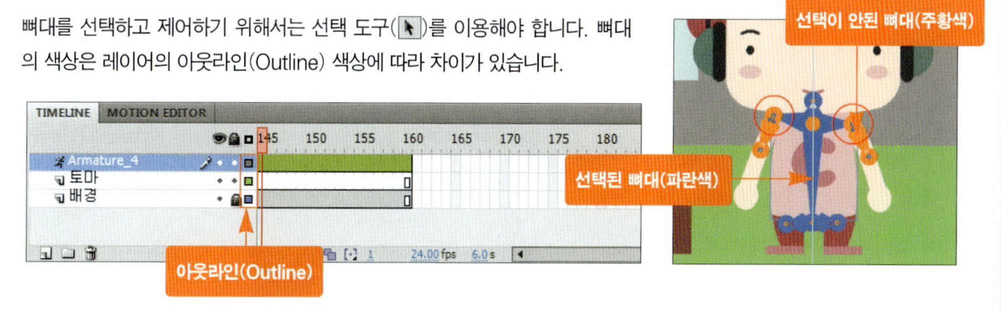

[PROPERTIES]-[JOINT ROTATION]의 Enable

■ 오브젝트의 움직임 범위 제어 및 고정 여부

Enable에 체크를 할 경우, 오브젝트는 고정되지 않고 연결 부분에서 벗어나 자유롭게 움직임

Enable에 체크를 하지 않을 경우는 오브젝트가 고정되어 연결 부분을 기준으로 움직일 수 있습니다. Enable에 체크를 해 둘 경우에는 몸통에서 목이나 팔이 떨어져서 움직일 수 있으므로, 서로 떨어지지 않도록 반드시 체크를 해제하는 것이 좋습니다.

01 선택 도구(　)로 뼈대를 선택하면 팔이나 다리 등을 움직일 수 있습니다. 'Armature-4' 레이어의 15프레임을 선택한 후, 마우스 오른쪽 버튼을 클릭하면 나타나는 단축 메뉴에서 [Insert Pose]를 선택하여 키프레임을 삽입(F6)합니다.

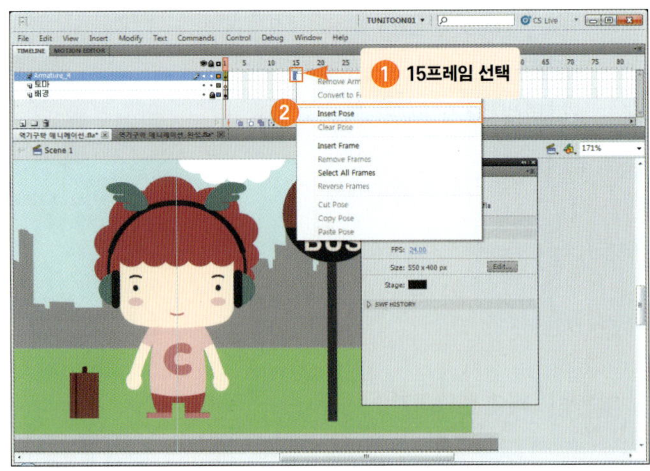

02 '배경' 레이어는 애니메이션이 진행되는 동안 움직임이 없지만 배경으로 계속 보여야 하므로, Armature 레이어(포즈 레이어)에 맞게 프레임을 추가해야 합니다(15프레임에 프레임 추가(F5)).

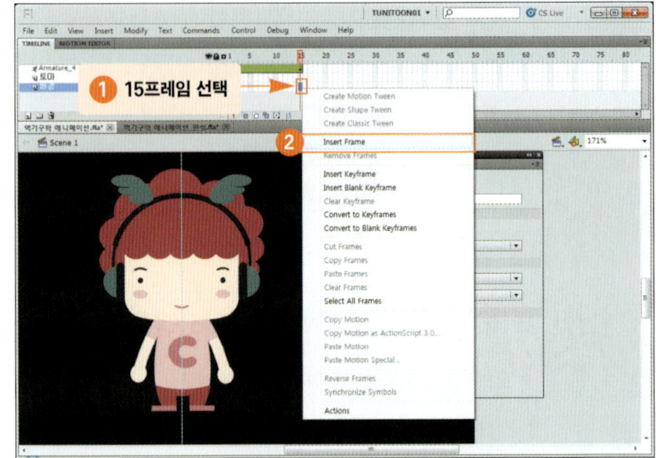

03 Armature 레이어(포즈 레이어)의 15프레임에서 선택 도구(　)로 캐릭터의 머리로 연결되는 뼈대 부분을 선택하여 머리를 움직여 줍니다 (뼈대가 추가된 경우).

04 팔의 움직임도 머리의 움직임에 맞게 움직일 수 있도록 뼈대 부분을 선택 도구로 선택하여 조절해 줍니다. 팔을 굽히는 느낌으로 표현하기 위해 손을 잡아서 조절합니다. 뼈대로 연결되어 있기 때문에 구부러진 모양을 표현할 수 있습니다.

05 이와 같은 방법으로 다른 쪽 팔과 다리들에도 포즈를 추가(F6)한 후, 선택 도구(▶)로 뼈대 부분을 선택하여 자연스럽게 연결되는 애니메이션을 만들어 봅니다.

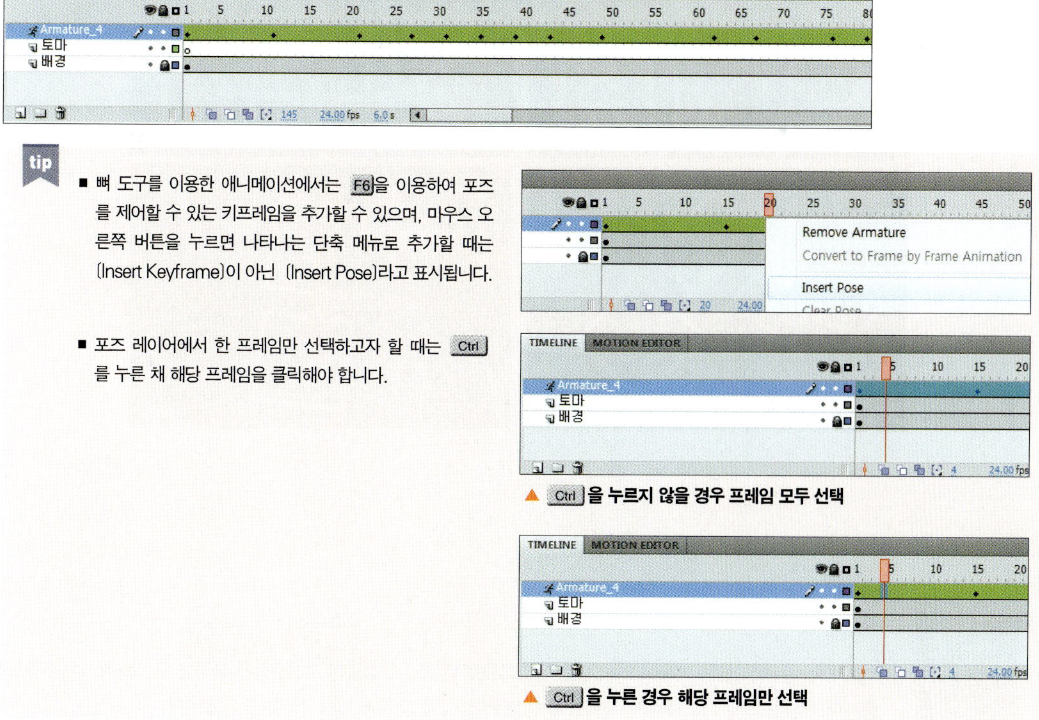

tip

■ 뼈 도구를 이용한 애니메이션에서는 F6을 이용하여 포즈를 제어할 수 있는 키프레임을 추가할 수 있으며, 마우스 오른쪽 버튼을 누르면 나타나는 단축 메뉴로 추가할 때는 [Insert Keyframe]이 아닌 [Insert Pose]라고 표시됩니다.

■ 포즈 레이어에서 한 프레임만 선택하고자 할 때는 Ctrl 를 누른 채 해당 프레임을 클릭해야 합니다.

▲ Ctrl 을 누르지 않을 경우 프레임 모두 선택

▲ Ctrl 을 누른 경우 해당 프레임만 선택

06 메뉴 바에서 [Control]-[Test Movie]-[Test](Ctrl + Enter)를 선택하여 무비를 확인합니다.

 뼈 도구로 뼈대 만들기

1 | 모양 요소에 뼈대 심기

- 모양 요소에는 하나의 모양에 여러 개의 뼈대를 심을 수 있다.

 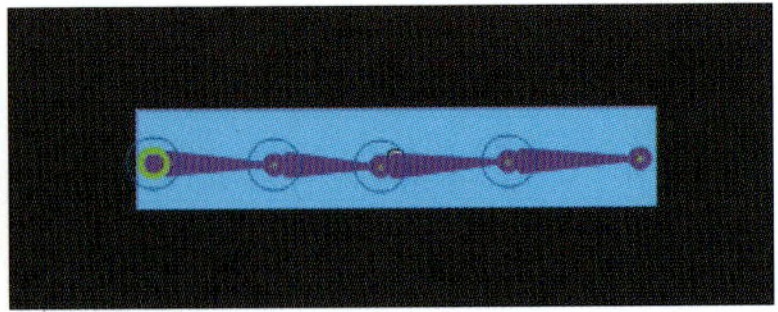

- 두 개 이상의 모양 요소에도 뼈대를 심을 수 있다.
- 두 개 이상의 모양 요소에 뼈대를 심을 경우에는 동일한 레이어에 있어야 한다.
- 둘 다 선택된 상태에서 뼈대를 심어야만 하나의 포즈 레이어가 생성된다.
- 둘 중 하나만 선택된 경우에는 처음 선택된 모양 요소에만 뼈대를 심을 수 있다.

 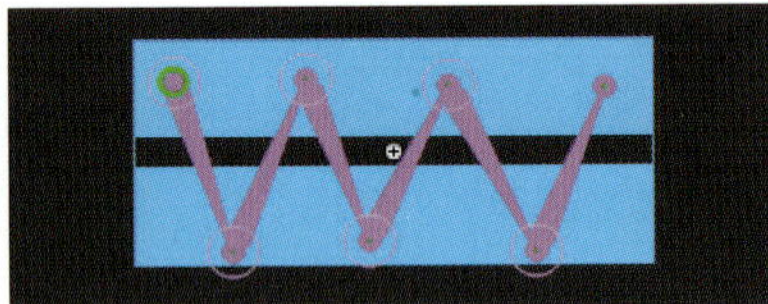

2 | 심벌에 뼈대 심기

- 심벌에는 하나의 뼈대만 심을 수 있으며, 두 개 이상의 심벌이 있어야 한다.

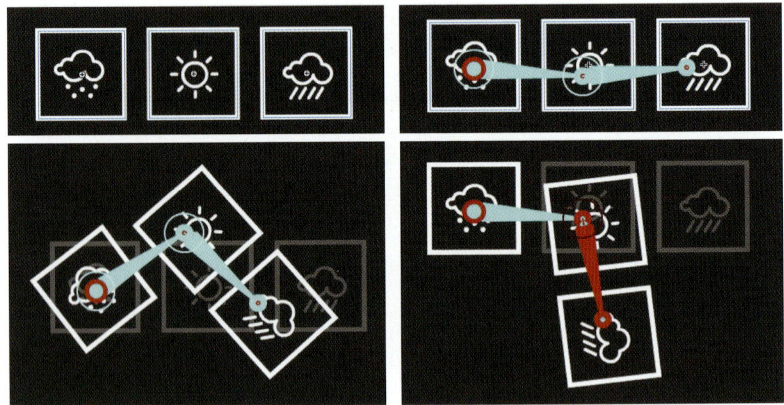

역구기학 애니메이션은 뼈대에 의해 서로 유기적으로 연결된 심벌들이 자연스럽게 움직일 수 있도록 하는 데 도움을 줍니다. 뼈대는 모양 요소나 심벌에 적용할 수 있으며, 선과 그룹 요소에 적용할 수 없습니다.

04

플래시 애니메이션 활용하기

모양 트윈을 이용한 상자 애니메이션

이 장에서는 모양 트윈의 특징을 이용한 상자 애니메이션을 만들어 보겠습니다. 모양 트윈은 모양 요소를 이용하여 만드는 애니메이션이기 때문에 형태를 자유롭게 변형시킬 수 있다는 특징이 있습니다. 함께 만들어 볼 상자 애니메이션에서는 각각 서로 다른 레이어에 각 면에 대한 애니메이션을 만들어야 합니다. 앞면과 뒷면은 사각형이지만 양 옆면의 경우는 비스듬한 모양이라는 점에 주의하여 따라해 보기 바랍니다.

예제파일 | 부록DVD\Sample\Part01\Ch04\상자만들기.fla
완성파일 | 부록DVD\Sample\Part01\Ch04\상자완성.fla

핵심 포인트

1 | 각 면은 서로 다른 애니메이션에서 작업하기

2 | 자유 변형 도구를 이용한 모양 변형하기

3 | 모양 트윈 주기

 **tip** 가이드라인 추가하기

작업을 할 때 가이드라인을 추가하면 도형을 그리거나 오브젝트의 위치를 맞출 때 기준이 생겨 작업이 편해집니다. 가이드라인은 메뉴 바에서 (View)-(Ruler)(Ctrl + Alt + Shift + R)를 선택하여 자가 나타나게 한 후, 자 부분에서 마우스를 드래그하면 추가됩니다.

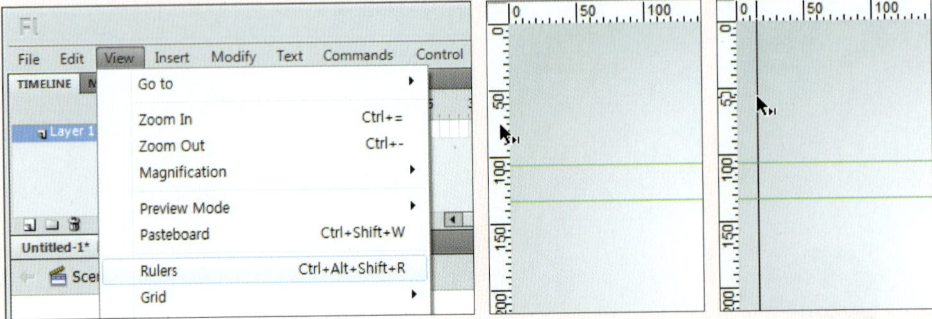

STEP 01　　　　　　　　　　　　　　　　　　　　　　　　**앞면 애니메이션**

01 메뉴 바에서 [File]–[Open](Ctrl +
O)을 선택하여 '상자만들기.fla'
파일을 엽니다.

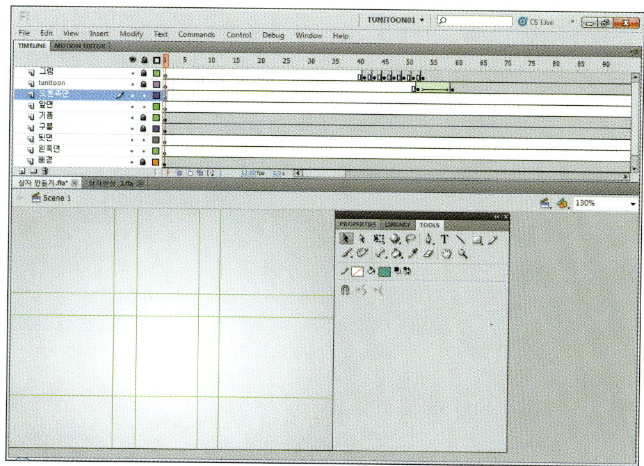

02 '앞면' 레이어의 1프레임을 선택한
후, 도구 상자의 사각형 도구(□)로
상자의 앞면에 해당하는 사각형을
그립니다(테두리는 없고 면만 있는
사각형을 그립니다).

03 '앞면' 레이어의10프레임을 선택
한 후, 마우스 오른쪽 버튼을 클릭
하면 나타나는 단축 메뉴에서
[Insert Keyframe](F6)을 선택하
여 키프레임을 추가합니다.

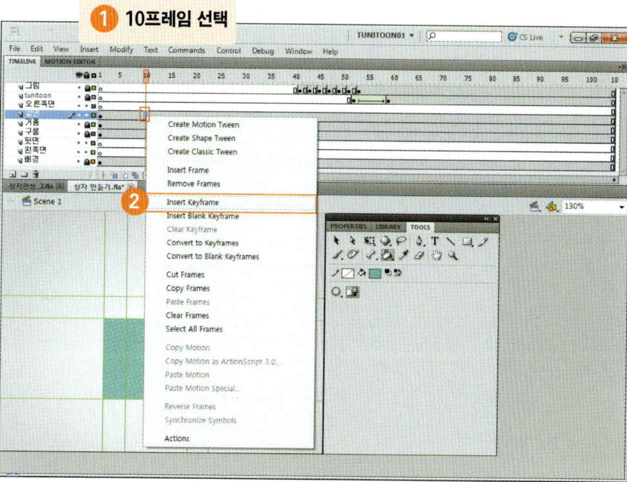

04 플레이 헤드를 '앞면' 레이어의 1프레임으로 이동한 후, 도구 상자의 자유 변형 도구로 사각형의 가로 크기를 줄입니다.

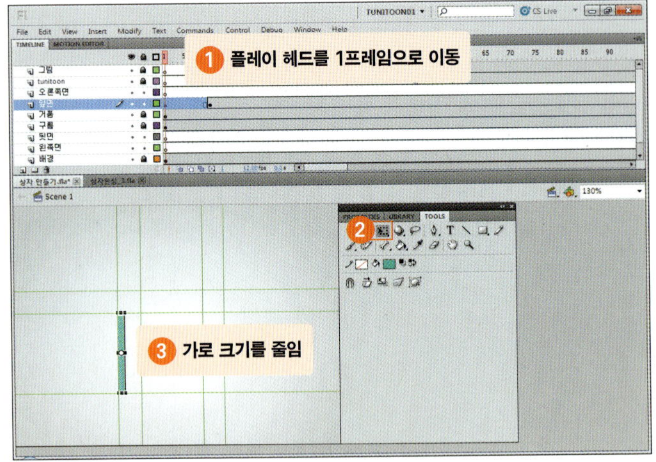

05 1프레임과 10프레임 사이의 프레임 중 한 곳을 선택한 후, 마우스 오른쪽 버튼을 클릭하면 나타나는 단축 메뉴에서 [Create Shape Tween]을 선택하여 모양 트윈을 삽입합니다.

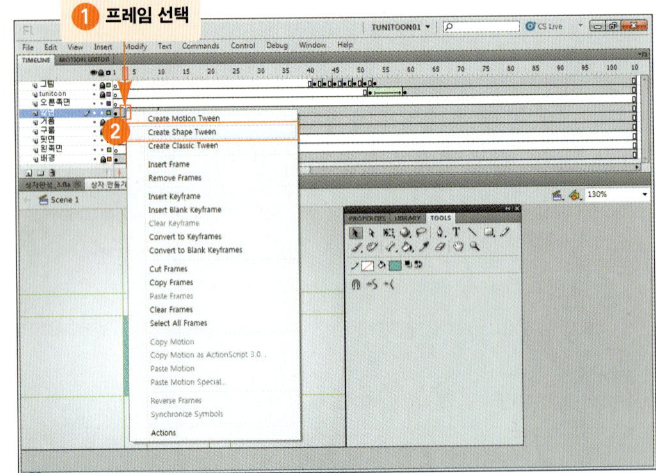

06 '앞면' 레이어의 사각형 작업이 끝나면, 다른 작업을 할 때 영향을 받지 않도록 레이어의 자물쇠 아이콘을 클릭하여 잠금(Lock) 처리를 합니다.

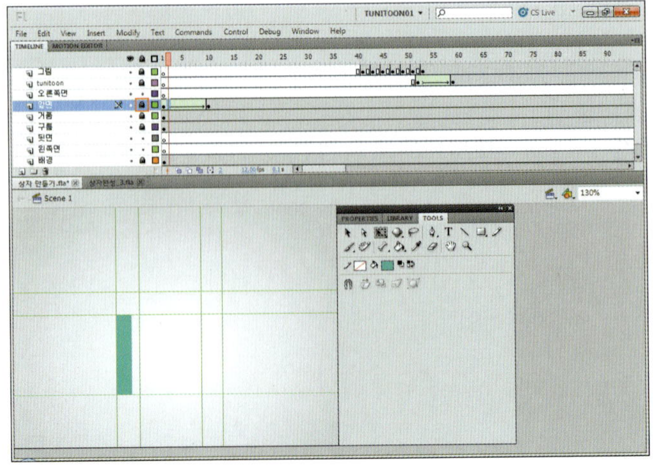

STEP 02   오른쪽 면 만들기

01 '오른쪽면' 레이어의 11프레임을 선택한 후, 마우스 오른쪽 버튼을 클릭하면 나타나는 단축 메뉴에서 [Insert Keyframe](F6)을 선택하여 키프레임을 추가합니다.

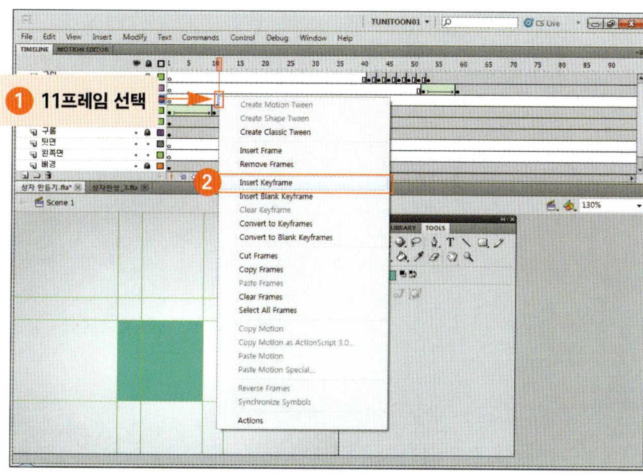

---

tip **키프레임을 주는 시점**

1 | 변화를 주는 시점에는 반드시 키프레임을 추가(F6)한다.

2 | 새로운 애니메이션을 시작하려는 시점에는 반드시 키프레임을 추가(F6)한다.

키프레임을 주는 세 가지 방법

1 | 메뉴 바에서 [Insert]-[Timeline]-[Keyframe]을 선택

2 | 마우스 오른쪽 버튼을 클릭하면 나타나는 단축 메뉴에서 [Insert Keyframe]을 선택

3 | F6 을 이용

---

02 '오른쪽면' 레이어의 11프레임에 키프레임이 추가되면, 도구 상자에서 사각형 도구(□)를 이용하여 옆면 사각형을 그립니다.

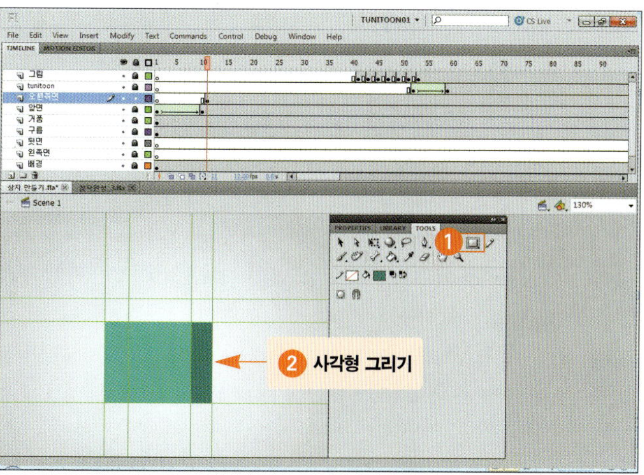

03 옆면은 비스듬한 모양이므로 도구 상자의 자유 변형 도구(), 옵션 : Rotate and Skew)를 이용하여 모양을 변형합니다. 이때는 커서의 모양에 주의합니다.

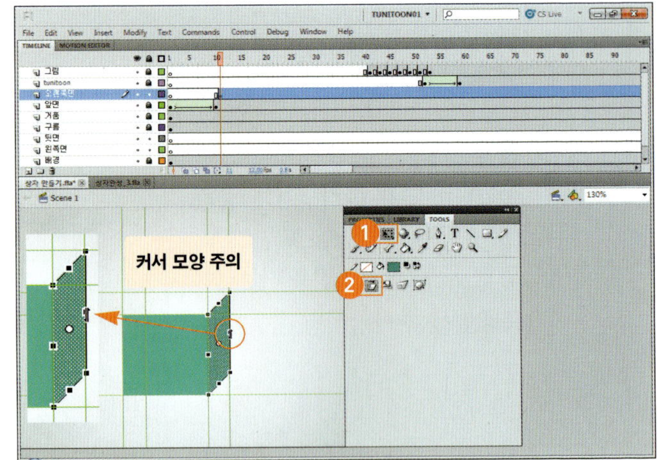

04 '오른쪽면' 레이어의 20프레임을 선택한 후, 메뉴 바에서 [Insert]-[Timeline]-[Keyframe](F6)을 선택하여 키프레임을 추가합니다.

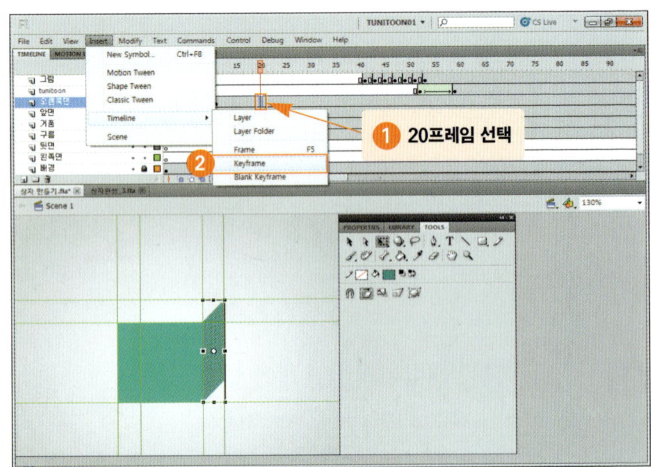

05 플레이 헤드()를 11프레임으로 이동한 후, 도구 상자의 선택 도구()를 이용하여 사각형의 일부를 선택합니다.

> **tip** 부분 선택 도구()로 상자의 꼭짓점을 하나씩 선택하여 상자의 비스듬한 모양을 만들 수도 있습니다.

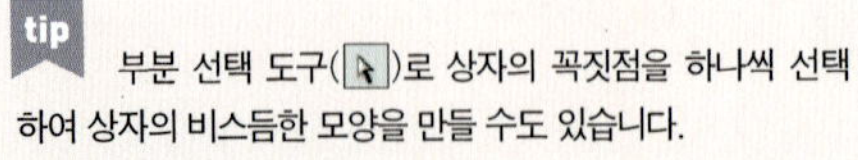

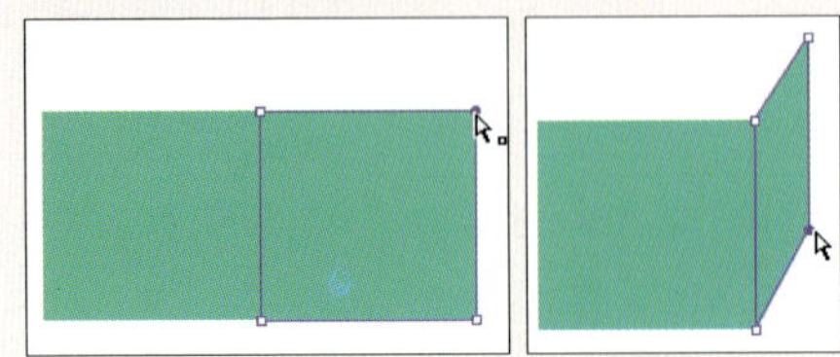

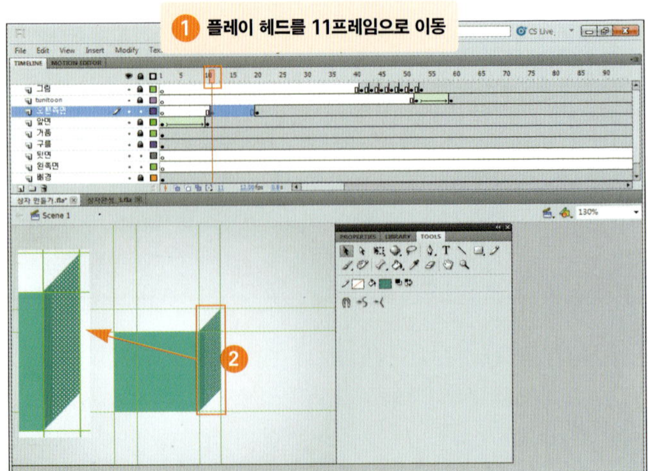

06 선택된 사각형 영역을 Delete를 눌러 지웁니다. 비스듬한 모양의 사각형의 크기를 줄인 때 자유 변형 도구(⬚) 를 이용하면 처음 시작 부분의 모양을 만들기 어려우므로 일부만 드래그하여 선택할 수 있다는 모양 요소의 특징을 이용하여 모양을 만듭니다.

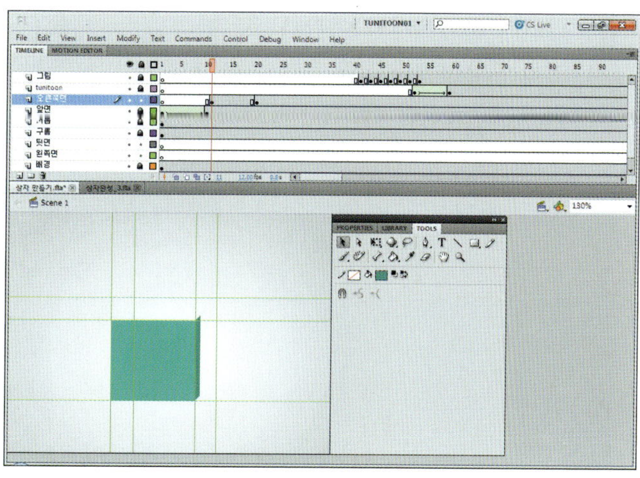

tip

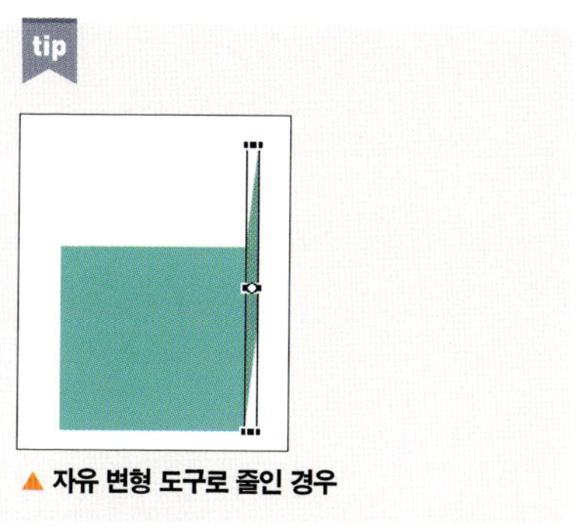

▲ 자유 변형 도구로 줄인 경우

07 11프레임과 20프레임 사이의 프레임 중 한곳을 선택한 후, 마우스 오른쪽 버튼을 클릭하면 나타나는 단축 메뉴에서 [Create Shape Tween]을 선택하여 모양 트윈을 삽입합니다.

여기서 잠깐! **모양 트윈을 주는 두 가지 방법**

1 | 메뉴 바에서 (Insert)-(Shape Tween)을 선택

2 | 마우스 오른쪽 버튼을 클릭하면 나타나는 단축 메뉴에서 (Create Shape Tween)을 선택

08 앞면의 단계에서와 마찬가지로 작업이 끝나면 자물쇠를 클릭하여 잠금(Lock) 처리합니다.

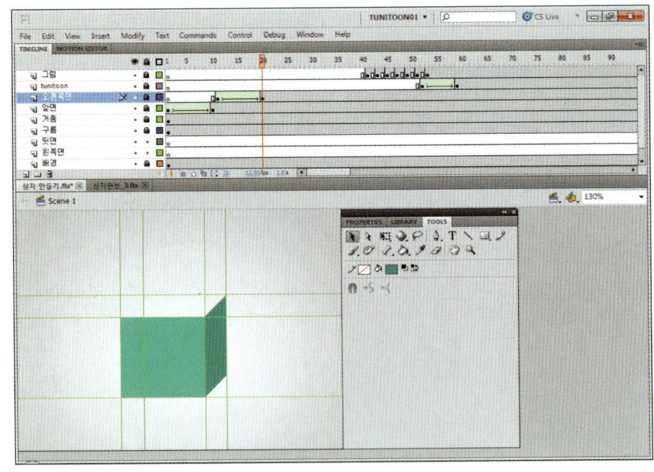

01 '뒷면' 사각형을 그리기 위해 '오른쪽면'과 '앞면' 레이어의 테두리 보기 아이콘을 클릭합니다. 테두리 보기를 클릭하면 스테이지에 있는 도형들의 테두리만 보이기 때문에 뒷면을 작업하기가 편해집니다.

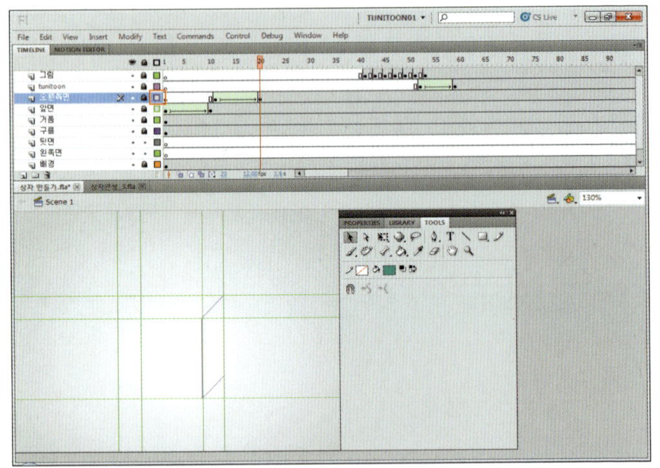

02 '뒷면' 레이어의 21프레임을 선택한 후, 마우스 오른쪽 버튼을 클릭하면 나타나는 단축 메뉴에서 [Insert keyFrame](F6)을 선택하여 키프레임을 추가합니다. 그런 다음, 사각형 도구(□)를 이용하여 사각형을 그립니다.

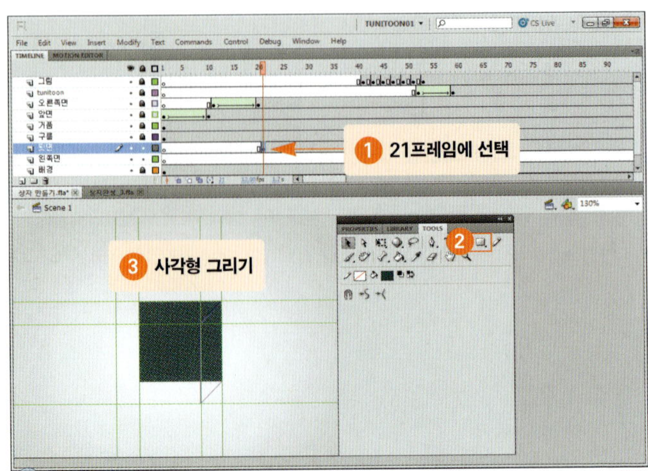

03 30프레임을 선택한 후, 마우스 오른쪽 버튼을 클릭하면 나타나는 단축 메뉴에서 [Insert Keyframe]([F6])을 선택하여 키프레임을 추가합니다.

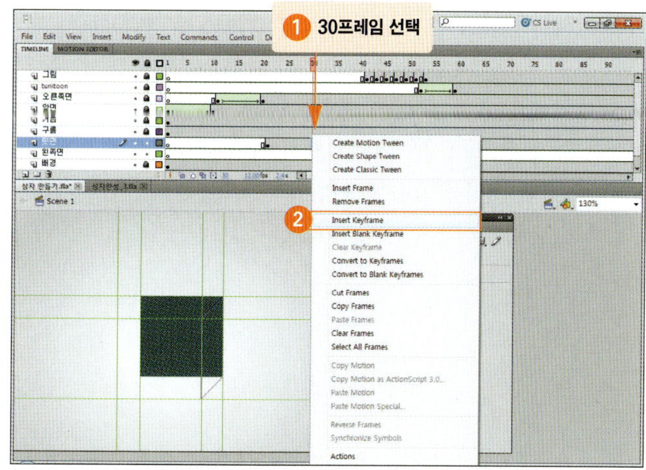

04 자유 변형 도구로 21프레임의 상자 크기를 줄인 후, 21프레임과 30프레임 사이에 마우스 오른쪽 버튼을 클릭하면 나타나는 단축 메뉴에서 [Create Shape Tween]으로 모양 트윈을 추가합니다.

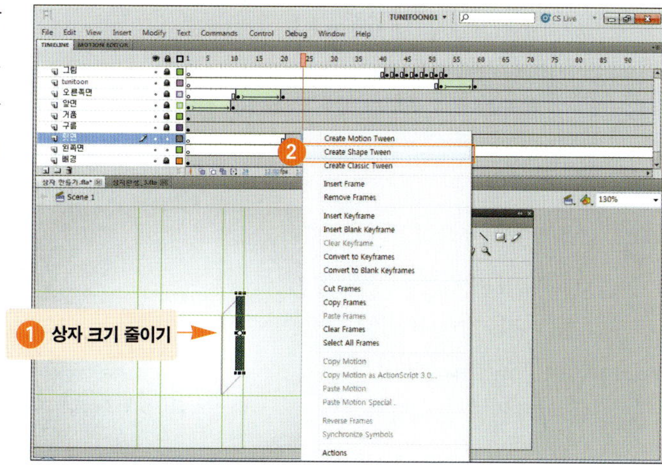

STEP 04   왼쪽 면 만들기

01 '왼쪽면'을 작업하기 위해 '뒷면' 레이어의 자물쇠와 테두리 보기 아이콘을 클릭합니다.

02 사각형의 모양이 오른쪽면과 같으므로 '오른쪽면' 레이어의 20프레임을 선택한 후 키보드의 Alt 를 누른 상태에서 '왼쪽면' 레이어의 31프레임으로 이동합니다(Alt 를 누르면 마우스 커서 모양에 + 기호가 나타남.)

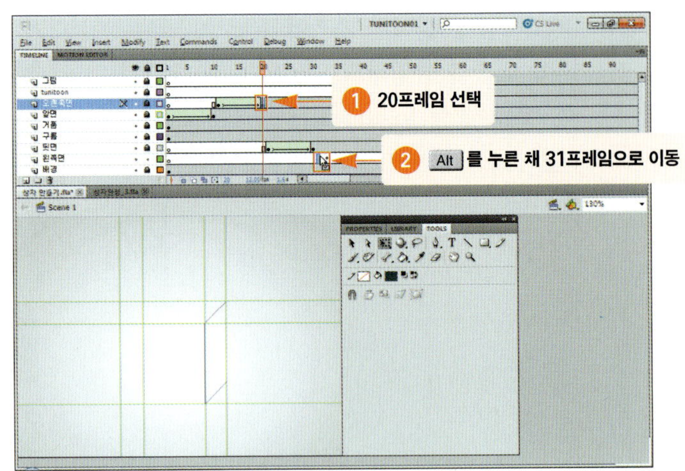

여기서! 잠깐! **Alt 를 이용한 복제**

플래시에서 Alt 를 누른 채 도형을 이동하면 복제가 되듯이, 프레임의 경우도 해당 프레임을 클릭한 후 Alt 를 누른 채 이동하면 해당 프레임이 복제됩니다. 하지만 여기서 주의해야 할 점은 Alt 는 복제를 위한 단축키이므로 프레임으로의 이동이 끝나면 마우스에서 손을 먼저 뗀 후, 키보드에서 손을 떼어야 합니다.

03 '왼쪽면' 레이어의 31프레임에 키 프레임이 추가되고 복제된 것을 확인합니다. 자물쇠 잠금을 풀어 주고 선택 도구( )를 이용하여 사각형의 위치를 맞춥니다.

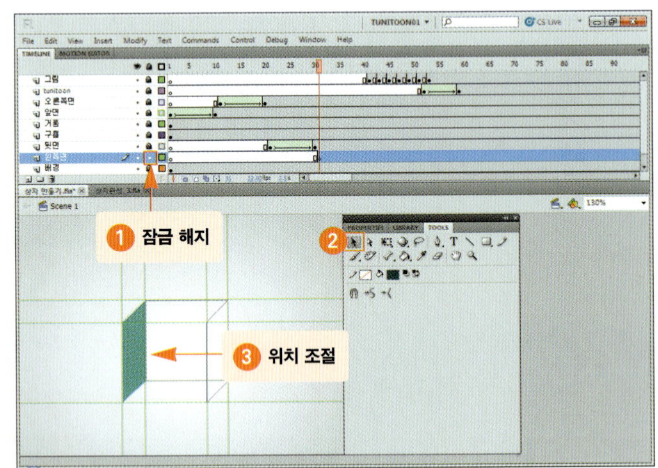

tip 자물쇠 잠금 상태의 레이어를 복제할 경우 복제된 레이어도 자물쇠가 잠금 상태이므로 자물쇠 잠금을 해지합니다.

04 40프레임에 키프레임을 추가(F6)한 후, 오른쪽면 사각형 모양을 만들 때와 마찬가지로 31프레임으로 이동하고, 사각형의 모양을 줄입니다(Step 02의 05 단계~ 06 단계 참고).

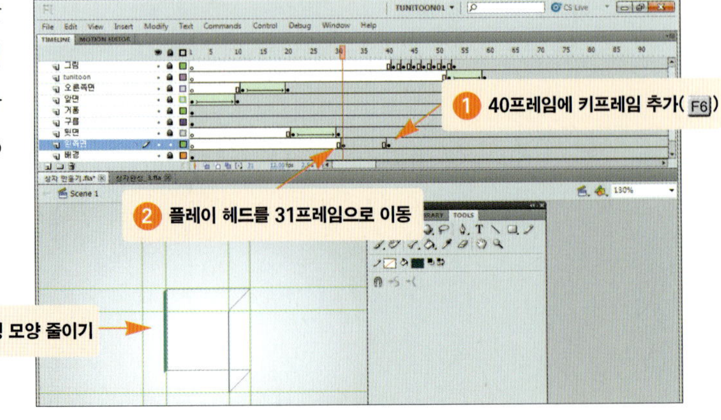

05 31프레임과 40프레임 사이의 프레임 중 한곳을 선택한 후, 마우스 오른쪽 버튼을 클릭하며 나타나는 단축 메뉴에서 [Create Shape Tween]을 선택하여 모양 트윈을 삽입합니다.

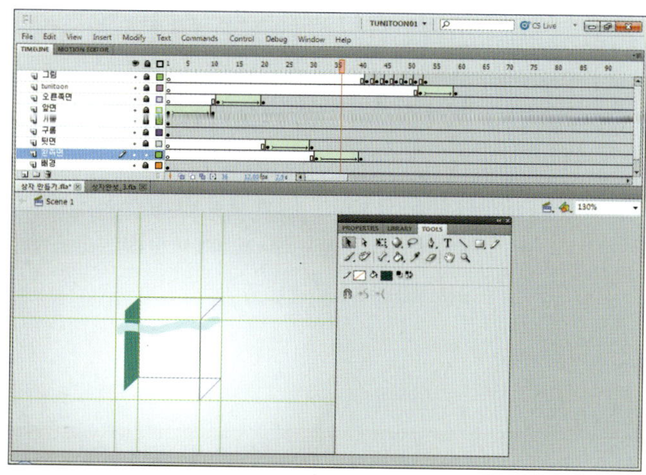

06 타임라인에서 자물쇠 잠금과 테두리 보기 아이콘을 클릭하여 자물쇠와 테두리 보기를 모두 해지합니다. 최종 확인을 위해 메뉴 바에서 [Control]-[Test Movie]-[Test] (Ctrl + Enter)를 선택하여 무비를 확인합니다.

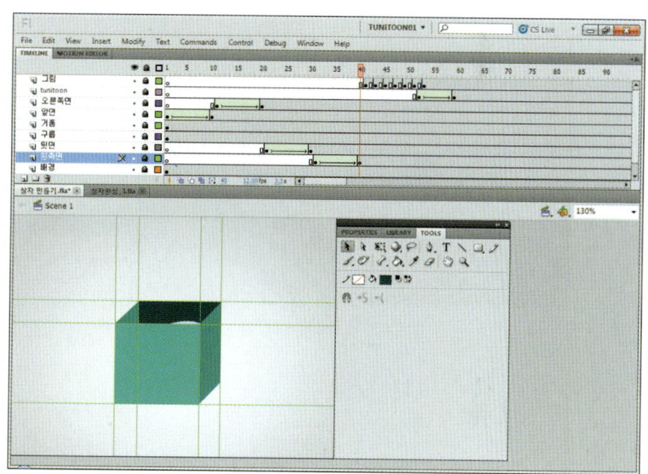

모양 트윈 애니메이션 시 주의해야 할 점

1 | 반드시 모양 요소를 사용할 것

2 | 서로 다른 레이어에서 작업할 것

3 | 작업의 편의를 위해 이미 작업이 끝난 레이어는 자물쇠 잠금 처리를 하고, 경우에 따라 테두리 보기를 이용하여 작업할 것

지금까지 모양 트윈을 이용한 상자 애니메이션을 만들어 보았습니다. 모양 트윈에서는 서로 다른 애니메이션 형태일 경우 서로 다른 레이어에서 작업을 해야 합니다. 모양 요소는 분리되어 있다는 특성 때문에 같은 레이어에서 작업할 경우 몰핑 현상이 발생할 수 있으므로 주의해야 합니다.

클래식 트윈을 이용한 텍스트 애니메이션

이 장에서는 클래식 트윈을 통해 표현할 수 있는 변화 중 크기와 알파 값을 이용한 텍스트 애니메이션을 만들어 보겠습니다. 텍스트는 스테이지 밖에서 산발적으로 스테이지 안으로 들어온 후 역시 산발적으로 사라지는 애니메이션으로 진행됩니다.

○ 예제파일 | 부록DVD\Sample\Part01\Ch04\클래식 트윈을 이용한 텍스트 애니메이션.fla
　 완성파일 | 부록DVD\Sample\Part01\Ch04\클래식 트윈을 이용한 텍스트 애니메이션_완성.fla

핵심
포인트

1 | BreakApart를 이용한 글씨 분리하기

2 | 여러 개의 오브젝트를 서로 다른 레이어에 배분하기(Distribute to Layers)

3 | 프레임 조절을 통해 애니메이션에 리듬감 주기

S T E P 0 1　　　　　　　　　　　**글씨 분리와 서로 다른 레이어에 배분하기**

01 메뉴 바에서 [File]–[Open](Ctrl + O)을 선택하여 '클래식 트윈을 이용한 텍스트 애니메이션.fla' 파일을 엽니다.

02 새로운 레이어를 추가한 후, 애니메이션에서 사용할 텍스트를 입력합니다. 텍스트의 내용이나 서체는 마음대로 입력하면 됩니다('배경', '풍선' 레이어 잠금 처리 상태 확인).

03 텍스트를 선택한 후, 메뉴 바에서 [Modify]–[Break Apart](Ctrl + B)를 선택하여 한자씩 분리합니다.

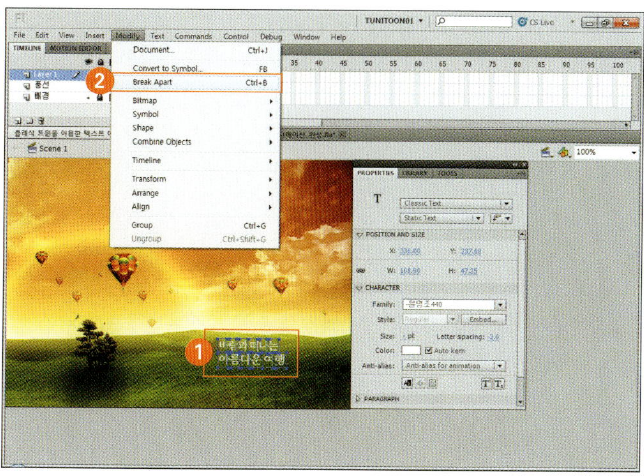

tip 텍스트는 그룹의 특징을 가지고 있으며, [Modify]–[Break Apart](Ctrl + B)를 통해 분리할 경우 텍스트의 속성을 그대로 가진 텍스트로 한 글자씩 분리됩니다.

04 텍스트가 모두 선택된 상태에서 텍스트를 서로 다른 레이어에 배분하기 위해 메뉴 바에서 [Modify]-[Timeline]-[Distribute to Layers](Ctrl + Shift + D)를 선택합니다.

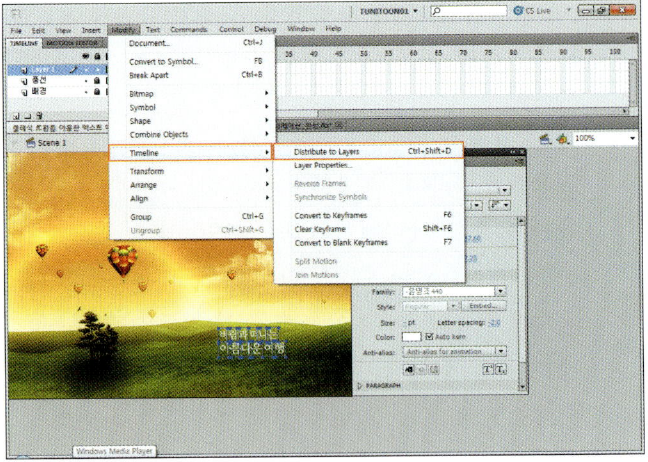

05 서로 다른 레이어에 배분되면서 텍스트 이름대로 레이어 이름이 지정된 것을 확인합니다.

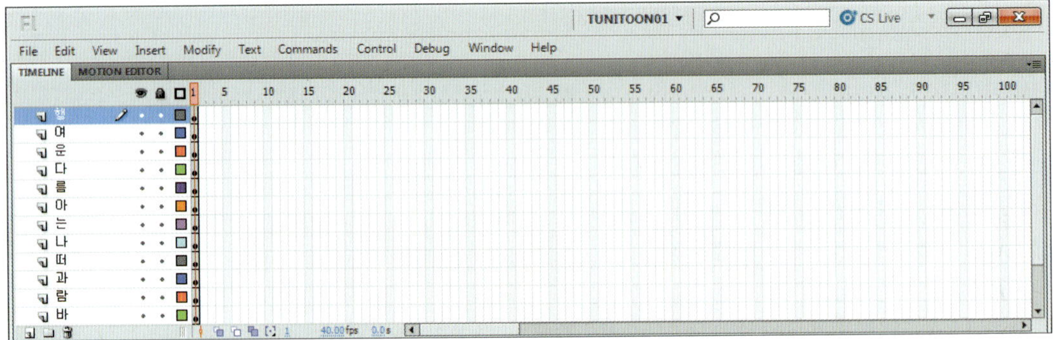

06 텍스트를 하나씩 선택한 후, 마우스 오른쪽 버튼을 클릭하면 나타나는 단축 메뉴에서 [Convert to Symbol](F8)을 선택하여 심벌로 변환합니다.

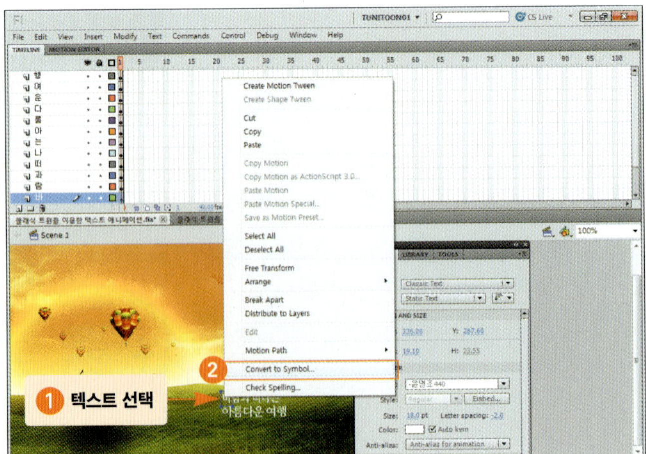

07 Convert to Symbol 대화 상자가 나오면 이름(해당 텍스트 이름)과 타입(그래픽 심벌)을 지정합니다. 모든 텍스트를 각각 선택하여 심벌로 변환해야 합니다.

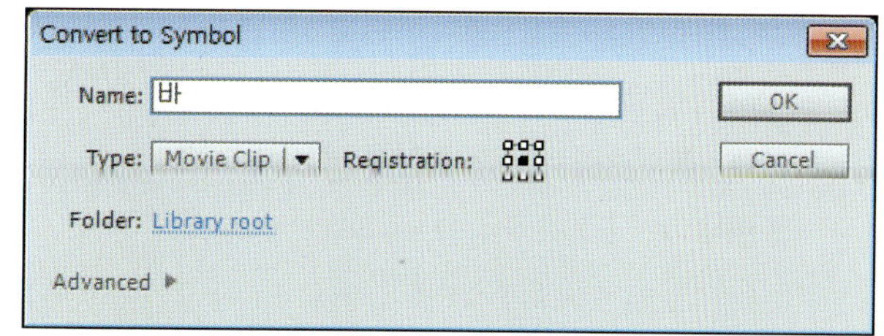

08 텍스트를 모두 선택하여 모든 텍스트가 심벌로 변환되었는지를 확인하고, 라이브러리에도 지정한 이름대로 심벌이 등록되었는지를 확인합니다.

> **tip** 라이브러리((window)-(Libraries)(Ctrl + L))에 미리 등록한 심벌 사용하기로 대체 가능
>
> 이 예제의 **02** 단계부터 **08** 단계는 아래와 같은 방법을 이용하여 대체할 수 있습니다.
>
> 1 | 레이어를 추가하고 라이브러리에서 텍스트 폴더 안에 있는 심벌을 스테이지에 끌어다 놓은 후에 글자를 배치합니다.
>
> 2 | 모든 심벌을 선택한 후, (Modify)-(Timeline)-(Distribute to Layers)를 이용하여 서로 다른 레이어에 배분합니다.
>
> 라이브러리에 있는 것은 이미 심벌로 만들어져 있는 상태이므로, 라이브러리의 심벌을 사용한 경우 다시 심벌로 변환하지 않아도 됩니다.

STEP 01 　　스테이지 밖에서 스테이지 안으로 진입하는 애니메이션 만들기

01 '배경'과 '풍선' 레이어의 40프레임을 선택한 후, 마우스 오른쪽 버튼을 클릭하면 나타나는 단축 메뉴에서 [Insert Frame](F5)을 선택하여 프레임을 추가합니다.

02 맨 위에 있는 '행' 레이어의 40프레임을 선택한 후 Shift 를 누른 채 '바' 레이어의 40프레임을 선택합니다.

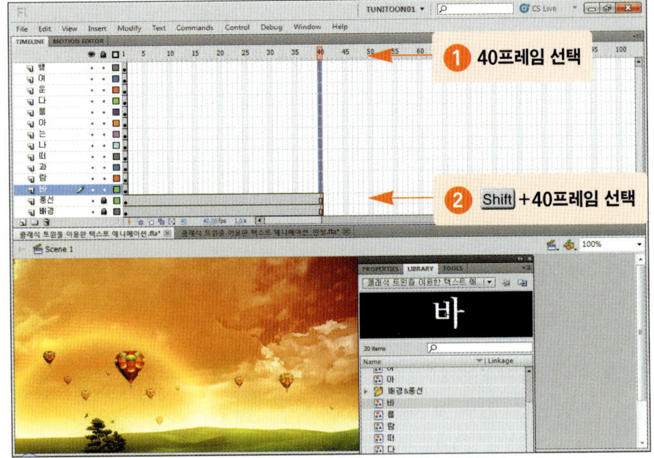

03 선택된 프레임을 마우스 오른쪽 버튼으로 클릭하면 나타나는 단축 메뉴에서 [insert Keyframe](F6)을 선택하여 키프레임을 추가합니다.

04 플레이 헤드(1)를 1프레임으로 이동한 후, 심벌을 스테이지 밖에 산발적으로 배치합니다. 심벌은 원하는 느낌대로 자유롭게 배치하면 됩니다.

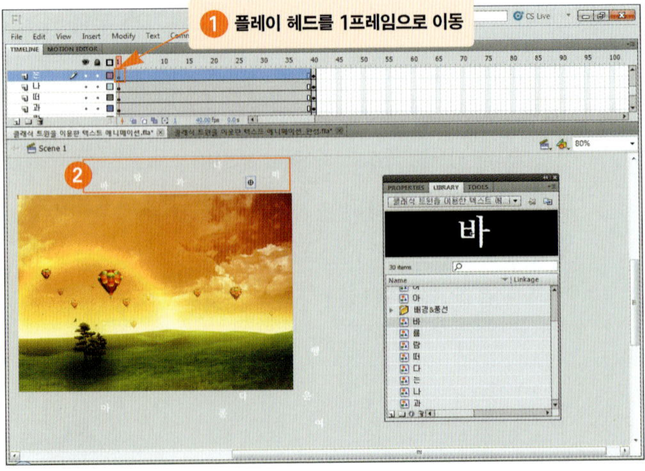

05 심벌을 선택한 후, 자유 변형 도구 (▦)를 이용하여 크기나 모양을 다양하게 만듭니다.

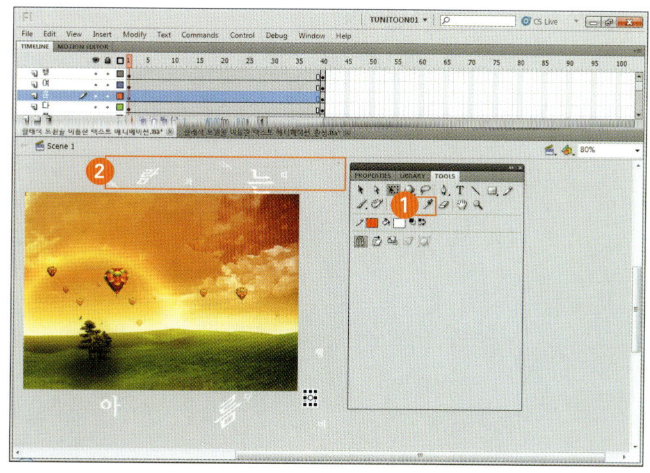

엽기서! 잠깐! 자유 변형 도구로 변형하기

자유 변형 도구를 이용할 때는 옵션의 Rotate and Skew를 이용하여 모양을 옆으로 비스듬하게 할 수 있습니다.

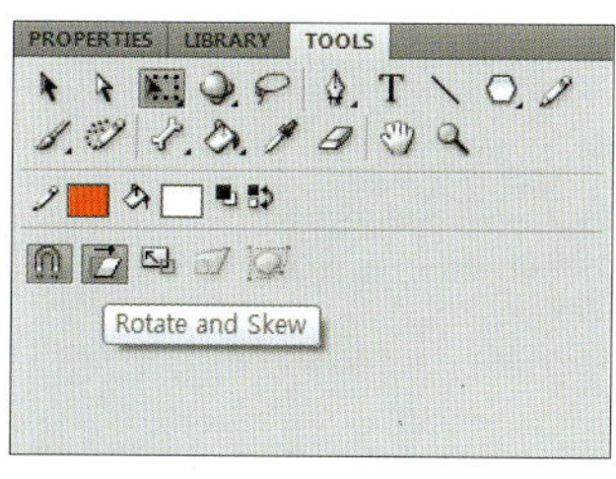
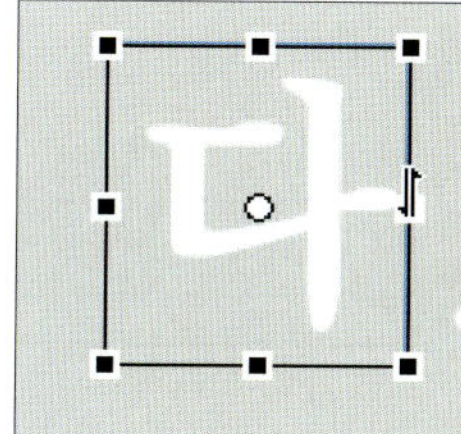
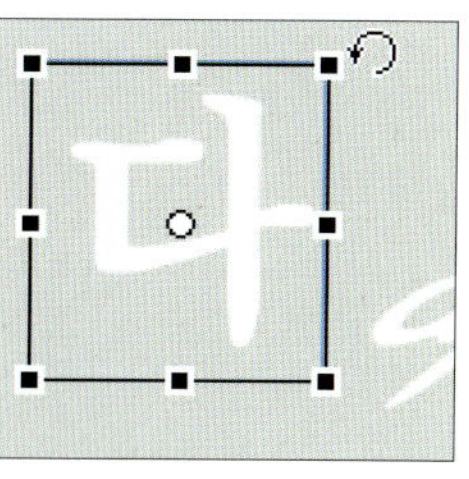

---

06 '행' 레이어의 한 프레임을 선택한 후 Shift 를 누른 채 '바' 레이어를 선택하여 영역을 지정합니다('행' 레이어에서 '바' 레이어까지 드래그하여 선택할 수도 있습니다).

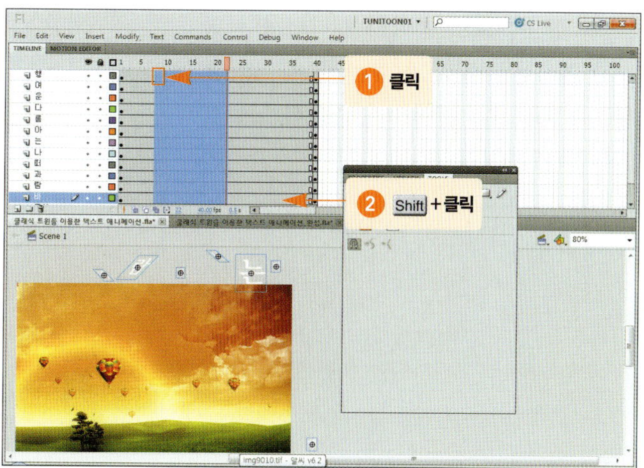

엮기선! 잠깐! **여러 프레임 선택하기**

1 | 프레임을 클릭하고 Shift 를 누른 채 다른 프레임을 클릭한다.

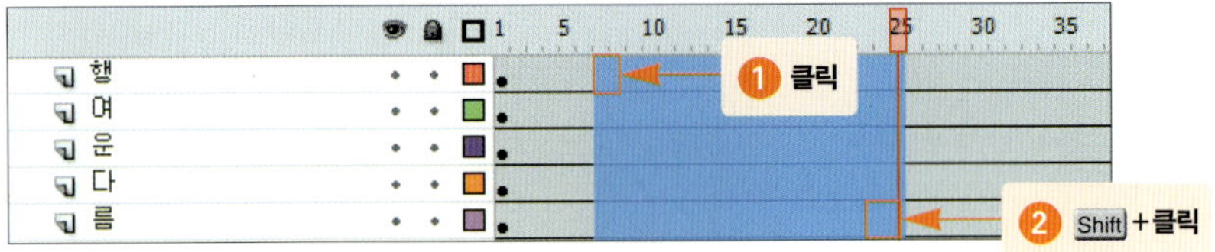

2 | 원하는 프레임 영역을 드래그해서 선택한다.

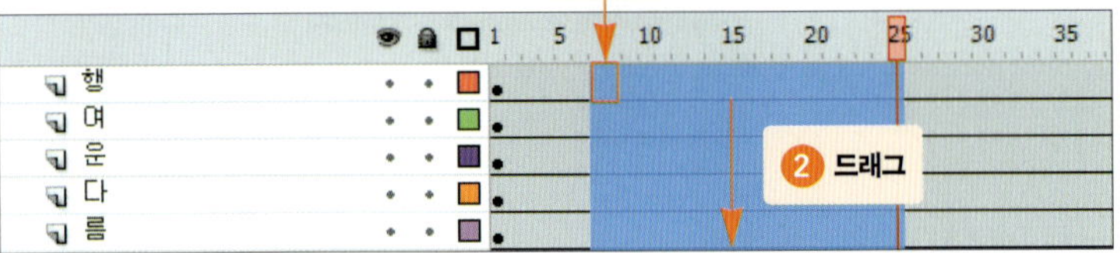

3 | 프레임을 클릭하고 Ctrl 을 누른 채 원하는 프레임을 각각 클릭한다.

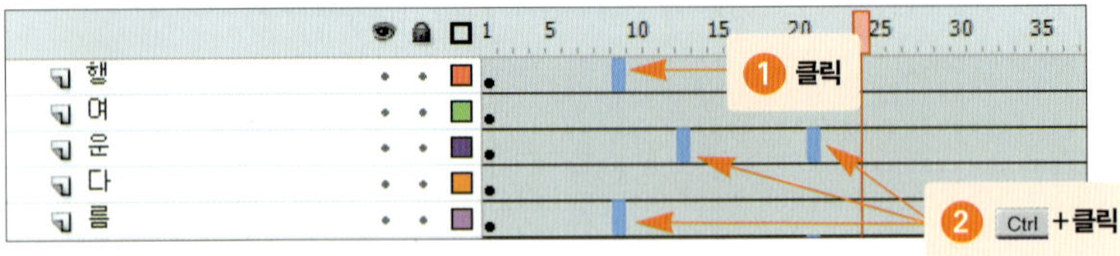

07 선택된 프레임 영역을 마우스 오른쪽 버튼으로 클릭하면 나타나는 단축 메뉴에서 [Create Classic Tween]을 선택하여 클래식 트윈을 지정합니다.

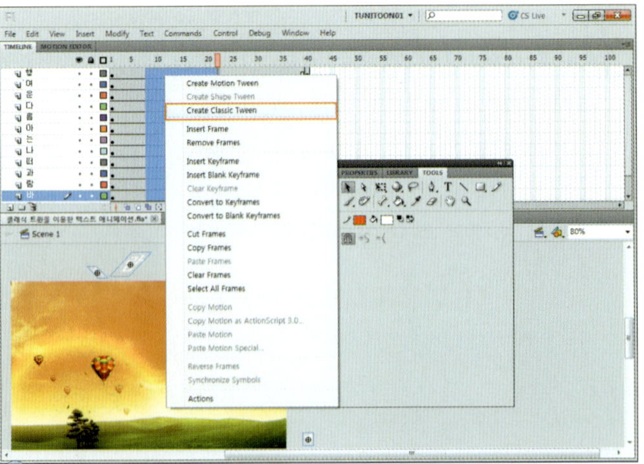

08 메뉴 바에서 [Control] – [Test Movie] – [Test](Ctrl + Enter)를 선택하여 무비를 확인해 보면, 글씨가 동시에 스테이지 밖에서 스테이지 안으로 들어오는 애니메이션을 확인할 수 있습니다.

STEP 02 텍스트가 리듬감 있게 산발적으로 들어오는 애니메이션

01 '람' 레이어의 레이어 영역을 클릭한 후, 프레임 영역에서 선택된 프레임을 잡아 뒤로 이동합니다.

02 다른 레이어 역시 프레임을 불규칙적으로 이동해 줍니다. 이때 글자 순서대로 프레임이 시작되면 애니메이션이 재미가 없으므로 무작위로 프레임을 배치하는 것이 중요합니다.

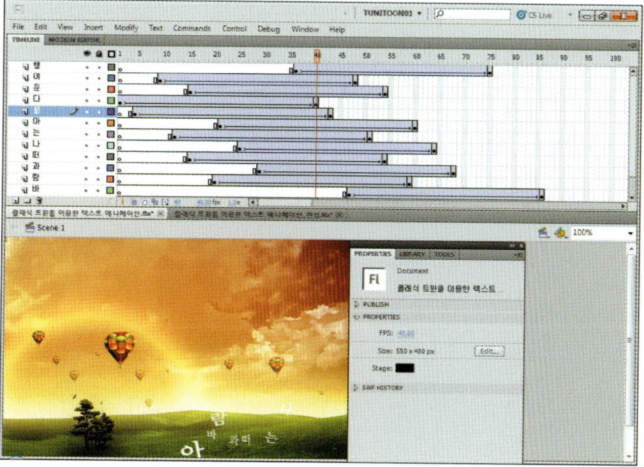

03 '배경'과 '풍선' 레이어는 100프레임에 프레임을 추가(F5)하고 텍스트 레이어는 100프레임까지 키프레임을 추가(F6)합니다.

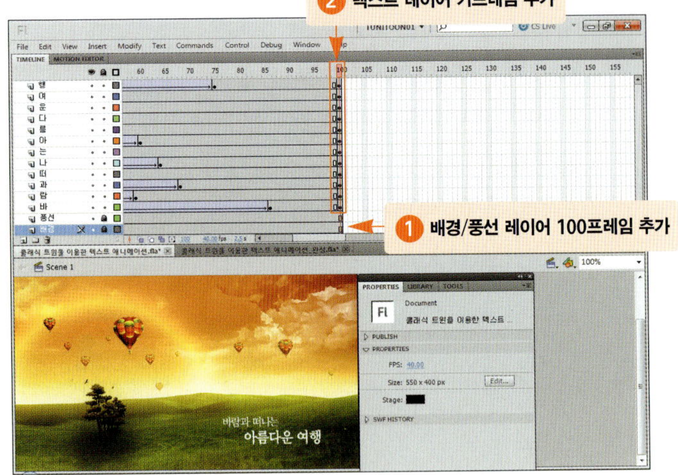

알파 값을 이용하여 산발적으로 사라졌다 나타나는 애니메이션

01 '배경'과 '풍선' 레이어의 130프레임에 프레임을 추가(F5)하고 다른 레이어들은 110프레임, 120프레임, 130프레임에 각각 키프레임을 추가(F6)합니다.

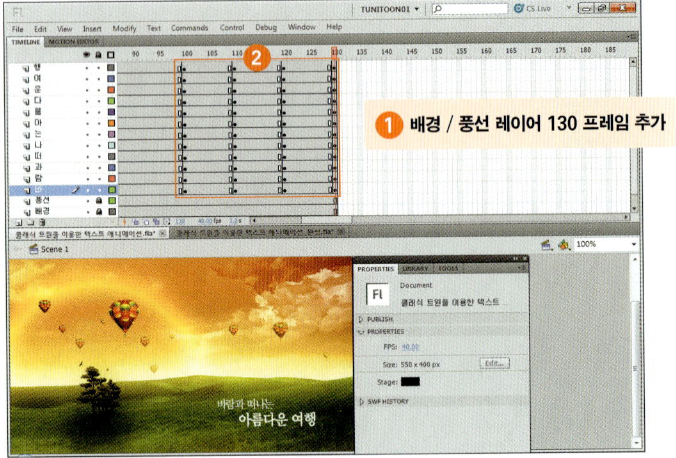

02 110프레임으로 플레이 헤드(110)를 이동하고 스테이지에 있는 심벌들을 모두 선택(Ctrl + A)한 후 [PROPERTIES]-[COLOR EFFECT] - [Apha] 값을 0%로 지정합니다.

03 120프레임으로 플레이 헤드(120)를 이동하고 스테이지에 있는 심벌들을 모두 선택(Ctrl + A)한 후, [PROPERTIES]-[COLOR EFFECT]-[Apha] 값을 80%로, 130프레임에 있는 심벌들의 알파 값을 0%로 지정합니다.

tip
- **110프레임** : 알파 값 0%
- **120프레임** : 알파 값 80%
- **130프레임** : 알파 값 0%

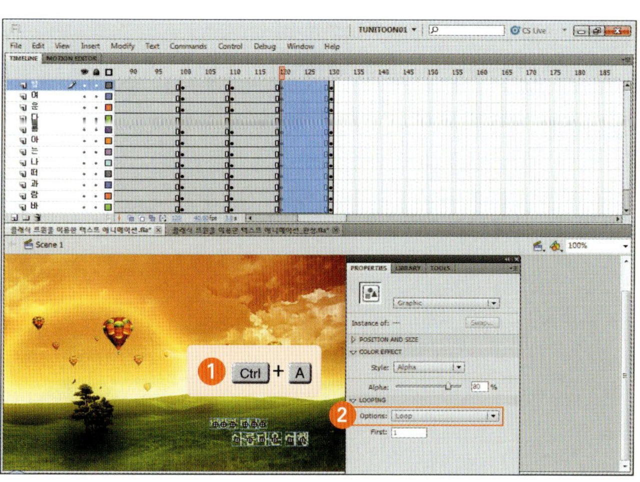

04 텍스트 레이어의 100프레임과 130프레임 사이를 드래그하여 영역을 지정한 후, 마우스 오른쪽 버튼을 클릭하면 나타나는 단축 메뉴에서 [Create Classic Tween]을 선택합니다.

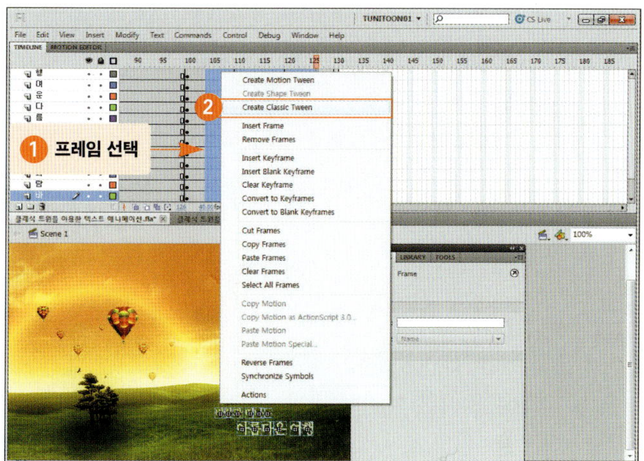

05 텍스트가 산발적으로 사라지는 애니메이션을 주기 위해 '람' 레이어의 100프레임을 클릭한 후, Shift 를 누른 채 130프레임을 클릭하여 선택하고 프레임을 뒤로 이동합니다(또는 100프레임에서 130프레임까지 드래그하여 프레임을 선택한 후 마우스를 놓았다가 선택된 영역을 다시 잡아서 뒤로 이동).

06 다른 레이어들도 **05** 단계와 같이 프레임을 선택한 후, 프레임의 위치를 이동합니다. 이 과정에서도 텍스트가 순서대로 들어오는 것보다 무작위로 들어오는 것이 재미있고 리듬감 있는 애니메이션이 되므로 느낌을 잘 살려서 프레임을 배치해 보기 바랍니다.

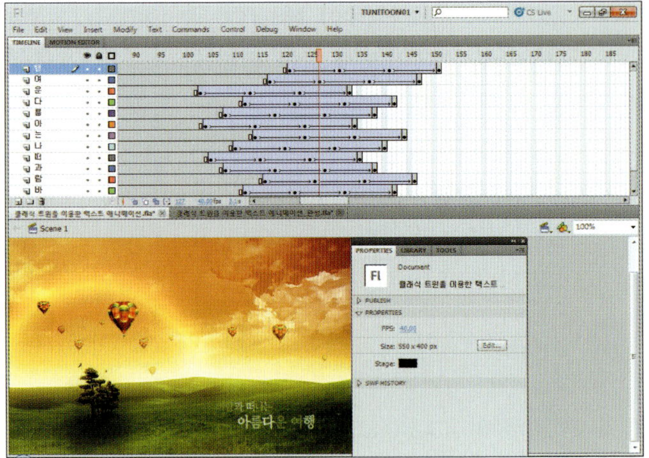

07 애니메이션이 160프레임에 다 끝나므로 '배경'과 '풍선' 레이어의 160프레임에 프레임을 추가(F5)합니다(애니메이션이 끝나는 지점은 프레임을 배치한 상황에 따라 다를 수 있습니다).

08 메뉴 바에서 [Control]-[Test Movie]-[Test](Ctrl + Enter)를 선택하여 무비를 확인합니다.

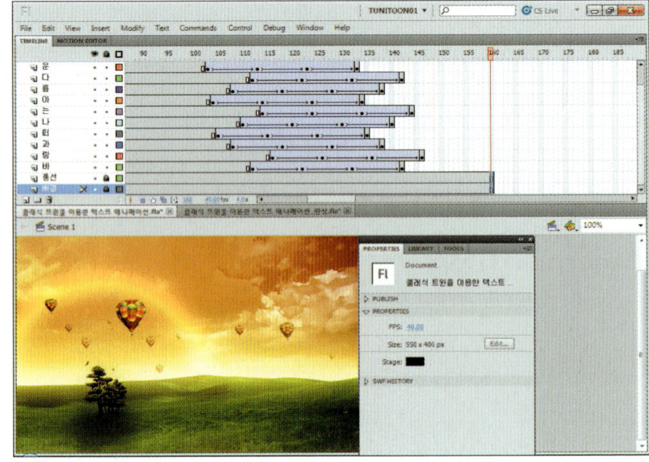

이 장을 마치며

텍스트 애니메이션의 기본 순서를 간단하게 정리해 보면 다음과 같습니다.

1 | 텍스트 분리(BreakApart(Ctrl + B))

2 | 서로 다른 레이어에 텍스트 배분(Ctrl + Shift + D)

3 | 심벌 변환(F8)

4 | 클래식 트윈

한 글자씩 애니메이션되는 텍스트 애니메이션의 경우는 텍스트가 한 자씩 분리되어야 합니다. 텍스트는 그룹의 속성을 가지고 있으며, 클래식 트윈을 하기 위해서는 글자마다 심벌로 변환해야 한다는 점도 반드시 기억하기 바랍니다. 마지막으로 클래식 트윈은 서로 다른 오브젝트와 애니메이션의 경우, 서로 다른 레이어에서 작업해야 한다는 점도 주의해야 합니다.

다중 클래식 모션 가이드 애니메이션

이 장에서는 클래식 모션 가이드를 이용해서 꽃잎 위에서 불빛이 피어오르는 애니메이션을 만들어 보겠습니다. 클래식 모션 가이드(Classic Motion Guide)는 클래식 트윈 애니메이션에서만 적용할 수 있으며, 애니메이션이 진행이 되는 경로를 만들 수 있는 기법입니다.

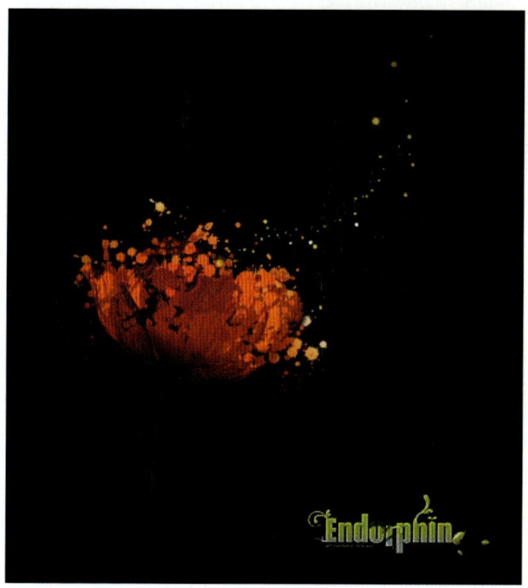

예제파일 | 부록DVD\Sample\Part01\Ch04\클래식 모션 가이드.fla
완성파일 | 부록DVD\Sample\Part01\Ch04\클래식 모션 가이드_완성.fla

핵심 포인트

1 | 클래식 모션 가이드는 클래식 트윈 애니메이션에서만 가능

2 | 클래식 모션 가이드 레이어와 가이디드 레이어가 생성되며, 가이드 레이어에 사용되는 라인은 모양 속성을 가져야 함.

3 | 가이디드 레이어에는 반드시 클래식 트윈 애니메이션이 되어야 함.

01 메뉴 바에서 [File]-[Open](Ctrl + O)을 선택하여 '클래식 모션 가이드.fla' 파일을 엽니다.

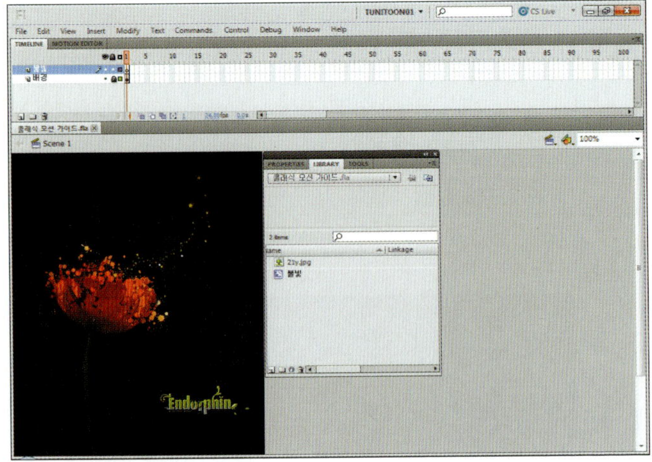

02 타임라인을 확인해 보면 미리 배경 이미지가 배치되어 있고, '불빛' 레이어가 만들어져 있는 것을 알 수 있습니다.

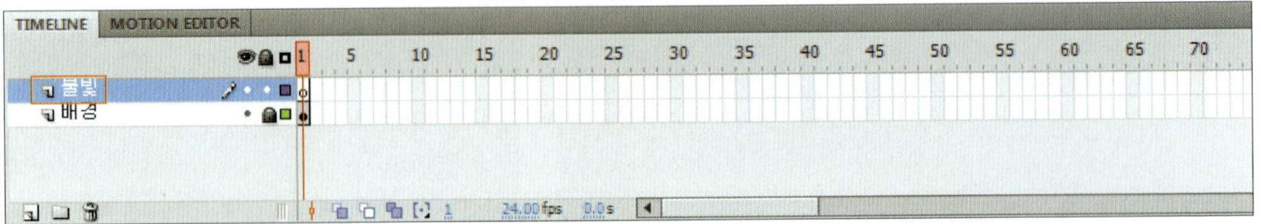

03 라이브러리 패널이 열려 있는지 확인한 후, 열려 있지 않을 경우에는 메뉴 바에서 [Window]-[Library](Ctrl + L)를 선택하여 라이브러리 패널을 엽니다.

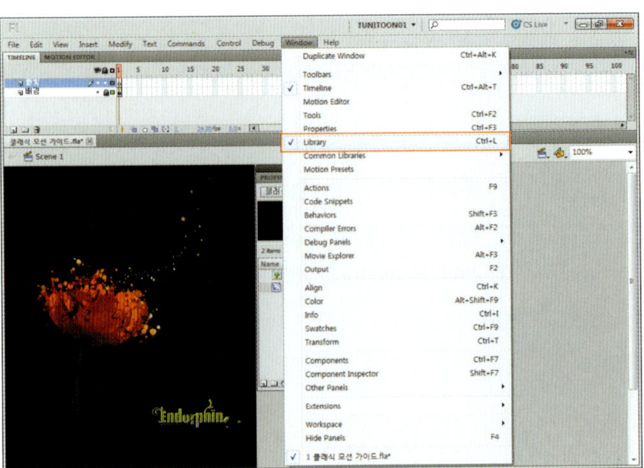

04 라이브러리 패널을 확인해 보면 미리 만들어 놓은 배경 이미지와 불빛 무비클립 심벌이 있는 것을 알 수 있습니다.

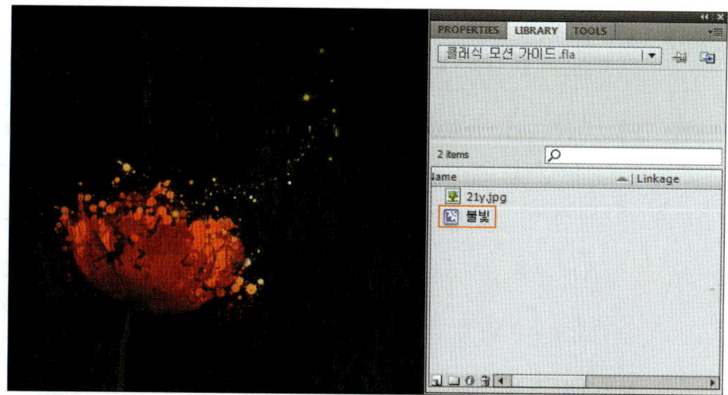

05 타임라인에서 '불빛' 레이어의 1프레임을 선택한 상태로 라이브러리 패널에 있는 불빛 무비클립 심벌을 스테이지에 끌어다 놓습니다.

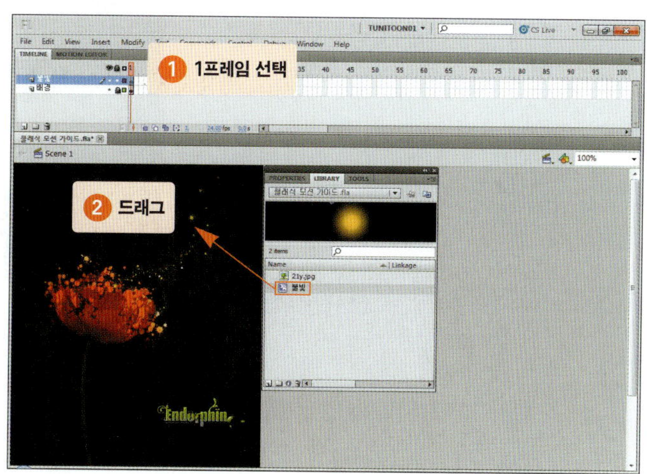

STEP 02 클래식 모션 가이드 구성하기

01 타임라인에서 '불빛' 레이어를 선택한 후, 마우스 오른쪽 버튼을 클릭하면 나타나는 단축 메뉴에서 [Add Classic Motion Guide]를 선택합니다.

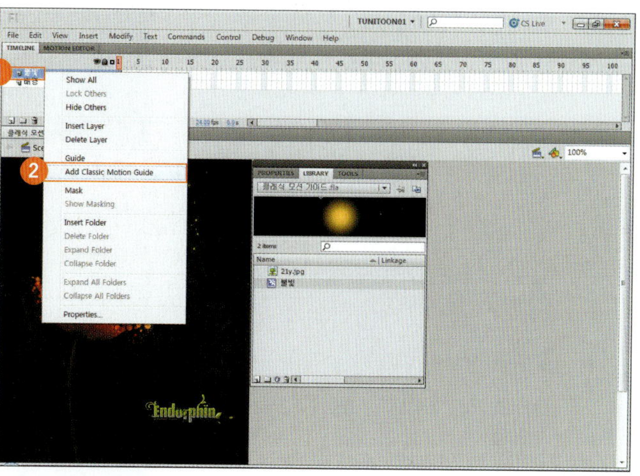

02 타임라인에 'Guide : 불빛'이라는 이름으로 가이드 레이어가 만들어진 것을 확인할 수 있습니다.

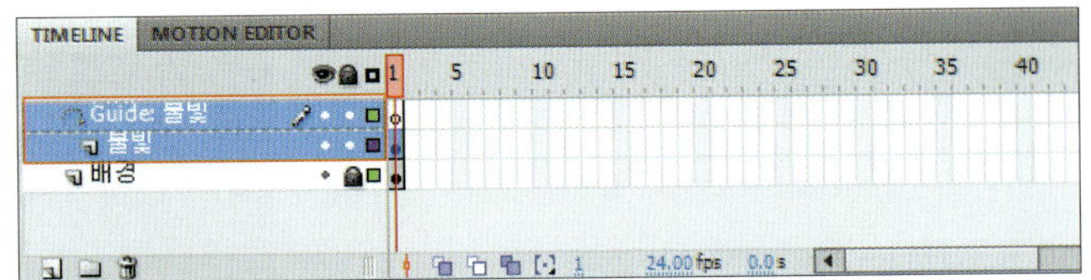

03 'Guide : 불빛' 레이어의 1프레임을 선택한 후, 연필 도구(✏)로 '불빛' 심벌이 따라 움직이기를 원하는 라인을 스테이지에 그립니다.

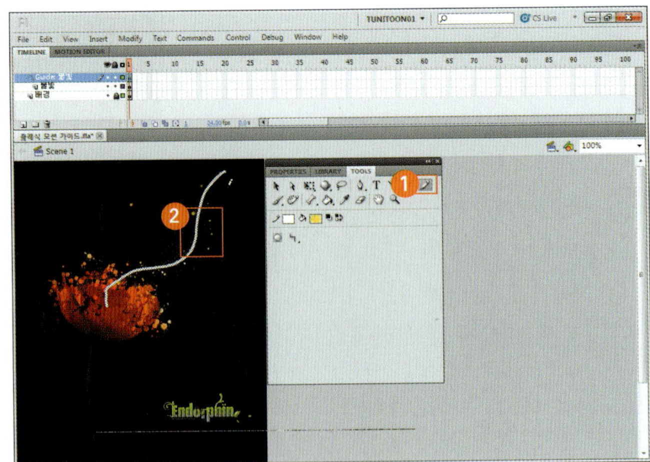

04 모든 레이어의 150프레임을 선택한 후, 메뉴 바에서 [Insert]-[Timeline]-[Frame](F5) 선택하여 프레임을 추가합니다.

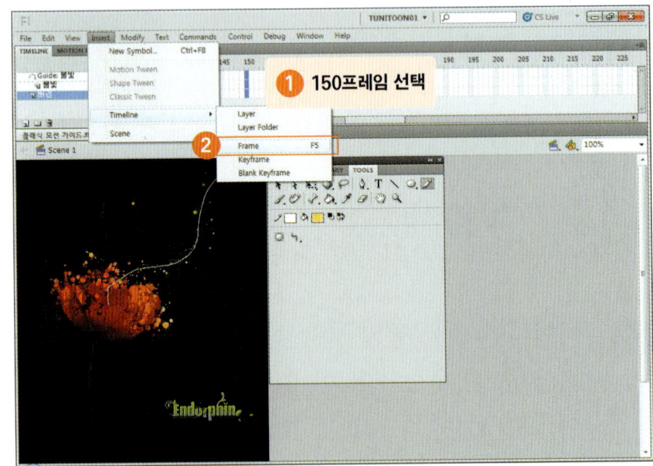

05 타임라인에서 모든 레이어의 150프레임에 프레임이 추가된 것을 확인한 후, '불빛' 레이어의 150프레임을 다시 선택하고, 메뉴 바에서 [Insert]-[Timeline]-[Keyframe](F6)을 선택하여 키프레임을 추가합니다.

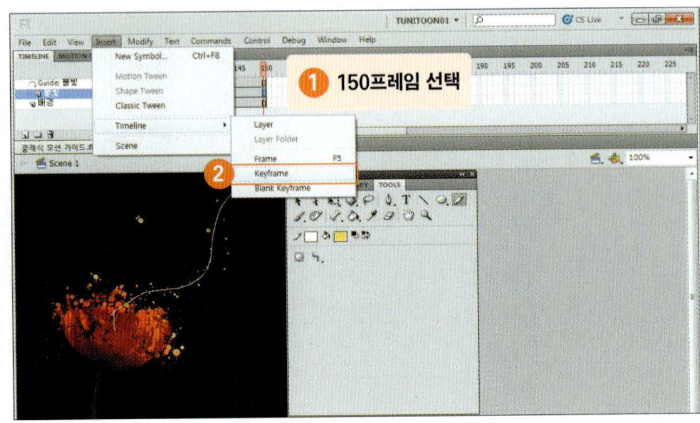

06 타임라인을 확인해 보면 '불빛' 레이어의 150프레임에는 키프레임이 추가되고, 나머지 레이어는 프레임이 추가된 것을 확인할 수 있습니다. '불빛' 레이어는 트윈 애니메이션을 줄 것이므로 키프레임을 추가한 상태입니다.

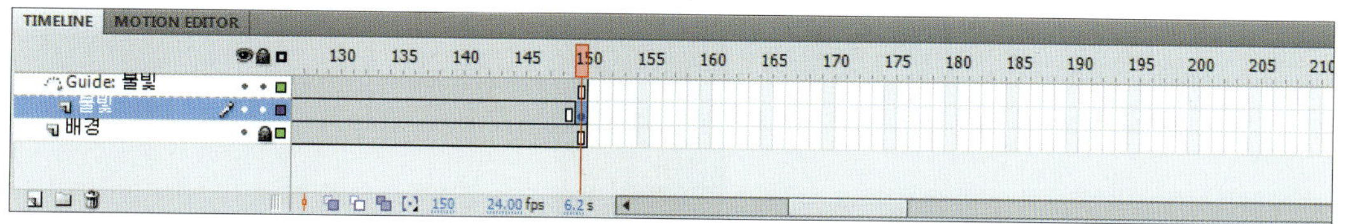

07 작업을 보다 편하게 하기 위해 타임라인에서 '배경' 레이어와 'Guide : 불빛' 레이어는 자물쇠(Lock)를 클릭하여 해당 이미지나 라인이 움직이지 않도록 합니다.

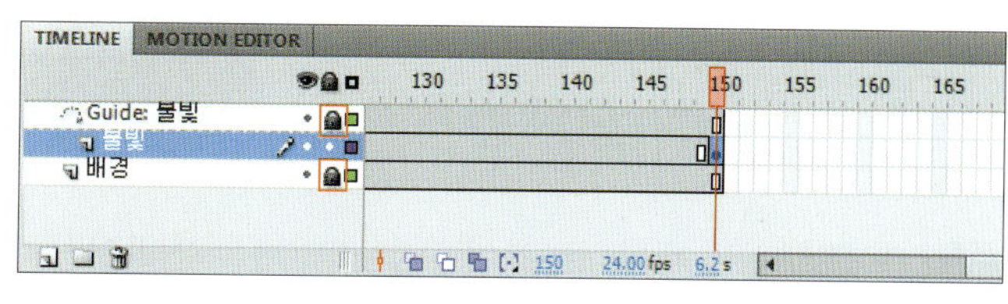

08 타임라인에서 플레이 헤드( )를 1프레임으로 이동한 후, '불빛' 심벌의 위치를 **03** 단계에서 그린 라인의 시작점으로 이동합니다.

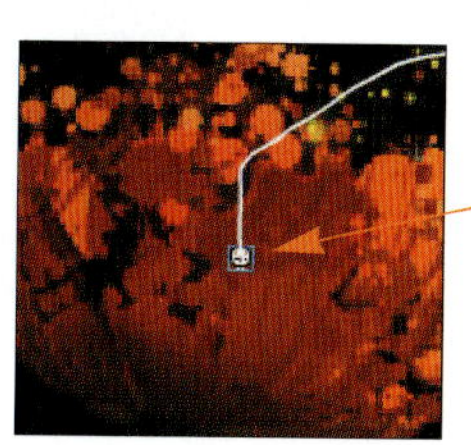

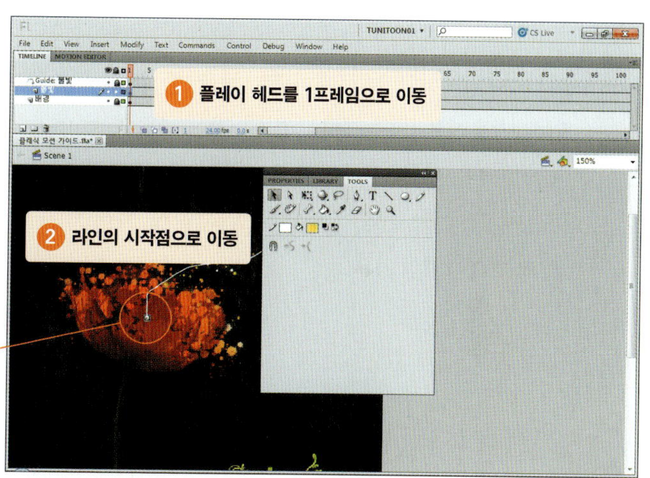

09 이번에는 타임라인에서 플레이 헤드( )를 150프레임으로 이동한 후, '불빛' 심벌의 위치를 라인의 끝점으로 이동합니다.

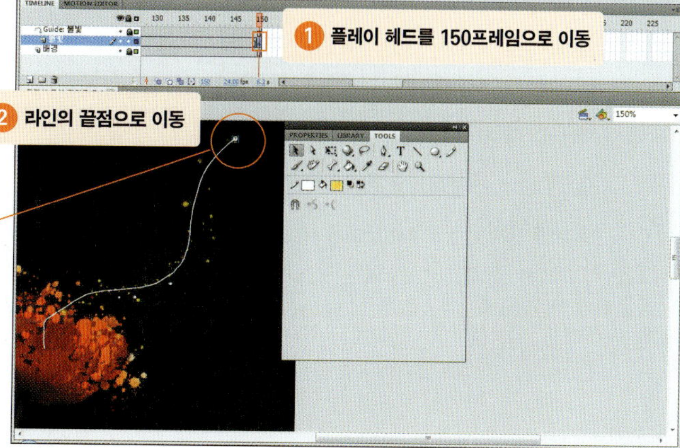

10 이제 마지막으로 '불빛' 레이어의 1
프레임과 150프레임 사이를 선택한
후, 마우스 오른쪽 버튼을 클릭하면
나타나는 단축 메뉴에서 [Create
Classic Tween]을 선택하여 클래식
트윈을 지정합니다.

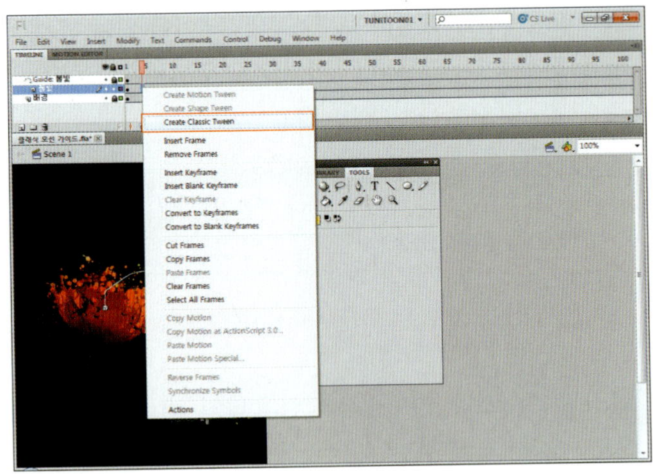

11 '불빛' 심벌이 가이드라인을 잘 따라가는지 확인하기 위해 메뉴
바에서 [Control]-[Test Movie]-[Test](Ctrl + Enter)를 선택하
여 무비를 확인합니다.

여기까지 완성했으면 애니메이션을 좀 더 자연스럽게 처리하기
위해 키프레임을 추가하고 알파 값을 주도록 하겠습니다. 처음에
시작할 때는 안보이다가 자연스럽게 보이면서 위로 올라가고 끝
부분에 도착할 무렵이 되면 자연스럽게 사라지는 애니메이션으
로 마무리하겠습니다.

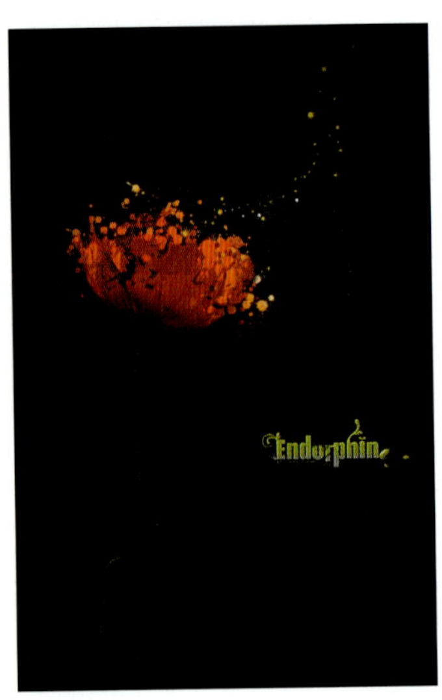

STEP 03 불빛 심벌에 알파 값 주기

01 '불빛' 레이어의 30프레임과 140프
레임을 선택한 후, 메뉴 바에서
[Insert]-[Timeline]-
[Keyframe](F6)을 선택하여 각각
키프레임을 추가합니다.

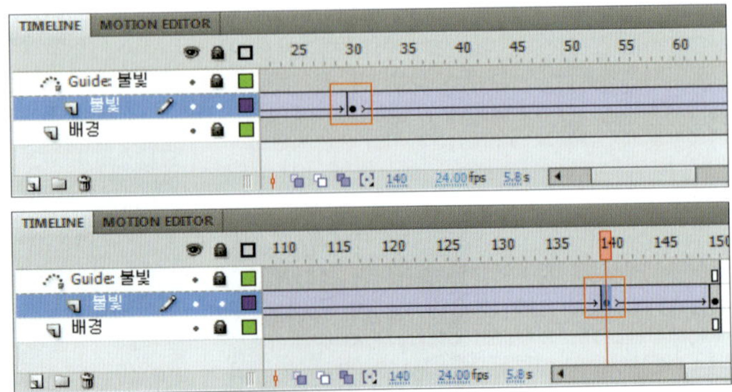

02 플레이 헤드( )를 '불빛' 레이어의 1프레임으로 이동하고, 스테이지에 있는 '불빛' 심벌을 선택한 후, [PROPERTIES]-[COLOR EFFECT]-[Style]의 알파 값을 '0'으로 지정합니다.

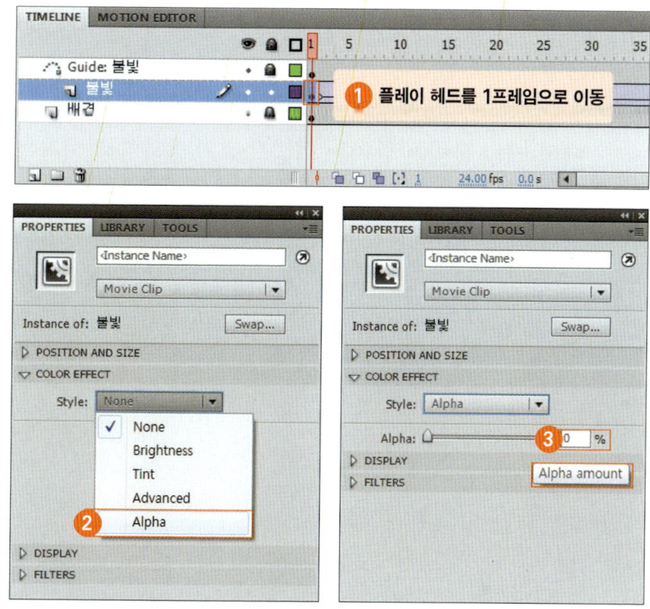

03 플레이 헤드( )를 150프레임으로 이동한 후, 앞 단계에서와 같이 스테이지에 있는 '불빛' 심벌을 선택하고 속성 패널에서 [COLOR EFFECT]-[Style]의 알파 값을 '0'으로 지정합니다.

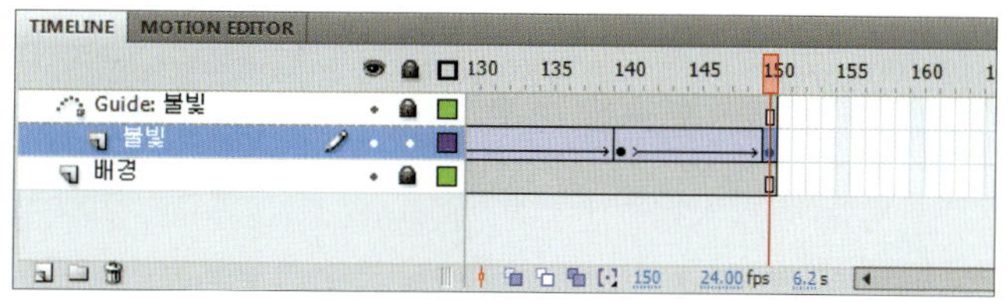

구성을 해 보면 다음 표와 같지만, 30프레임과 140프레임의 알파 값은 원래 100%이므로 굳이 따로 지정하지 않아도 됩니다(30프레임과 140프레임은 Style에서 'None'을 선택해도 됩니다).

1프레임	30프레임	140프레임	150프레임
알파 값 0%	알파 값 100%	알파 값 100%	알파 값 0%

04 메뉴 바에서 [Control]-[Test Movie]-[Test](Ctrl + Enter)를 선택하여 무비를 확인합니다.

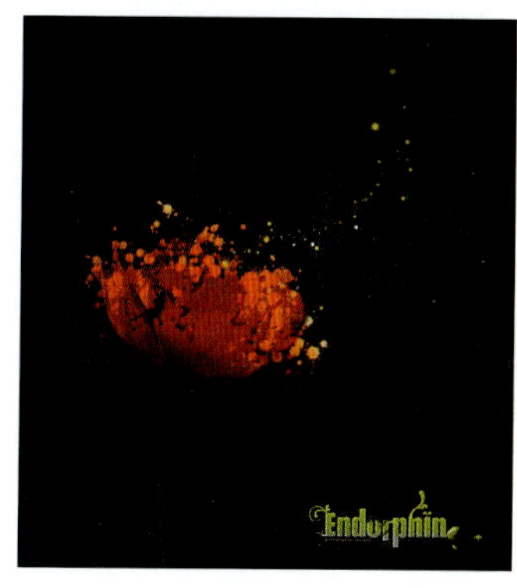

여러 개의 불빛이 날리는 느낌으로 표현하기 위해서는 지금까지 했던 작업을 반복해서 진행하면 됩니다.

01 맨 위의 레이어를 선택한 후, 새로운 레이어를 추가합니다.

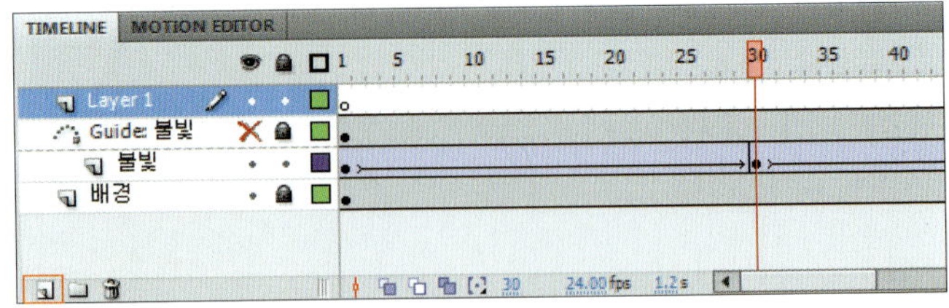

02 추가된 Layer 1의 글씨 부분을 더블 클릭한 후, 레이어 이름을 '불빛2'로 바꿉니다.

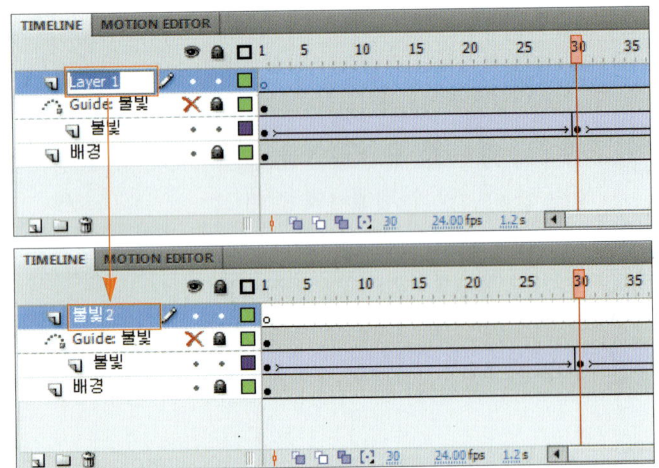

03 '불빛2' 레이어의 1프레임을 선택한 상태에서 라이브러리 패널에 있는 '불빛' 무비클립 심벌을 스테이지에 끌어다 놓습니다(Step 01의 **05** 단계 참고).

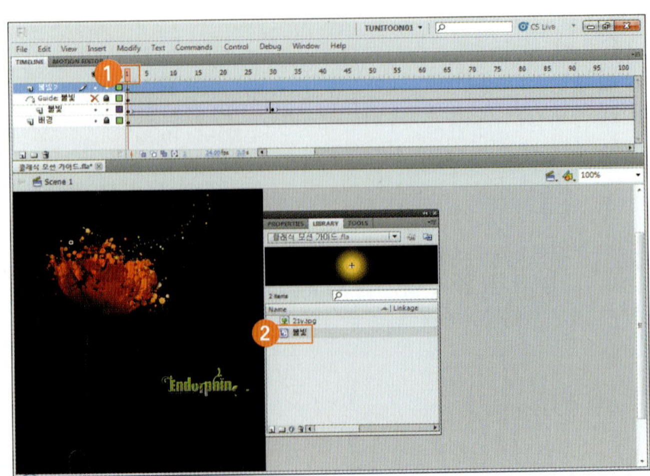

04 '불빛 2' 레이어를 선택한 후, 마우스 오른쪽 버튼을 클릭하면 나타나는 단축 메뉴에서 [Add Classic Motion Guide]를 선택하여 가이드 레이어를 추가합니다.

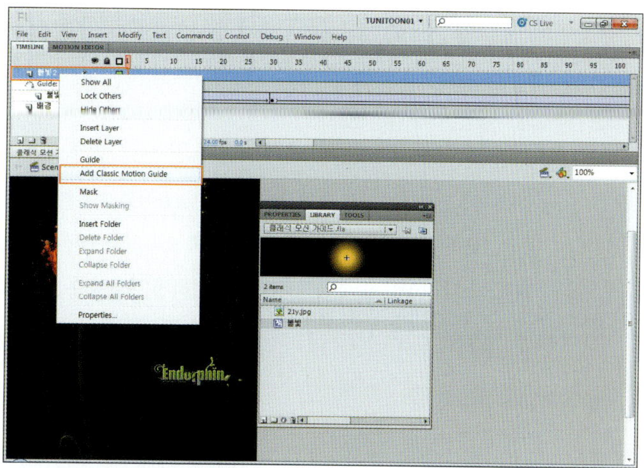

05 'Guide : 불빛 2' 레이어가 추가되었는지를 확인한 후, 원하는 가이드라인을 그리고, Step 02의 **05** 단계~ **06** 단계를 반복하여 진행합니다.

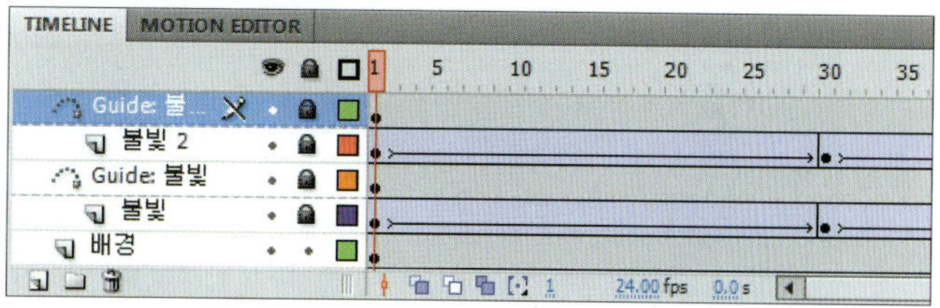

06 가이드라인이 하나일 때와 앞의 **05** 단계를 끝낸 후(가이드라인 두 개)의 타임라인과 스테이지 상태는 다음과 같습니다.

07 최종 확인을 위해 메뉴 바에서 [Control]-[Test Movie]-[Test] (Ctrl + Enter)를 선택하여 두 개의 불빛이 위로 올라가면서 사라지는지 확인합니다.

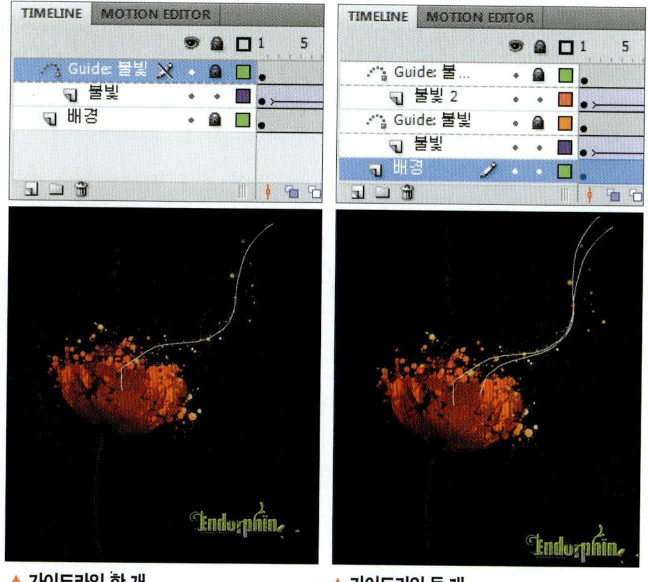

▲ 가이드라인 한 개   ▲ 가이드라인 두 개

번장을 마치며 애니메이션을 좀 더 다양하게 표현하기 위해서 '불빛2' 심벌의 색상을 바꾸거나 '불빛' 레이어와 다른 프레임에 키프레임을 추가해 보는 것도 좋습니다. 완성 파일('클래식 모션 가이드 완성.fla')의 경우는 이 단계에서 한 단계 더 나아가 무비클립 편집창에서 가이드를 구성한 후, 불빛을 더 많이 배치해 보았으므로 무비클립으로도 활용해 보기 바랍니다.

모션 트윈 애니메이션

이 장에서는 모션 트윈(motion Tween)을 이용하여 여러 개의 오브젝트가 스테이지로 진입하는 애니메이션을 만들어 보겠습니다. 이 예제는 단순히 스테이지 밖에서 스테이지 안으로 진입하는 애니메이션이기는 하지만 모션 패스의 제어를 통해 등장 경로를 다양하게 지정할 수 있으므로 이 부분을 잘 활용하여 애니메이션을 만들어 보기 바랍니다.

예제파일 | 부록DVD\Sample\Part01\Ch04\모션 트윈_다이어리.fla
완성파일 | 부록DVD\Sample\Part01\Ch04\모션 트윈_다이어리_완성.fla

핵심
포인트

1 | 모션 트윈에 사용되는 기본 심벌은 무비클립 심벌
2 | 모션 패스 제어를 통해 다양한 속도감과 리듬감 주기

STEP 01   **다이어리 등장 애니메이션**

01 메뉴 바에서 [File]-[Open](Ctrl + 이)을 선택하여 '모션 트윈_다이어리.fla' 파일을 엽니다.

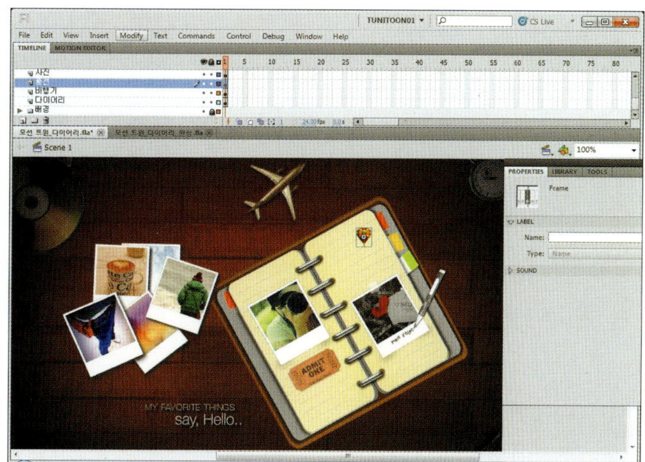

02 '다이어리' 레이어의 1프레임을 선택한 후, 마우스 오른쪽 버튼을 클릭하면 나타나는 단축 메뉴에서 [Create Motion Tween]을 선택하여 모션 트윈을 추가합니다.

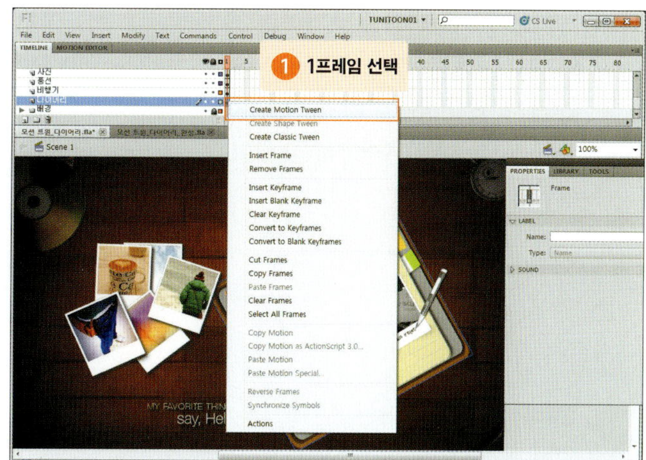

03 선택한 오브젝트가 심벌이 아닐 경우에는 자동으로 심벌로 변화하겠다는 대화상자가 나타납니다. [OK] 버튼을 클릭합니다.

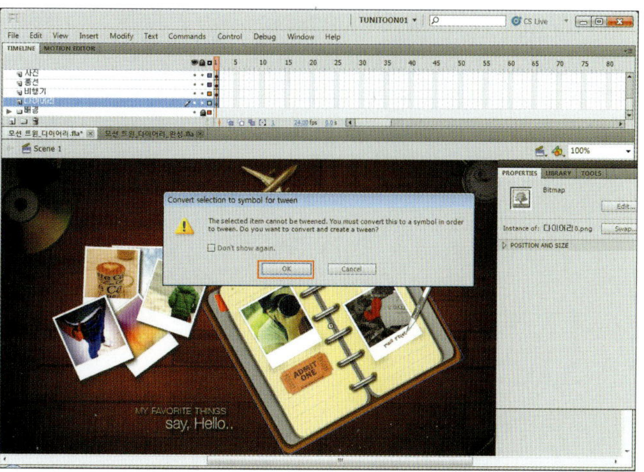

04 타임라인을 확인해 보면 24프레임이 자동으로 추가되면서 모션 트윈이 적용된 것을 알 수 있습니다.

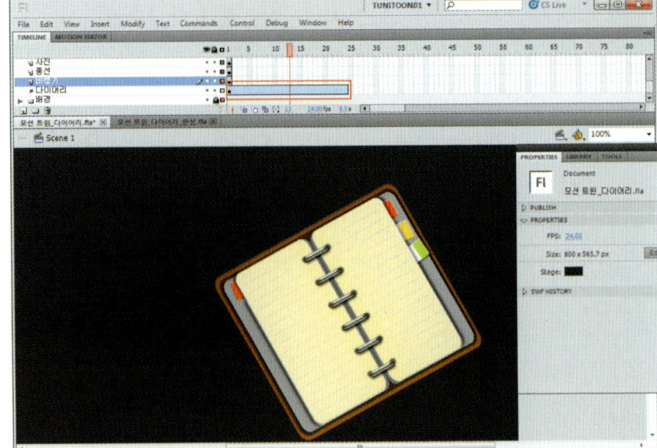

tip 모션 트윈은 모션 트윈 효과를 처리하자마자 두 가지를 자동으로 수행합니다.

1 | 무비클립 심벌로 변환

2 | 초당 프레임 수(FPS)만큼 자동으로 프레임 추가

05 배경과 다른 오브젝트들이 '다이어리' 레이어에서 애니메이션 작업을 하는 동안 보여야 하므로 미리 60프레임까지 프레임을 추가하겠습니다. 모든 레이어를 선택하고 메뉴 바에서 [Insert]-[Timeline]-[Frame](F5)을 선택하여 프레임을 추가합니다.

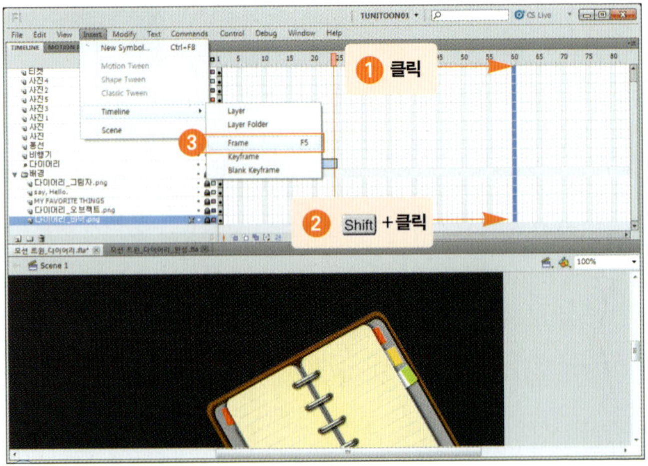

06 '다이어리' 레이어의 15프레임을 선택한 후, 마우스 오른쪽 버튼을 클릭하면 나타나는 단축 메뉴에서 [Insert Keyframe]-[All](F6)을 선택하여 속성 키프레임을 추가합니다.

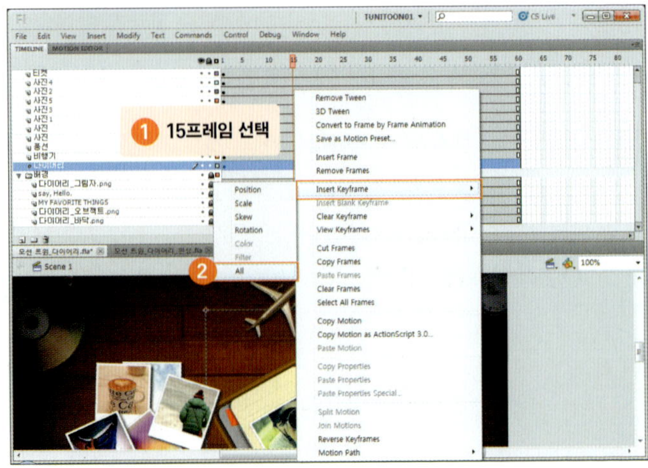

07 플레이 헤드(🔲)를 1프레임으로 이동한 후, 도구 상자의 선택 도구(▶)로 다이어리 심벌을 스테이지 밖으로 이동합니다.

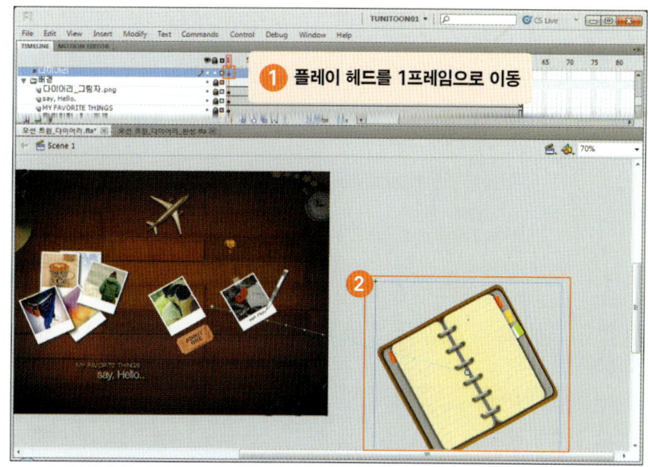

08 좀 더 자연스러운 등장을 위해 커서를 모션 패스에 올려놓은 후, 모션 패스의 모양을 곡선형으로 조절합니다.

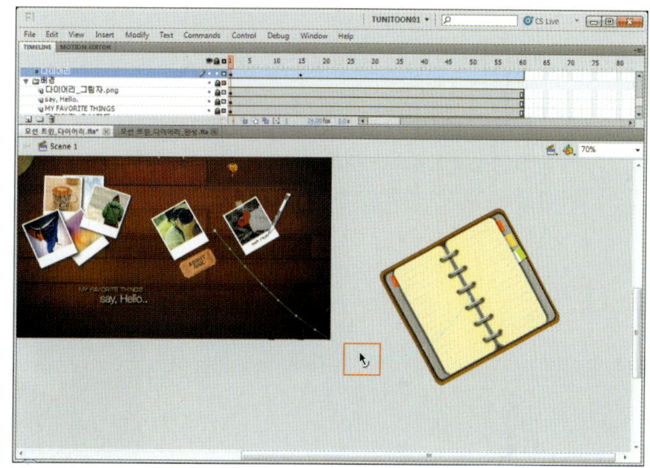

09 다이어리 위의 사진들은 모두 다이어리 등장 후에 나타나야 하므로, '사진2' 레이어의 1프레임을 선택하여 15프레임으로 이동합니다. 이때는 1프레임을 선택한 후 마우스에서 손을 뗐다가 다시 1프레임을 선택하여 15프레임으로 이동합니다.

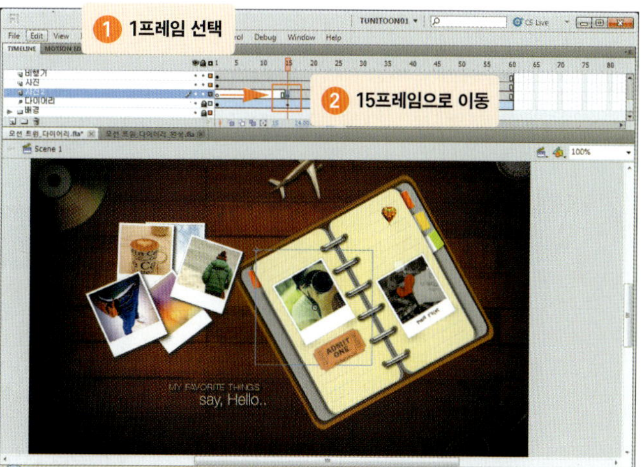

열기선! 잠깐! 키프레임의 이동

1 │ 이동하고자 하는 프레임을 마우스로 클릭한 후 마우스를 놓는다.

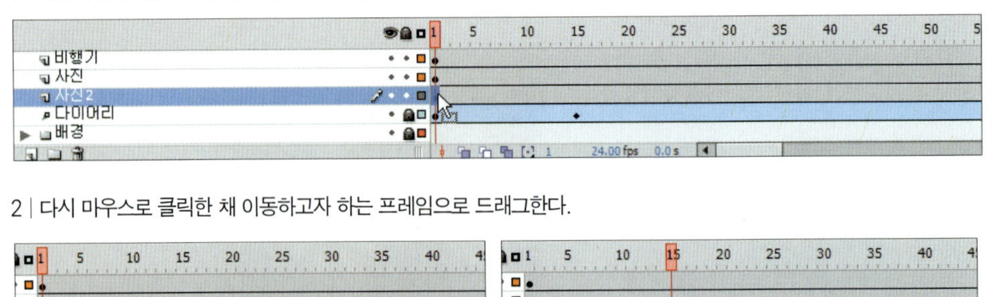

2 │ 다시 마우스로 클릭한 채 이동하고자 하는 프레임으로 드래그한다.

10 15프레임을 선택한 후, 마우스 오른쪽 버튼을 클릭하면 나타나는 단축 메뉴에서 [Create Motion Tween]을 선택하여 모션 트윈을 추가합니다.

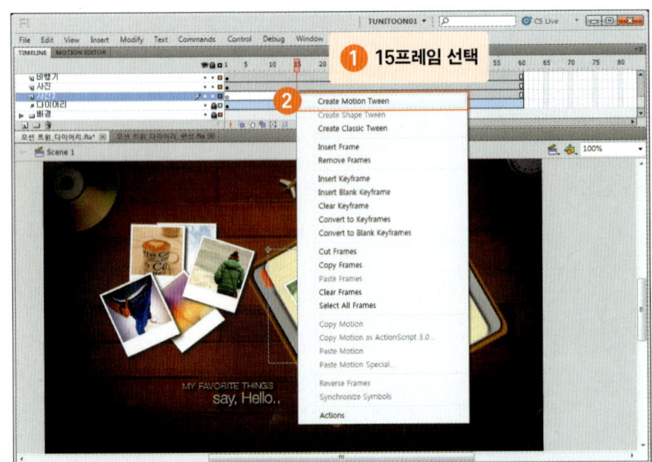

11 25프레임을 선택한 후, 마우스 오른쪽 버튼을 클릭하면 나타나는 단축 메뉴에서 [Insert Keyframe]-[All](F6)을 선택하여 속성 키프레임을 추가합니다.

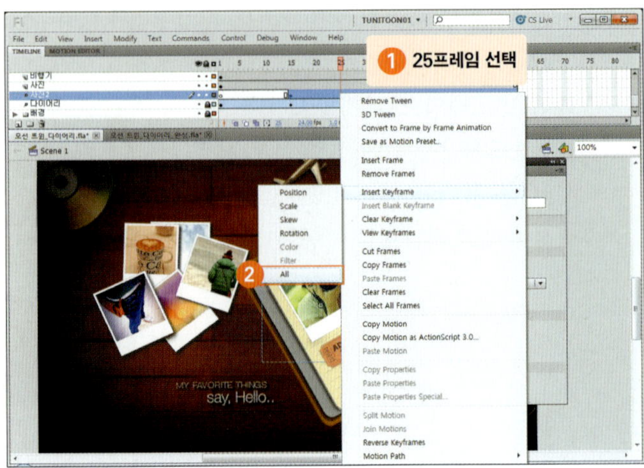

12 플레이 헤드(□)를 15프레임으로 이동한 후 '사진' 심벌을 선택하고 [PROPERTIES]–[COLOR EFFECT]–[Alpha] 값을 0%로 지정합니다.

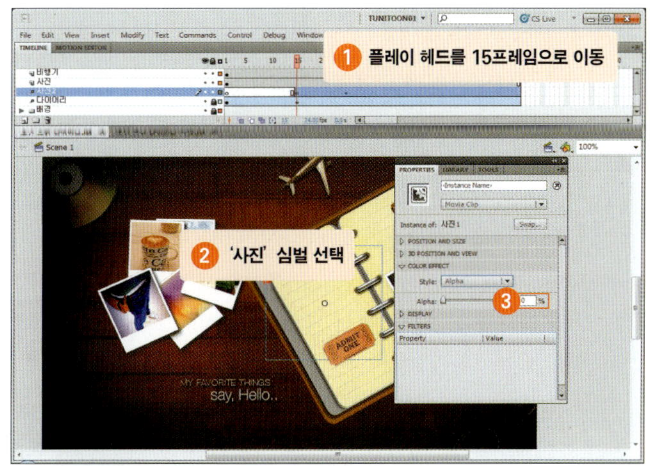

13 플레이 헤드(□)를 25프레임으로 이동한 후, '사진' 심벌을 선택하고, [PROPERTIES]–[COLOR EFFECT]–[Alpha] 값을 100%로 지정합니다.

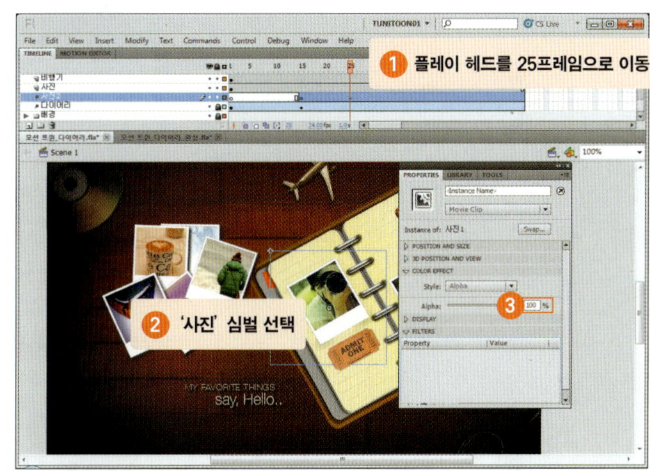

14 다이어리 위에 있는 두 번째 사진과 '풍선', '연필', '티켓' 심벌도 앞의 **09** 단계~**13** 단계를 반복하여 각각 모션 트윈을 주고 알파 값을 적용합니다. 등장하는 순서는 마음대로 지정하면 됩니다.

01 '폴라_사진', '폴라_사진1~4' 레이어를 각각 선택한 후, 마우스 오른쪽 버튼을 클릭하면 나타나는 단축 메뉴에서 [Create Motion Tween]을 선택하여 각각 모션 트윈을 지정합니다.

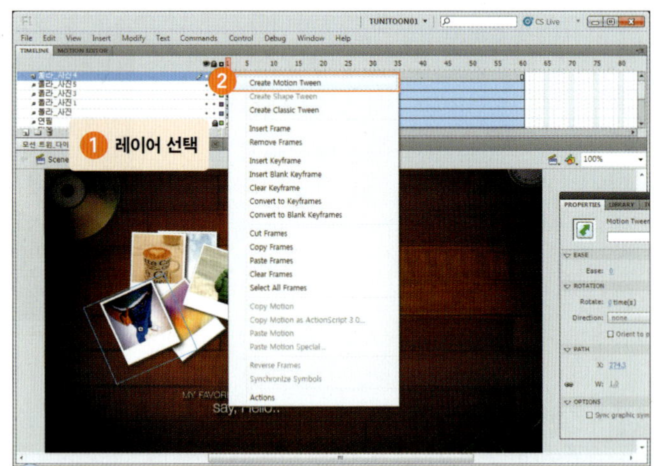

02 '폴라_사진', '폴라_사진1~4' 레이어를 모두 선택하고, 플레이 헤드(1)를 15프레임으로 이동한 후, 메뉴 바에서 [Insert]-[Timeline]-[Keyframe] (F6)을 추가합니다.

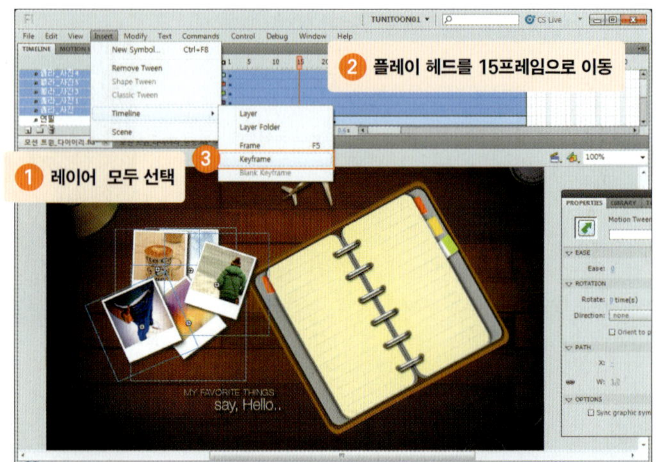

03 플레이 헤드(15)를 1프레임으로 이동한 후, '폴라_사진' 심벌들을 왼쪽 스테이지 밖으로 자유롭게 배치합니다.

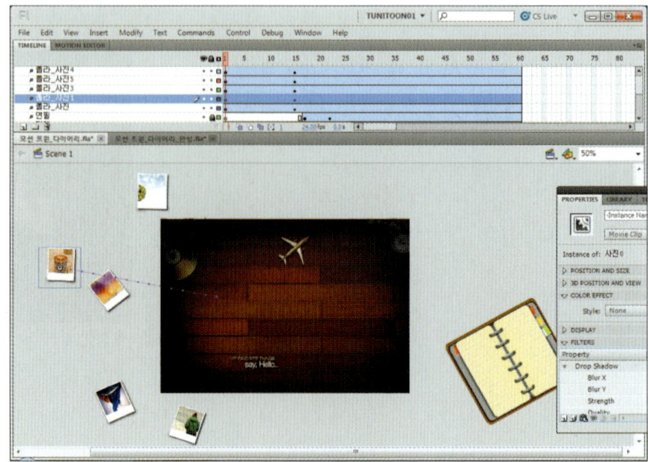

04 좀 더 재미있는 등장을 위해 모션 패스의 곡선을 이용하여 경로를 조절합니다.

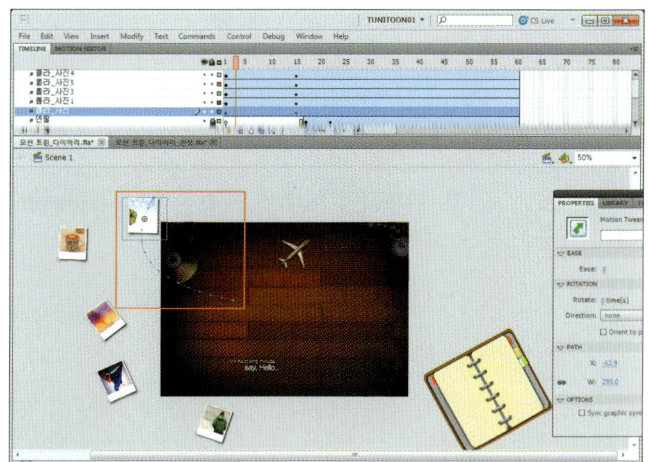

05 '폴라_사진' 레이어에 프레임 부분을 선택하여 다이어리가 등장한 이후에 등장하도록 20프레임으로 이동합니다.

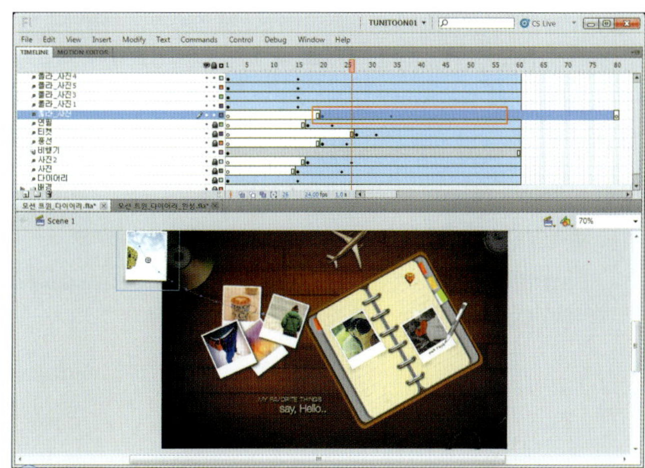

06 다른 사진들도 등장하는 순서가 서로 다르게 프레임을 이동합니다.

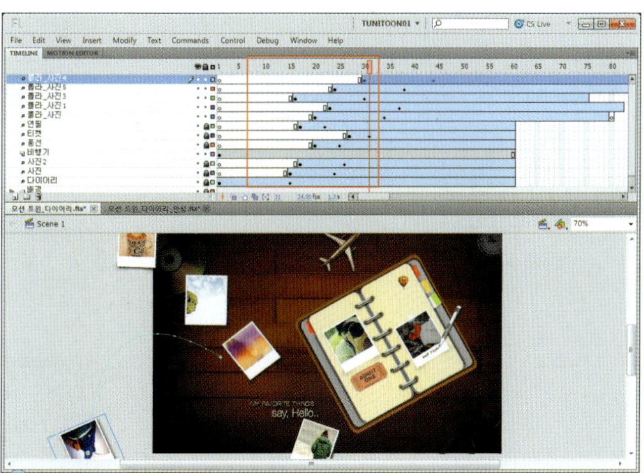

07 '폴라_사진4' 레이어의 61프레임을 Ctrl 을 누른 채 마우스를 아래 프레임으로 드래그하여 60프레임 이후의 프레임을 선택합니다(프레임 이동으로 인해 60프레임 이후에 생긴 프레임을 제거하기 위한 것입니다).

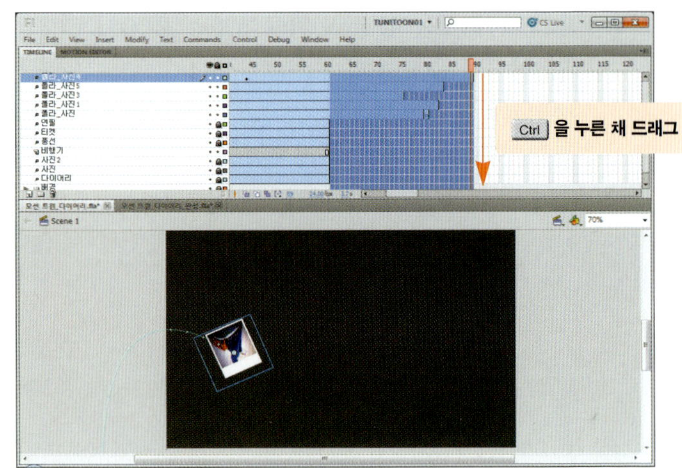

엿기선! 잠깐! 모션 트윈에서 프레임 선택

모션 트윈에서 프레임을 선택하면 전체 프레임이 선택됩니다. 한 프레임만 선택하고자 할 경우에는 Ctrl 을 누른 채 프레임을 선택하면 됩니다. Ctrl 을 누른 채 프레임을 드래그하면 드래그한 영역이 모두 선택됩니다. 모양 트윈이나 클래식 트윈 또는 일반 프레임 상태에서는 Ctrl 을 누르지 않아도 프레임을 선택할 수 있습니다.

08 마우스 오른쪽 버튼을 클릭하면 나타나는 단축 메뉴에서 [Remove Frames](Shift + F5)을 선택하여 프레임을 제거합니다.

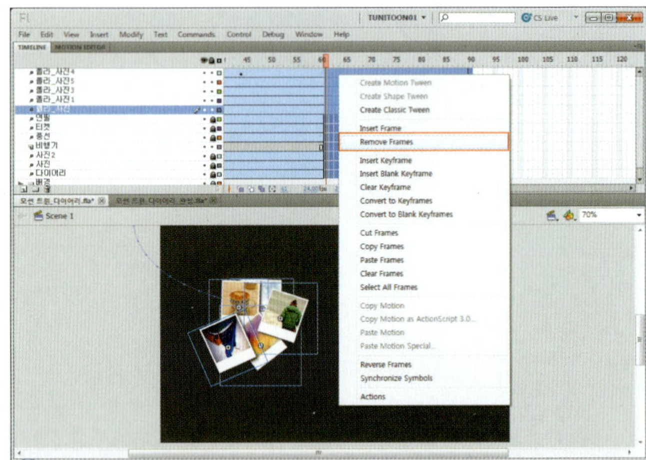

tip

- **Clear Keyframe** : 불필요한 키프레임 제거(프레임은 남아 있음.)
- **Remove Frame** : 프레임 제거(프레임은 없어짐.)

09 최종 확인을 위해 [Control]-[Test Movie]-[Test](Ctrl + Enter)를 선택하여 무비를 확인합니다.

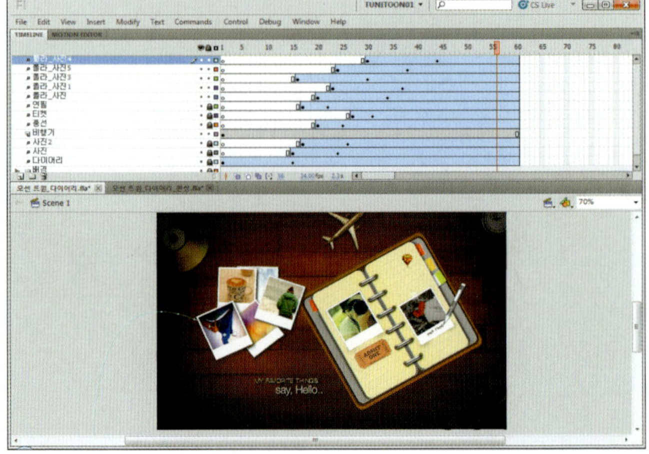

비트맵 이미지의 울렁이는 현상 없애기

비트맵 이미지로 애니메이션을 할 경우 이미지가 약간 울렁거리는 현상이 발생합니다. 이런 현상을 없애기 위해서는 라이브러리에서 'Allow smoothing'에 체크를 해야 합니다.

1 | 라이브러리에서 비트맵 이미지를 마우스 오른쪽 버튼으로 클릭하면 나타나는 단축 메뉴에서 〔Properties〕를 선택합니다.

2 | Bitmap Properties에서 'Allow smoothing'에 체크를 합니다.

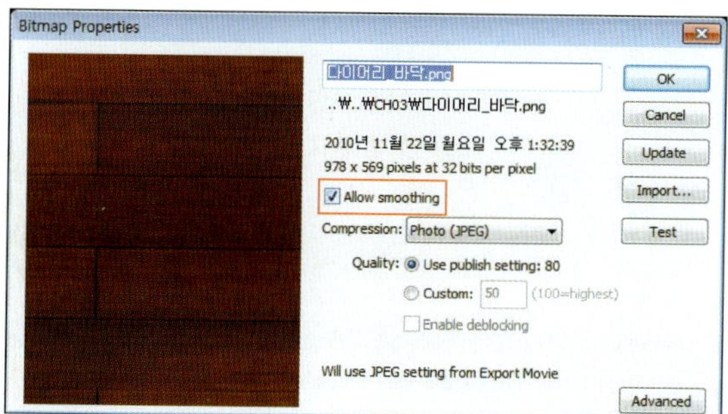

비트맵 이미지를 이용하여 애니메이션을 할 때는 그래픽 심벌보다 무비클립 심벌로 변환하는 것이 좋습니다. 무비클립의 경우 〔PROPERTIES〕 패널의 〔DISPLAY〕에서 'Cache as bitmap'에 체크하게 되면 체크 전에 비해 애니메이션 속도를 향상시킬 수 있습니다.

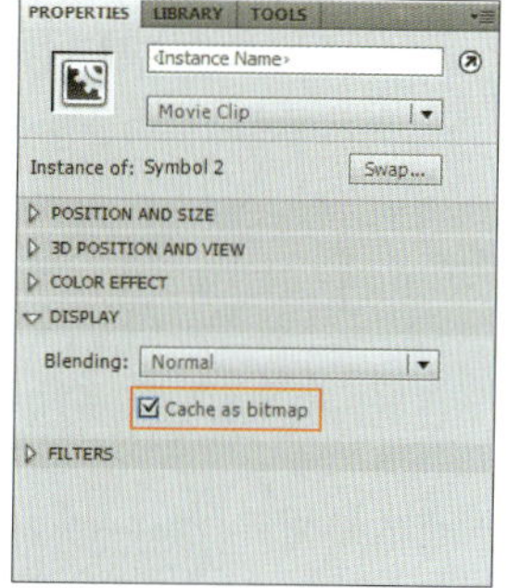

모션 트윈은 객체(오브젝트)를 직접 제어하는 애니메이션 기법으로, 모션 패스를 이용하여 좀 더 쉽게 오브젝트를 제어할 수 있습니다. 모션 패스의 경로를 곡선형으로 지정할 경우, 속도감이나 리듬감도 살릴 수 있으므로 여러 가지 시도를 해 보는 것이 좋습니다.

Rotate를 이용한 풍차 애니메이션

플래시 애니메이션의 종류 중에서 클래식 트윈과 모션 트윈을 준 경우에는 속성 패널을 이용하여 자유 변형 도구나 자유 변형 패널을 이용하지 않고 자동 회전 애니메이션을 줄 수 있습니다. 회전(Rotate) 값을 여러 각도로 매우 다양하게 지정할 수 있으며, 시계 방향(CW) 또는 반시계 방향(CCW) 등과 같이 회전 방향 지정도 할 수 있습니다.

예제파일 | 부록DVD\Sample\Part01\Ch04\풍차 rotate01.fla, 풍차 rotate02.fla
완성파일 | 부록DVD\Sample\Part01\Ch04\풍차 rotate_완성.fla

핵심 포인트

1 | 여러 개의 심벌을 다른 레이어에 배분하기   2 | 프레임과 키프레임 추가하기

3 | 클래식(모션) 트윈 주기   4 | Rotate 설정하기

STEP 01   **클래식 트윈으로 Rotate 주기**

01 메뉴 바에서 [File]-[Open](Ctrl + O)을 선택하여 '풍차_rotate01.fla' 파일을 엽니다.

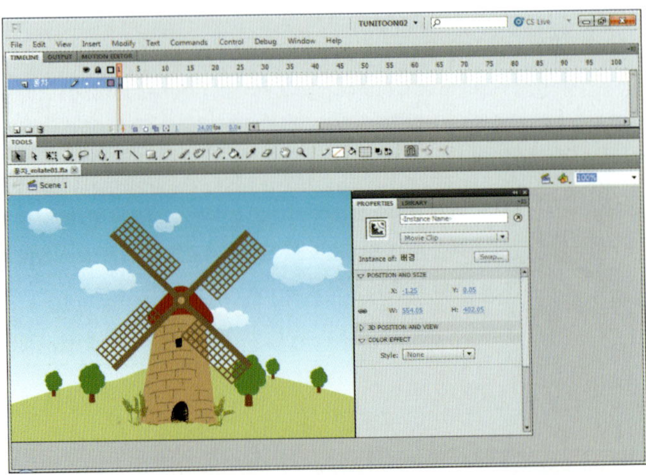

02 메뉴 바에서 [Edit]-[Select All](Ctrl + A)을 선택한 후, 모두 선택해 보면 '배경'과 '풍차 몸통' 그리고 '풍차 날개'로 구분되어 있는 것을 알 수 있습니다.

03 모두 선택(Ctrl + A)하고 [Modify]-[Timeline]-[Distribute to layers](Ctrl + Shift + D)를 선택하여 서로 다른 레이어에 배분합니다. 각각의 심벌이 서로 다른 레이어에 배분되면서 심벌 이름이 레이어의 이름으로 등록됩니다.

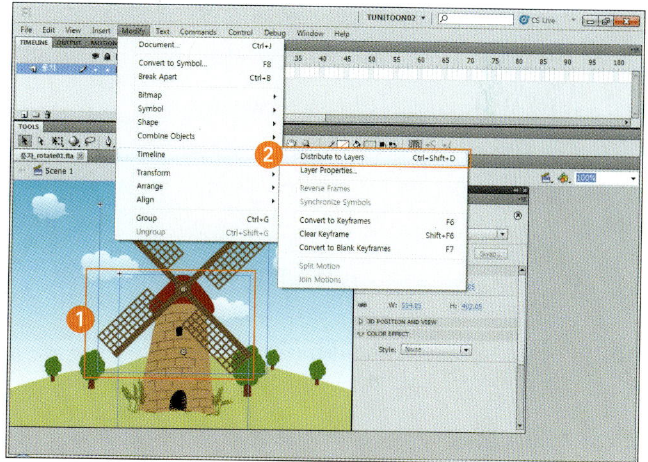

> **tip** 트윈 애니메이션에서는 하나의 레이어에서 두 개 이상의 오브젝트로 작업할 수 없습니다. 각각 서로 다른 레이어에서 작업을 해야 하며, 두 개 이상의 오브젝트를 서로 다른 레이어로 배분하기 위해서는 모든 오브젝트를 선택한 후 [Modify]-[Timeline]-[Distribute to layers]를 이용하여 다른 레이어로 배분하면 됩니다. 심벌의 이름에 따라 레이어 이름이 결정되며, 기존 레이어에서 자동으로 각각 서로 다른 레이어로 배분된 것을 확인할 수 있습니다.

04 총 몇 프레임에 걸쳐 애니메이션을 할 것인지를 결정한 후, '배경'과 '풍차 몸통' 레이어의 24프레임을 선택하고 메뉴 바에서 [Insert]-[Timeline]-[Frame](F5)을 선택하여 프레임을 추가합니다.

05 풍차 날개의 경우는 로테이트 애니메이션을 주어야 하므로, '풍차 날개' 레이어의 24프레임을 선택하고 메뉴 바에서 [Insert]-[Timeline]-[Keyframe](F6)을 선택하여 키프레임을 추가합니다.

06 '풍차 날개' 레이어의 1프레임과 24프레임 사이에 커서를 놓고 메뉴 바에서 [Insert]-[Classic Tween]을 선택하여 클래식 트윈을 줍니다 (또는 마우스 오른쪽 버튼을 클릭하면 나타나는 단축 메뉴에서 [Create Classic Tween]을 선택합니다.).

07 로테이트 효과를 주기 위해 속성 패널을 엽니다. 그런 다음, 1프레임과 24프레임 사이에 커서를 놓고 [PROPERITES]-[TWEENNING]에서 Rotate 값을 CCW(반시계 방향)로 1회 지정합니다(시계 방향(CW) 또는 반시계방향(CCW)으로 원하는 횟수 지정합니다).

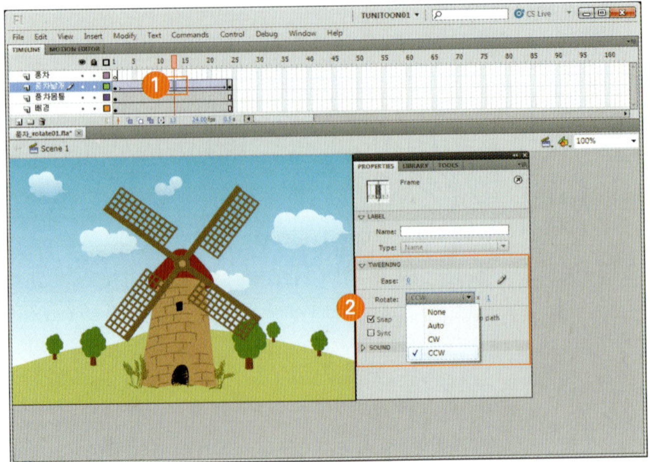

08 최종 확인을 위해 메뉴 바에서 [Control]–
[Test Movie]–[Test] (Ctrl + Enter)를 선
택하여 무비를 확인합니다.

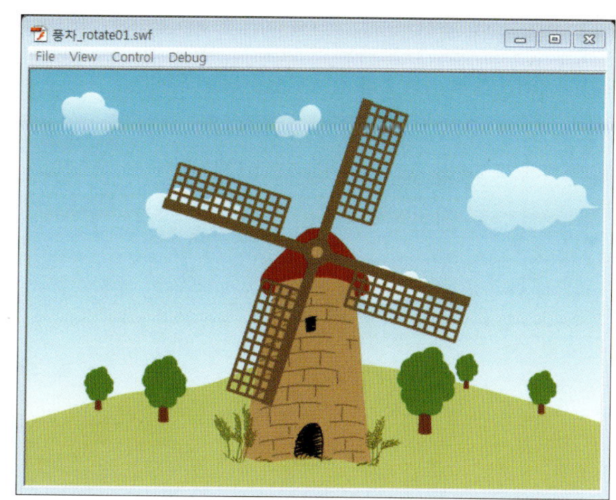

STEP 02   모션 트윈에서 로테이트 지정하기

01 메뉴 바에서 [File]–[Open](Ctrl +
ㅇ)을 선택하여 '풍차_rotate02.
fla' 파일을 연 후, '클래식 트윈으
로 Rotate 주기'의 **01** ~ **04** 단계까
지 진행합니다(레이어 배분과 배경,
풍차, 몸통 레이어에 프레임 추가).

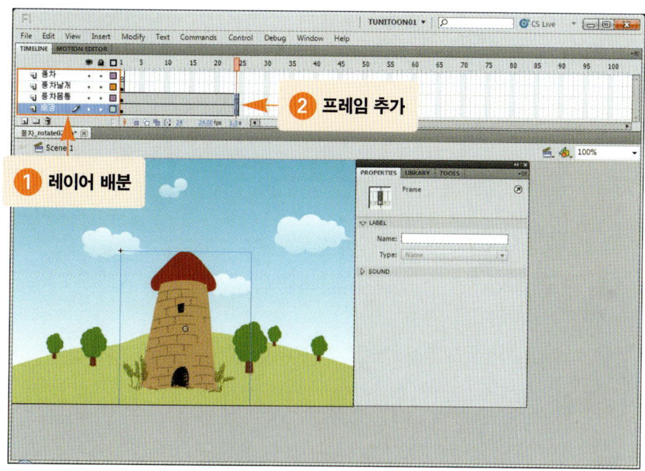

02 '풍차 날개' 레이어의 1프레임을 선
택한 후, 마우스 오른쪽 버튼을 클
릭하면 나타나는 단축 메뉴에서
[Create Motion Tween]을 선택하
여 모션 트윈을 추가합니다. 초당
프레임 수가 24프레임으로 설정되
어 있기 때문에 24프레임까지 추가
됩니다.

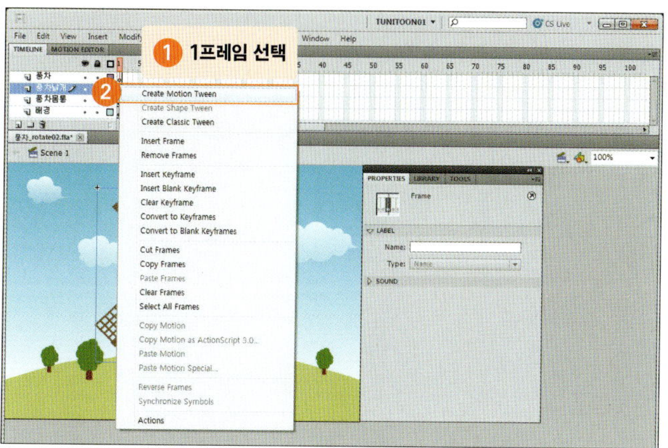

03 플레이 헤드(圖)를 24프레임으로 이동한 후, '풍차 날개' 레이어를 선택하고, [PROPERTIES]–[ROTATION]에서 Rotate 값을 CCW(반시계 방향) 1로 입력합니다.

04 자동으로 24프레임에 키프레임이 생성되고, Rotate 값이 지정된 것을 확인할 수 있습니다. 모션 트윈의 경우는 플레이 헤드를 원하는 부분으로 이동한 후에 특정한 변화를 주면 자동으로 속성 키프레임이 생성됩니다.

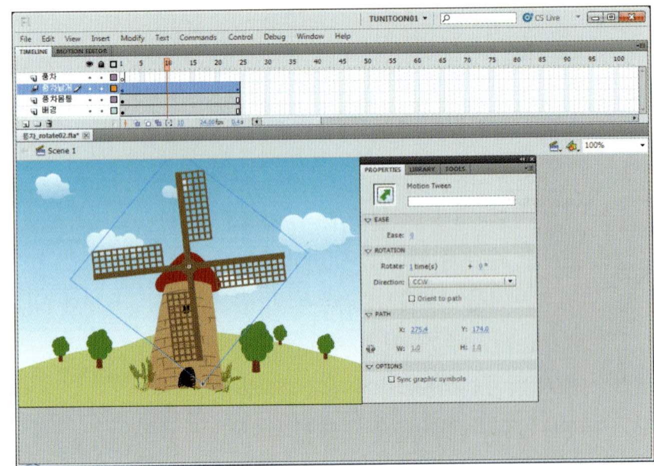

05 최종 확인을 위해 메뉴 바에서 [Control]–[Test Movie]–[Test] (Ctrl + Enter)를 선택하여 무비를 확인합니다.

tip 모션 트윈 애니메이션에서 로테이트 명령을 이용하여 애니메이션을 줄 경우에는 속성 패널에서 최종 회전각에 로테이트를 준 후, 옆에 있는 + 기호 옆의 빈칸에 원하는 값을 입력하여 추가로 지정할 수 있습니다.

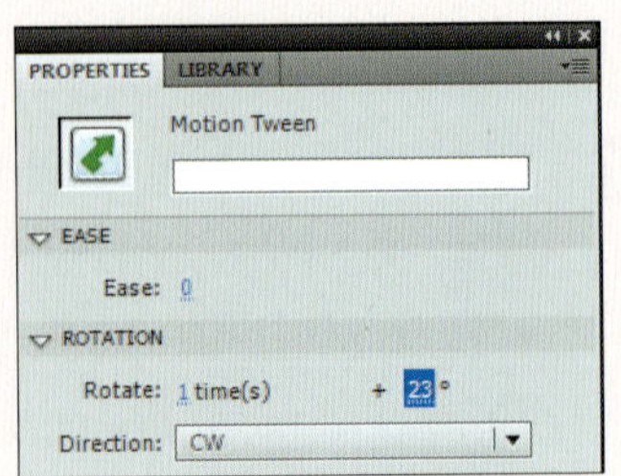

로테이트 명령을 이용하여 자동 애니메이션을 주는 방법은 클래식 트윈뿐만 아니라 모션 트윈에서도 가능하지만, 클래식 트윈의 경우 일방적으로 360도를 회전한다면 모션 트윈에서는 최종 프레임의 각도를 지정할 수 있다는 점이 다릅니다. 또한 속성 패널에서 회전을 주는 부분에도 약간의 차이가 있습니다.

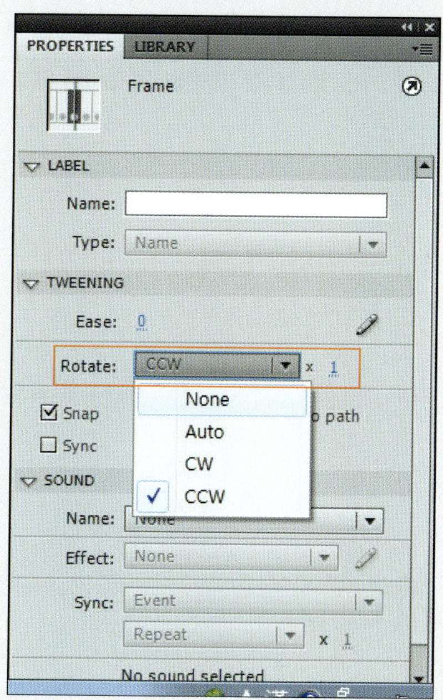

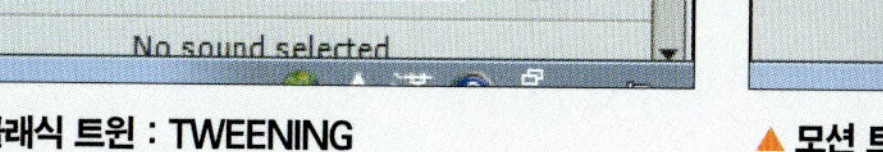

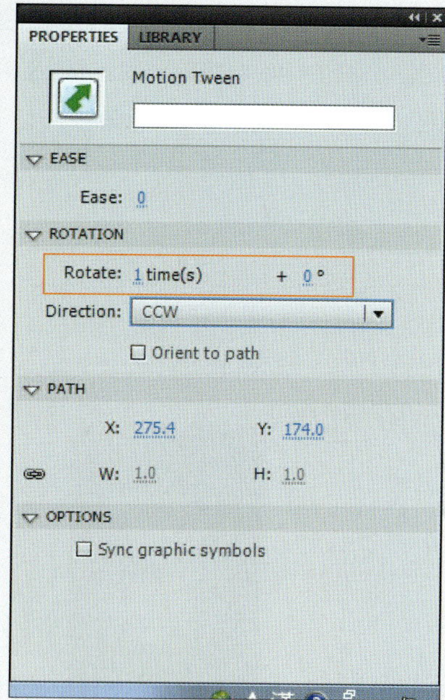

▲ 클래식 트윈 : TWEENING   ▲ 모션 트윈 : ROTATION

마스크로 빛이 지나가는 효과 주기

이 장에서는 마스크의 주의 사항 중에서 마스크에는 알파 값이 적용되지 않는 문제를 해결할 수 있는 애니메이션을 만들어 보겠습니다. 예제를 살펴보면 핸드폰 위로 지나가는 빛이 다른 영역에서는 보이지 않고 핸드폰 범위 안에서만 적용되고 있는 것을 알 수 있습니다.

예제파일 | 부록DVD\Sample\Part01\Ch04\마스크로 빛이 지나가는 효과 주기.fla
완성파일 | 부록DVD\Sample\Part01\Ch04\마스크로 빛이 지나가는 효과 주기_완성.fla

핵심
포인트

1 | Mask는 보여 줄 모양이나 형태를 결정하며, 알파 값을 가질 수 없다.

2 | Masked 레이어에서 알파 효과 주기

Masked 영역에서 애니메이션 만들기

01 메뉴 바에서 [File]-[Open](Ctrl + O)을 선택하여 '마스크로 빛이 지나가는 효과 주기.fla' 파일을 엽니다.

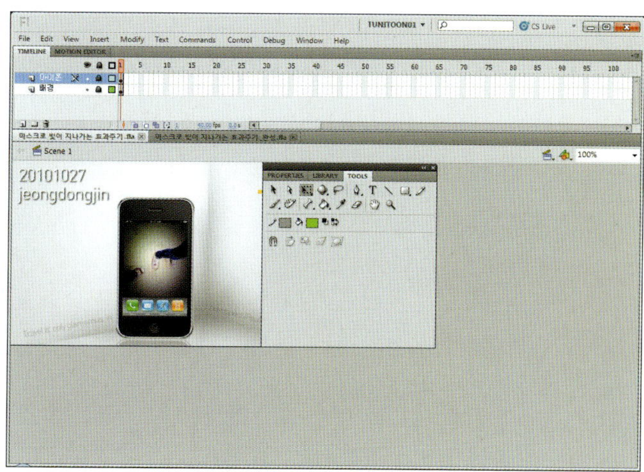

02 '배경' 레이어와 '아이폰' 레이어의 45프레임을 선택한 후, 마우스 오른쪽 버튼을 클릭하면 나타나는 단축 메뉴에서 [Insert Frame](F5)을 선택하여 프레임을 추가합니다.

03 새로운 레이어를 추가하고 25프레임을 선택한 후, 마우스 오른쪽 버튼을 클릭하면 나타나는 단축 메뉴에서 [insert Keyframe](F6)을 선택하여 키프레임을 추가합니다(레이어 이름 : 그레이디언트)

04 라이브러리(Ctrl + L)에서 '그러데이션' 심벌을 스테이지에 끌어다 놓습니다.

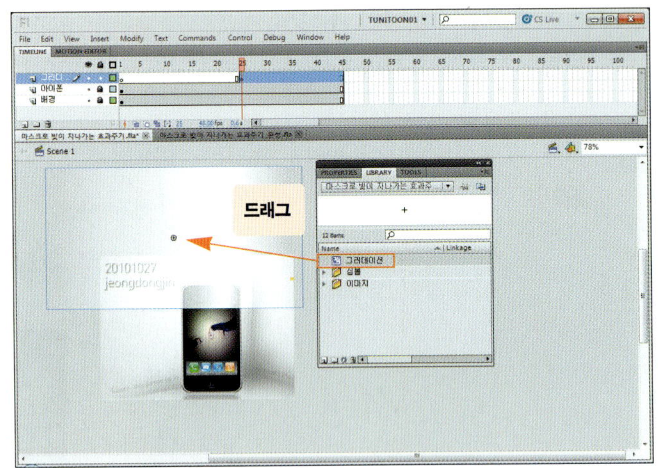

05 도구 상자에서 자유 변형 도구( )를 선택하고 '그러데이션' 심벌을 회전한 후, 핸드폰 이미지의 좌측 상단으로 이동합니다.

06 45프레임에 키프레임을 추가(F6)한 후, '그러데이션' 심벌을 우측 하단으로 이동합니다.

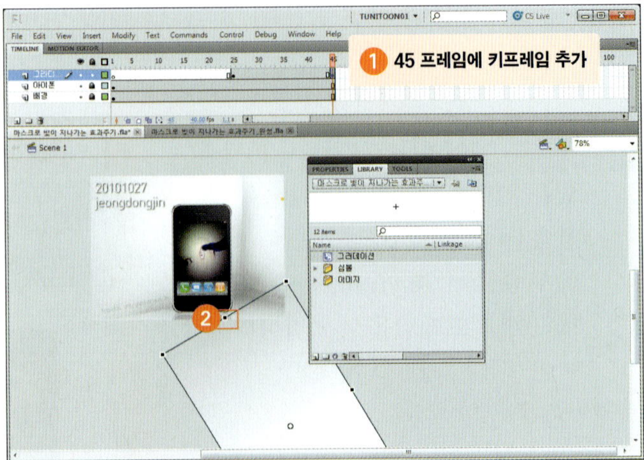

07 25프레임과 45프레임 사이를 선택한 후, 마우스 오른쪽 버튼을 클릭하면 나타나는 단축 메뉴에서 [Create Classic Tween]을 선택합니다.

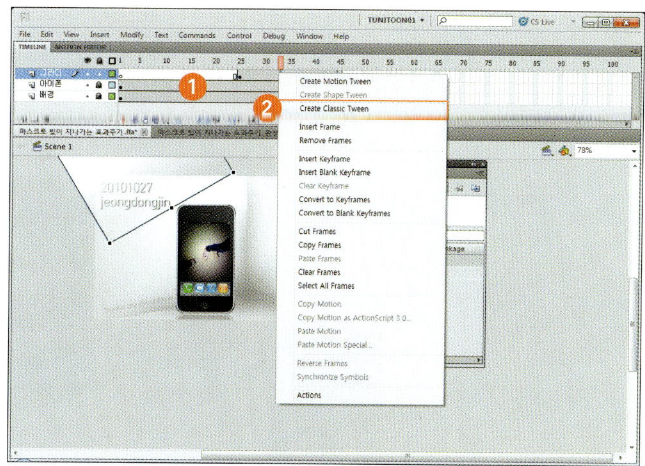

08 무비를 확인해 보면 핸드폰은 물론 그 주변까지 뿌옇게 애니메이션되는 것을 볼 수 있습니다.

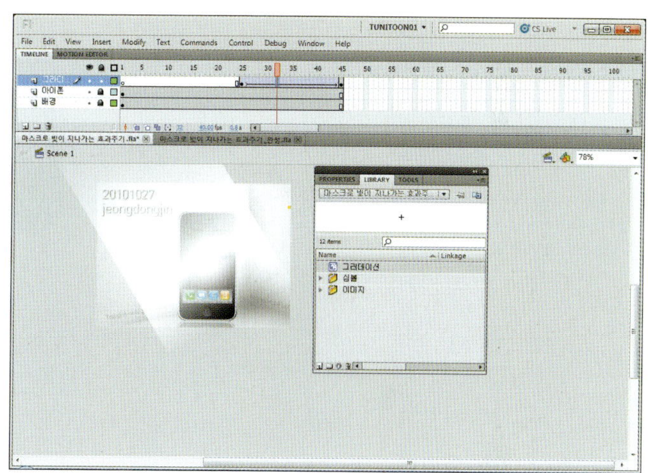

STEP 02   마스크 영역을 만든 후 마스크 처리하기

01 새로운 레이어를 추가한 후, 25프레임에 키프레임을 추가(F6)합니다. 그리고 도구 상자에서 사각형 프리미티브 도구(▢)를 선택하고 핸드폰의 크기와 같은 사각형을 그립니다(그레이디언트 레이어 잠금 처리/레이어 이름 : 마스크), 크기가 맞지 않을 경우 자유 변형 도구(▨)로 크기를 제어합니다.

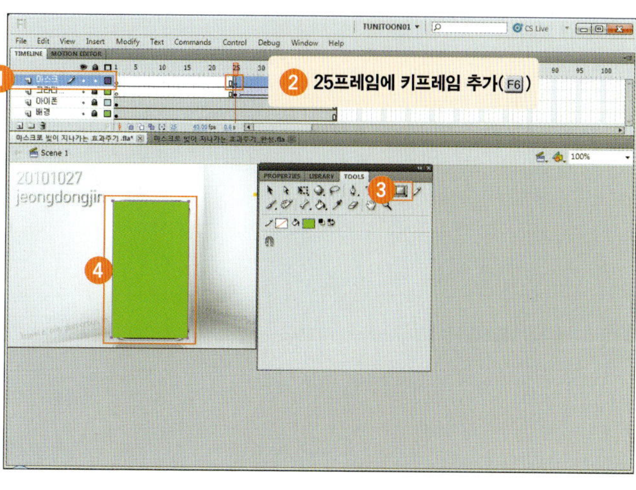

02 핸드폰의 둥근 테두리를 만들기 위해 도구 상자에서 선택 도구(▶)를 선택한 후, 도형에 있는 포인트를 조절하여 둥근 테두리를 만듭니다 ('레이어 테두리 보기' 에 체크한 후에 작업).

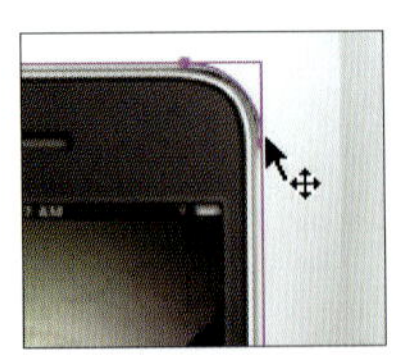

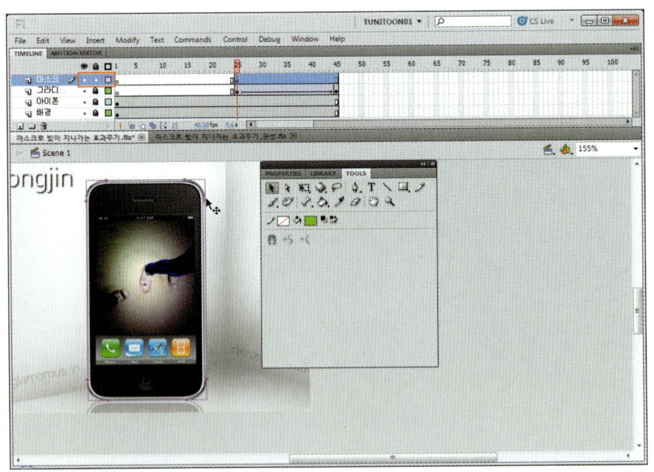

프리미티브 도구(▢)로 꼭짓점의 둥근 정도 조절하기

1 | [PROPERTIES]-[RECTANGLE OPTIONS]에서 슬라이드 조절 또는 수치 입력

2 | 선택 도구(▶)로 직접 정점을 드래그하여 조절하기

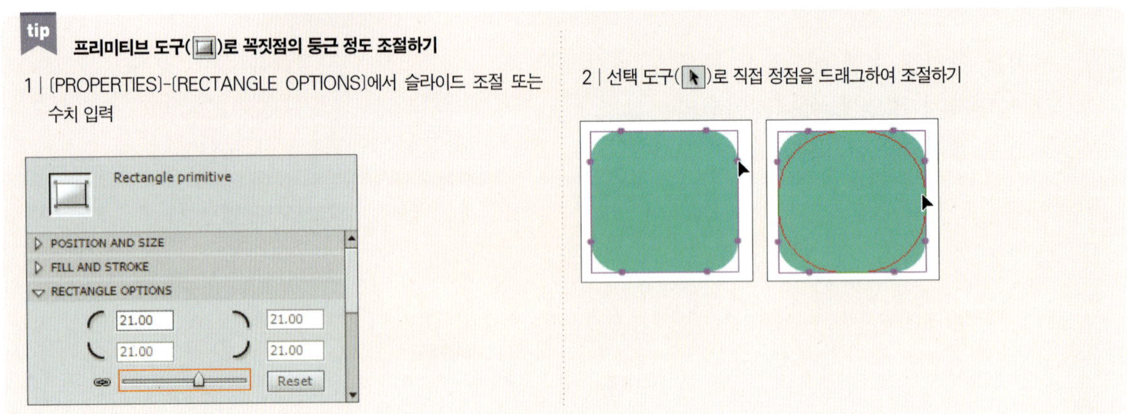

---

03 모양이 완성되었으면 '마스크' 레이어를 선택한 후, 마우스 오른쪽 버튼을 클릭하면 나타나는 단축 메뉴에서 [Mask]를 선택합니다(레이어 테두리 보기 해지).

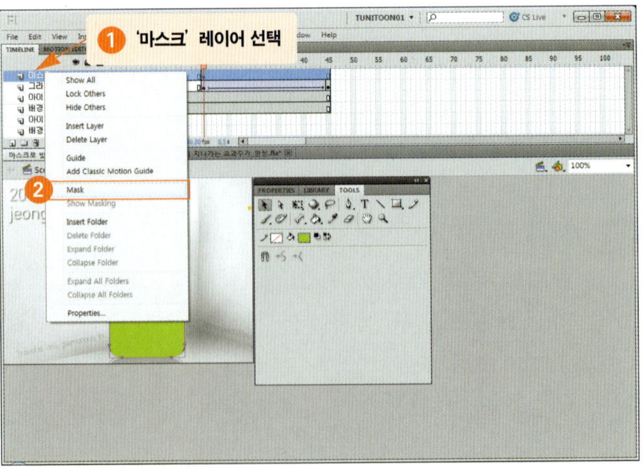

---

04 메뉴 바에서 [Control]-[Test Movie]-[Test](Ctrl + Enter)를 선택하여 무비를 확인합니다.

염기선! 잠깐! 흰색에서 점점 투명해지는 그러데이션 만들기

1 | 사각형을 그린 후, (COLOR)-(Linear gradient) 선택

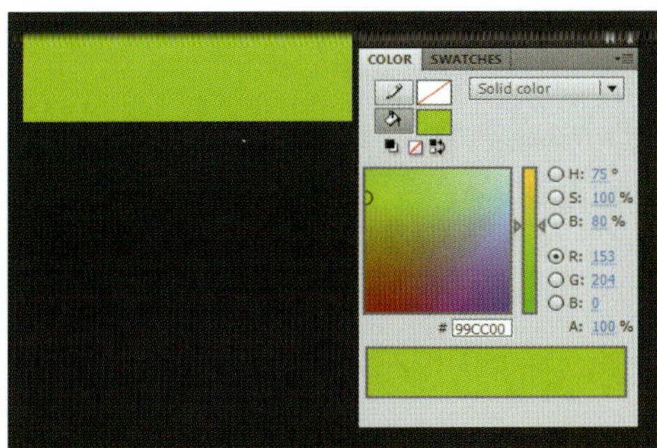 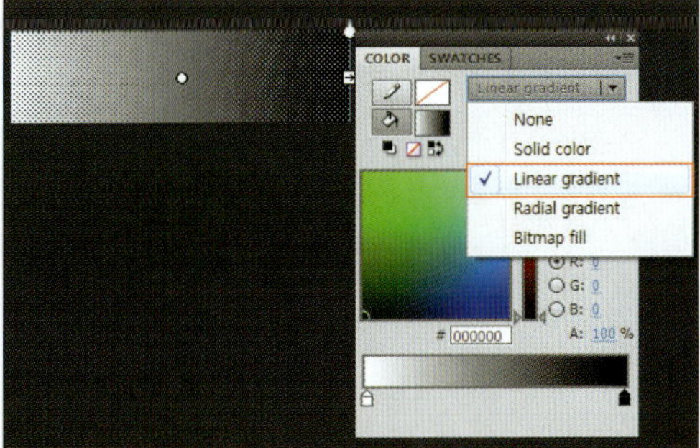

2 | 색상 아이콘 추가한 후, 모두 흰색으로 지정하고 투명도 설정

 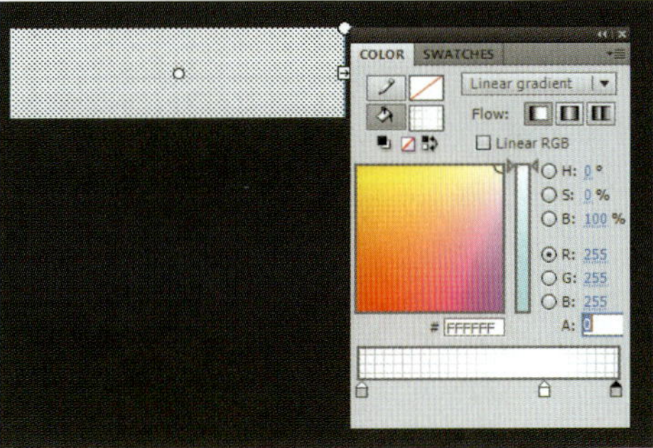

▲ 색상 아이콘 추가

3 | 확인

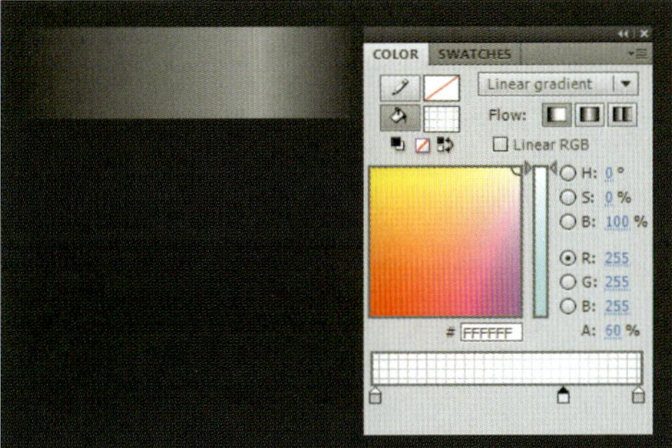

왼쪽	중간	오른쪽
흰색/알파 값 0%	흰색/알파 값 60%	흰색/알파 값 0%

마스크 레이어에는 알파 값이 적용된 요소를 마스크로 사용할 수 없습니다. 알파 값 효과를 주기 위해서는 하위 레이어인 마스크드 레이어에서 알파 값을 적용하면 됩니다. 마스크는 마스크 레이어 및 마스크드 레이어에서도 애니메이션이 가능합니다.

무비클립과 스프레이 브러시를 이용한 별 애니메이션

무비클립은 메인 타임라인과 별개의 독립적인 타임라인을 가지고 있는 심벌로, 반복 패턴의 애니메이션에 매우 유용하게 사용됩니다. 이 장에서는 무비클립의 특징을 이용하여 밤하늘에 무수히 반짝이는 별을 만들어 보고 이를 스프레이 브러시를 통해 적용해 보겠습니다.

⊙ 예제파일 | 부록DVD\Sample\Part01\Ch04\스프레이 브러시와 무비클립.fla
완성파일 | 부록DVD\Sample\Part01\Ch04\스프레이 브러시와 무비클립_완성.fla

핵심 포인트

1 | 무비클립 심벌 편집창에서 자체 애니메이션 제작하기

2 | 스프레이 브러시 사용하기

STEP 01 새로운 무비클립 심벌 만들기

01 메뉴 바에서 [File]-[Open](Ctrl + 이)을 선택하여 '스프레이 브러시와 무비클립.fla' 파일을 엽니다.

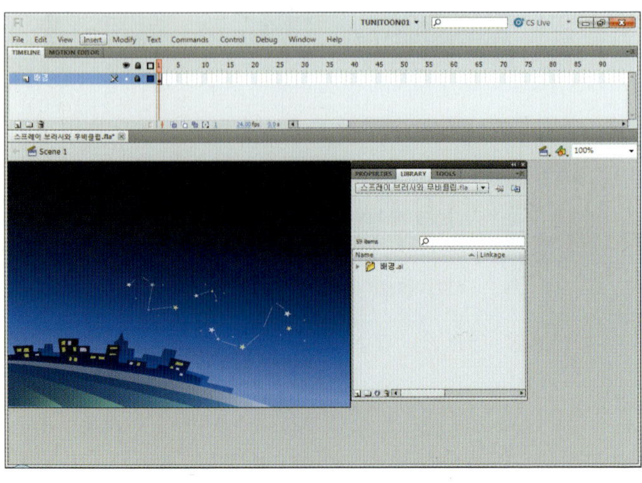

02 메뉴 바에서 [Insert]–[New Symbol](Ctrl + F8)을 선택하여 새로운 무비클립을 만듭니다(이름 : 별무비, 타입 : 무비클립)

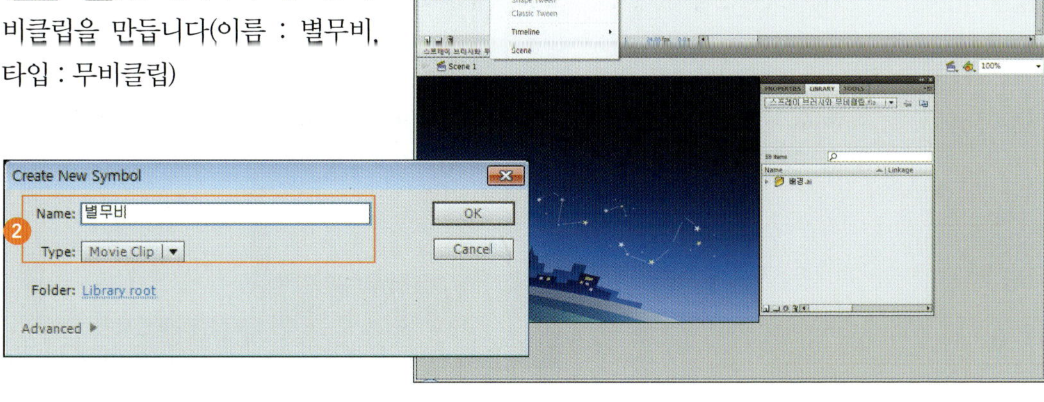

03 새로운 무비클립 편집창이 열린 것을 확인하고 도구 상자에서 다각형 도구(◯)를 선택한 후, [PROPERTIES] 패널의 [TOOL SETTINGS]–[Option]을 클릭하여 [Style]을 'star'로 지정합니다.

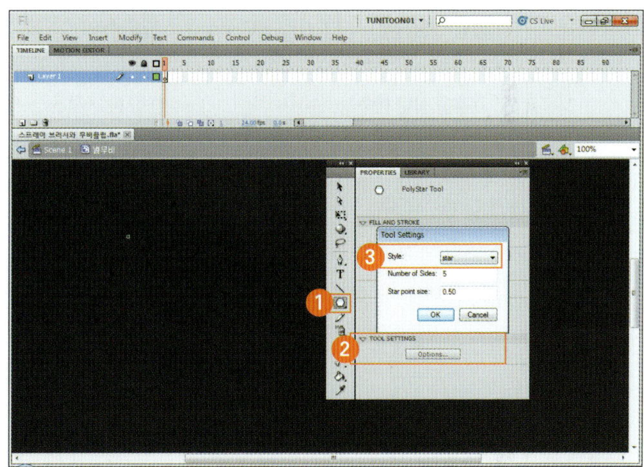

04 테두리 색은 주지 말고 면 색을 노란색으로 지정한 후, 별을 그립니다(레이어 이름 : 기본별).

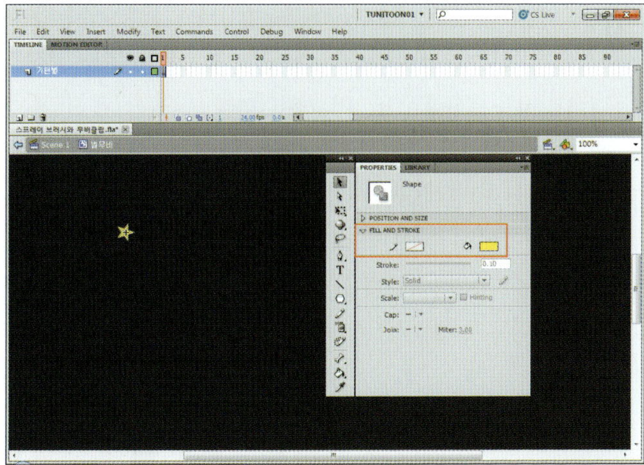

05 별을 선택한 후, 심벌로 변환(F8)합니다(이름 : 기본, 타입 : 무비클립)

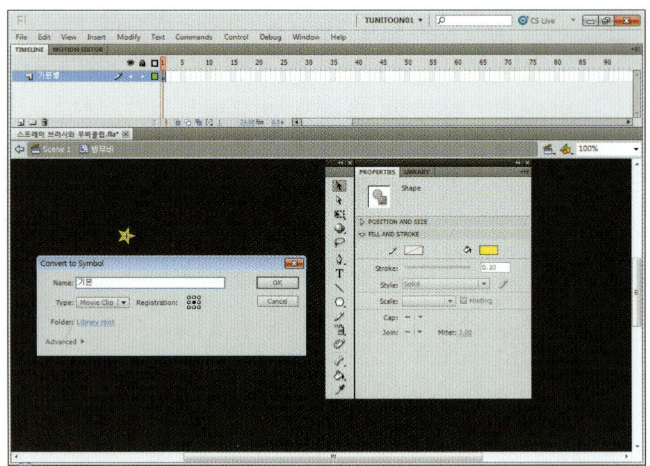

열기선! 잠깐! 심벌 만들기

1 | 심벌 변환(F8) : (Modify)-(Convert to Symbol)
– 선택한 오브젝트가 심벌이 됨.

2 | 새로운 심벌 만들기(Ctrl + F8) : (Insert)-(New Symbol)
– 새로운 편집창을 열어서 그린 요소가 심벌이 됨.

심벌을 만드는 이유

1 | 작업창과 상관없이 선택한 오브젝트를 이용하여 클래식/모션 트윈을 주기 위함.

2 | 두 번 이상 사용하는 오브젝트를 심벌로 변환해서 사용하는 것이 용량면에서 효율적이기 때문임.

STEP 02　　　　　　　　　무비클립 심벌창에서 애니메이션 만들기

01 '기본' 심벌을 복사(Ctrl + C)하고, 새로운 레이어를 추가한 후, [Edit]-[Paste in Place](Ctrl + Shift + V)를 선택하여 심벌을 붙여넣기합니다(레이어 이름 : 필터 애니메이션).

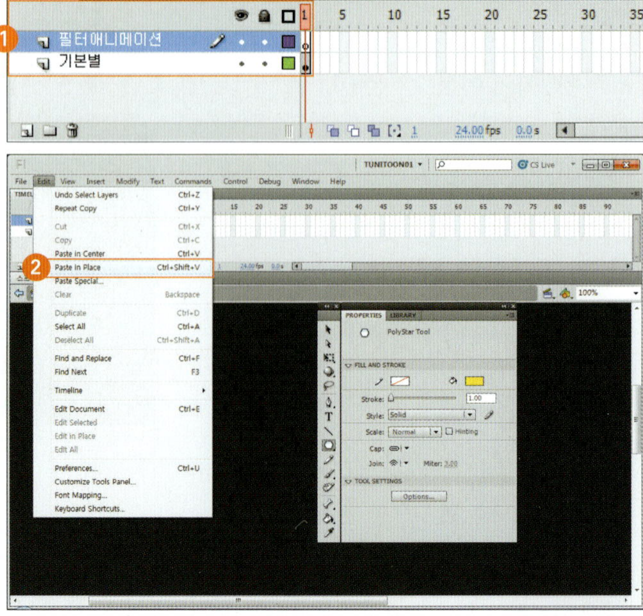

tip

■ **붙여넣기 :** Ctrl + C → Ctrl + V
– 열려 있는 작업창의 가운데 붙여넣기됨.

■ **같은 자리에 붙여넣기 :** Ctrl + C → Ctrl + Shift + V
– 처음에 복사한 위치와 동일한 위치에 붙여넣기됨.

02 '기본별' 레이어는 자물쇠를 잠금 처리한 후, 15프레임에 프레임을 추가(F5)하고, '필터 애니메이션' 레이어의 15프레임에는 키프레임을 추가(F6)합니다.

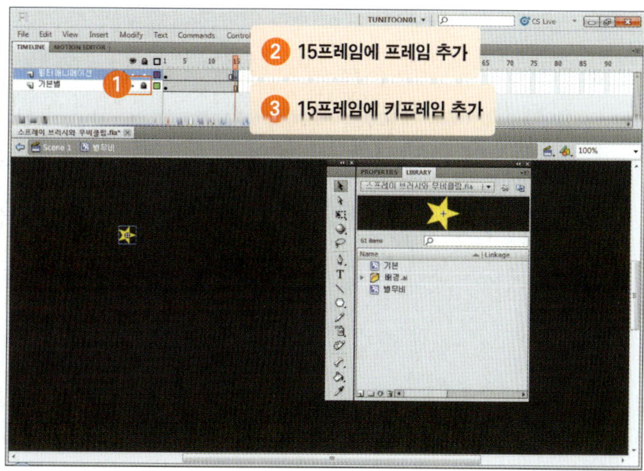

03 '필터애니메이션' 레이어의 7프레임에 키프레임(F6)을 추가하고 '기본' 심벌을 선택한 후, [PROPERTIES]–[FILTERS]에서 새로운 필터 추가 아이콘을 클릭하여 블러(Blur) 필터를 지정합니다.

> **tip** 필터 효과는 무비클립과 버튼 심벌, 그리고 TLF text 타입에만 줄 수 있으며, 그래픽 심벌에는 필터 효과를 줄 수 없습니다.

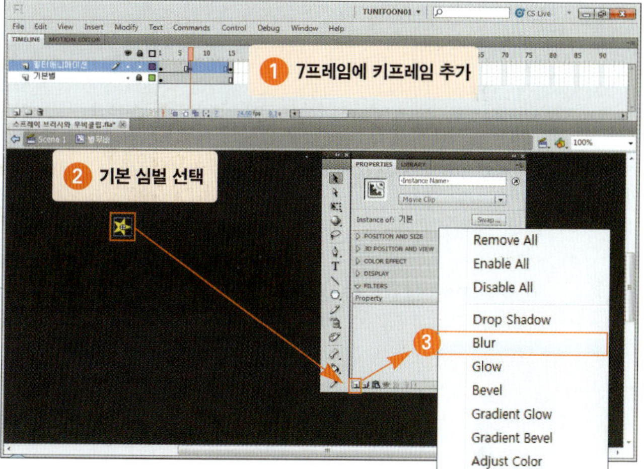

04 필터의 값은 원하는 대로 뿌연 정도를 지정해 줍니다(Blur X/Y : 10, High).

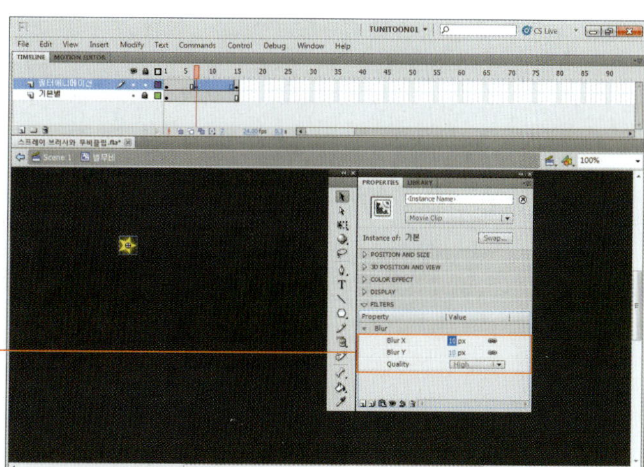

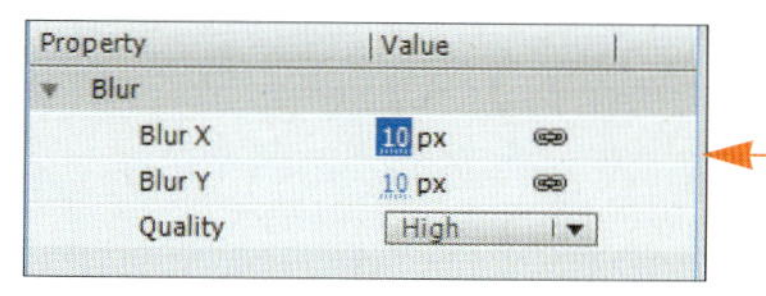

05 '필터 애니메이션' 레이어의 1프레임과 15프레임에 있는 심벌을 각각 선택한 후, [PROPERTIES]–[COLOR EFFECT]에서 알파 값을 0%로 설정합니다.

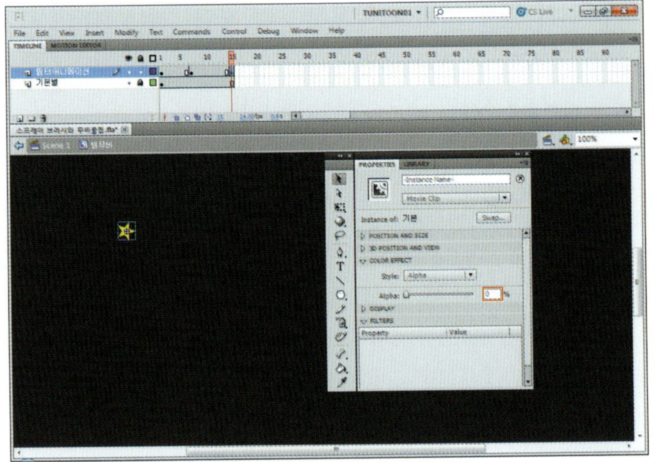

06 '필터 애니메이션' 레이어의 1프레임과 15프레임 사이를 선택한 후, [Create Classic Tween]을 줍니다.

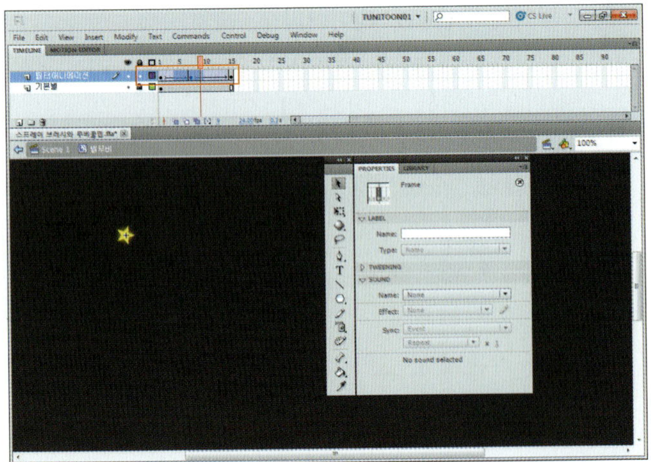

 별 무비 확인하기

01 무비클립 편집창에서 편집 바(Edit Bar)의 Scene을 클릭하여 메인 스테이지로 이동합니다.

> **tip** 무비클립 편집창에서 만든 애니메이션은 스테이지에 해당 무비클립이 놓여 있지 않을 경우, 테스트 무비로 확인할 수 없습니다.

02 Scene의 타임라인에서 레이어를 추가하고 '별 무비'의 자체 무비클립 애니메이션을 확인하기 위해 라이브러리(Ctrl + L)에 있는 '별 무비' 심벌을 스테이지에 끌어다 놓습니다(레이어 이름 : 별무비).

03 메뉴 바에서 [Control]−[Test Movie]− [Test](Ctrl + Enter)를 선택한 후, 무비를 확인합니다.

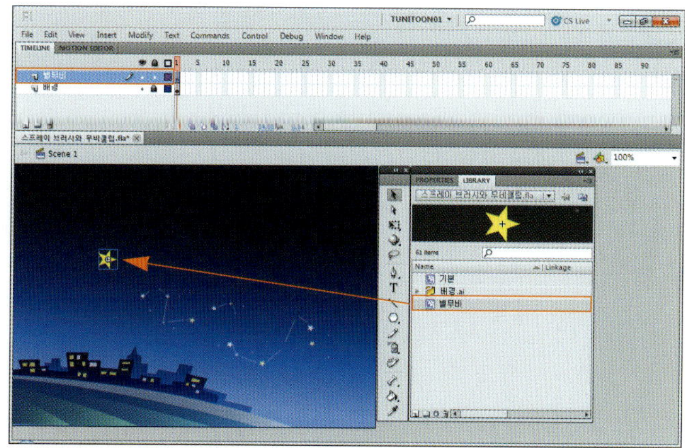

STEP 04   스프레이 브러시로 등록하기

이번에는 스프레이 브러시로 먼저 '기본' 별을 뿌린 후 '별무비' 애니메이션을 뿌려서 반짝이는 별과 반짝이지 않는 별이 자연스럽게 보이도록 해 보겠습니다.

01 우선 애니메이션이 없는 '기본' 별을 흩뿌리기 위해 도구 상자에서 스프레이 브러시 도구(🔲)를 선택한 후 [PROPERTIES] 패널에서 [Edit]을 클릭하면 나타나는 대화상자에서 '기본' 심벌을 선택합니다.

> **tip** 스프레이 브러시 도구를 선택하면 기본적으로는 검은색의 원이 흩뿌려지지만, 라이브러리에 등록되어 있는 심벌을 브러시의 모양으로 지정할 수 있습니다.

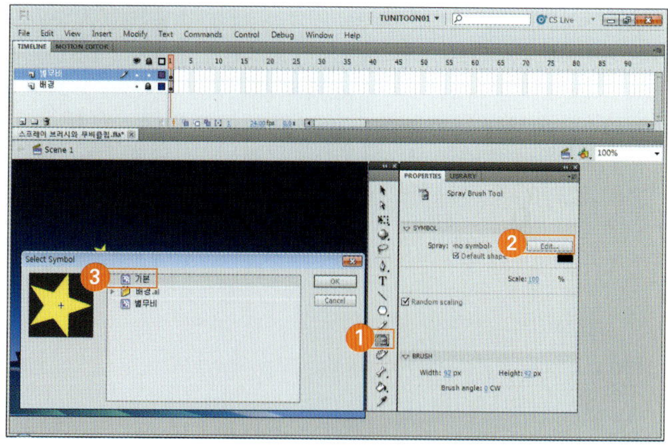

02 스프레이 브러시 도구로 뿌릴 때는 원래 '기본' 심벌의 크기를 고려하여 [PROPERTIES]에서 값을 적당하게 지정한 후에 뿌려야 합니다 (Scale 30%, Random에 모두 체크).

> **tip** 스프레이 도구를 사용하여 별을 흩뿌려 줄 때는 드래그하여 뿌리는 것보다는 한 번씩 클릭해 가면서 뿌리는 것이 좋습니다.

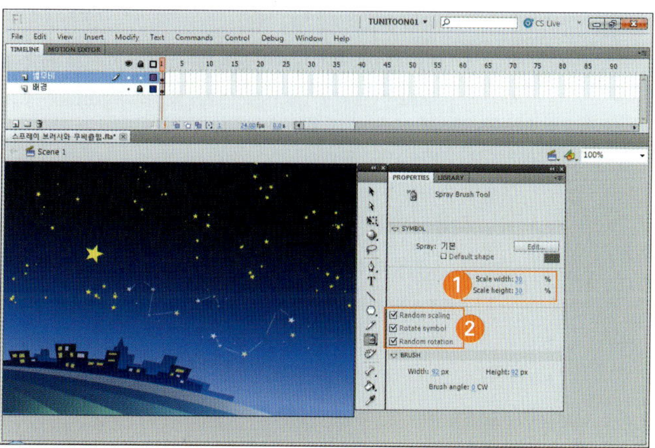

03 이제는 움직임을 가지고 있는 '별무비'를 뿌리기 위해 스프레이 브러시 도구(█)를 선택하고 [PROPERTIES] 패널에서 [Edit]을 클릭하면 나타나는 대화상자에서 '별무비' 심벌을 선택합니다.

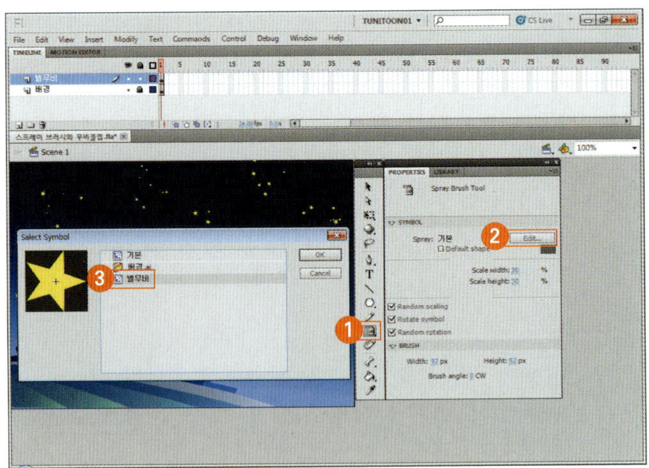

04 '별무비'는 반짝이는 별이기 때문에 '기본별'보다 조금 크게 보이도록 [PROPERTIES]에서 값을 적당하게 지정한 후 스테이지를 한 번씩 클릭하여 뿌려 줍니다(Scale 50%, Random에 모두 체크).

05 메뉴 바에서 [Control]-[Test Movie]-[Test](Ctrl + Enter)를 선택하여 무비를 확인합니다.

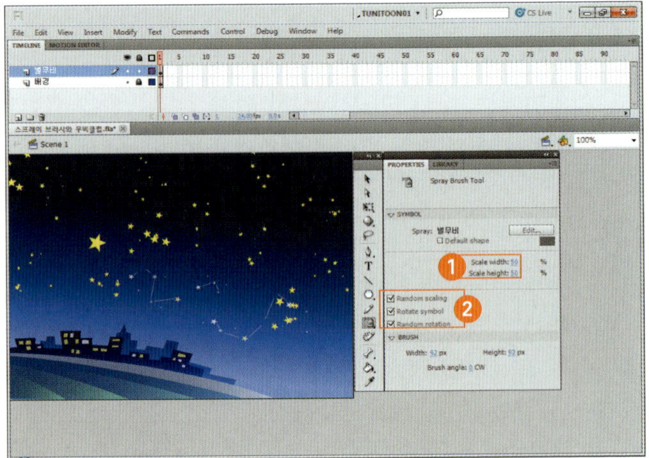

무비클립 심벌의 세 가지 특징

1 | 메인 타임라인과 별개로 독립적인 애니메이션을 할 수 있다.

2 | 반복적인 패턴의 애니메이션 작업에 효과적이다.

3 | 작업창이 Scene이 아니라 무비클립 편집창이다.

작업 과정에서 심벌로 변환하는 이유

1 | 작업창과 상관없이 클래식 트윈 또는 모션 트윈을 하려는 오브젝트는 심벌로 변환한다.

2 | 두 번 이상 사용하는 오브젝트는 심벌로 변환하는 것이 용량 면에서 효율적이다.

그래픽 심벌을 활용한 다중 애니메이션

그래픽 심벌은 무비클립과 마찬가지로 자체 타임라인을 가지고 있으며, 애니메이션을 반복적으로 설정할 수 있기 때문에 하나의 애니메이션으로 여러 가지 애니메이션 효과를 적용할 수 있습니다. 이 장에서는 그래픽 심벌의 특징을 이용한 애니메이션을 통해 그래픽 심벌에 대해 좀 더 자세히 알아보겠습니다.

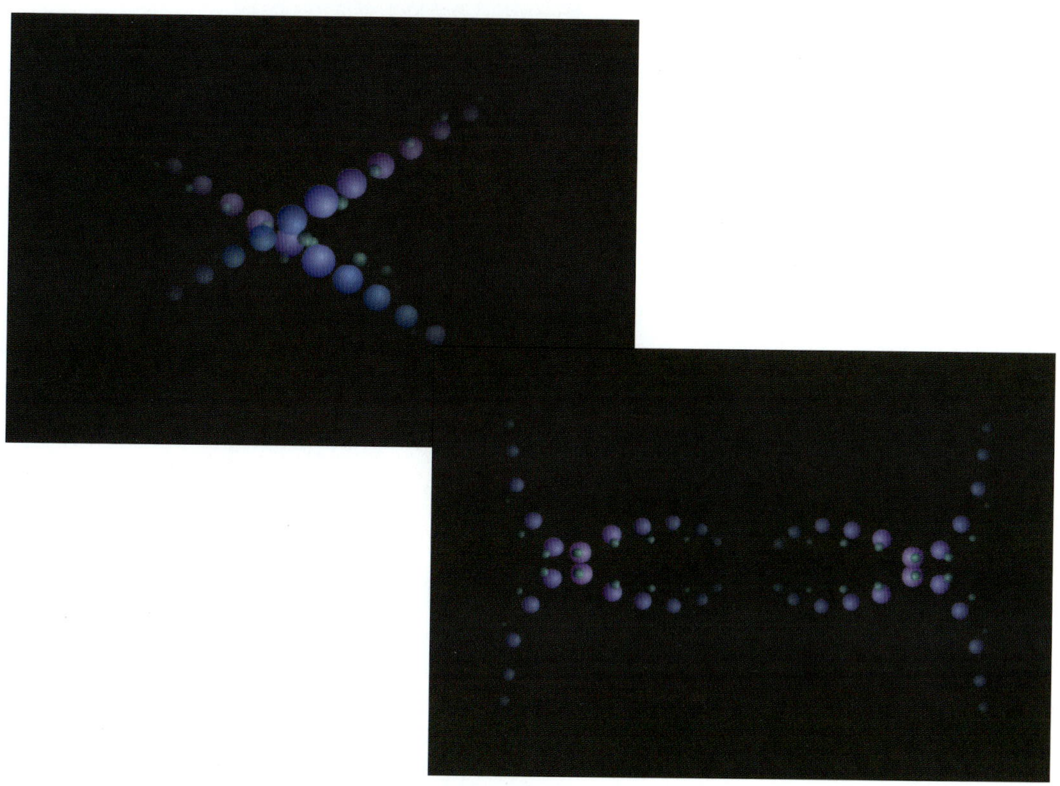

예제파일 │ 부록DVD\Sample\Part01\Ch04\그래픽 심벌을 활용한 다중 애니메이션.fla
완성파일 │ 부록DVD\Sample\Part01\Ch04\그래픽 심벌을 활용한 다중 애니메이션_완성01.fla
　　　　　　부록DVD\Sample\Part01\Ch04\그래픽 심벌을 활용한 다중 애니메이션_완성02.fla

**핵심
포인트**

1 │ 그래픽 심벌 편집창에서 자체 애니메이션 제작하기

2 │ 그래픽 심벌에서 애니메이션 시작 시점(first) 설정하기

3 │ 다중 애니메이션 만들기

STEP 01 　가이드 애니메이션 만들기(큰 원 색 변화 애니메이션+큰 원 주변을 도는 작은 원 만들기)

01 메뉴 바에서 [File]-[Open](Ctrl + ㅇ)을 선택하여 그래픽 심벌을 활용한 '다중 애니메이션.fla'를 엽니다.

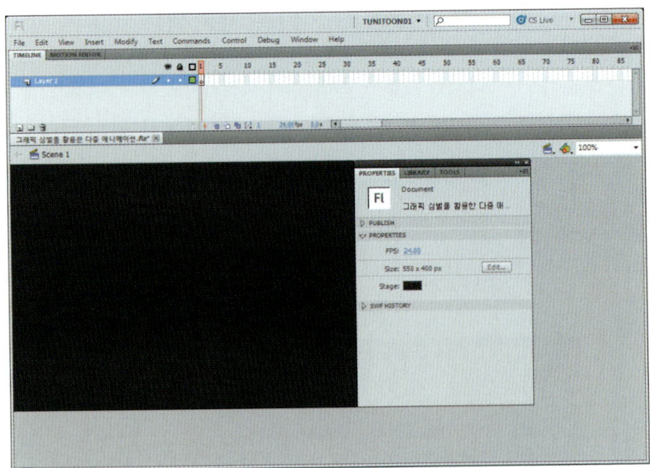

02 메뉴 바에서 [Insert]-[New Symbol](Ctrl + F8)을 선택하여 새로운 그래픽 심벌을 만듭니다(이름 : 가이드 애니메이션, 타입 : 그래픽 심벌)

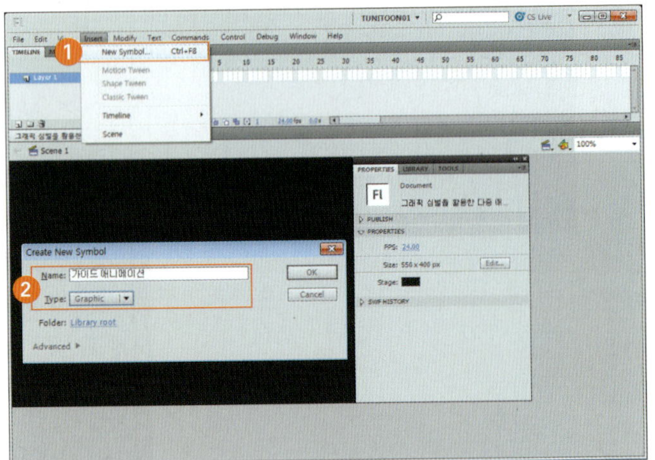

03 그래픽 심벌 편집창인지를 확인하고, 도구 상자에서 원형 도구를 선택한 후, 입체감이 있는 원(테두리가 없는 원)을 그립니다.

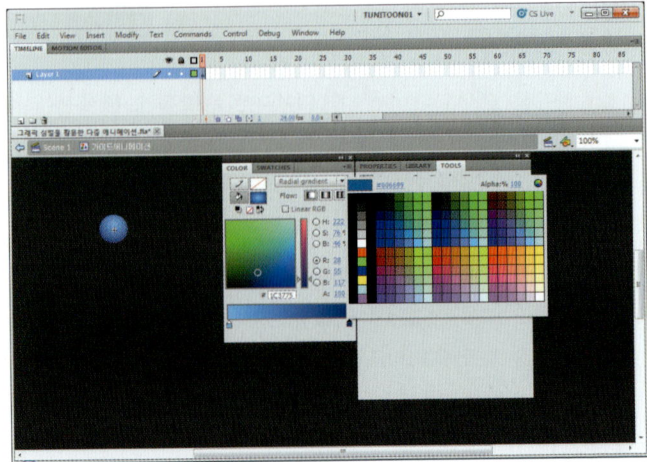

여기서 잠깐! **그레이디언트를 이용한 입체감 있는 원 만들기**

1 | 원형 도구(◯)를 선택합니다.

2 | (COLOR) 패널에서 (Radial gradient)를 선택합니다.

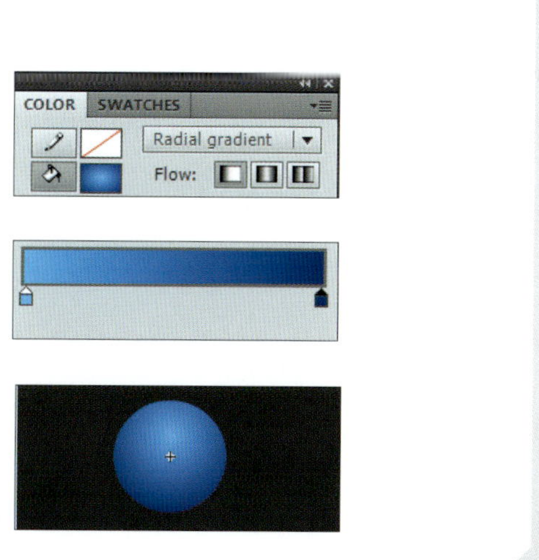

3 | 원하는 색상을 지정합니다.

4 | 정원(Shift + 원 그리기)을 그립니다.

04 입체 원을 선택한 후, 심벌로 변환(F8)합니다(이름 : 기본심벌, 타입 : 그래픽 또는 무비클립)

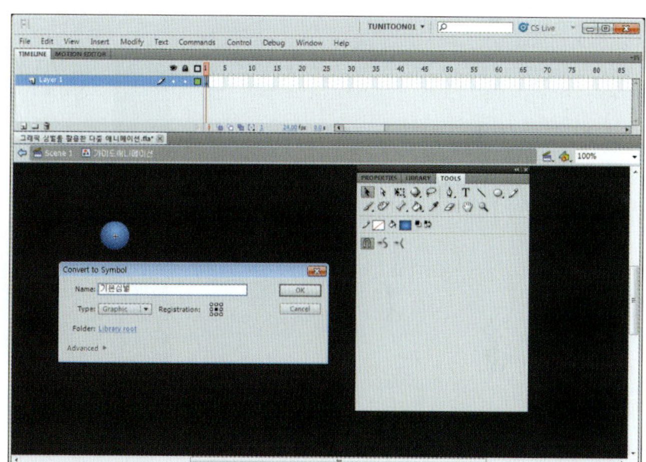

05 기본 심벌을 복사(Ctrl + C)하고 새로운 레이어를 추가한 후, 추가한 레이어에 붙여넣기(Ctrl + V)합니다(레이어 이름 : 하위 레이어–큰 원/상위 레이어–작은 원)

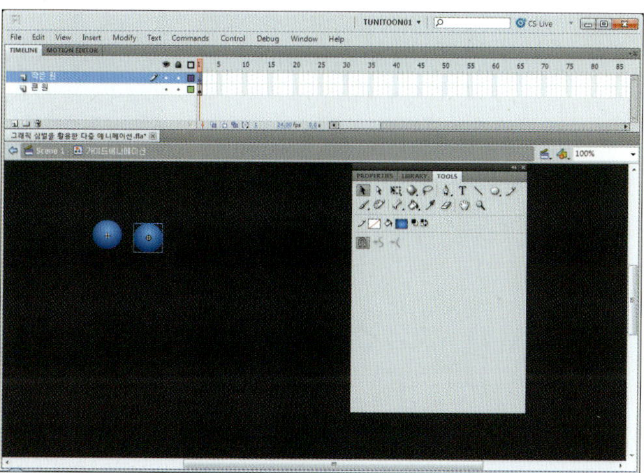

06 '작은 원' 레이어의 '원' 심벌을 자유 변형 도구()를 이용하여 크기를 줄이고, [PROPERTIES]-[COLOR EFFECT]-[Advanced]를 이용하여 색상을 변경합니다.

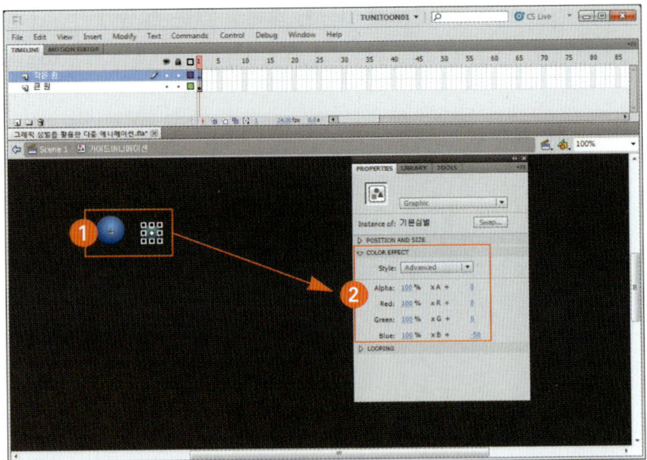

07 '작은 원' 레이어를 선택한 후, 마우스 오른쪽 버튼을 클릭하면 나타나는 단축 메뉴에서 [Add Classic Motion Guide]를 추가합니다.

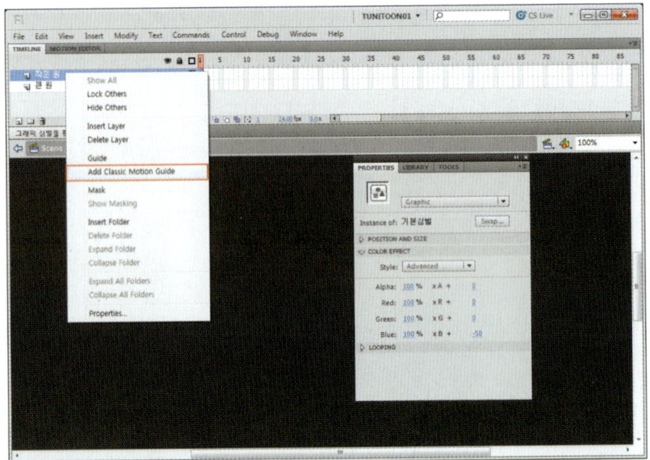

08 원형 도구를 선택하고 'Guide : 작은 원' 레이어에 작은 원이 큰 원을 따라갈 수 있는 가이드라인을 그립니다(면은 없고 선만 있는 원).

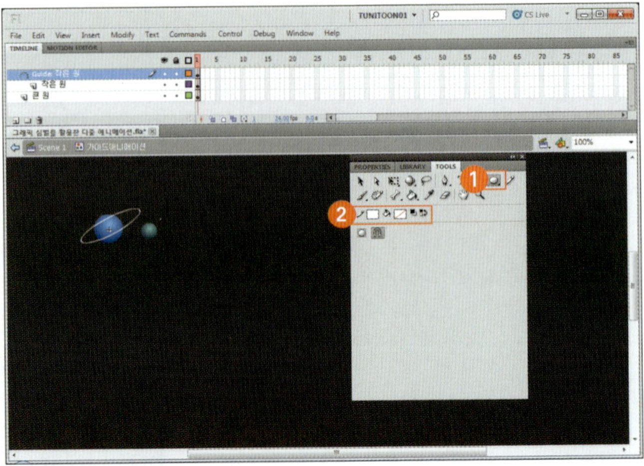

09 '작은 원'과 '큰 원'은 자물쇠로 잠 금 처리한 후, 선택 도구로 드래그 하여 선의 일부를 지웁니다.

tip 가이드라인은 반드시 모양(shape) 상태여야 하며, 시 작점과 끝점이 있어야 한다.

tip 작업의 편의를 위해 필요에 따라 자물쇠 잠금 처리를 하거나 잠금 해지를 하면서 작업하는 것이 좋다.

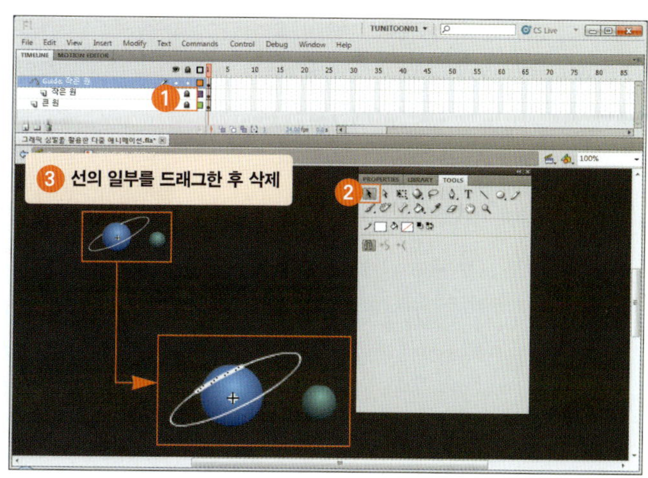

10 '작은 원'과 'Guide : 작은 원' 레 이어의 30프레임에 프레임을 추가 (F5)한 후, '큰 원' 레이어의 15프 레임과 30프레임에 키프레임을 추 가(F6)합니다.

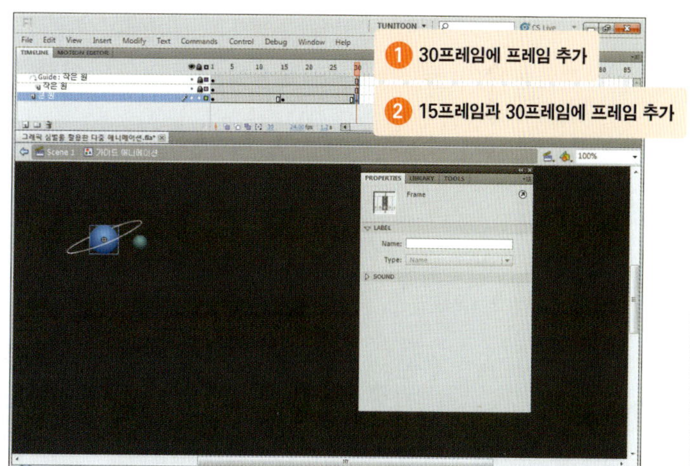

11 15프레임으로 플레이 헤드(15)를 이 동한 후, '큰 원' 레이어의 자물쇠 잠금을 해지하고, '큰 원' 심벌을 선택하여 원의 색을 바꿉니다 ([PROPERTIES]-[COLOR EFFECT]- [Style]의 Advanced에서 원하는 색 상 지정).

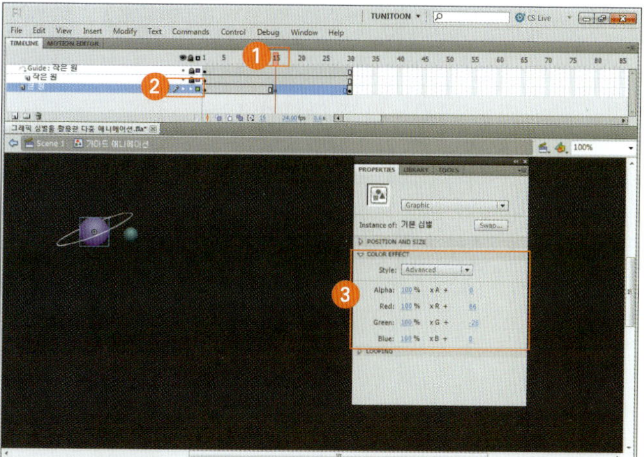

12 '큰 원' 레이어의 1프레임과 30프레임 사이를 선택한 후, 마우스 오른쪽 버튼을 클릭하면 나타나는 단축 메뉴에서 [Create Classic Tween]을 선택하여 클래식 트윈을 추가합니다.

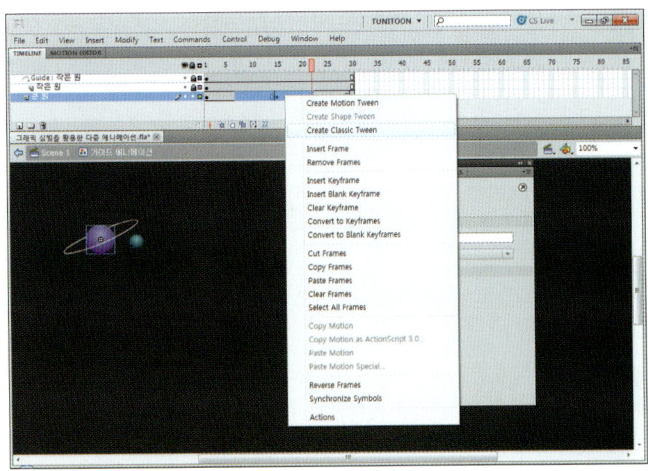

13 '작은 원' 이 가이드라인을 따라가는 애니메이션을 주기 위해 '작은 원' 레이어의 30프레임에 키프레임을 추가(F6)한 후, 1프레임에 있는 원을 가이드라인의 시작점에 맞추고 30프레임에 있는 원을 가이드라인의 끝점에 맞춥니다.

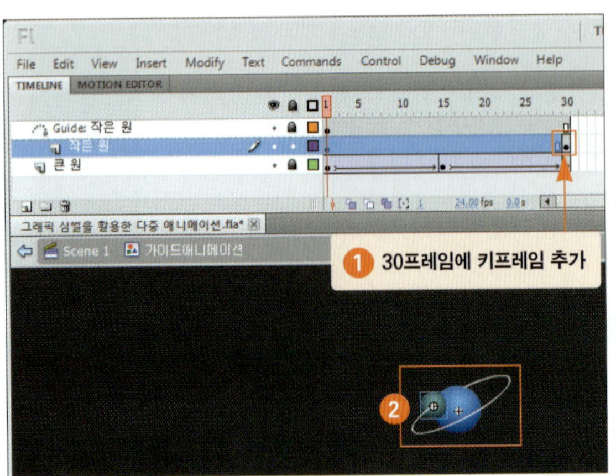

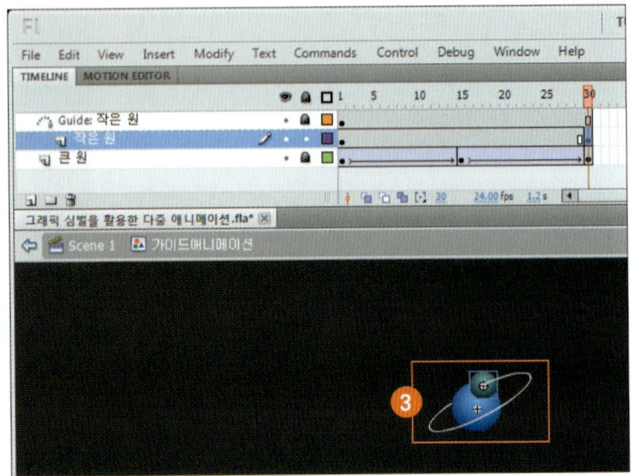

14 원이 잘 따라가는지 확인하기 위해 1프레임과 30프레임 사이를 선택한 후, [Create Classic Tween]으로 클래식 트윈을 지정합니다.

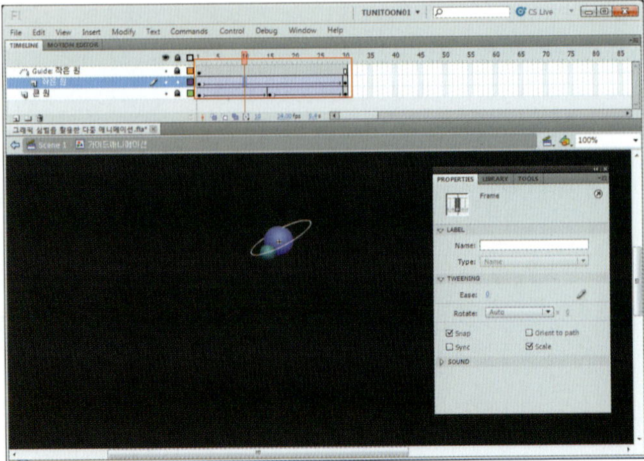

15 원이 따라가는 장면을 보다 자연스럽게 처리하기 위해 10프레임과 20프레임에 키프레임을 추가한 후, 1프레임과 30프레임에 있는 원의 알파 값을 0%로 설정합니다.

1프레임 : 알파 0%	10프레임	20프레임	30프레임 : 알파 0%

tip 알파 값 주기

1 | (PROPERTIES)-(COLOR EFFECT)-(Style)에서 Alpha

2 | (PROPERTIES)-(COLOR EFFECT)-(Style)의 Advanced에서 Alpha

STEP 02   배치 구조 애니메이션(애니메이션 반복 설정 및 First 지정)

01 메뉴 바에서 [Insert]-[New Symbol] (Ctrl + F8)을 선택하여 새로운 그래픽 심벌을 만듭니다(이름 : 배치 구조, 타입 : 그래픽 심벌)

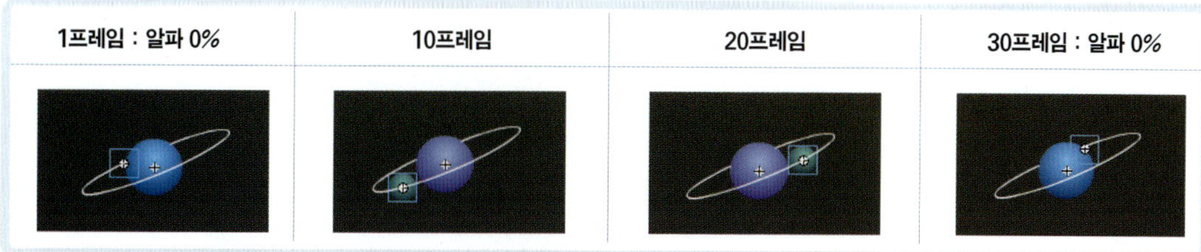

02 '배치 구조' 그래픽 심벌 편집창인지 확인하고, 라이브러리(Ctrl + L) 패널에서 '가이드 애니메이션'을 끌어다 놓은 후, 30프레임에 프레임을 추가(F5)합니다.

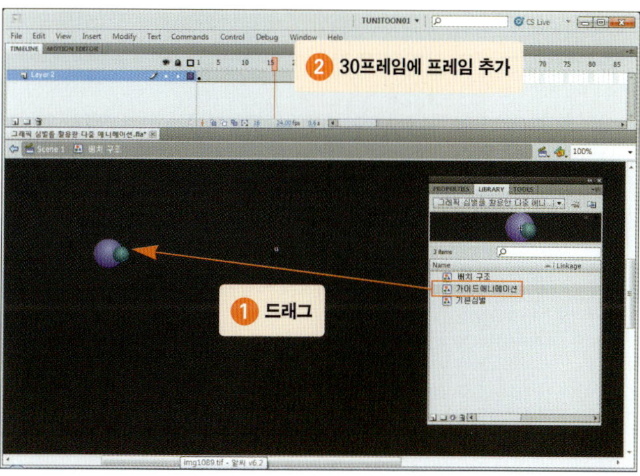

03 심벌을 여러 개 복사한 후, 원하는 모양으로 배치하고 [TRANSFORM] (Ctrl + T) 패널을 이용하여 크기를 조절합니다(가운데를 기준으로 좌, 우 100, 90, 80, 70, 60, 50순으로 설정)

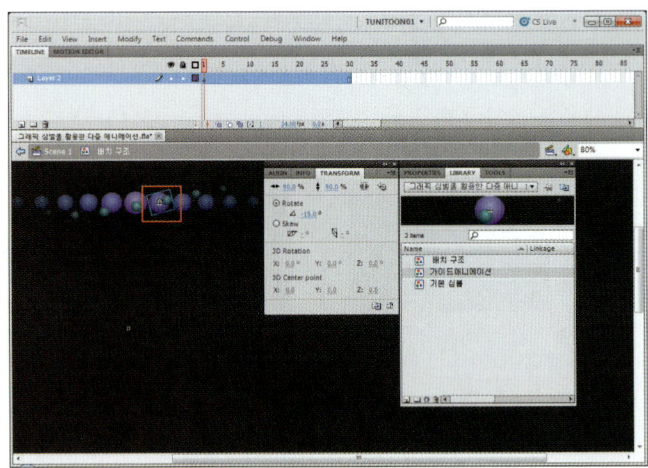

04 심벌을 선택한 후, [PROPERTIES] 패널의 [LOOPINGS]-[Options]를 'LOOP'로 지정하고, 'First' 값을 조절합니다(가운데를 기준으로 좌, 우에 각각 15, 18, 21, 24, 27, 30순으로 설정)

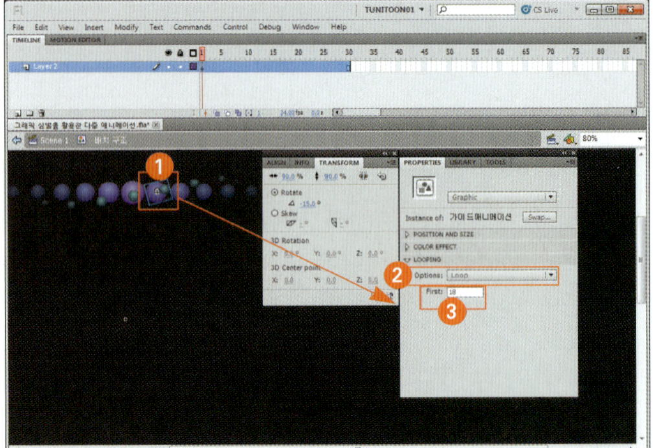

tip

- 가이드 애니메이션이 15프레임 기준으로 반복되므로 5개 심벌을 3프레임 간격으로 First 설정함.
- 15, 18, 21, 24, 27, 30프레임으로 설정

05 배치 구조의 편집 바(Edit Bar)에서 Scene1을 클릭하여 메인 Scene로 빠져 나옵니다.

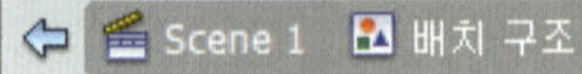

열기선! 잠깐! **그래픽 심벌의 특징**

1 | 자체 애니메이션의 프레임 수와 보여 주는 곳의 프레임 수는 같아야 한다.

- 가이드 애니메이션이 총 30프레임이므로 배치 구조 레이어의 프레임도 30프레임이어야 함.

2 | 반복(LOOP)을 설정할 수 있으며, 자체 애니메이션의 시작 프레임(First)도 설정할 수 있다.

- 반복 설정 : Loop, Play Once, Single Frame
- First : 자체 애니메이션의 시작 시점 지정 가능

06 라이브러리(Ctrl + L) 패널에서 '배치 구조' 심벌을 스테이지로 끌어다 놓은 후 30프레임까지 프레임을 추가(F5)합니다(크기가 클 경우, 자유 변형 도구( )나 패널을 이용하여 크기 조절)

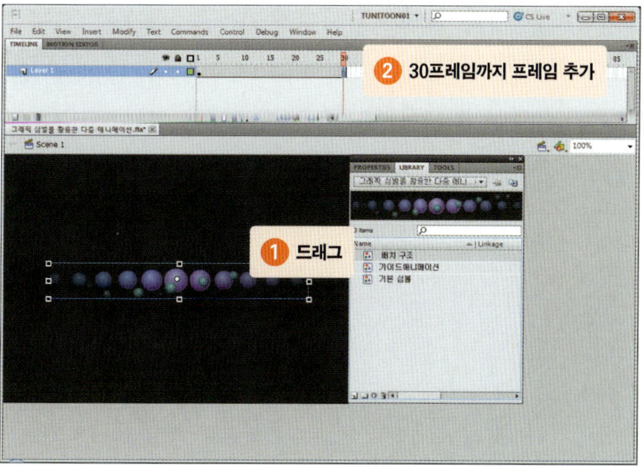

07 메뉴 바에서 [Control]-[Test Movie]-[Test](Ctrl + Enter)를 선택하여 무비를 확인합니다. 여기까지는 그냥 제자리에서 '작은 원'이 '큰 원'의 주위를 맴도는 애니메이션입니다.

STEP 03   메인 Scene에서 다시 애니메이션 처리하기(다중 애니메이션)

01 메인 Scene의 타임라인에서 90프레임에 키프레임을 추가(F6)합니다.

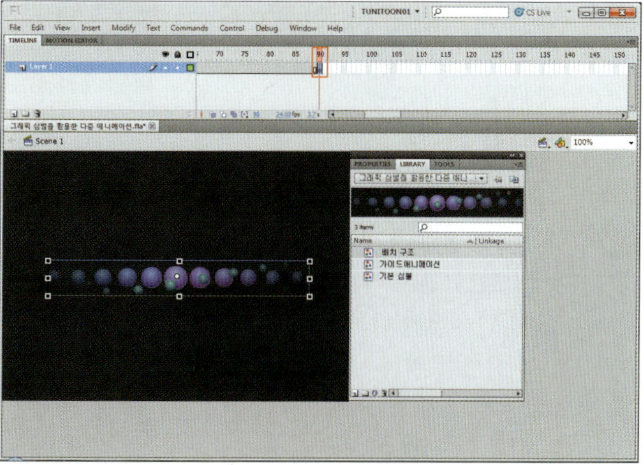

02 1프레임과 90프레임 사이를 마우스 오른쪽 버튼으로 클릭하면 나타나는 단축 메뉴에서 [Create Classic Tween]을 선택하여 클래식 트윈을 추가합니다.

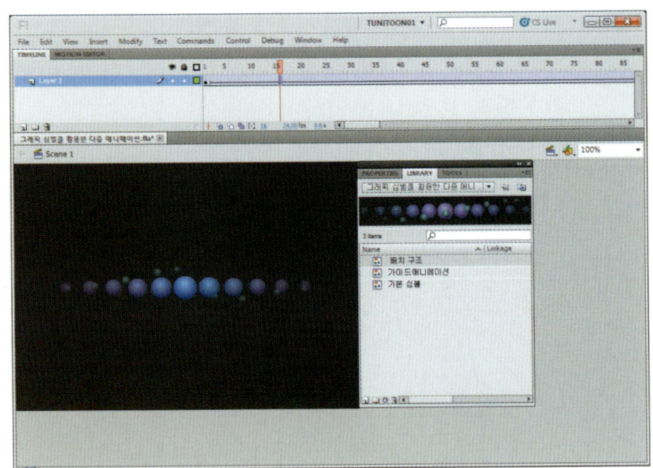

03 클래식 트윈을 지정한 1프레임과 90프레임 사이를 클릭한 후, [PROPERTIES]-[TWEENING]에서 [Rotate] 설정을 시계 방향(CW)로 지정합니다.

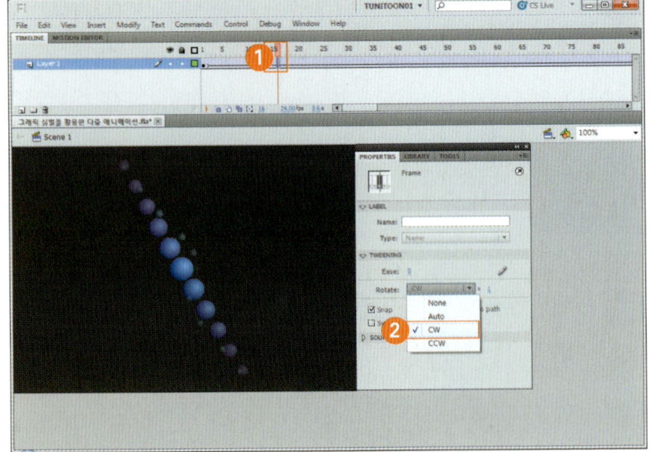

tip 클래식 트윈과 모션 트윈을 준 경우에는 자동 회전 값을 줄 수 있다.

- 시계 방향(CW)/반시계 방향(CCW)
- 회차 및 최종 각도 지정 가능

04 새로운 레이어를 추가하고 라이브러리(Ctrl + L) 패널에서 '배치 구조' 심벌을 끌어다 놓은 후, 이전에 있던 심벌과 반대 방향으로 심벌을 배치합니다[자유 변형 도구( )로 회전].

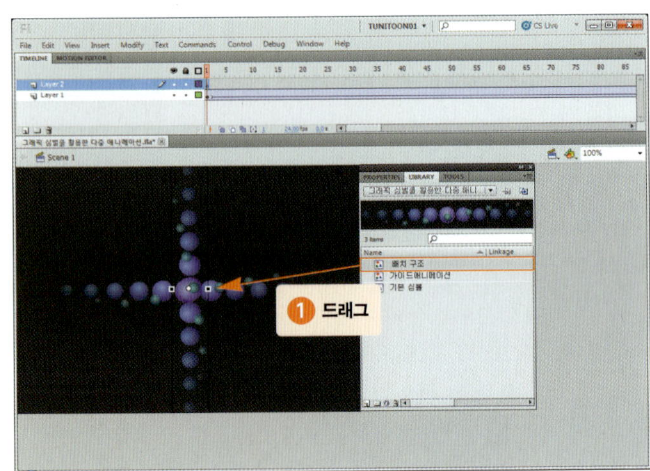

05 **01**~**03** 단계를 반복하여 애니메이션을 추가합니다(90프레임에 키프레임 추가/클래식 트윈 추가/로테이트 설정).

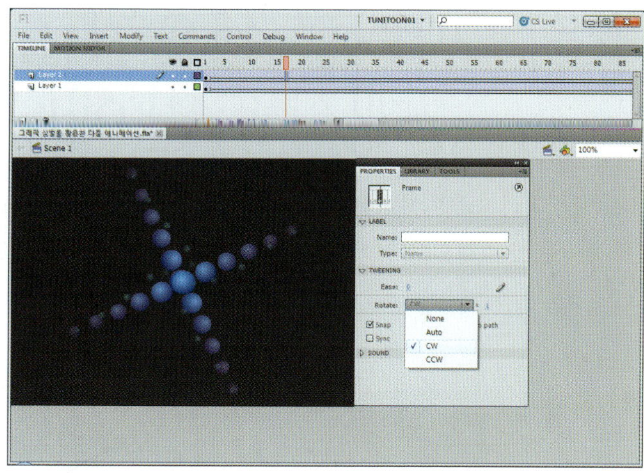

06 메뉴 바에서 [Control]–[Test Movie]–[Test(Ctrl + Enter)]를 선택하여 무비를 확인합니다.

무비클립이 같은 패턴의 반복 애니메이션이라면, 그래픽 심벌은 반복 애니메이션도 가능하지만 자체 애니메이션의 시작 프레임(First Frame)을 다르게 지정할 수 있다는 차이점이 있습니다. 따라서 그래픽 심벌은 하나의 애니메이션으로 여러 개의 애니메이션을 만든 것과 같은 효과를 적용할 수 있습니다.

그래픽 심벌의 세 가지 특징

1 │ 반복 설정이 가능하다(Loop/Play Once/Single Frame).

2 │ First를 지정하여 자체 애니메이션의 시작 프레임을 다르게 줄 수 있다.

3 │ 자체 애니메이션의 프레임 수와 보여 주는 곳의 프레임 수가 같아야 하며, 그렇기 때문에 어디서나 자체 애니메이션의 미리 보기가 가능하다.

필터를 이용한 클래식 트윈 애니메이션

플래시에서 필터 효과를 활용하기 위해서는 해당 심벌을 무비클립 심벌로 변환해야 합니다. 이 장에서는 무비클립을 이용하여 방향성이 있는 필터 효과를 적용한 후, 달리는 차창 밖의 모습을 애니메이션으로 만들어 보겠습니다.

🔘 예제파일 | 부록DVD\Sample\Part01\Ch04\필터를 이용한 기차여행.fla
완성파일 | 부록DVD\Sample\Part01\Ch04\필터를 이용한 기차여행_완성.fla

핵심 포인트

1 | 속도감을 주기 위한 필터 효과 주기

2 | 무비클립을 이용한 무한 반복 패턴 애니메이션하기

3 | 계속 전진하는 나무 효과 만들기

STEP 01 배경 애니메이션

01 메뉴 바에서 [File]-[Open](Ctrl + 이)을 선택하여 '필터를 이용한 기차 여행.fla' 파일을 엽니다.

tip 배경이 움직이는 애니메이션은 새로운 무비클립 편집 창을 열어 무비클립 편집창에서 **2**~**3**단계를 진행할 경우 반복 패턴으로 사용할 수도 있다.

02 '배경' 심벌을 더블클릭하여 무비 클립 편집창으로 이동하고, '배경 움직임' 레이어의 15, 30, 45프레임에 키프레임을 추가(F6)한 후, '물방울' 레이어의 45프레임에 프레임을 추가(F5)합니다.

03 15프레임(오른쪽으로 2px), 30프레임(왼쪽으로 2px, 아래로 2px)에 있는 심벌의 위치를 조금씩 이동한 후, 클래식 트윈을 줍니다(배경이 흔들리는 움직임은 본인의 느낌대로 작업해 보는 것도 좋습니다.)

tip **45프레임에 변화를 주지 않은 이유**

반복 패턴의 애니메이션의 경우, 첫 장면과 마지막 장면이 같아야 자연스럽게 반복되는 애니메이션이 됩니다.

04 배경 애니메이션이 끝났으므로 편집 바(Edit Bar)에서 Scene1을 클릭하여 Scene으로 이동합니다.

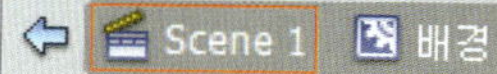

STEP 02   계속 지나가는 나무 애니메이션

01 '배경' 레이어에 자물쇠 잠금 처리를 하고, '먼나무' 레이어의 1프레임을 선택한 후, 도구 상자에서 장식 드로잉 도구( )를 선택하여 다른 모양의 나무 2그루를 그립니다 (DRAWING EFFECT : Tree Brush/ADVANCED OPTIONS : Poplar Tree/Maple Tree)

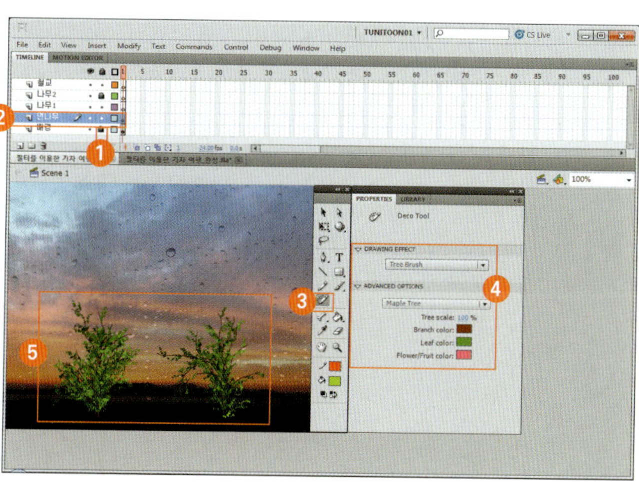

02 나무를 각각 선택한 후 무비클립 심벌로 변환(F8)하고 크기에 따라 자유 변형 도구(⊞)를 이용하여 나무 크기 적절하게 조절합니다(이름 : 기본 나무1, 기본 나무2).

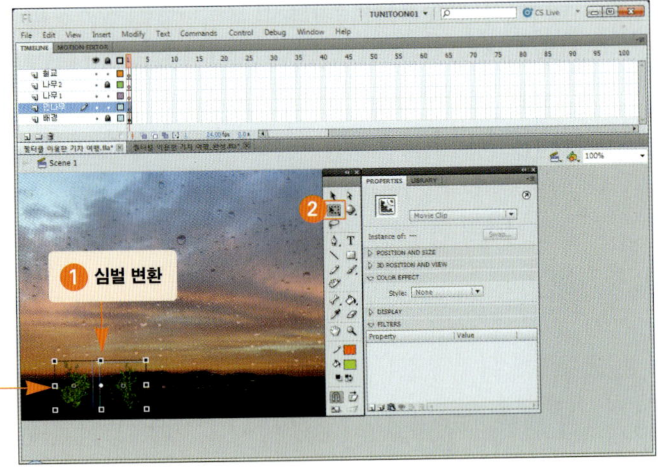

03 나무를 어둡게 처리하기 위해 [PROPERTIES]-[COLOR EFFECT]에서 [Brightness] 값을 주고, 방향성을 부여하기 위해 필터 블러를 지정합니다.
(Brightness : −100/Filter : BlurX 5, Filter : BlurY 0)

04 나무 심벌을 복제한 후, 5개 정도를 스테이지에 배치하고 그룹으로 지정한 후(그룹1), 그 그룹을 하나 더 복제(그룹2)하여 총 두 개의 그룹을 배치합니다(작업의 편의를 위해 '배경' 레이어의 눈을 끔).

tip 그룹1의 전체 너비는 스테이지 보다 크거나 같은 것이 좋으므로 고려해서 스테이지에 나무를 배치합니다.

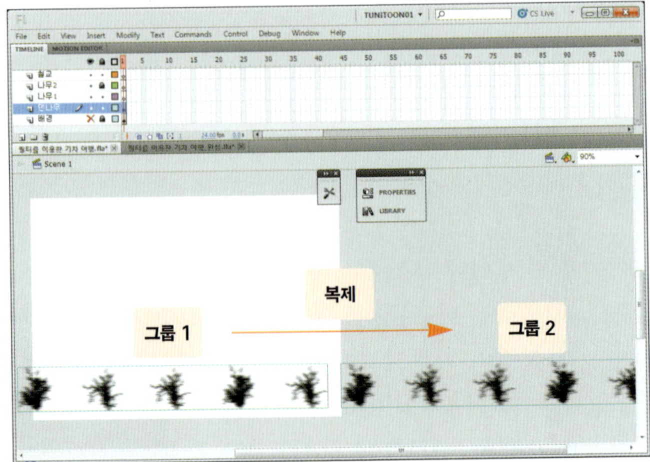

05 두 개의 그룹을 한꺼번에 선택하여 무비클립 심벌로 변환합니다.

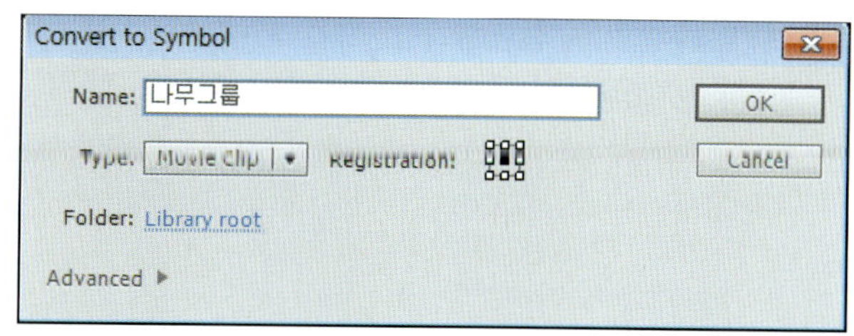

06 '배경' 레이어의 500프레임에 프레임을 추가(F5)한 후, '먼 나무' 레이어의 500프레임에 키프레임을 추가(F6)합니다.

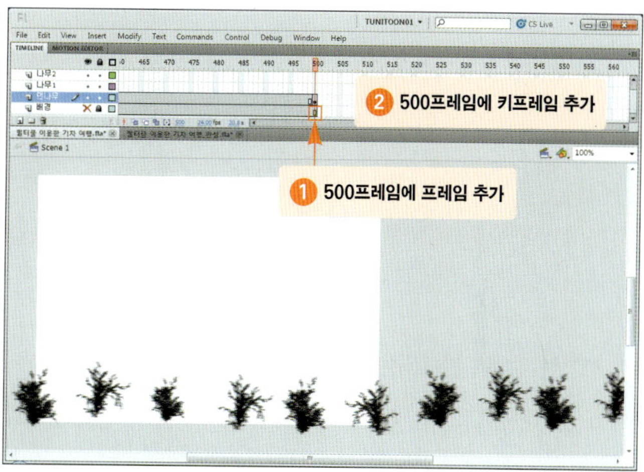

07 '먼나무' 레이어의 1프레임으로 플레이 헤드(1)를 이동한 후 '나무그룹' 심벌의 첫 번째 그룹(그룹1)의 첫 번째 나무 위치를 스테이지 왼쪽에 맞춰줍니다. 이어서 500프레임으로 플레이 헤드(500)를 이동한 후 두 번째 그룹(그룹2)의 첫 번째 나무의 위치를 1프레임의 나무 위치와 동일하게 맞춥니다.

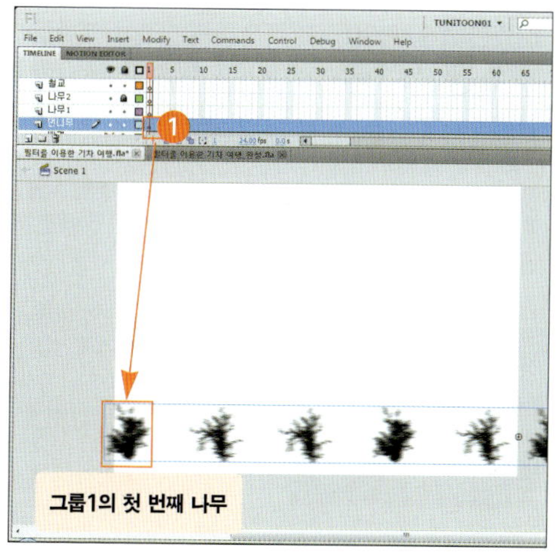

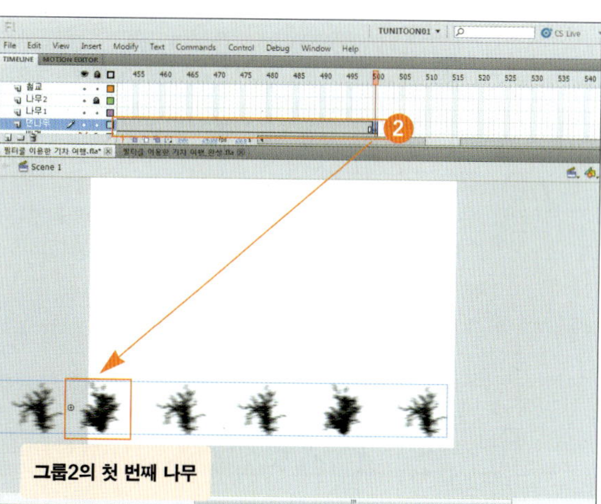

08 1프레임과 500프레임 사이를 선택한 후, 클래식 트윈을 지정합니다.

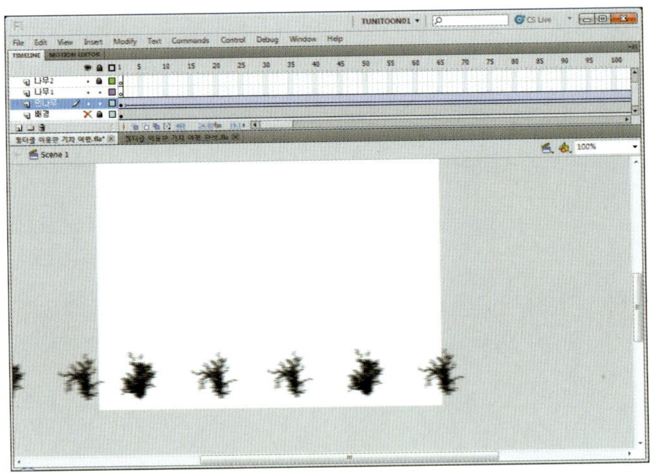

계속 반복되는 애니메이션 효과

애니메이션이 진행되는 동안 계속 반복되는 효과를 보여 주기 위해서는 보여질 화면을 하나의 세트라고 가정했을 때 같은 장면이 두 세트 준비되어야 합니다.

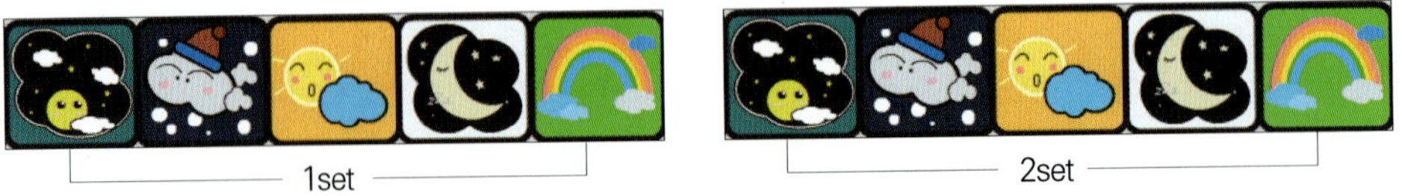

두 개의 오브젝트는 연결시켜 준비하고 하나의 심벌로 변환합니다.

▲ 심벌

프레임에 오브젝트를 배치할 때는 첫 프레임의 장면과 마지막 프레임의 장면이 같아야 하며, 첫 프레임은 첫 번째 세트, 두 번째 장면은 두 번째 세트의 같은 장면이 배치되어야 합니다.

STEP 03

가끔씩 지나가는 나무와 철탑 애니메이션

01 '나무1' 레이어를 선택하고 30프레임에 키프레임을 추가(F6)한 후, 라이브러리에서 '기본나무' 심벌을 스테이지 오른쪽 밖에 끌어다 놓습니다('배경' 레이어의 눈을 켜 주고, '먼나무' 레이어 잠금 처리)

02 나무를 어둡게 처리하기 위해 [PROPERTIES]-[COLOR EFFECT]에서 [Brightness] 값을 주고, 방향성을 부여하기 위해 필터 블러를 지정합니다.

(Brightness : -85/Filter : BlurX 5, Filter : BlurY 0)

> **tip** 가까운 나무는 더 빨리 움직이기 때문에 블러의 값을 더 높여 주는 것도 좋습니다(dP : BlurX : 10, Quality : high).

03 45프레임에 키프레임을 추가(F6)한 후, '기본나무' 심벌을 스테이지 왼쪽 밖으로 이동하고 클래식 트윈을 줍니다.

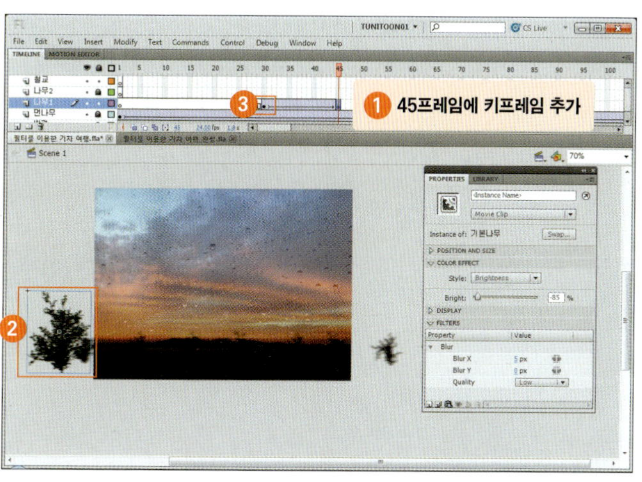

04 '나무1' 레이어의 30프레임부터 45프레임까지 드래그하여 선택한 후, 마우스 오른쪽 버튼을 클릭하면 나타나는 단축 메뉴에서 [Copy Frame]을 선택합니다.

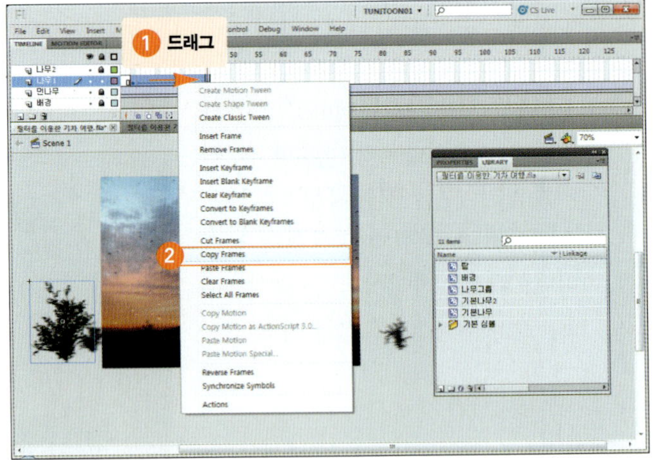

05 '나무1' 레이어의 130프레임을 선택한 후, 마우스 오른쪽 버튼으로 클릭하면 나타나는 단축 메뉴에서 [Paste Frames]을 선택하여 프레임을 붙여넣기합니다.

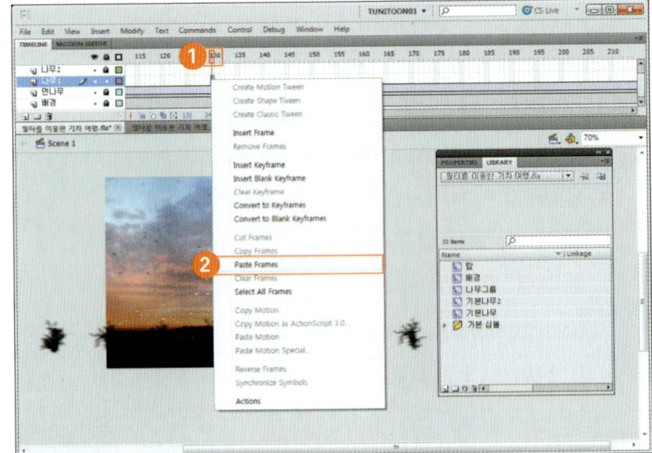

06 이후 프레임에도 같은 방법으로 몇 번 더 나무 애니메이션이 진행되도록 프레임을 붙여넣기합니다.

07 '나무2' 레이어와 '철교' 레이어에도 라이브러리(Ctrl + L)에 있는 심벌을 이용하여 '나무1' 레이어와 같은 방법으로 애니메이션을 만듭니다. 나무나 철교가 등장하는 시점을 이전 나무와 다른 시점에 나오게 하면 애니메이션이 더 사실감이 있고 풍부해집니다.

08 메뉴 바에서 [Control]-[Test Movie]-[Test](Ctrl + Enter)를 선택하여 무비를 확인합니다. 테스트 무비를 해 보면서 나무의 등장 시점이나 속도 등을 자연스럽게 제어해 보는 것이 좋습니다.

알아선! 잠깐! 애니메이션에 속도감 주기

1 │ (PROPERTIES)-(TWEENING)-(Ease)

- 가속(-100) 감속(100) 효과와 Custom Ease IN/OUT 그래프로 조절 가능
- 모션 에디터를 이용한 Ease 효과 가능

2 │ 키프레임의 간격 조절

- 키프레임의 간격을 짧게 하면 애니메이션이 빨라짐.
- 키프레임의 간격을 길게 하면 애니메이션이 느려짐.

3 │ (PROPERTIES)-(FILTER)-(Blur)

- BlurX를 줄 경우, 가로로 빠르게 이동하는 느낌을 표현할 수 있음.

4 │ 초당 프레임 수(FPS)

- 초당 프레임 수의 값이 크면 애니메이션이 빨라짐.
- 초당 프레임 수의 값이 적으면 애니메이션이 느려짐.

이 중 초당 프레임 수를 조절하면 애니메이션의 전체적인 속도를 제어할 수 있으며, 그 밖의 경우는 부분적인 애니메이션의 속도를 조절할 수 있기 때문에 리듬감이나 탄력감도 추가할 수 있다.

무비클립 심벌에는 필터 효과를 적용할 수 있으며, 버튼과 TLF 텍스트에도 적용할 수 있습니다. 이번 예제에서는 필터 효과 중 블러 효과를 가로로 적용하여 애니메이션에 속도감을 주었습니다. 이 밖에도 키프레임 간격을 짧게 하여 속도감이 나도록 했습니다. 일반적으로 반복 패턴의 애니메이션은 무비클립 편집창에서 작업한 후, 스테이지에 배치하는 편이 좋으므로 이 예제에서도 무비클립 심벌에서 반복 처리할 수 있는 부분이 어디인지를 체크해서 애니메이션을 재구성해 보는 것도 좋습니다.

2

모션(Motion)에 날개를 달아 주는 액션스크립트 (Actionscript)

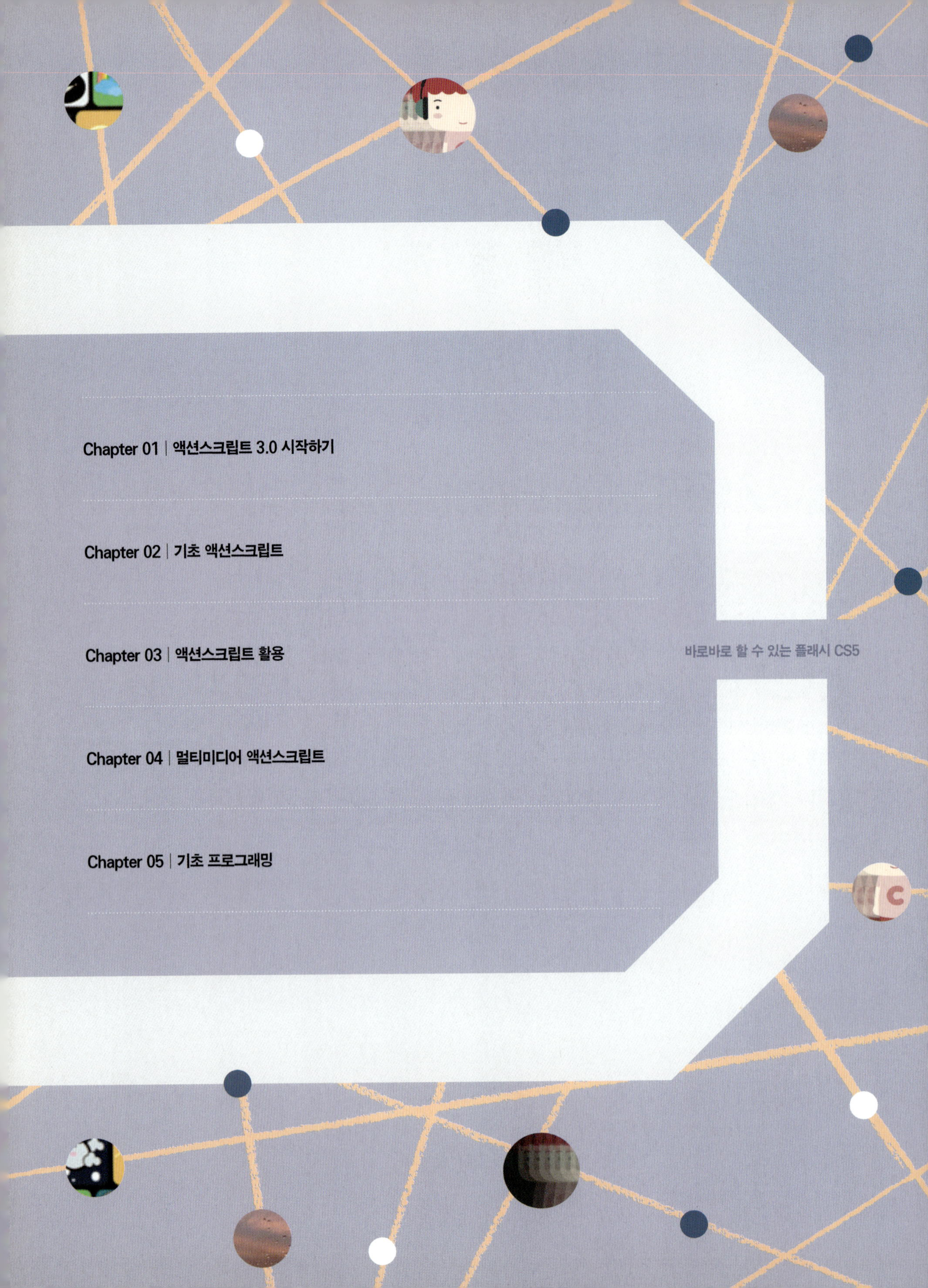

01

액션스크립트 3.0 시작하기

액션스크립트

액션스크립트란?

액션스크립트는 플래시에서 사용하는 프로그램 언어입니다. 플래시 플랫폼이 처음 웹이라는 세상에 태어났을 때는 역동적이라는 특징 때문에 사람들에게 많은 감동을 주었습니다. 이렇듯 화려하게 등장했던 플래시는 이제 웹뿐만 아니라 Desktop, Mobile, TV 영역까지 확장되고 있습니다. 과거에는 외형적인 측면에만 머물러 있었지만 이제는 RIA 프로그램의 선봉에 서게 된 것입니다.

플래시 액션스크립트를 공부하면 웹을 뛰어넘어 임베디드 디바이스 프로그램도 사용할 수 있습니다. 특히, 한 가지의 프로그램으로 여러 디바이스에 사용할 수 있는 멀티 디바이스 프로그래밍을 쉽게 할 수 있기 때문에 앞으로의 플래시 플랫폼의 발전 가능성은 무궁무진하다고 할 수 있습니다.

1 | 플래시로 스마트폰 애플리케이션을?

Flash CS5에서는 스마트폰의 열풍을 일으켰던 iPhone 애플리케이션을 만들 수 있습니다. 물론 iPhone 애플리케이션을 만드는 전용 프로그램만큼은 아니지만, 간단한 애플리케이션을 손쉽게 제작할 수 있다는 장점이 있습니다. 또한 Air for android 제작 툴을 설치하면 아이폰뿐만 아니라 안드로이드 애플리케이션도 쉽게 만들 수 있습니다. TV도 스마트하게 변하고 있는 지금, Adobe에서는 Air for TV라는 이름으로 플래시 플랫폼을 모든 디바이스 영역으로 넓히는 중입니다. 휴대폰, TV의 발전과 더불어 플래시도 발전하고 있는 것입니다.

2 | 액션스크립트 3.0

현재 플래시 액션스크립트의 버전은 3.0입니다. 플래시는 1.0, 2.0을 거치면서 RIA 제작 툴로서의 선두 주자가 되었고, 3.0으로 발전하면서 자바프로그래머들까지 플래시를 공부하게 하는 큰 변화를 가져왔습니다(자바와 언어 구조가 거의 똑같습니다). 그만큼 플래시는 완성도가 높은 프로그래밍 언어로서 웹 사이트는 물론 Desktop, Mobile, TV 애플리케이션 제작에도 널리 활용되고 있습니다.

3 | 플래시여 영원하라!

아직까지 플래시 플랫폼의 홈 그라운드는 웹 사이트입니다. 하지만 플래시의 영역은 점차 넓어질 것입니다. Desktop 위젯, 스크린세이버도 플래시로 제작되고 있고, 앞에서 언급한 Mobile, TV에도 플래시가 사용되고 있습니다. 이러한 추세에 따라 향후 개발자들이 계속 증가할 것이고, 플래시의 장점을 살린 멋진 애플리케이션들도 많이 개발될 것입니다.

간혹 플래시는 느려서 나쁘다고 말하는 사람들이 있는데, 느려서 나쁜 것이 아니라, 느리게 만들어서 나쁘게 보이는 것입니다. 만약, 여러분이 플래시 개발자가 되고자 한다면 플래시가 반드시 필요한 곳이 어디인지 잘 파악하여 활용도 높은 플래시 애플리케이션을 만들기 바랍니다. 아울러 이 책이 여러분이 멋진 개발자가 되는 데 조금이나마 도움이 되기를 바랍니다.

액션스크립트 3.0

- ACTIONS 패널
- 자동 완성 기능 맛보기
- 초보 액션스크립트 학습법

ACTIONS 패널

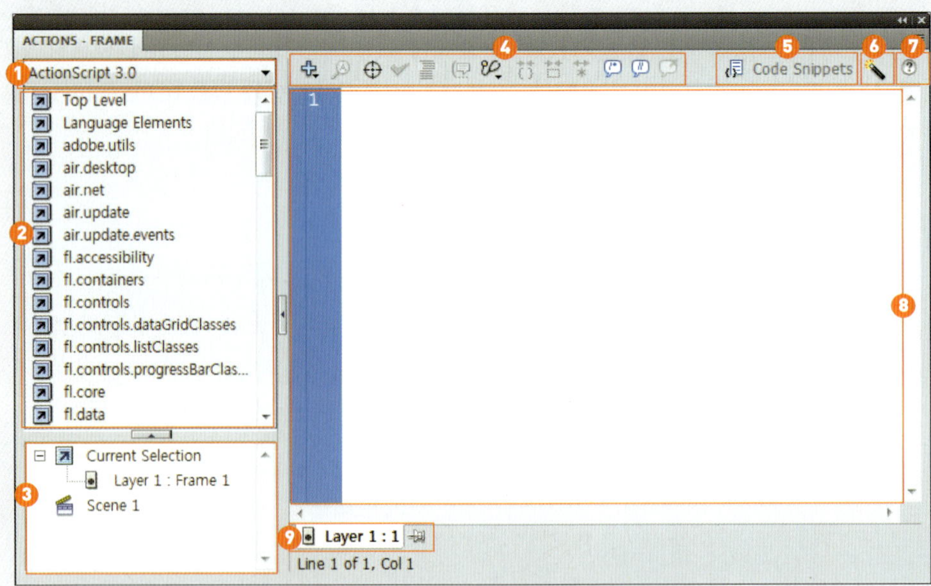

❶ 사용할 액션스크립트의 종류와 버전을 선택합니다.

❷ 선택한 액션스크립트의 종류와 버전에 따라서 사용할 수 있는 클래스가 나열됩니다.

❸ 타임라인에 액션스크립트를 입력했을 때, 입력된 레이어 이름과 프레임 정보가 표시됩니다. 리스트를 더블클릭하면 액션스크립트가 입력된 타임라인으로 이동할 수 있습니다.

❹ 액션스크립트 입력을 도와주는 도구 모음입니다.

     클래스의 메서드와 속성을 선택합니다.

     단어를 검색 또는 변경합니다.

     객체(무비클립)의 경로를 찾아 입력합니다.

     스크립트에 오류가 있는지를 확인합니다.

     스크립트를 자동으로 줄 맞춤(정렬)합니다.

     코드 힌트를 제공합니다.

     디버그 포인트를 설정 또는 제거합니다.

     코드 블록을 화면에서 가립니다.

⊞ 원하는 코드 부분을 화면에서 가립니다. 긴 코드에서 필요한 부분만 확인할 때, 다른 코드들을 잠시 가려 놓을 수 있습니다.

⊞ 가려진 코드를 다시 보여 줍니다.

⊞ 여러 줄 주석을 설정합니다.

⊞ 한 줄 주석을 설정합니다.

⊞ 주석을 해지합니다.

⊞ 툴 박스를 보이거나 감춥니다.

⑤ 액션스크립트 코드를 자동으로 입력합니다.

⑥ 도우미 기능을 이용하여 스크립트를 입력합니다.

⑦ 도움말 페이지를 엽니다. 알고 싶은 명령어에 커서를 위치시킨 후 도움말 페이지를 열면 해당 명령에 대한 설명이 나타납니다.

⑧ 스크립트를 입력하는 창입니다.

⑨ 스크립트가 분산되어 있는 경우에는 핀 기능을 이용하여 패널을 고정할 수 있습니다. 또한 무비클립 경로를 이동하지 않더라도 스크립트를 편리하게 수정할 수 있습니다. 고정된 탭에서 핀을 다시 클릭하면 패널이 제거됩니다(탭 이름은 레이어 이름과 타임라인 번호입니다).

2 자동 완성 기능 맛보기

Flash professional CS5에는 간단한 액션스크립트를 자동으로 생성해 주는 기능이 새롭게 추가되었습니다. 액션스크립트 버튼을 이용하면 액션스크립트를 전혀 모르는 사람도 쉽게 액션스크립트를 만들 수 있습니다.

예제 1 | 코드 자동 생성으로 무비클립 드래그하기

예제파일 | 부록DVD\Sample\Part02\Ch01\Sec02\Exam01\예제\exam01.fla
완성파일 | 부록DVD\Sample\Part02\Ch01\Sec02\Exam01\완성\exam01.fla

01 드래그할 무비클립을 선택하고, Code Snippets 버튼(⊞)을 클릭하여 패널을 엽니다.

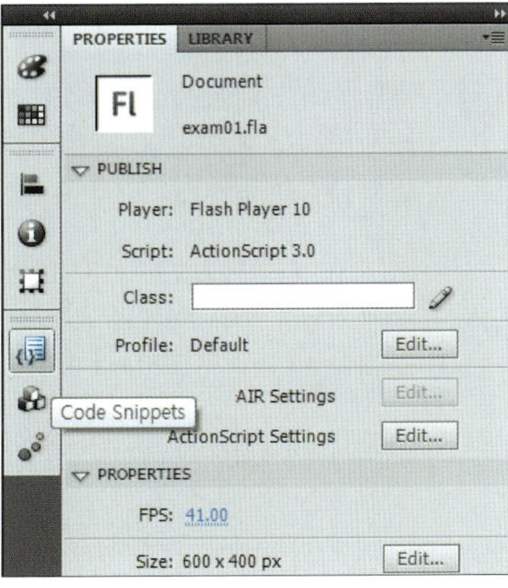

'Actions〉Drag and Drop' 을 더블클릭합니다.

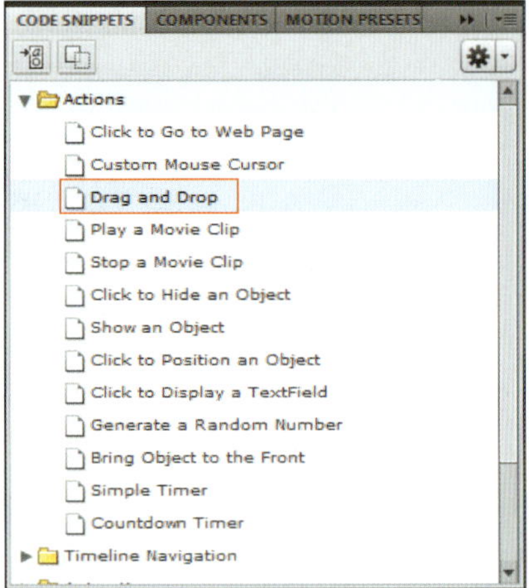

무비클립의 이름이 없기 때문에 경고창이 나타납니다. [OK] 버튼을 클릭하면 이름이 자동으로 생성됩니다.

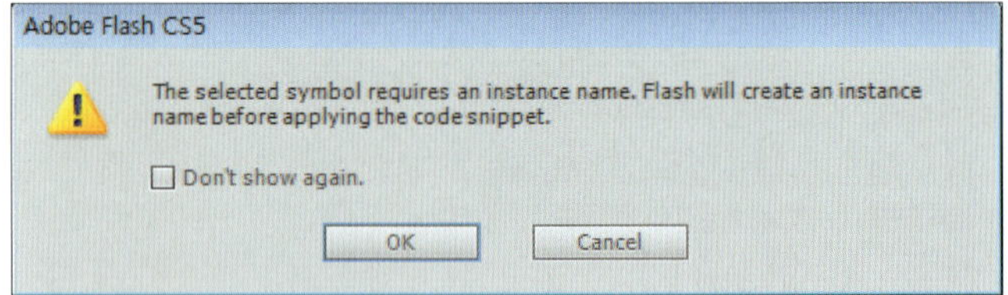

02 Actions 패널창이 뜨면서 코드가 자동으로 입력됩니다. 아직 이 코드를 이해할 필요는 없습니다. 앞으로 하나씩 공부하다 보면 이러한 코드를 만들 수 있을 것입니다.

```actionscript
/* Drag and Drop
Makes the specified symbol instance moveable with drag and drop.
*/

movieClip_2.addEventListener(MouseEvent.MOUSE_DOWN, fl_ClickToDrag_3);

function fl_ClickToDrag_3(event:MouseEvent):void
{
    movieClip_2.startDrag();
}

stage.addEventListener(MouseEvent.MOUSE_UP, fl_ReleaseToDrop_3);

function fl_ReleaseToDrop_3(event:MouseEvent):void
{
    movieClip_2.stopDrag();
}
```

03 테스트 무비(Ctrl + Enter)를 실행하여 결과를 확인합니다. 무비클립을 드래그해 보세요.

이 밖에도 타임라인 이동, 이미지 로드, 웹 페이지 이동, 오디오·비디오 재생 등 많이 사용되는 액션스크립트 코드를 만들 수 있습니다. 한번씩 살펴보면서 액션스크립트가 어떤 것을 만들 수 있는지 공부하기 바랍니다. 이 교재이 예제들을 모두 습득하면 자동 완성된 코드를 이해하게 되는 것은 물론, 더 나아가 본인 스스로 코드를 만들 수 있게 되는 날이 올 것입니다.

초보 액션스크립트 학습법

1 | 액션스크립트는 재미있습니다

많은 사람들이 액션스크립트를 공부하다가 중간에 포기하는 가장 큰 이유는 재미를 느끼지 못하기 때문입니다. 하지만 액션스크립트는 다른 프로그램보다 쉽게 비주얼을 제작할 수 있기 때문에 조금만 노력하면 커다란 재미를 느낄 수 있습니다. 프로그램을 이미 공부했다면 상관 없겠지만, 프로그램 언어를 처음 공부한다면 일단 이 교재의 예제를 따라 하면서 플래시와 친숙해지도록 노력해 보세요. 그 다음에 문법을 보시면 좀 더 쉽게 이해될 것입니다.

2 | 스스로 응용하세요

이 교재에 수록된 예제들은 최대한 단순하고 쉽게 만들어져 있습니다. 일단 예제를 따라 한 후에 다른 방법을 사용하여 다시 만들어 보세요. 스스로 생각하고 만들었을 때 진정 자신만의 지식이 됩니다. 무조건 따라 하기보다는, 조금씩 응용하면서 따라 하는 것이 좋습니다.

3 | 미리 알아두기

예제를 시작하기 전에 '미리 알아두기'를 먼저 살펴본 후, 예제를 따라 하세요. 특히 '기초 프로그래밍' 부분은 입문자에게 어려운 내용이므로 자주 반복해서 살펴보는 것이 좋습니다. 예제에 어떻게 사용되었는지 확인하면서 최대한 자주 접하세요.

Part 02)Ch 05. 기초 프로그래밍)Sec 05. XX
Part 02)Ch 05. 기초 프로그래밍)Sec 07. XXX

4 | 액션스크립트 3.0의 디딤돌

이 교재는 액션스크립트 교재가 아니라 플래시를 처음 배우는 플래시 입문자용 교재로, 액션스크립트를 전문적으로 배우기 위한 첫걸음이라고 생각하면 됩니다. 이 교재를 모두 마스터한 후에 액션스크립트 3.0 전문 교재로 공부하면 더욱 쉽게 액션스크립트 전문가가 될 수 있습니다. 앞에서 이야기 했듯이 이 책에서는 재미만 느끼면 됩니다. 재미를 느낀다면 반은 성공한 것이니까요.

5 │ 많이 상상하고, 많이 만들어 보세요

프로그래밍 언어를 정복하는 것은 영어를 전혀 모르는 사람이 영어를 공부하는 것과 같습니다. 큰 것 하나를 만드는 것보다 작은 것들을 많이 만들어 보세요. 어느새 멋진 작품을 만들고 있는 본인의 모습을 발견할 수 있을 것입니다. 많이 상상하고, 많이 만들어 보는 것! 이것이 바로 제일 중요한 포인트입니다.

Chapter
02
기초 액션스크립트

DisplayObject 기초 속성

- 라이브러리 클래스
- 액션스크립트를 이용한 객체 생성
- DisplayObject의 기본 속성(크기, 위치, 투명도 등)

DisplayObject 객체 생성

> Part 02>Ch 05. 기초 프로그래밍>Sec 01. 변수, 상수, 데이터 유형
> Part 02>Ch 05. 기초 프로그래밍>Sec 08. DisplayObject

* 예제를 따라하기 전에 '미리 알아두기' 내용을 읽어보기 바랍니다.

모션 예제에서 많이 사용했던 무비클립은 정확히 말하면 무비클립 클래스의 객체입니다. 라이브러리에 있는 무비클립은 클래스이고, 해당 무비클립을 화면에 끌어내면 객체가 됩니다. 클래스를 처음 접하는 분들은 클래스 문법을 먼저 공부하지 말고, 앞으로 나오는 다양한 예제를 따라 하면서 클래스라는 존재가 어떤 형태를 가지고 있으며, 어떤 성질을 가지는지 자연스럽게 습득하기 바랍니다.

예제 1 | 라이브러리 무비클립 클래스 만들기

예제파일 | 부록DVD\Sample\Part02\Ch02\Sec01\Exam01\예제\exam01.fla
완성파일 | 부록DVD\Sample\Part02\Ch02\Sec01\Exam01\완성\exam01.fla

라이브러리의 무비클립을 액션스크립트를 이용하여 화면에 배치하려면 다음 과정을 거쳐 클래스 이름을 정해야 합니다.

01 라이브러리 패널(Ctrl + L)의 무비클립을 선택(마우스 오른쪽 버튼 클릭)하고 [Properties...] 메뉴를 클릭합니다.

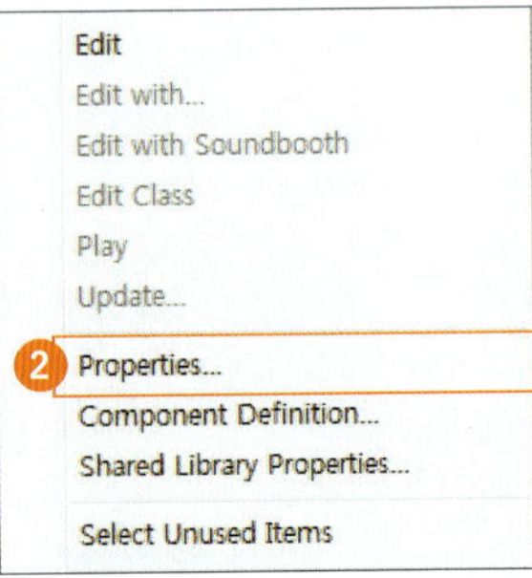

02 패널이 그림과 같이 나타날 경우, [Advanced] 를 클릭합니다.

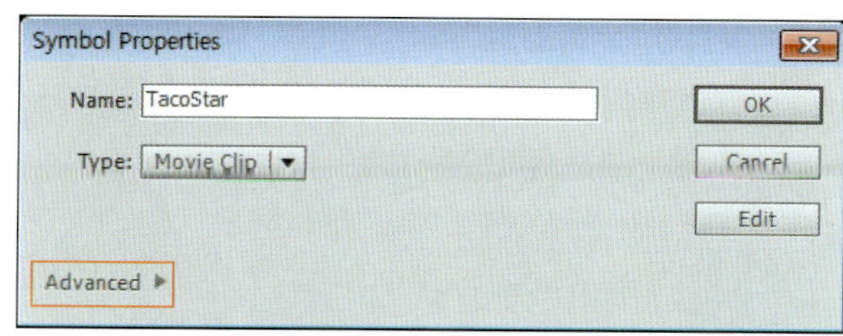

03 Linkage 속성에서 첫 번째 체크 박스(Export for ActionScript)를 선택하면, 두 번째 체크 박스(Export in frame 1)는 자동으로 선택됩니다.

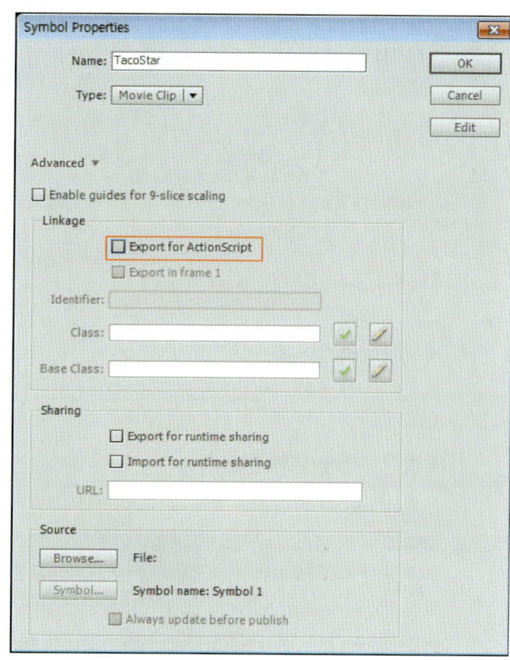

04 Class 입력 박스에 원하는 클래스 이름('TacoStar') 을 입력합니다. Base Class 입력 박스에는 'flash.display.MovieClip' 이 자동 입력되어 있습니다(이 영역은 수정하지 않습니다). [OK] 버튼을 클릭합니다.

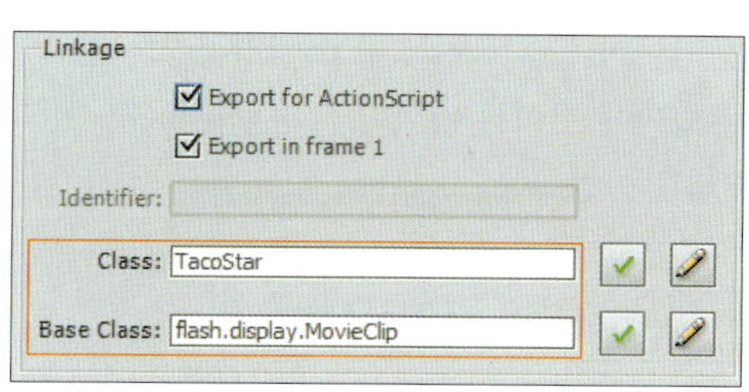

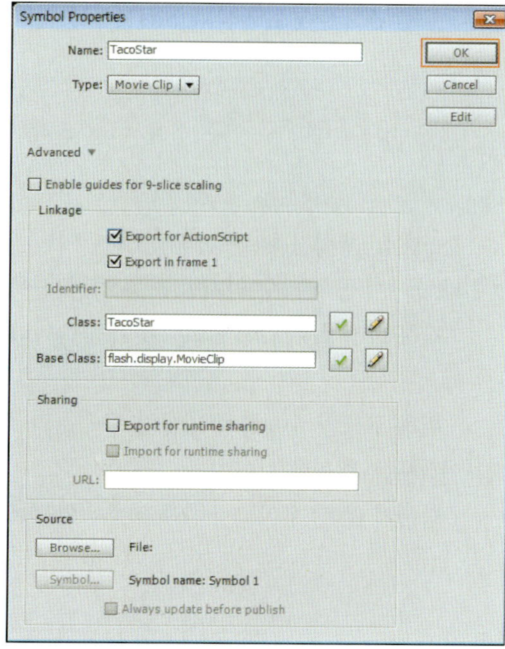

05 입력한 'TacoStar' 라는 이름의 클래스 파일 (TacoStar.as)이 존재하지 않는다는 경고 메시지가 나타납니다. 이 메시지는 일단 무시하고 [OK] 버튼을 클릭합니다.

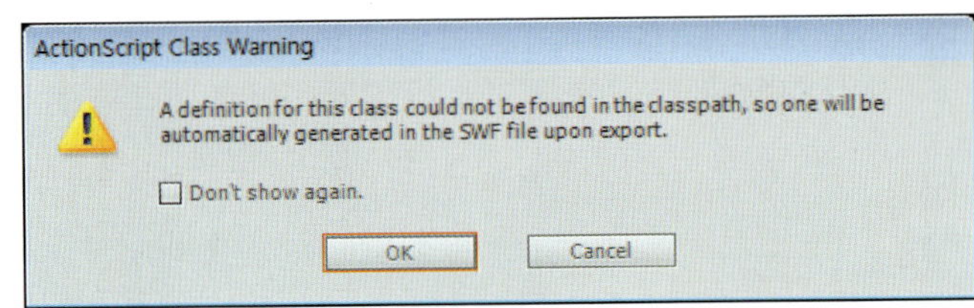

06 라이브러리 패널에 주어진 이름이 등록된 것을 확인할 수 있습니다.

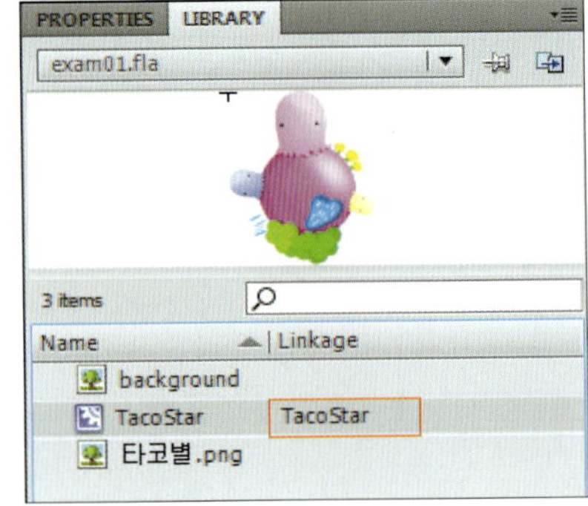

예제 2 | 객체 생성 연산자

예제파일 | **부록DVD\Sample\Part02\Ch02\Sec01\Exam01\예제\exam01.fla**
완성파일 | **부록DVD\Sample\Part02\Ch02\Sec01\Exam01\완성\exam01.fla**

액션스크립트를 이용하여 클래스의 객체를 생성할 때는 new 연산자를 사용합니다. 무비클립 객체를 생성할 때는 다음과 같이 new 연산자 뒤에 클래스의 생성자 함수를 호출합니다. 클래스의 생성자 함수는 클래스 이름과 동일하므로 클래스 이름 뒤에 ( )를 붙이면 생성자 함수가 호출됩니다.

```
코드    var mc:MovieClip = new MovieClip();
```

클래스, 생성자 함수 등의 생소한 용어들은 'Part 02〉Ch 05. 기초 프로그래밍〉Sec 06. 패키지/클래스' 에서 공부할 수 있지만 처음 액션스크립트를 공부하는 분들은 일단 코드의 형태를 살펴본다고 생각하면서 예제를 따라 하는 것이 좋습니다(문법 위주로 공부하면 쉽게 지칠 수 있습니다).

위의 코드는 순수한 무비클립 클래스의 객체를 만들어내는 코드입니다. 여기서 순수한 무비클립의 객체란, 화면에 보여지는 그래픽적 요소가 없는(화면에 보이는 것이 없는, DisplayObject 객체를 포함하지 않은) 무비클립 클래스에서 만들어낸 객체를 말합니다.

그렇다면 우리가 라이브러리에 만들어 놓은 무비클립은 위와 같은 무비클립이 아니라는 말이겠지요? 그렇습니다. 라이브러리의 무비클립은 그래픽 요소가 포함된 무비클립 클래스입니다. 하지만 무비클립 클래스의 기능을 모두 사용할 수 있는, 그래픽 요소 또는 다른 객체를 포함하고 있으면서 무비클립의 기능을 그대로 간직한 클래스인 것입니다.

정확하게 말해서 이전 예제에서 만든 라이브러리 무비클립은 무비클립 클래스이면서, TacoStar 클래스입니다. BaseClass에 'flash.display.MovieClip'이 자동 입력된 것을 기억해 보세요. 클래스의 상속에 대한, 약간은 어려운 내용입니다. 이해가 되지 않으면 일단 용어만 기억하고 예제를 따라 하세요.

라이브러리에 있는 TacoStar 클래스의 객체를 생성하여 화면에 위치시켜 보겠습니다.

01 액션스크립트를 입력할 레이어를 만듭니다. 액션 패널을 열고(F9), 다음 코드를 입력합니다.

```
코드    1        var tacoStar:MovieClip = new TacoStar();
```

02 위 코드를 입력하면 자동으로 다음과 같은 코드가 추가됩니다.

```
코드    1        import flash.display.MovieClip;
       2
       3        var tacoStar:MovieClip = new TacoStar();
```

line 1 : 무비클립 클래스를 사용하기 위하여 클래스의 경로를 선언합니다. 타임라인에서 액션스크립트를 입력할 때는 무비클립 클래스의 경로를 선언하지 않아도 되지만, 코드 자동 완성 기능이 만들어내는 코드이므로 그대로 두는 것이 좋습니다(추후 클래스 파일을 만들 때는 사용한 클래스의 경로는 꼭 import 명령으로 선언해 주어야 합니다).

line 3 : 라이브러리에서 TacoStar 클래스의 객체를 만들고 변수 tacoStar에 참조시킵니다. 라이브러리에서 마우스로 드래그하여 배치한 객체의 경우에는 인스턴스 이름을 지어 줄 수 있는 패널이 존재하지만, 액션스크립트를 이용하여 객체를 만들 경우에는 만들어진 객체에 명령하기 위해서 변수에 꼭 참조해 놓아야 합니다. 즉, 객체에 명령하기 위해서는 변수 이름을 이용해야 합니다.

tip Flash CS5 버전에서는 액션스크립트 코드 자동 완성 기능이 강력해졌습니다. 특히 사용된 클래스의 자동 선언(import)은 코딩의 속도를 더욱 빠르게 해 줍니다.

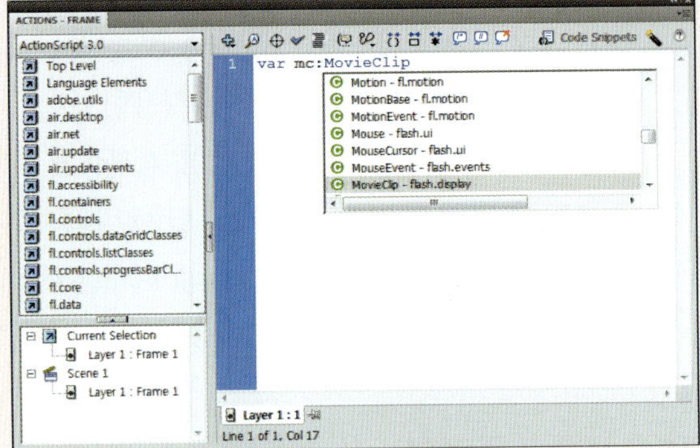

클래스 이름을 입력하면 비슷한 이름의 클래스를 보여 줍니다. 코드 힌트가 사라졌을 때는 단축키인 〔 Ctrl 〕+ 〔 Spacebar 〕를 이용하여 다시 보이도록 할 수 있습니다.

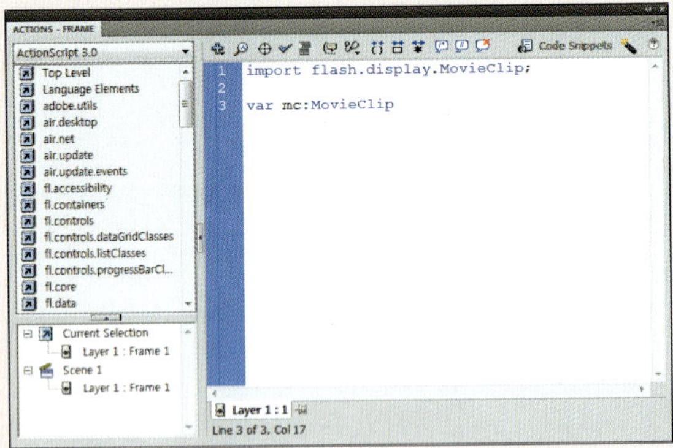

클래스를 선택(마우스 클릭 또는 Enter)하면 클래스의 전체 경로가 자동 선언(import)됩니다. 사실 타임라인에 코딩할 경우 MovieClip 클래스는 import하지 않아도 정상 동작합니다. 하지만 import하지 않으면 사용이 안되는 클래스도 있고, Class 파일을 만들게 되면 무조건 import를 해야 합니다(교재의 후반부에 Class 파일을 만들게 됩니다). 따라서 가능하면 import는 빠뜨리지 않는 것이 좋습니다.

03 화면에 나타나도록 하기 위해 코드를 추가합니다(굵은 부분이 추가된 코드입니다).

```
코드  1    import flash.display.MovieClip;
      2
      3    var tacoStar:MovieClip = new TacoStar();
      4    this.addChild(tacoStar);
```

line 4 : 생성된 TacoStar 객체가 화면에 보이도록 타임라인 객체(this)에 집어넣는 코드입니다. 이처럼 DisplayObject 객체가 화면에 보이도록 하기 위해서는 현재 화면에 있는 DisplayObject 객체의 컨테이너에 집어넣어야 합니다. 컨테이너에 대한 내용은 'Part 02>Ch02. 기초 액션스크립트>Sec 04. DisplayObjectContainer' 에서 자세하게 설명합니다.

> **tip** 매 코드의 마지막에 입력한 ;(세미콜론)은 하나의 명령이 끝났음을 알리는 것입니다. 세미콜론을 입력하지 않아도 실행하는 데는 문제가 없지만, 입력하는 습관을 가지는 것이 좋습니다. 세미콜론을 이용하면 다음과 같이 여러 코드를 한 줄에 적어도 됩니다. 하지만 코드를 한눈에 볼 수 없기 때문에 좋은 코딩 방식이라고는 할 수 없습니다.

코드
```
import flash.display.MovieClip; var tacoStar:MovieClip = new TacoStar(); this.addChild(tacoStar);
```

명령 사이의 줄바꿈(Enter)은 코드 실행과는 관계가 없으므로, 코드 정렬 시 적절하게 사용하면 됩니다.

04 테스트 무비(Ctrl + Enter)를 실행하여 생성된 객체를 확인합니다.

2 DisplayObject 좌표 속성

알아두기 미리

Part 02〉Ch 02. 기초 액션스크립트〉Sec 01. DisplayObject 기초 속성〉1. DisplayObject 객체 생성

＊예제를 따라하기 전에 '미리 알아두기' 내용을 읽어보기 바랍니다.

새로운 객체를 만들면 가로 0, 세로 0의 위치에 놓여집니다. 이 좌표를 변경하거나 현재 좌표를 알아내려면 다음 속성을 이용해야 합니다. 각 속성 값의 단위는 픽셀(Pixel)입니다(좌표 속성은 Display Object 클래스의 기능입니다).

속성	설명
x	가로 위치를 변경하거나, 현재 위치를 알려 줍니다(기본 값 0).
y	세로 위치를 변경하거나, 현재 위치를 알려 줍니다(기본 값 0).
z	깊이 값을 변경하거나, 현재 깊이를 알려 줍니다(기본 값 0).

무비클립의 위치를 변경하려면 객체의 인스턴스 이름이나, 참조된 변수에 도트(.)를 찍고 속성 이름에 값을 대입합니다. 다음 코드는 액션스크립트로 만든 무비클립의 위치를 가로 '100', 세로 '50', 깊이 '-100' 으로 이동하게 합니다.

```
코드    var mc:MovieClip = new MovieClip();
        mc.x = 100;
        mc.y = 50;
        mc.z = -100;
```

z 속성을 사용하면 3D를 표현할 수 있도록 설정이 변경되기 때문에 z가 0이더라도 이미지가 뭉개져 보입니다. z 값이 커지면 화면 가운데 들어가는 듯한 느낌을 줄 수 있고, 작아지면 화면 밖으로 나오는 듯한 느낌을 줄 수 있습니다.

다음 코드는 화면에 위치한 무비클립(mc)의 위치를 100 만큼 오른쪽으로 이동하게 합니다.

```
코드    mc.x = mc.x + 100;
```

이와 같이 x, y 속성을 이용하면 현재 위치를 알아낼 수 있습니다. 플래시 좌표계는 작업창의 왼쪽 상단이 좌표 0이며, 오른쪽으로 갈수록 x 값이 증가하고, 아래로 갈수록 y 값이 증가합니다.

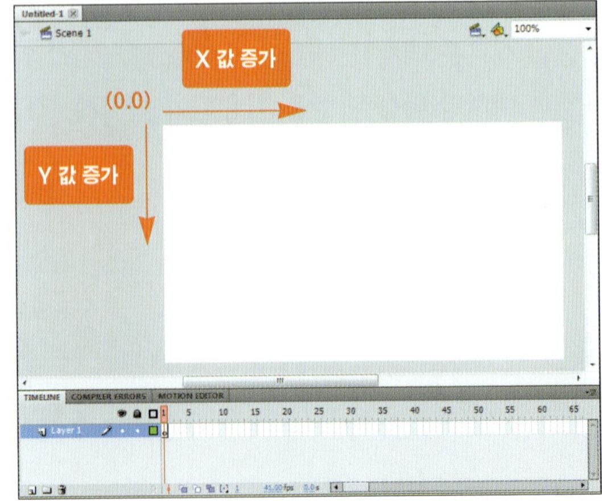

예제 1 | 무비클립 좌표 이동

예제파일 | 부록DVD\Sample\Part02\Ch02\Sec01\Exam02\예제\exam01.fla
완성파일 | 부록DVD\Sample\Part02\Ch02\Sec01\Exam02\완성\exam01.fla

01 화면에 위치한 무비클립의 좌표와 액션스크립트를 이용하여 만들어진 무비클립의 좌표를 이동해 보겠습니다. 예제 파일을 열고, 화면에 위치한 무비클립 객체에 이름(tacoStar)을 입력합니다.

02 무비클립의 현재 위치를 Output 패널에 출력합니다.

```
코드    1         trace(tacoStar.x, tacoStar.y, tacoStar.z);
```

03 테스트 무비(Ctrl + Enter)를 실행하여 Output 패널을 확인합니다.

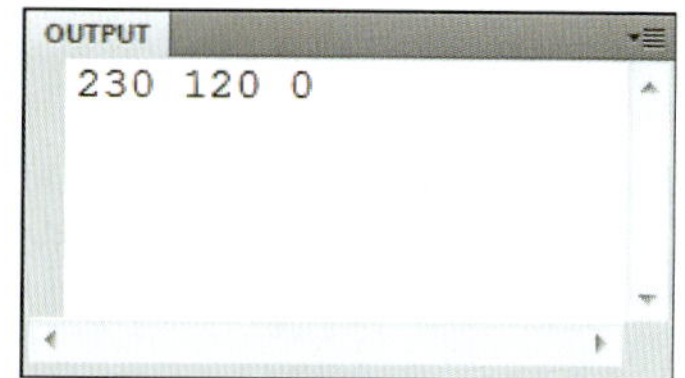

tip trace( ) 명령(함수)는 ( ) 안의 데이터를 Output 패널에 출력해 줍니다. ( ) 안에 콤마(,)를 사용하면 다수의 데이터를 전달할 수 있습니다. Output 패널은 사용자가 원하는 데이터를 출력하거나 런타임 오류를 출력하는 등 제작의 편의성을 제공하는 패널입니다. 따라서 완성된 애플리케이션 구동 시에는 사용자들에게 보이지 않습니다.

04 tacoStar 무비클립의 위치를 변경한 후 속성을 출력합니다.

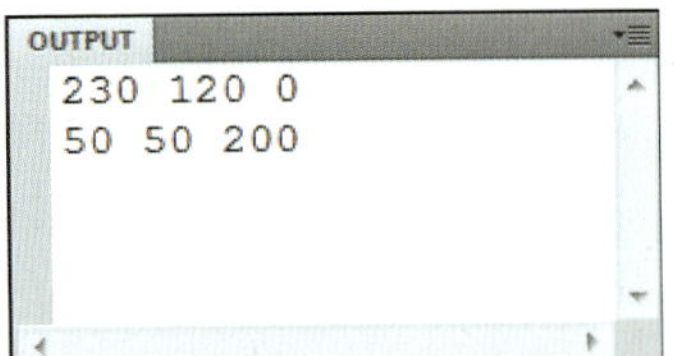

코드
```
1    trace(tacoStar.x, tacoStar.y, tacoStar.z);
2    tacoStar.x = 50;
3    tacoStar.y = 50;
4    tacoStar.z = 200;
5    trace(tacoStar.x, tacoStar.y, tacoStar.z);
```

line 2 : tacoStar 객체의 가로 위치를 50으로 이동합니다.

line 3 : tacoStar 객체의 세로 위치를 50으로 이동합니다.

line 4 : tacoStar 객체의 깊이를 200으로 이동합니다. 크기가 변경되면서 위치도 화면 가운데 방향으로 조금 이동합니다. z 값이 커질수록 점점 더 중앙으로 이동하면서 작아집니다.

line 5 : 이동된 tacoStar 객체의 좌표를 Output 패널에 출력합니다.

05 액션스크립트를 이용하여 라이브러리 SpiderStar 클래스의 객체를 만든 다음, 화면 중앙에 위치시킵니다. SpiderStar 클래스의 중점이 이미지 중앙에 위치한 것을 확인합니다.

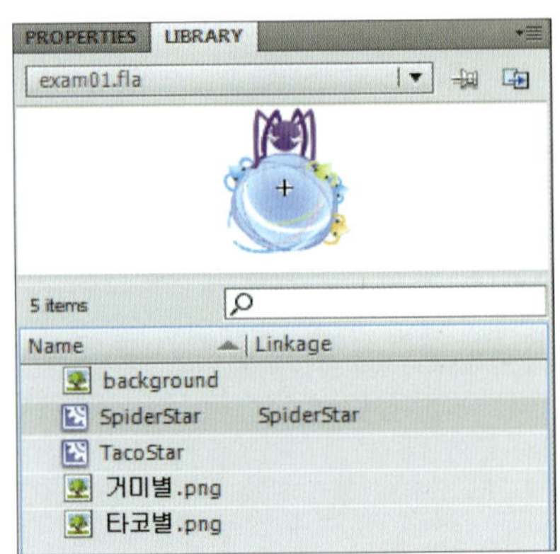

```
코드   1    import flash.display.MovieClip;
       2
       3    trace(tacoStar.x, tacoStar.y, tacoStar.z);
       4    tacoStar.x = 50;
       5    tacoStar.y = 50;
       6    tacoStar.z = 200;
       7    trace(tacoStar.x, tacoStar.y, tacoStar.z);
       8
       9    var spiderStar:MovieClip = new SpiderStar();
      10    spiderStar.x = stage.stageWidth / 2;
      11    spiderStar.y = stage.stageHeight / 2;
      12    this.addChild(spiderStar);
```

line 1 : line 9에서 사용한 MovieClip 클래스에 대한 위치 선언입니다.

line 9 : SpiderStar 객체를 생성하여 spiderStar 변수에 참조시킵니다.

line 10 : 변수 spiderStar에 참조된 객체의 가로 위치를 화면의 중앙으로 이동합니다.

line 11 : 변수 spiderStar에 참조된 객체의 세로 위치를 화면의 중앙으로 이동합니다.

line 12 : 변수 spiderStar에 참조된 객체를 MainTimeline 객체(this)에 넣어 화면에 보이도록 합니다.

> **tip** stage 속성은 DisplayObject의 속성으로 가장 먼저 만들어지는 Stage 객체를 참조한 속성입니다. 현재 SpdierStar 객체의 위치는 Stage 객체 〉 MainTimeline 객체 〉 SpdierStar 객체의 관계로 표현할 수 있습니다.
> stage.stageWidth는 현재 보이는 stage의 가로 길이(화면의 크기) 값을 가지고 있으며, stage.stageHeight는 현재 보이는 stage의 세로 길이 값을 가지고 있습니다.

06 테스트 무비(Ctrl + Enter)를 실행하여 결과를 확인합니다.

> **tip** 만약 무비클립 내에 있는 무비클립의 위치를 변경하려면 도트(.) 연산자를 이용하여 해당 객체에 접근합니다.

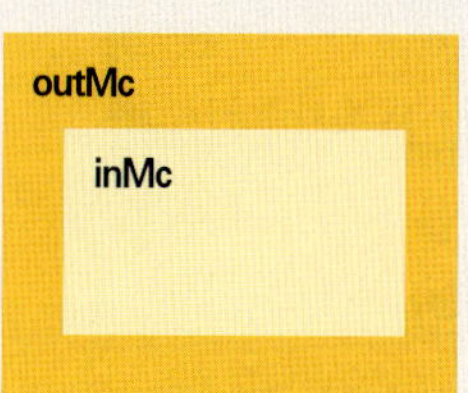

outMc.inMc.x=100;
outMc.inMc.y=100;

DisplayObject 크기 속성

 **알아두기**

Part 02〉Ch 02. 기초 액션스크립트〉Sec 01. DisplayObject 기초 속성〉1. DisplayObject 객체 생성

* 예제를 따라하기 전에 '미리 알아두기' 내용을 읽어보기 바랍니다.

DisplayObject의 크기를 변경하는 데는 픽셀 단위의 길이와 배율을 이용하는 2가지 방법이 있으며, 각각 가로, 세로 길이를 변경할 수 있는 속성이 제공됩니다.

속성	설명
width	가로 길이를 변경하거나, 현재 가로 길이를 알려 줍니다(픽셀 단위).
height	세로 길이를 변경하거나, 현재 세로 길이를 알려 줍니다(픽셀 단위).
scaleX	가로 배율을 변경하거나, 현재 가로 배율을 알려 줍니다(기본 값 1).
scaleY	세로 배율을 변경하거나, 현재 세로 배율을 알려 줍니다(기본 값 1).

width, height 길이를 변경하면 scaleX, scaleY 값은 그에 맞는 값으로 변경됩니다.
scaleX, scaleY 값은 음(−)의 값을 가질 수 있으며, 음수를 대입할 경우 이미지가 반전됩니다(width, height 속성은 음수가 될 수 없습니다).

예제 1 | 가로 길이, 세로 길이 변경

예제파일 | 부록DVD\Sample\Part02\Ch02\Sec01\Exam03\예제\exam01.fla
완성파일 | 부록DVD\Sample\Part02\Ch02\Sec01\Exam03\완성\exam01.fla

01 화면에 놓여진 tacoStar 무비클립의 크기를 변경해 보겠습니다.

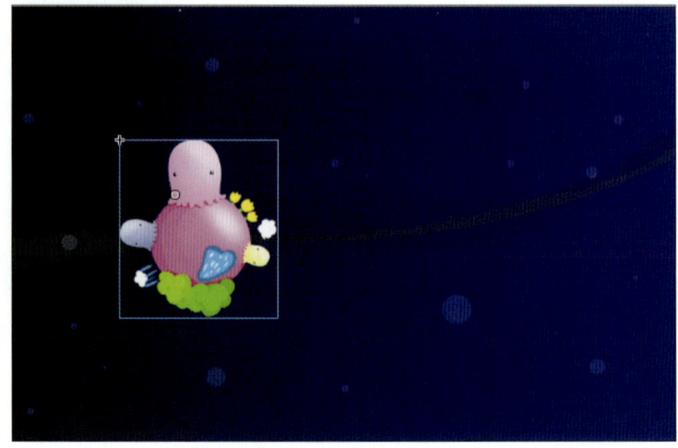

```
코드    1        import flash.display.MovieClip;
        2
        3        tacoStar.width = 100;
        4        tacoStar.height = 100;
        5
        6        var spiderStar:MovieClip = new SpiderStar();
        7        spiderStar.x = stage.stageWidth / 2;
        8        spiderStar.y = stage.stageHeight / 2;
        9        this.addChild(spiderStar);
```

line 3 : tacoStar 무비클립의 가로 길이를 100픽셀로 변경합니다.

line 4 : tacoStar 무비클립의 세로 길이를 100픽셀로 변경합니다.

02 액션스크립트로 생성된 중앙의 SpiderStar 객체 크기를 2배로 변경합니다.

```
코드    6        var spiderStar:MovieClip = new SpiderStar();
        7        spiderStar.x = stage.stageWidth / 2;
        8        spiderStar.y = stage.stageHeight / 2;
        9        spiderStar.scaleX = 2;
       10        spiderStar.scaleY = 2;
       11        this.addChild(spiderStar);
```

line 9 : SpiderStar 객체의 가로 크기를 2배로 변경합니다.

line 10 : SpiderStar 객체의 세로 크기를 2배로 변경합니다.

03 테스트 무비(Ctrl + Enter)를 실행
하여 결과를 확인합니다.

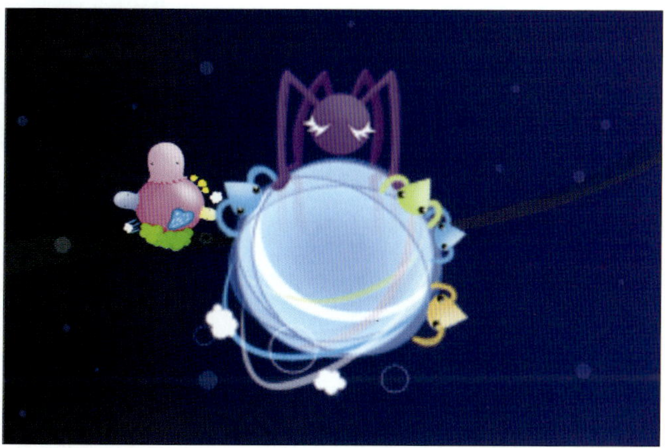

DisplayObject 투명도 속성

4

알아두기 미리

Part 02>Ch 02. 기초 액션스크립트>Sec 01. DisplayObject 기초 속성>1. DisplayObject 객체 생성

* 예제를 따라하기 전에 '미리 알아두기' 내용을 읽어보기 바랍니다.

DisplayObject의 투명도는 alpha 속성을 이용하여 변경할 수 있습니다. 기본 값은 1이며, 1 이상일 경우에는 1과 같이 100%의 투명도(전체가 다 보임.)를 가지게 됩니다. 0으로 변경하면 투명도 0%가 되어 화면에 보이지 않게 됩니다. 0 이하의 값도 0과 같이 보이지 않습니다.

속성	설명
alpha	투명도를 변경하거나, 현재 투명도를 알려 줍니다.

예제 1 | 투명도 변경

예제파일 | 부록DVD\Sample\Part02\Ch02\Sec01\Exam04\예제\exam01.fla
완성파일 | 부록DVD\Sample\Part02\Ch02\Sec01\Exam04\완성\exam01.fla

01 화면에 놓여진 tacoStar 무비클립의 투명도를 0으로 변경해 보겠습니다.

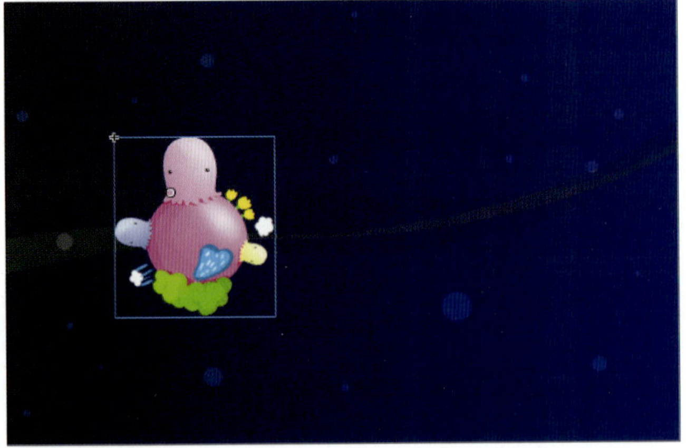

코드

```
1    import flash.display.MovieClip;
2
3    tacoStar.alpha = 0;
4
5    var spiderStar = new SpiderStar();
```

```
6        spiderStar.x = stage.stageWidth / 2;
7        spiderStar.y = stage.stageHeight / 2;
8        this.addChild(spiderStar);
```

line 3 : tacoStar 무비클립의 투명도를 0으로 변경하여 보이지 않도록 합니다.

02 액션스크립트로 생성된 중앙의 SpiderStar 객체 투명도를 반투명하게 변경합니다.

코드
```
5        var spiderStar:MovieClip = new SpiderStar();
6        spiderStar.x = stage.stageWidth / 2;
7        spiderStar.y = stage.stageHeight / 2;
8        spiderStar.alpha = 0.5;
9        this.addChild(spiderStar);
```

line 8 : SpiderStar 객체의 투명도를 50%로 변경합니다.

03 테스트 무비(Ctrl + Enter)를 실행하여 결과를 확인합니다.

DisplayObject 회전 속성

Part 02〉Ch 02. 기초 액션스크립트〉Sec 01. DisplayObject 기초 속성〉1. DisplayObject 객체 생성

＊예제를 따라하기 전에 '미리 알아두기' 내용을 읽어보기 바랍니다.

DisplayObject의 회전 속성은 2D와 3D 뷰에 따라 다른 속성을 사용합니다. 단위는 Degree(360도 단위) 값이며, 기본 값은 0도입니다.

■ **2D 회전 속성**

속성	설명
rotation	회전 값을 변경하거나, 현재 회전 값을 알려 줍니다.

■ **3D 회전 속성**

속성	설명
rotationX	x축 회전 값을 변경하거나, 현재 회전 값을 알려 줍니다.
rotationY	y축 회전 값을 변경하거나, 현재 회전 값을 알려 줍니다.
rotationZ	z축 회전 값을 변경하거나, 현재 회전 값을 알려 줍니다(2D 회전 속성인 rotation과 같습니다.).

예제 1 | 회전 속성 변경

예제파일 | 부록DVD\Sample\Part02\Ch02\Sec01\Exam05\예제\exam01.fla
완성파일 | 부록DVD\Sample\Part02\Ch02\Sec01\Exam05\완성\exam01.fla

01 예제 파일을 열고, 테스트 무비 (Ctrl + Enter)를 실행하여 화면에 놓여진 3개의 객체를 확인합니다.

02 다음 코드를 추가하여 각 객체의 회전 값을 변경합니다.

```
1    import flash.display.MovieClip;
2
3    var star0:MovieClip = new Star();
4    star0.x = 100;
5    star0.y = stage.stageHeight / 2;
6    this.addChild(star0);
7
8    var star1:MovieClip = new Star();
9    star1.x = 300;
10   star1.y = stage.stageHeight / 2;
11   this.addChild(star1);
12
13   var star2:MovieClip = new Star();
14   star2.x = 500;
15   star2.y = stage.stageHeight / 2;
16   this.addChild(star2);
17
18   star0.rotationX = 45;
19   star1.rotationY = 45;
20   star2.rotationZ = 45;
```

line 18 : star0의 x축을 45도 회전합니다.

line 19 : star1의 y축을 45도 회전합니다.

line 20 : star2의 z축을 45도 회전합니다. z축 속성만 사용한다면 rotationZ보다 rotation 속성을 이용하여 2D로 표현하는 것이 더 깨끗하게 렌더링됩니다.

03 테스트 무비(Ctrl + Enter)를 실행하여 결과를 확인합니다.

마우스 이벤트

- 이벤트 등록/제거
- 마우스 이벤트 활용
- 웹 페이지 링크
- 객체 드래그

1 버튼 이벤트

Part 02〉Ch 05. 기초 프로그래밍〉Sec 05. 함수
Part 02〉Ch 05. 기초 프로그래밍〉Sec 07. 이벤트

＊ 예제를 따라하기 전에 '미리 알아두기' 내용을 읽어보기 바랍니다.

이벤트란 객체에서 발생하는 현상을 말합니다. 마우스 이벤트는 객체와 마우스 간에 일어나는 현상으로 인터렉티브 객체만이 마우스 이벤트를 가지고 있습니다(DisplayObject에 대한 자세한 설명은 'Ch 05. 기초 프로그래밍〉Sec 08. DisplayObject'를 참조하세요.)

〔InteractiveObject 클래스 리스트〕

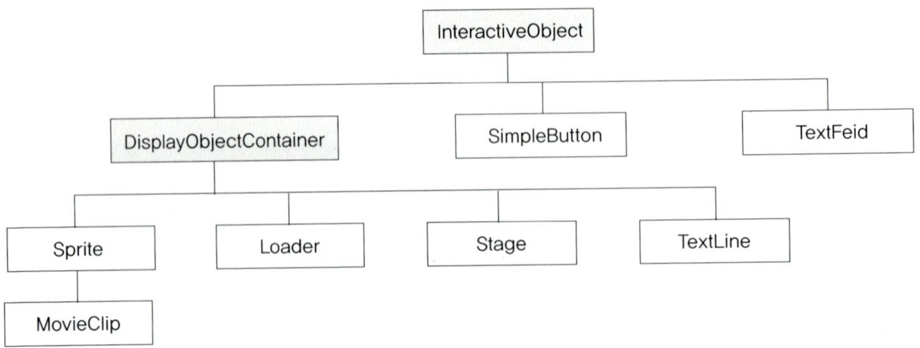

예제에서 사용하고 있는 MovieClip, Stage 클래스도 InteractiveObject 클래스의 기능을 이어받아 만들어졌으므로 마우스 이벤트를 활용할 수 있습니다.

인터렉티브 객체는 다음과 같은 마우스 이벤트를 제공합니다.

이벤트	이벤트 상수	설명
"click"	MouseEvent.CLICK	객체를 마우스로 클릭했을 때 발생하는 이벤트
"doubleClick"	MouseEvent.DOUBLE_CLICK	객체를 마우스로 더블클릭했을 때 발생하는 이벤트
"mouseOver"	MouseEvent.MOUSE_OVER	객체 위에 마우스를 올려놓았을 때 발생하는 이벤트
"mouseOut"	MouseEvent.MOUSE_OUT	객체에서 마우스가 벗어났을 때 발생하는 이벤트
"rollOver"	MouseEvent.ROLL_OVER	객체 위에 마우스를 올려놓았을 때 발생하는 이벤트
"rollOut"	MouseEvent.ROLL_OUT	객체에서 마우스가 벗어났을 때 발생하는 이벤트
"mouseDown"	MouseEvent.MOUSE_DOWN	객체를 마우스 버튼이 눌렀을 때 발생하는 이벤트
"mouseUp"	MouseEvent.MOUSE_UP	객체에서 마우스 버튼이 떨어졌을 때 발생하는 이벤트
"mouseMove"	MouseEvent.MOUSE_MOVE	마우스가 움직일 때 발생하는 이벤트
"mouseWheel"	MouseEvent.MOUSE_WHEEL	마우스 휠을 돌렸을 때 발생하는 이벤트

예제 1 | 버튼을 클릭하여 객체 움직이기

예제파일 | 부록DVD\Sample\Part02\Ch02\Sec02\Exam01\예제\exam01.fla
완성파일 | 부록DVD\Sample\Part02\Ch02\Sec02\Exam01\완성\exam01.fla

01 rightBtn 버튼을 마우스로 누르면 캐릭터가 오른쪽으로 이동하도록 이벤트 함수를 등록합니다.

```
코드   1        import flash.events.MouseEvent;
      2
      3        rightBtn.addEventListener(MouseEvent.MOUSE_DOWN, rightBtnDownListener);
      4
      5        function rightBtnDownListener(event:MouseEvent):void {
      6             guy.x += 10;
      7        }
```

line 3 : rightBtn 버튼 위에서 마우스를 누르면 rightBtnDownListener 이벤트 함수를 호출하도록 등록합니다.

line 5~7 : line 3에서 등록한 이벤트 리스너 함수입니다.

line 6 : guy 무비클립의 가로 좌표를 현재 좌표에서 10 만큼 오른쪽으로 이동합니다.

02 leftBtn 버튼을 마우스로 누르면 캐릭터가 왼쪽으로 이동하도록 이벤트 함수를 등록합니다.

```
코드   1        import flash.events.MouseEvent;
      2
      3        rightBtn.addEventListener(MouseEvent.MOUSE_DOWN, rightBtnDownListener);
      4        leftBtn.addEventListener(MouseEvent.MOUSE_DOWN, leftBtnDownListener);
      5
      6        function rightBtnDownListener(event:MouseEvent):void {
      7             guy.x += 10;
      8        }
      9        function leftBtnDownListener(event:MouseEvent):void {
     10             guy.x -= 10;
     11        }
```

line 4 : leftBtn 버튼 위에서 마우스를 누르면 leftBtnDownListener 이벤트 함수를 호출하도록 등록합니다.

line 9~11 : line 4에서 등록한 이벤트 리스너 함수입니다.

line 10 : guy 무비클립의 가로 좌표를 현재 좌표에서 10 만큼 왼쪽으로 이동합니다.

등록된 이벤트는 removeEventListener( ) 함수를 이용하여 제거하기 전까지 계속 남아 있습니다. 따라서 여러 번 마우스를 Down하면 움직임도 계속됩니다. "mouseDown" 이벤트 외에 다른 이벤트 들로 변경하면서 마우스 이벤트의 종류를 이해하기 바랍니다.

 등록된 마우스 이벤트가 호출되지 않도록 하려면 다음 2가지 방법을 사용할 수 있습니다.

첫 번째, 이벤트 등록을 제거합니다.

rightBtn.**removeEventListener**(MouseEvent.MOUSE_DOWN, rightBtnDownListener);

이 경우 다시 이벤트 함수를 호출하도록 하기 위해서는 이벤트를 재등록해야 합니다.

두 번째, 마우스 인터렉션 기능을 중지시킵니다.

rightBtn.**mouseEnabled** = false;

rightBtn.**mouseChildren** = false;(자식 객체 이벤트 기능도 막을 경우 사용)

위 코드를 이용하여 마우스 이벤트가 발생하지 않도록 합니다. 다시 이벤트가 발생하도록 하려면 true 값을 대입합니다.

03 테스트 무비(Ctrl + Enter)를 실행하여 결과를 확인합니다.

2 웹 페이지 링크

Part 02〉Ch 02. 기초 액션스크립트〉Sec 02. 마우스 이벤트〉1. 버튼 이벤트

* 예제를 따라하기 전에 '미리 알아두기' 내용을 읽어보기 바랍니다.

URLRequest Class

URLRequest Class는 외부로부터 데이터를 요청하거나 외부로 데이터를 보내고자 할 때 데이터의 정보를 저장하는 클래스입니다. 웹 페이지를 전환할 때도 이 클래스를 이용하여 원하는 페이지 주소 정보(url)를 전달해야 합니다. url 정보를 URLRequest 객체에 저장하는 데는 객체 생성 시 저장하는 방법과 생성 후 저장하는 방법이 있습니다.

■ **url 정보를 매개 변수로 전달하여 객체 생성하기**

```
코드    import flash.net.URLRequest;
        var request:URLRequest = new URLRequest("이동할 주소");
```

■ **객체 생성 후 url 정보 저장 또는 변경하기**

```
코드    import flash.net.URLRequest;
        var request:URLRequest = new URLRequest();
        request.url = "이동할 주소";
```

navigateToURL()

navigateToURL함수는 URLRequest 객체에 저장된 정보를 웹 브라우저에 전달하여 페이지를 이동시킵니다.

```
코드    import flash.net.navigateToURL;
        navigateToURL(URLRequest객체, window);
```

window의 기본 값은 "_blank"(새 창)입니다. 따라서 입력하지 않으면 새로운 웹 브라우저에서 페이지가 열리게 됩니다. 현재 웹 브라우저 창 또는 부모 창 등에서 페이지를 열려면, 다음 표를 보고 window를 선택, 입력합니다.

Window	설명
"_blank"	새 창(입력하지 않은 것과 동일)
"_self"	현재 창
"_parent"	부모 창
"_top"	최상위 창

예제 1 | 웹 페이지 링크

예제파일 | 부록DVD\Sample\Part02\Ch02\Sec02\Exam02\예제\exam01.fla
완성파일 | 부록DVD\Sample\Part02\Ch02\Sec02\Exam02\완성\exam01.fla

01 3개의 무비클립 중 twitterBtn 무비클립에 클릭 이벤트를 등록합니다.

```
코드    1        import flash.events.MouseEvent;
        2
        3        twitterBtn.addEventListener(MouseEvent.CLICK, twitterBtnClickListener);
        4        twitterBtn.buttonMode = true;
        5
        6        function twitterBtnClickListener(event:MouseEvent):void {
        7        }
```

line 3 : twitterBtn 무비클립을 클릭하면 twitterBtnClickListener 이벤트 함수를 호출하도록 등록합니다.

line 4 : 무비클립 위에 마우스를 올려놓으면, 포인터를 손 모양으로 변경하여 버튼임을 표현합니다.

line 6~7 : line 3에서 등록한 이벤트 리스너 함수입니다.

02 트위터 페이지로 이동할 수 있도록 코드를 추가합니다.

```
코드   1         import flash.events.MouseEvent;
      2         import flash.net.URLRequest;
      3         import flash.net.navigateToURL;
      ⋮                            ⋮
      8         function twitterBtnClickListener(event:MouseEvent):void {
      9             var request:URLRequest = new URLRequest();
      10            request.url = "http://www.twitter.com";
      11            navigateToURL(request);
      12        }
```

line 9 : 페이지 이동 요청을 위해 URLRequest 객체를 생성합니다.

line 10 : 이동할 페이지 주소를 url 속성에 대입합니다.

line 11 : request 정보를 이용하여 페이지를 이동합니다. 윈도우 타깃을 정의하지 않으면 새 창으로 페이지가 열립니다.

03 퍼블리시 프리뷰(F12)를 실행한 후, html 페이지를 이용하여 페이지 이동을 확인합니다. 새 창으로 트위터 페이지가 열립니다.

04 현재 창에서 페이지가 열리도록 코드를 수정해 보겠습니다.

```
코드   6         function twitterBtnClickListener(event:MouseEvent):void {
      7             var request:URLRequest = new URLRequest();
      8             request.url = "http://www.twitter.com";
      9             navigateToURL(request, "_self");
      10        }
```

다른 2개의 버튼도 코드를 완성한 후, 테스트해 보기 바랍니다(완성 파일을 참조하세요).

3 마우스 포인터

Part 02)Ch 02. 기초 액션스크립트)Sec 01. DisplayObject 기초 속성
Part 02)Ch 02. 기초 액션스크립트)Sec 02. 마우스 이벤트)1. 버튼 이벤트

* 예제를 따라하기 전에 '미리 알아두기' 내용을 읽어보기 바랍니다.

마우스 포인터 감추기/보이기

Mouse 클래스의 메서드를 이용하면 마우스 커서를 감추거나 보일 수 있습니다. 두 메서드는 static 함수이므로 Mouse.hide( )/Mouse.show( )와 같이 사용하면 됩니다.

메서드	설명
hide()	마우스 커서가 안 보이도록 합니다.
show()	마우스 커서가 보이도록 합니다.

예제 1 | 마우스를 따라다니는 심벌

예제파일 | 부록DVD\Sample\Part02\Ch02\Sec02\Exam03\예제\exam01.fla
완성파일 | 부록DVD\Sample\Part02\Ch02\Sec02\Exam03\완성\exam01.fla

01 마우스를 움직이면 마우스 좌표로 pointer 무비클립이 이동하게 합니다.

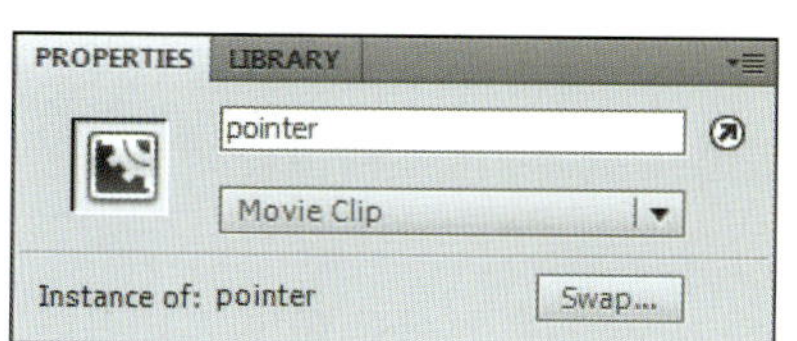

```
코드   1        import flash.events.MouseEvent;
       2
       3        stage.addEventListener(MouseEvent.MOUSE_MOVE, mouseMoveListener);
       4
       5        function mouseMoveListener(event:MouseEvent):void {
       6            pointer.x = event.stageX;
       7            pointer.y = event.stageY;
       8        }
```

line 3 : 마우스를 움직이면 mouseMoveListener 이벤트 함수를 호출하도록 등록합니다.

line 5~8 : line 3에서 등록한 이벤트 리스너 함수입니다.

line 6~7 : 함수에 전달된 마우스 이벤트 객체의 속성을 이용하여 pointer 객체의 좌표를 마우스 좌표로 이동합니다.

02 마우스 포인터를 감추고, pointer 무비클립의 마우스 이벤트를 막습니다.

```
코드   1        import flash.events.MouseEvent;
       2
       3        Mouse.hide();
       4        pointer.mouseEnabled = false;
       5        pointer.mouseChildren = false;
       6        stage.addEventListener(MouseEvent.MOUSE_MOVE, mouseMoveListener);
       7
       8        function mouseMoveListener(event:MouseEvent):void {
       9            pointer.x = event.stageX;
       10           pointer.y = event.stageY;
       11       }
```

line 3 : 마우스 포인터가 안 보이도록 합니다.

line 4 : pointer 무비클립이 마우스 이벤트를 발생하지 못하도록 속성을 변경합니다.

line 5 : pointer 무비클립이 가진 자식 객체들도 이벤트를 발생하지 못하도록 속성을 변경합니다.

pointer 무비클립의 mouseEnabled 속성을 false로 변경하지 않으면 아래에 있는 무비클립들을 클릭할 수 없기 때문에 마우스 포인터로서의 기능을 사용할 수 없습니다.

03 테스트 무비(Ctrl + Enter)를 실행하여 결과를 확인합니다.

tip 객체 위에 다른 객체가 놓일 경우, 아래에 있는 객체에는 마우스 이벤트가 전달되지 않습니다. stage에 MOUSE_MOVE 이벤트를 등록한 이유는 모든 DisplayObject가 Stage 객체 안에 있어 다른 객체의 영향을 받지 않고 마우스 이벤트가 발생하기 때문입니다.

4 드래그

알아두기

Part 02)Ch 02. 기초 액션스크립트)Sec 02. 마우스 이벤트)3. 마우스 포인터
Part 02)Ch 05. 기초 프로그래밍)Sec 02. 연산자

* 예제를 따라하기 전에 '미리 알아두기' 내용을 읽어보기 바랍니다.

startDrag()/stopDrag() 메서드

Sprite, MovieClip 클래스에는 객체 드래그에 관련된 메서드가 있습니다.

메서드	설명
startDrag(lockCenter:Boolean, bounds:Rectangle):void	드래그 움직임을 시작합니다. lockCenter에 true를 전달하면 중점이 마우스 포인터 좌표로 이동하여 드래그가 시작됩니다. bounds는 객체가 이동할 수 있는 영역입니다. 영역을 지정하지 않으면 모든 영역으로 이동할 수 있습니다.
stopDrag():void	드래그 움직임을 멈춥니다.

Rectangle 클래스

영역 정보를 전달할 때 사용하는 클래스로, 다음 코드와 같이 x, y좌표와 가로, 세로 길이만 전달하면 나머지 속성들은 자동 연산됩니다.

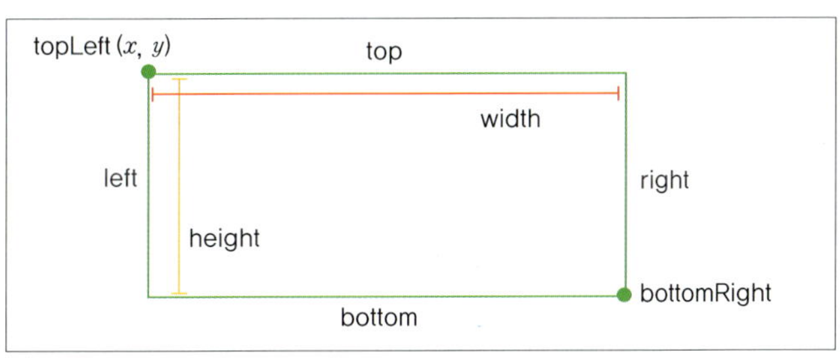

```
코드    var rect:Rectangle = new Rectangle(100, 100, 300, 200);
        trace(rect.left, rect.right, rect.top, rect.bottom);


        //결과
        100 400 100 300
```

예제 1 | 마우스로 심벌 드래그

🔘 **예제파일** | 부록DVD\Sample\Part02\Ch02\Sec02\Exam04\예제\exam01.fla
완성파일 | 부록DVD\Sample\Part02\Ch02\Sec02\Exam04\완성\exam01.fla

01 화면에 위치한 무비클립을 더블클릭하여, 편집 모드로 변경합니다. 무비클립 타임라인에 다음 코드를 입력합니다(모두 같은 무비클립이므로 아무거나 더블클릭합니다).

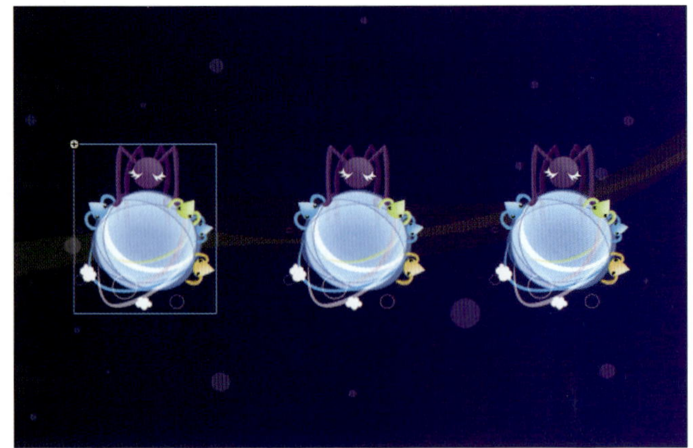

```
코드    1       import flash.events.MouseEvent;
        2
        3       this.buttonMode = true;
        4       this.addEventListener(MouseEvent.MOUSE_DOWN, downListener);
        5
        6       function downListener(event:MouseEvent):void {
        7               this.startDrag();
        8               stage.addEventListener(MouseEvent.MOUSE_UP, upListener);
        9       }
        10
        11
        12      function upListener(event:MouseEvent):void {
        13              this.stopDrag();
        14              stage.removeEventListener(MouseEvent.MOUSE_UP, upListener);
        15      }
```

line 3 : 마우스를 객체 위에 올려놓으면 마우스 포인터가 손 모양이 되도록 합니다.

line 4 : 무비클립(this)을 마우스로 누르면 downListener 이벤트 함수를 호출합니다.

line 7 : 드래그를 시작합니다.

line 8 : 화면 어디서든지 마우스를 떼면 upListener 이벤트 함수를 호출합니다.

line13 : 드래그를 중지합니다.

line14 : line 8에서 등록했던 MOUSE_UP 이벤트를 제거합니다.

02 화면 밖으로 나가지 않도록 영역을 지정합니다.

```
1    import flash.events.MouseEvent;
2    import flash.geom.Rectangle;
3
4    var maxWidth:Number = stage.stageWidth - this.width;
5    var maxHeight:Number = stage.stageHeight - this.height;
6    var bounds:Rectangle = new Rectangle(0, 0, maxWidth, maxHeight);
7    this.buttonMode = true;
8    this.addEventListener(MouseEvent.MOUSE_DOWN, downListener);
9
10   function downListener(event:MouseEvent):void {
11       this.startDrag(false, bounds);
12       stage.addEventListener(MouseEvent.MOUSE_UP, upListener);
13   }
```

line 4 : 화면에서 움직일 수 있는 가장 큰 가로 좌표 값을 구합니다.

line 5 : 화면에서 움직일 수 있는 가장 큰 세로 좌표 값을 구합니다.

line 6 : 위에서 구한 좌표를 이용하여 움직일 수 있는 영역 정보를 Rectangle 객체에 대입합니다.

line 11 : 드래그 제한 영역 정보를 메서드에 전달합니다. 첫 번째 매개 변수에 false를 전달하기 때문에 드래그 시작 시 중점이 이동하지는 않습니다.

03 테스트 무비(Ctrl + Enter)를 실행하여 3개의 무비클립을 드래그합니다.

타임라인 컨트롤

- 타임라인 멈추기/재생하기
- 프레임 이동하기
- Scene 이동하기

애니메이션 멈추기/재생하기

Part 02〉Ch 02. 기초 액션스크립트〉Sec 02. 마우스 이벤트〉1. 버튼 이벤트

* 예제를 따라하기 전에 '미리 알아두기' 내용을 읽어보기 바랍니다.

■ 무비클립 타임라인 재생/정지 메서드

메서드	설명
play()	무비클립 타임라인을 재생합니다.
stop()	무비클립 타임라인을 정지합니다.

예제 1 │ 무비클립 타임라인 컨트롤

예제파일 │ 부록DVD\Sample\Part02\Ch02\Sec03\Exam01\예제\exam01.fla
완성파일 │ 부록DVD\Sample\Part02\Ch02\Sec03\Exam01\완성\exam01.fla

01 다음과 같은 animation 무비클립과 재생, 정지 버튼을 이용하여 무비클립의 타임라인을 컨트롤해 보겠습니다. 정지 버튼(stopBtn)을 클릭하면 animation 무비클립의 타임라인을 정지합니다.

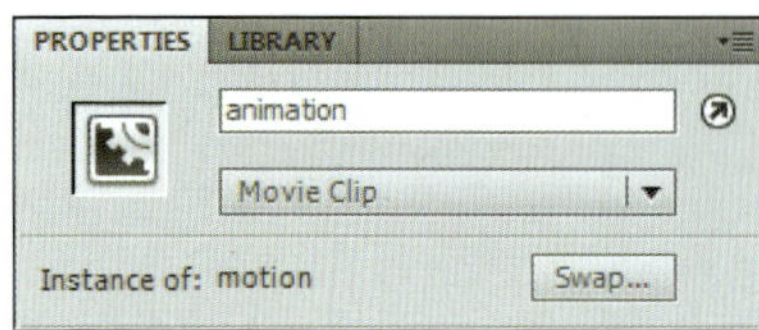

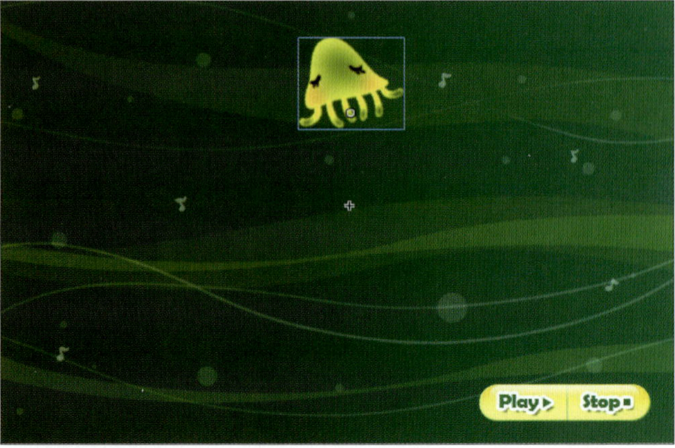

```
코드   1              import flash.events.MouseEvent;
      2
      3              stopBtn.addEventListener(MouseEvent.CLICK, stopBtnClickListener);
      4
      5              function stopBtnClickListener(event:MouseEvent):void {
      6                      animation.stop();
      7              }
```

line 3 : stopBtn 버튼을 클릭하면 stopBtnClickListener 이벤트 함수를 호출하도록 등록합니다.

line 5~7 : line 3에서 등록한 이벤트 리스너 함수입니다.

line 6 : animation 무비클립의 타임라인을 멈춥니다.

02 재생 버튼(playBtn)을 클릭하면 animation 무비클립의 타임라인을 재생합니다.

```
코드   1              import flash.events.MouseEvent;
      2
      3              stopBtn.addEventListener(MouseEvent.CLICK, stopBtnClickListener);
      4              playBtn.addEventListener(MouseEvent.CLICK, playBtnClickListener);
      5
      6              function stopBtnClickListener(event:MouseEvent):void {
      7                      animation.stop();
      8              }
      9
     10              function playBtnClickListener(event:MouseEvent):void {
     11                      animation.play();
     12              }
```

line 4 : playBtn 버튼을 클릭하면 playBtnClickListener 이벤트 함수를 호출하도록 등록합니다.

line 10~12 : line 4에서 등록한 이벤트 리스너 함수입니다.

line 11 : animation 무비클립의 타임라인을 재생합니다.

03 테스트 무비(Ctrl + Enter)를 실행
하여 결과를 확인합니다.

2 프레임 이동

Part 02〉Ch 02. 기초 액션스크립트〉Sec 02. 마우스 이벤트〉1. 버튼 이벤트
Part 02〉Ch 05. 기초 프로그래밍〉Sec 02. 연산자
Part 02〉Ch 05. 기초 프로그래밍〉Sec 03. 조건문

* 예제를 따라하기 전에 '미리 알아두기' 내용을 읽어보기 바랍니다.

■ **무비클립 프레임 속성**

속성	설명
currentFrame	현재 프레임 번호
totalFrames	마지막 프레임 번호

■ **무비클립 프레임 이동 메서드**

메서드	설명
gotoAndStop(frame)	프레임을 이동하여 타임라인의 움직임을 멈춥니다.
gotoAndPlay(frame)	프레임을 이동하여 타임라인을 재생합니다.
nextFrame()	다음 프레임으로 이동하여 멈춥니다.
prevFrame()	이전 프레임으로 이동하여 멈춥니다.

예제 1 | 프레임 번호로 이동하여 멈추기/재생하기

예제파일 | 부록DVD\Sample\Part02\Ch02\Sec03\Exam02\예제\exam01.fla
완성파일 | 부록DVD\Sample\Part02\Ch02\Sec03\Exam02\완성\exam01.fla

01 이동 버튼(jumpBtn)을 클릭하면 animation 무비클립이 50프레임으로 이동한 후에 정지하게 합니다.

코드

```
1    import flash.events.MouseEvent;
2
3    jumpBtn.addEventListener(MouseEvent.CLICK, jumpBtnClickListener);
4
5    function jumpBtnClickListener(event:MouseEvent):void {
6            animation.gotoAndStop(50);
7    }
```

line 3 : jumpBtn 버튼을 클릭하면 jumpBtnClickListener 이벤트 함수를 호출하도록 등록합니다.

line 5~7 : line 3에서 등록한 이벤트 리스너 함수입니다.

line 6 : animation 무비클립이 50프레임으로 이동하여 멈춥니다.

02 테스트 무비(Ctrl + Enter)를 실행하여 결과를 확인합니다.

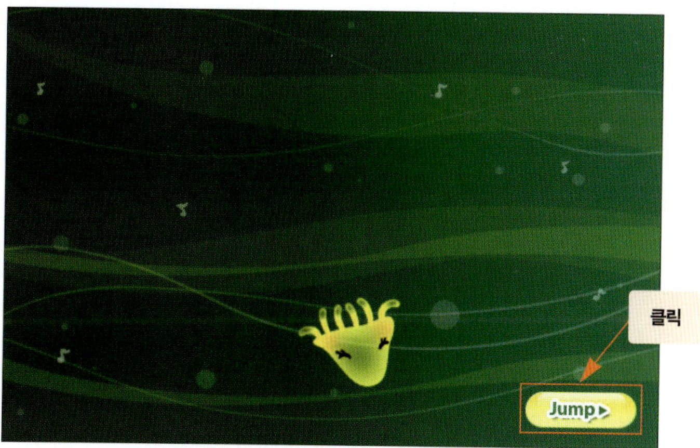

03 50프레임으로 이동하여 재생하는 코드로 변경해 보겠습니다.

```
코드    5        function jumpBtnClickListener(event:MouseEvent):void {
        6                animation.gotoAndPlay(50);
        7        }
```

line 6 : animation 무비클립이 50프레임으로 이동하여 재생합니다.

예제 2 | 프레임 라벨을 이동하여 멈추기/재생하기

예제파일 | 부록DVD\Sample\Part02\Ch02\Sec03\Exam02\예제\exam02.fla
완성파일 | 부록DVD\Sample\Part02\Ch02\Sec03\Exam02\완성\exam02.fla

01 무비클립을 더블클릭하여 편집 모드로 변경합니다.

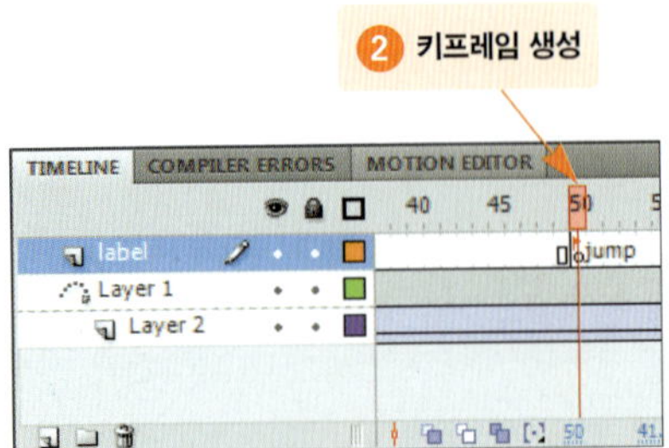

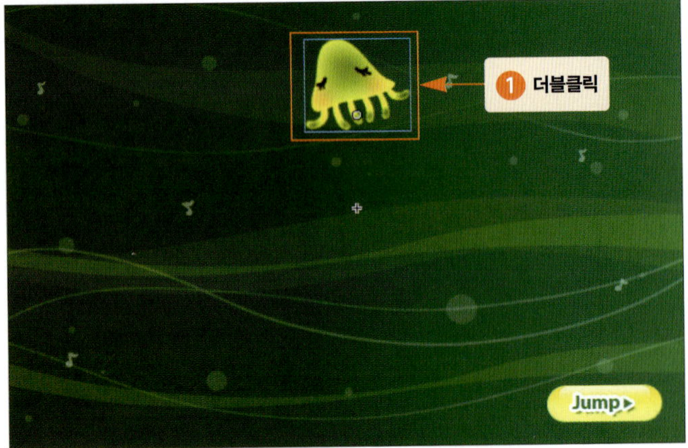

02 50프레임에 키프레임을 생성(F7)하고 프레임 라벨("jump")을 등록합니다.

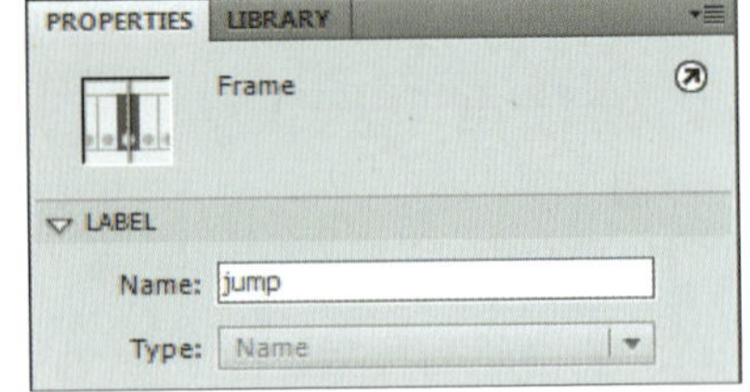

03 무비클립 편집 모드를 빠져 나온 후, 이동 버튼(jumpBtn)을 클릭하면 "jump" 라벨로 이동하여 멈추도록 코드를 작성합니다.

```
코드    1        import flash.events.MouseEvent;
        2
```

```
코드   3        jumpBtn.addEventListener(MouseEvent.CLICK, jumpBtnClickListener);
      4
      5        function jumpBtnClickListener(event:MouseEvent):void {
      6            animation.gotoAndStop("jump");
      7        }
```

04 테스트 무비(Ctrl + Enter)를 실행하여 결과를 확인합니다.

예제 3 | 이전, 다음 프레임으로 이동하기

예제파일 | 부록DVD\Sample\Part02\Ch02\Sec03\Exam02\예제\exam03.fla
완성파일 | 부록DVD\Sample\Part02\Ch02\Sec03\Exam02\완성\exam03.fla

01 images 무비클립은 타임라인에 여러 이미지를 배치해 놓은 무비클립입니다. 이전, 다음 버튼을 이용하여 images 무비클립의 타임라인을 1프레임씩 이동하게 합니다.

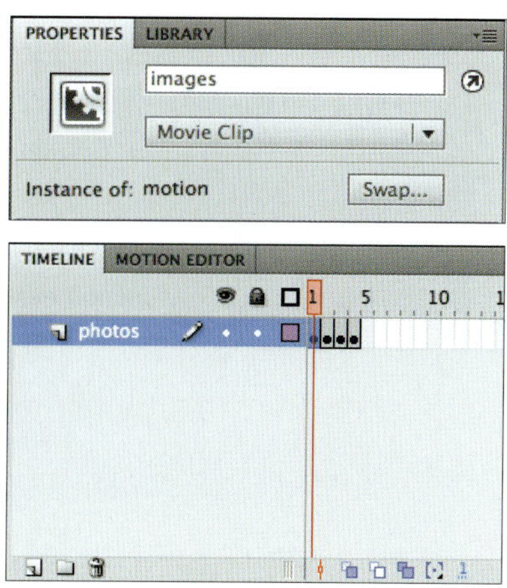

```
1    import flash.events.MouseEvent;
2
3    images.stop();
4    nextBtn.addEventListener(MouseEvent.CLICK, nextBtnClickListener);
5    prevBtn.addEventListener(MouseEvent.CLICK, prevBtnClickListener);
6
7    function nextBtnClickListener(event:MouseEvent):void {
8        images.nextFrame();
9    }
10
11   function prevBtnClickListener(event:MouseEvent):void {
12       images.prevFrame();
13   }
```

line 3 : images 무비클립의 타임라인 진행을 멈춥니다. 이 과정이 없으면 버튼을 클릭하기 전까지 타임라인이 계속 움직이기 때문에 이미지가 고정되지 않습니다.

line 4 : nextBtn을 클릭하면 nextBtnClickListener 이벤트 함수를 호출하도록 등록합니다.

line 5 : prevBtn을 클릭하면 prevBtnClickListener 이벤트 함수를 호출하도록 등록합니다.

line 7~9 : line 4에서 등록한 이벤트 함수입니다.

line 8 : images 무비클립의 프레임을 다음 프레임으로 이동합니다. 마지막 프레임에 있을 경우, 다음 프레임이 없으므로 마지막 프레임에 멈추어 있습니다.

line 11~13 : line 5에서 등록한 이벤트 함수입니다.

line 12 : images 무비클립의 프레임을 이전 프레임으로 이동합니다. 1프레임에 있을 경우 이전 프레임이 없으므로 1프레임에 멈추어 있습니다.

02 마지막 프레임에서 다음 버튼을 클릭하면 첫 번째 프레임으로 이동하고, 첫 번째 프레임에서 이전 버튼을 클릭하면 마지막 프레임으로 이동하도록 코드를 추가합니다.

```
7    function nextBtnClickListener(event:MouseEvent):void {
8        if (images.currentFrame == images.totalFrames) {
9            images.gotoAndStop(1);
10       } else {
11           images.nextFrame();
12       }
13   }
14   function prevBtnClickListener(event:MouseEvent):void {
15       if (images.currentFrame == 1) {
```

```
코드   16                          images.gotoAndStop(images.totalFrames);
       17              } else {
       18                          images.prevFrame();
       19              }
       20          }
```

line 8~12 : images 무비클립의 현재 프레임이 마지막 프레임이라면 1프레임으로 이동하고, 아니면 다음 프레임으로 이동합니다.

line 15~19 : images 무비클립의 현재 프레임이 1프레임이면 마지막 프레임으로 이동하고, 아니면 이전 프레임으로 이동합니다.

03 테스트 무비(Ctrl + Enter)를 실행하여 결과를 확인합니다.

3. Scene 이동

Part 02〉Ch 02. 기초 액션스크립트〉Sec 02. 마우스 이벤트〉1. 버튼 이벤트

＊ 예제를 따라하기 전에 '미리 알아두기' 내용을 읽어보기 바랍니다.

■ Scene 이동 메서드

메서드	설명
nextScene()	다음 Scene으로 이동합니다.
prevScene()	이전 Scene으로 이동합니다.

예제 1 | Scene 이동

예제파일 | 부록DVD\Sample\Part02\Ch02\Sec03\Exam03\예제\exam01.fla
완성파일 | 부록DVD\Sample\Part02\Ch02\Sec03\Exam03\완성\exam01.fla

01 [Scene] 패널(Shift + F2)을 열어 각 Scene을 확인합니다. 각 Scene에는 다음, 이전 Scene으로 이동하기 위한 버튼이 포함되어 있습니다.

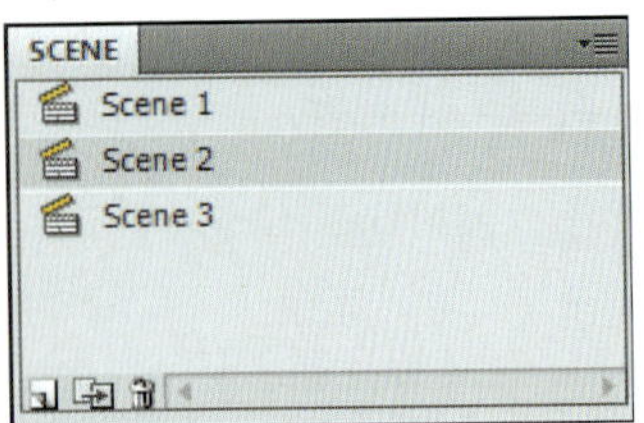

02 Scene 1의 마지막 프레임에서 nextBtn 버튼 이벤트를 등록합니다.

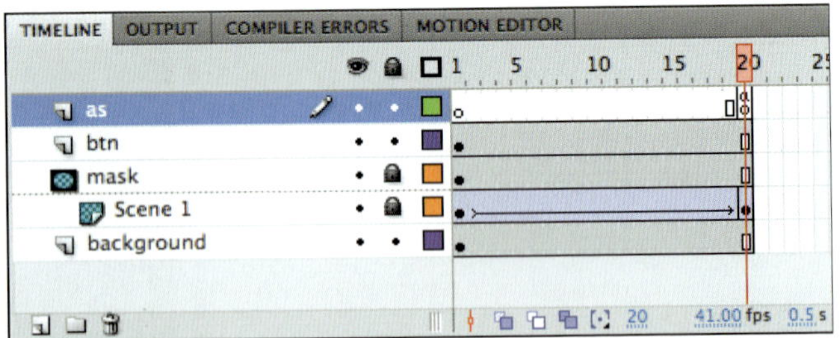

```
코드   1    import flash.events.MouseEvent;
      2
      3    this.stop();
      4    nextBtn.addEventListener(MouseEvent.CLICK, nextClickListener);
      5
      6    function nextClickListener(event:MouseEvent):void {
      7        this.nextScene();
      8    }
```

line 3 : 프레임을 정지합니다.

line 4 : nextBtn 버튼을 클릭하면 nextClickListener 이벤트 함수를 호출하도록 등록합니다.

line 6~8 : line 4에서 등록한 이벤트 리스너 함수입니다.

line 7 : 다음 Scene으로 이동합니다.

03 'Scene 2' 로 이동하여 마지막 프레임에서 nextBtn, prevBtn 버튼 이벤트를 등록합니다.

```
코드   1       import flash.events.MouseEvent;
       2
       3       this.stop();
       4       nextBtn.addEventListener(MouseEvent.CLICK, nextClickListener);
       5       prevBtn.addEventListener(MouseEvent.CLICK, prevClickListener);
       6
       7       function prevClickListener(event:MouseEvent):void {
       8           this.prevScene();
       9       }
```

line 3 : 프레임을 정지합니다.

line 4 : nextBtn 버튼을 클릭하면 nextClickListener 이벤트 함수를 호출하도록 등록합니다.

line 5 : prevBtn 버튼을 클릭하면 prevClickListener 이벤트 함수를 호출하도록 등록합니다.

line 7~9 : line 5에서 등록한 이벤트 리스너 함수입니다.

line 7 : 이전 Scene으로 이동합니다.

여기서 중요한 것은 nextClickListener 이벤트 함수는 이전 Scene('Scene 1')에서 생성했으므로, 다시 생성해서는 안된다는 것입니다. 앞에서 등록된 함수를 공유합니다.

04 'Scene 3' 으로 이동하여 마지막 프레임에서 prevBtn 버튼 이벤트를 등록합니다.

```
코드   1       import flash.events.MouseEvent;
       2
       3       this.stop();
       4       prevBtn.addEventListener(MouseEvent.CLICK, prevClickListener);
```

line 3 : 프레임을 정지합니다.

line 4 : prevBtn 버튼을 클릭하면 prevClickListener 이벤트 함수를 호출하도록 등록합니다. prevClickListener 함수는 Scene 2에서 생성된 함수이므로 다시 생성할 필요가 없습니다.

05 테스트 무비(Ctrl + Enter)를 실행
하여 결과를 확인합니다.

> **tip** Scene의 특정 프레임으로 직접 이동하기 위해서는 gotoAndStop(), gotoAndPlay() 메서드를 이용해야 합니다.
>
> this.gotoAndStop(frame, "SceneName");
> this.gotoAndPlay("Label", "SceneName");

DisplayObjectContainer

- DisplayObject 객체 컨테이너 이동
- DisplayObject 객체 제거
- 높낮이(Index) 변경
- 부모 객체 컨트롤

컨테이너 이동

알아두기

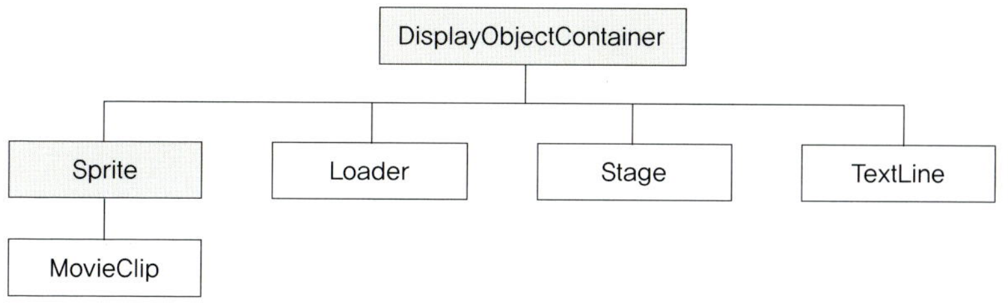

Part 02〉Ch 02. 기초 액션스크립트〉Sec 01. DisplayObject 기초 속성〉1. DisplayObject 객체 생성
Part 02〉Ch 05. 기초 프로그래밍〉Sec 08. DisplayObject

* 예제를 따라하기 전에 '미리 알아두기' 내용을 읽어보기 바랍니다.

DisplayObjectContainer Class

무비클립이 다른 무비클립 또는 버튼, 이미지를 포함할 수 있는 이유는 무비클립에 컨테이너라는 기능이 있기 때문입니다. 이 기능은 DisplayObjectContainer 클래스로부터 생성된 기능으로, DisplayObjectContainer 기능을 이어받은 클래스는 다음과 같습니다.

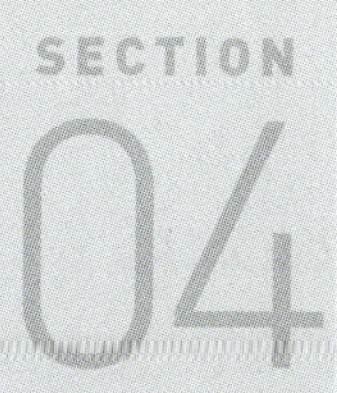

DisplayObjectContainer 객체의 컨테이너에 다른 객체를 넣을 때 다음 2가지 메서드를 사용합니다.

메서드	설명
addChild(child:DisplayObject)	객체를 컨테이너의 가장 위에 넣습니다.
addChildAt(child:DisplayObject, index:int)	객체를 컨테이너의 지정된 index에 넣습니다.

예제 1 | DisplayObjectContainer 객체에 DisplayObject 객체 넣기

예제파일 | 부록DVD\Sample\Part02\Ch02\Sec04\Exam01\예제\exam01.fla
완성파일 | 부록DVD\Sample\Part02\Ch02\Sec04\Exam01\완성\exam01.fla

01 라이브러리의 Star 객체를 생성합니다.

코드
```
1    import flash.display.MovieClip;
2
3    var star:MovieClip = new Star();
4    this.addChild(star);
```

line 3 : Star 객체를 생성하여 변수 star에 참조시킵니다.
line 6 : 메인 타임라인(this) 컨테이너에 넣습니다.

02 생성된 star 객체를 클릭하면, 화면에 위치한 container 무비클립의 컨테이너로 이동합니다.

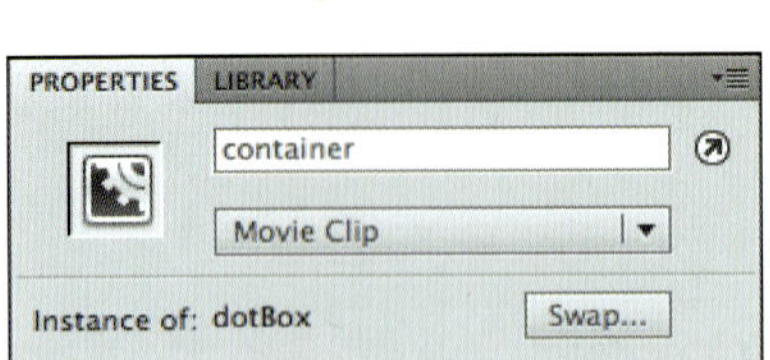

코드
```
1    import flash.display.MovieClip;
2    import flash.events.MouseEvent;
3
4    var star:MovieClip = new Star();
5    this.addChild(star);
6
7    star.addEventListener(MouseEvent.CLICK, starClickListener);
8
9    function starClickListener(event:MouseEvent):void {
10       container.addChild(star);
11   }
```

line 7 : star 객체를 클릭하면 starClickListener 이벤트 함수를 호출하도록 등록합니다.

line 9~11 : line 7에서 등록한 이벤트 리스너 함수입니다.

line 10 : star 객체를 container 무비클립 안으로 이동시킵니다

03 테스트 무비(Ctrl + Enter)를 실행하여 결과를 확인합니다.

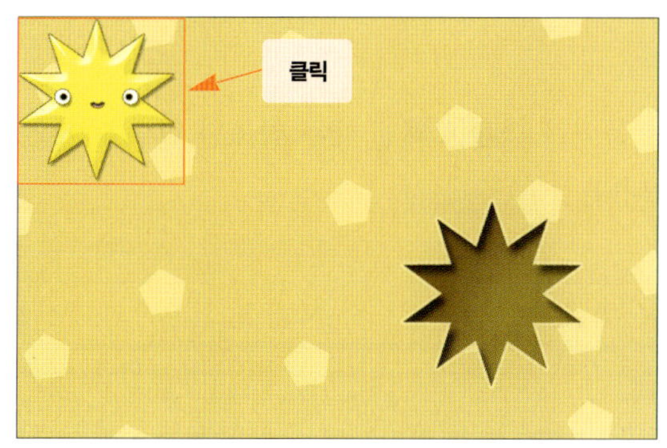

container에는 이미 이미지 객체가 1개 있습니다. 따라서 addChild( )를 이용하여 star 객체를 넣으면 star 객체의 Index는 1이 됩니다(Index는 0부터 시작합니다).

04 코드를 변경하여 star 객체를 0번 Index에 넣습니다.

```
9      function starClickListener(event:MouseEvent):void {
10         container.addChildAt(star, 0);
11     }
```

line 10 : star 객체를 container 무비클립 컨테이너의 가장 아래에 넣습니다.

05 테스트 무비(Ctrl + Enter)를 실행하여 결과를 확인합니다. container 안에 있는 이미지 아래로 들어가 보이지 않게 됩니다.

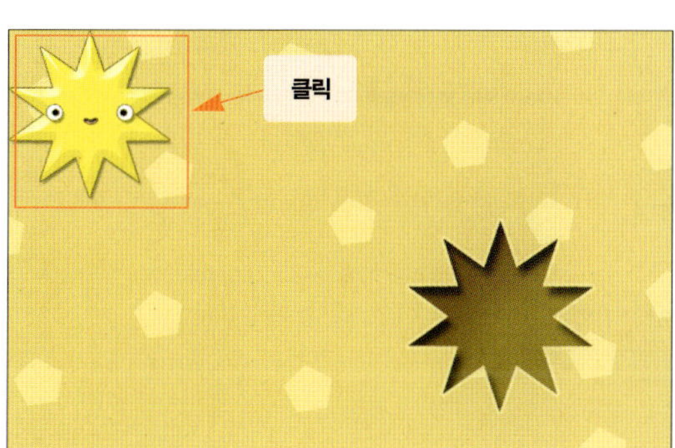

화면에 있는 객체 제거

Part 02〉Ch 02. 기초 액션스크립트〉Sec 04. DisplayObjectContainer〉1. 컨테이너 이동

Part 02〉Ch 05. 기초 프로그래밍〉Sec 03. 조건문

* 예제를 따라하기 전에 '미리 알아두기' 내용을 읽어보기 바랍니다.

DisplayObjectContainer 객체의 컨테이너에 들어간 객체를 빼낼 때는 참조된 변수를 이용하는 방법과 위치 값(Index)을 이용하는 방법이 있습니다.

■ 객체 제거 메서드

메서드	설명
removeChild(child:DisplayObject)	객체를 컨테이너에서 제거합니다.
removeChildAt(index:int)	지정된 Index 객체를 컨테이너에서 제거합니다.

■ 객체 확인 메서드

메서드	설명
contains(child: DisplayObject)	해당 객체가 컨테이너 안에 있는지를 확인합니다. 있으면 true, 없으면 false를 반환합니다.

예제 1 │ DisplayObject 객체 화면에서 제거하기

예제파일 | 부록DVD\Sample\Part02\Ch02\Sec04\Exam02\예제\exam01.fla

완성파일 | 부록DVD\Sample\Part02\Ch02\Sec04\Exam02\완성\exam01.fla

01 앞 예제에 이어 container 무비클립을 클릭하면 Star 객체를 제거하는 코드를 추가합니다.

코드

```
1    import flash.display.MovieClip;
2    import flash.events.MouseEvent;
3
4    var star:MovieClip = new Star();
5    this.addChild(star);
6
```

```
7          star.addEventListener(MouseEvent.CLICK, starClickListener);
8          container.addEventListener(MouseEvent.CLICK, containerClickListener);
9
10         function starClickListener(event:MouseEvent):void {
11             container.addChild(star);
12         }
13
14         function containerClickListener(event:MouseEvent):void {
15             container.removeChild(star);
16         }
```

line 15 : star 객체를 container 무비클립의 컨테이너에서 제거합니다.

02 테스트 무비(Ctrl + Enter)를 실행하여 결과를 확인합니다.

03 star 객체를 클릭하여 container에 넣은 후 container 무비클립을 클릭하면 화면에서 잘 제거되지만, star 객체가 container 무비클립 안에 없는 상태에서 container 무비클립을 클릭하면 그림과 같은 오류가 발생합니다. removeChild( ) 메서드는 객체가 컨테이너 안에 있을 경우에만 사용해야 합니다.

```
OUTPUT
ArgumentError: Error #2025: 제공된 DisplayObject는 호출자의 자
식이어야 합니다.
    at flash.display::DisplayObjectContainer/removeChild()
    at exam01_fla::MainTimeline/containerClickListener()
```

04 현재 star 객체가 컨테이너에 있는지를 확인하는 코드를 추가합니다.

```
코드   14        function containerClickListener(event:MouseEvent):void {
       15            if (container.contains(star)) {
       16                container.removeChild(star);
       17            }
       18        }
```

line 15~17 : star 객체가 container 무비클립 안에 있으면 조건문 { } 코드를 실행합니다.

05 테스트 무비(Ctrl + Enter)를 실행하여 결과를 확인합니다.

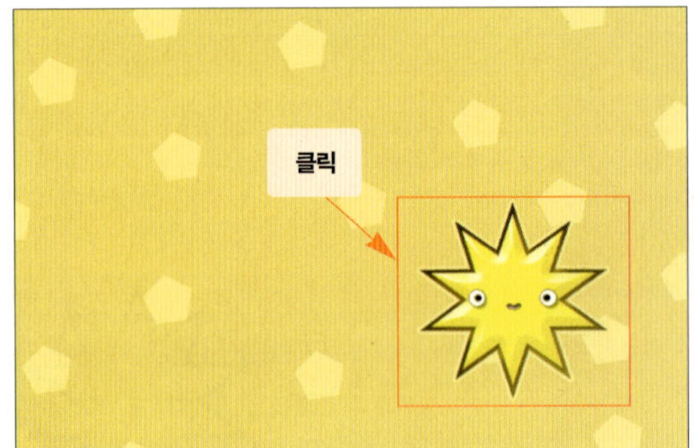

3 부모 객체 컨트롤

알아두기

Part 02〉Ch 02. 기초 액션스크립트〉Sec 02. 마우스 이벤트〉1. 버튼 이벤트
Part 02〉Ch 02. 기초 액션스크립트〉Sec 04. DisplayObjectContainer〉1. 컨테이너 이동

* 예제를 따라하기 전에 '미리 알아두기' 내용을 읽어보기 바랍니다.

DisplayObject의 경로 속성

속성	설명
stage:Stage	Stage 객체를 말합니다. Stage 객체는 가장 먼저 만들어지는 유일한 DisplayObject 객체입니다.
root:DisplayObject	한 SWF 파일의 DisplayObject 중 맨 위에 위치하는 객체입니다. 이 예제에서는 메인 타임라인 객체를 말합니다.
parent:DisplayObject	자신을 담고 있는 부모 객체를 말합니다.

위 3가지 속성은 DisplayObject가 컨테이너에 들어가 화면에 보여질 때(addChild될 때) 각 객체가 참조되는 속성입니다. 화면에 보이지 않는다면 null 값을 가지고 있는 것입니다.

예제 1 | 부모 객체 움직이기

예제파일 | 부록DVD\Sample\Part02\Ch02\Sec04\Exam03\예제\exam01.fla
완성파일 | 부록DVD\Sample\Part02\Ch02\Sec04\Exam03\완성\exam01.fla

01 moveBtn 무비클립을 더블클릭하여 편집 모드로 들어갑니다. 버튼을 클릭하면 무비클립의 부모 객체를 움직이게 합니다.

```
코드   1        import flash.events.MouseEvent;
       2
       3        this.addEventListener(MouseEvent.CLICK, clickListener);
       4
       5        function clickListener(event:MouseEvent):void {
       6            parent.x += 10;
       7        }
```

line 6 : 무비클립을 클릭하면 부모 객체의 가로 좌표를 10px 오른쪽으로 이동합니다.

02 테스트 무비(Ctrl + Enter)를 실행하고, moveBtn 무비클립을 클릭하면 배경을 포함한 화면 전체가 이동합니다. moveBtn의 부모 객체(parent)가 메인 타임라인 객체(root)이기 때문입니다.

03 메인 타임라인에 아래 코드를 입력하여 moveBtn을 다른 컨테이너에 넣습니다.

```
코드     1          snowman.addChild(moveBtn);
```

04 테스트 무비(Ctrl + Enter)를 실행하고, moveBtn 무비클립을 클릭하면 snowman 무비클립 안에 moveBtn이 있는 상태에서 snowman 무비클립이 움직이게 됩니다. moveBtn의 부모 객체(parent)가 snowman 무비클립이 되었기 때문입니다. 코드를 수정하여 flyman 무비클립에 moveBtn을 이동시키고 실행해 보세요.

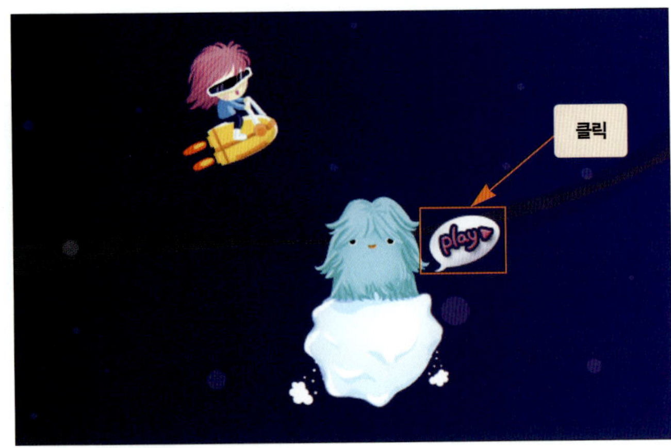

> **tip** 만약 위 예제에서 parent가 아닌 root를 움직이도록 명령한다면,
>
> root.x += 10;
>
> snowman 무비클립 안에 넣어도 moveBtn의 경로와 상관 없이 모든 객체가 움직이게 될 것입니다. root는 메인 타임라인 객체를 직접 참조한 속성입니다.

4 높낮이(Index) 변경

알아두기 미리

Part 02〉Ch 02. 기초 액션스크립트〉Sec 02. 마우스 이벤트〉4. 드래그
Part 02〉Ch 05. 기초 프로그래밍〉Sec 08. DisplayObject

* 예제를 따라하기 전에 '미리 알아두기' 내용을 읽어보기 바랍니다.

■ Index 관련 속성

속성	설명
numChildren:int	컨테이너 안에 객체의 수를 반환합니다.

■Index 관련 메서드

메서드	설명
getChildIndex(child:DisplayObject):int	객체의 Index를 알려 줍니다.
setChildIndex(child:DisplayObject, index:int):void	객체의 Index를 지정합니다.
getChildAt(index:int):DisplayObject	지정된 Index 객체를 알려 줍니다.
swapChildren(child1:DisplayObject, child2:DisplayObject):void	지정된 두 객체의 위치를 바꿉니다.
swapChildrenAt(index1:int, index2:int):void	지정된 두 Index 객체의 위치를 바꿉니다.

■ 맨 아래로 객체 옮기기

```
코드    this.setChildIndex(child, 0);
```

■ 맨 위로 옮기기

```
코드    var index:int = this.numChildren - 1;
        this.setChildIndex(child, index);
```

index는 0부터 시작하므로 가장 높은 index 값은 객체의 수(numChildren)−1입니다.

예제 1 | 클릭한 객체 맨 위로 옮기기

예제파일 | 부록DVD\Sample\Part02\Ch02\Sec04\Exam04\예제\exam01.fla
완성파일 | 부록DVD\Sample\Part02\Ch02\Sec04\Exam04\완성\exam01.fla

01 무비클립을 더블클릭하여 편집 모드로 들어갑니다. 완성된 드래그 소스에 객체를 맨 위로 이동하는 코드를 추가합니다(드래그 코드는 'Part 02〉Ch 02.기초 액션스크립트〉Sec 02. 마우스 이벤트〉4. 드래그' 참조)

```
코드   1      import flash.events.MouseEvent;
       2      import flash.geom.Rectangle;
       3
       4      var maxWidth:Number = stage.stageWidth - this.width;
       5      var maxHeight:Number = stage.stageHeight - this.height;
       6      var bounds:Rectangle = new Rectangle(0, 0, maxWidth, maxHeight);
       7      this.addEventListener(MouseEvent.MOUSE_DOWN, downListener);
       8
       9      function downListener(event:MouseEvent):void {
      10          parent.setChildIndex(this, parent.numChildren - 1);
      11          this.startDrag(false, bounds);
      12          stage.addEventListener(MouseEvent.MOUSE_UP, upListener);
      13      }
      14
      15      function upListener(event:MouseEvent):void {
      16          this.stopDrag();
      17          stage.removeEventListener(MouseEvent.MOUSE_UP, upListener);
      18      }
```

line 10 : 자신의 부모 컨테이너에서 자신을 가장 높은 위치(Index)로 이동시킵니다.

02 테스트 무비(Ctrl + Enter)를 실행하여 결과를 확인합니다.

03

액션스크립트 활용

DisplayObject 정렬

- DisplayObject 정렬
- 여러 줄 정렬
- 랜덤 함수를 이용한 임의의 값 생성
- 원형 정렬

가로/세로 정렬

알아두기

Part 02〉Ch 02. 기초 액션스크립트〉Sec 01. DisplayObject 기초 속성

Part 02〉Ch 05. 기초 프로그래밍〉Sec 02. 연산자

Part 02〉Ch 05. 기초 프로그래밍〉Sec 04. 반복문

* 예제를 따라하기 전에 '미리 알아두기' 내용을 읽어보기 바랍니다.

예제 1 │ 반복문을 이용한 가로 정렬

예제파일 │ 부록DVD\Sample\Part02\Ch03\Sec01\Exam01\예제\exam01.fla
완성파일 │ 부록DVD\Sample\Part02\Ch03\Sec01\Exam01\완성\exam01.fla

01 라이브러리 Chick 객체를 5개 생성
하여 가로로 정렬합니다.

```
코드   1          import flash.display.MovieClip;
       2
       3          for (var i:int = 0; i < 5; i++) {
       4               var mc:MovieClip = new Chick();
       5               mc.x = i * 130;
       6               mc.y = 200;
       7               this.addChild(mc);
       8          }
```

line 3~8 : {} 안의 코드를 5번 반복하여 실행합니다.

line 4 : 라이브러리의 Chick 객체를 생성합니다.

line 5 : 반복문에서 증가하고 있는 i 값(0~4)을 이용하여 무비클립의 가로 좌표를 균등한 간격(130px)으로 정렬합니다.

line 6 : 무비클립의 세로 좌표를 200으로 이동합니다.

line 7 : Chick 객체를 메인 타임라인 컨테이너에 넣습니다.

02 테스트 무비(Ctrl + Enter)를 실행하여 결과를 확인합니다.

예제 2 | 반복문을 이용한 세로 정렬

예제파일 | 부록DVD\Sample\Part02\Ch03\Sec01\Exam01\예제\exam02.fla
완성파일 | 부록DVD\Sample\Part02\Ch03\Sec01\Exam01\완성\exam02.fla

01 라이브러리의 Snowman 객체를 5개 생성하여 세로로 정렬합니다.

코드

```
1      import flash.display.MovieClip;
2
3      for (var i:int = 0; i < 5; i++) {
4          var mc:MovieClip = new Snowman();
5          mc.x = 250;
6          mc.y = i * 70;
7          this.addChild(mc);
8      }
```

line 5 : 무비클립의 가로 좌표를 250으로 이동합니다.

line 6 : 반복문에서 증가하고 있는 i 값(0~4)을 이용하여 무비클립의 세로 좌표를 균등한 간격(70px)으로 정렬합니다.

02 테스트 무비(Ctrl + Enter)를 실행하여 결과를 확인합니다.

2 여러 줄 정렬

Part 02〉Ch 03. 액션스크립트 활용〉Sec01. DisplayObject 정렬〉1. 가로/세로 정렬
Part 02〉Ch 05. 기초 프로그래밍〉Sec02. 연산자

* 예제를 따라하기 전에 '미리 알아두기' 내용을 읽어보기 바랍니다.

나머지 연산자를 이용한 반복되는 숫자 생성

나머지 연산자는 두 수의 나눗셈에 대한 나머지를 계산해 주는 연산자입니다. 이 연산자를 이용하면
다음과 같이 반복되는 숫자의 흐름(0~2)을 만들어낼 수 있습니다.

코드
```
0 % 3 → 0
1 % 3 → 1
2 % 3 → 2
3 % 3 → 0
4 % 3 → 1
5 % 3 → 2
6 % 3 → 0
    ⋮
```

몫 구하기

두 수의 몫은 나머지 결과 값에서 소수점 이하 값을 제거하면 됩니다. int 데이터 유형으로 강제 변
환하거나 int형 변수에 대입하면 소수점 이하 값이 제거됩니다.

코드
```
//데이터 유형에 의한 형 변환
var num:int = 2/3;
trace(num);

//직접 형 변환
var num:Number = int(2/3);
trace(num);
```

몫을 이용한 숫자 그룹 생성

코드
```
int(0 / 3) → 0
int(1 / 3) → 0
int(2 / 3) → 0
int(3 / 3) → 1
int(4 / 3) → 1
int(5 / 3) → 1
int(6 / 3) → 2
int(7 / 3) → 2
int(8 / 3) → 2
        ⋮
```

예제 1 | 반복문을 이용한 여러 줄 정렬

예제파일 | 부록DVD\Sample\Part02\Ch03\Sec01\Exam02\예제\exam01.fla
완성파일 | 부록DVD\Sample\Part02\Ch03\Sec01\Exam02\완성\exam01.fla

01 라이브러리 Apple 클래스의 객체를 15개 생성하여 6줄로 정렬합니다.

코드
```
1    import flash.display.Sprite;
2    import flash.display.MovieClip;
3
4    var lineMax:int = 6;
5    var count:int = 15;
6    var container:Sprite = new Sprite();
7
```

```
8                for (var i:int = 0; i < count; i++) {
9                        var mc:MovieClip = new Apple();
10                       mc.x = i % lineMax * 100;
11                       mc.y = int(i/lineMax) * 80;
12                       container.addChild(mc);
13               }
14
15               container.x = 15;
16               container.y = 120;
17               this.addChild(container);
```

line 4 : 정렬할 라인의 수를 정의합니다.

line 5 : 생성할 객체의 수를 정의합니다.

line 6 : Apple 객체를 담을 객체를 생성합니다(모든 객체의 움직임을 한 번에 제어하기 위해서는 이와 같이 그룹 컨테이너를 만드는 것이 좋습니다).

line 8~13 : line 5에서 정의한 개수만큼 {} 안의 코드를 반복하여 실행합니다.

line 9 : Apple 객체를 생성합니다.

line 10 : 나머지 연산자(%)를 이용하여 가로 좌표를 움직입니다.

line 11 : 몫을 구하여 세로 좌표를 움직입니다.

line 12 : line 6에서 생성한 Sprite 객체에 Apple 객체를 넣습니다.

line 15~16 : 생성된 객체를 담고 있는 container 객체를 이동합니다.

line 17 : container 객체를 메인 타임라인 컨테이너에 넣습니다.

02 테스트 무비(`Ctrl` + `Enter`)를 실행하여 결과를 확인합니다. 이 코드와 같이 정렬 라인 수, 전체 객체 수와 같이 변경 가능성이 있는 데이터는 변수에 대입하여 사용하는 것이 좋습니다.

03 변수에 대입한 값을 변경하여 5열로 정렬합니다.

```
코드    4          var lineMax:int = 5;
```

04 테스트 무비(Ctrl + Enter)를 실행
하여 결과를 확인합니다.

3 랜덤 배치

알아두기

Part 02〉Ch 02. 기초 액션스크립트〉Sec 03. 타임라인 컨트롤〉2. 프레임 이동
Part 02〉Ch 03. 액션스크립트 활용〉Sec 01. DisplayObject 정렬〉1. 가로/세로 정렬

* 예제를 따라하기 전에 '미리 알아두기' 내용을 읽어보기 바랍니다.

Math Class

수학 연산(절대값, 삼각함수, 제곱근, 로그 등)을 위한 함수를 제공해 줍니다. 제공되는 메서드는 모두 static(고정) 함수이므로, 객체를 생성하지 않고 함수를 바로 사용할 수 있습니다. 자세한 메서드 리스트는 플래시 도움말(F1)을 참조하세요.

Math.random() 메서드

0~1 사이의 수(0 이상 1 미만의 수)를 반환하는 메서드로서, 이를 이용하여 임의의 값을 만들어낼 수 있습니다.

■ 0~100 사이의 숫자 만들기

```
코드    var num:Number = Math.random() * 100;
```

- -100~100 사이의 숫자 만들기

```
코드    var num:Number = Math.random() * 200 -100;
```

- 0~100 사이의 정수 만들기

```
코드    var num:Number = int(Math.random() * 100);
       var num:int = Math.random() * 100;
       var num:Number = Math.floor(Math.random() * 100);
```

> **tip** 소수점을 제거하는 방법은 앞서 언급한 int형으로의 강제 형 변환이 있습니다. 이 밖에도 3가지 방법이 더 있습니다.
>
> ```
> //무조건 내리기(양수에서는 int형 변환과 같지만 느리고, 음수에서는 int와 다르게 동작합니다.)
> num = Math.floor(num);
>
> //무조건 올리기
> num = Math.ceil(num);
>
> //반올림
> num = Math.round(num);
> ```

예제 1 | 화면 안에서의 랜덤 배치

예제파일 | 부록DVD\Sample\Part02\Ch03\Sec01\Exam03\예제\exam01.fla
완성파일 | 부록DVD\Sample\Part02\Ch03\Sec01\Exam03\완성\exam01.fla

01 라이브러리의 Apple 객체를 25개 생성합니다.

```
코드   1              import flash.display.MovieClip;
       2
       3              var count:int = 25;
       4
       5              for (var i:int = 0; i < count; i++) {
       6                      var mc:MovieClip = new Apple();
       7                      this.addChild(mc);
       8              }
```

line 3 : 생성할 객체의 수를 정의합니다.

line 5~8 : line 3에서 정의한 개수만큼 {} 안의 코드를 반복 실행합니다.

line 6 : Apple 객체를 생성합니다.

line 7 : 메인 타임라인 컨테이너에 객체를 넣습니다.

02 화면 안 임의의 좌표로 객체를 이동합니다. 회전과 크기도 임의의 값으로 변경합니다.

```
코드   5              for (var i:int = 0; i < count; i++) {
       6                      var mc:MovieClip = new Apple();
       7                      mc.x = Math.random() * stage.stageWidth;
       8                      mc.y = Math.random() * stage.stageHeight;
       9                      mc.scaleX = mc.scaleY = Math.random() * 0.5+0.5;
       10                     mc.rotation = Math.random() * 360;
       11                     this.addChild(mc);
       12             }
```

line 7 : 가로 좌표를 화면 안의 임의 좌표로 이동합니다. stage.stageWidth는 현재 보이는 화면의 가로 길이입니다.

line 8 : 세로 좌표를 화면 안의 임의 좌표로 이동합니다. stage.stageHeight는 현재 보이는 화면의 세로 길이입니다.

line 9 : 객체의 배율을 50~100% 사이의 값으로 변경합니다. 가로, 세로가 같은 비율로 변경됩니다.

line 10 : 객체의 회전을 0~360도 사이의 값으로 변경합니다.

03 테스트 무비(`Ctrl` + `Enter`)를 실행
하여 결과를 확인합니다.

04 모든 객체들이 동시에 생성되어 같은 움직임을 보여 줄 것입니다. 움직임을 서로 다르게 하기 위해
시작 프레임을 랜덤하게 변경합니다.

코드

```
5        for(var i:int = 0; i < count; i++) {
6                var mc:MovieClip = new Apple();
7                mc.x = Math.random() * stage.stageWidth;
8                mc.y = Math.random() * stage.stageHeight;
9                mc.scaleX = mc.scaleY = Math.random() * 0.5 + 0.5;
10               mc.rotation = Math.random() * 360;
11               this.addChild(mc);
12
13               //시작 프레임을 다르게 하기 위한 코드
14               var startFrame:int = Math.ceil(Math.random() * mc.totalFrames);
15               mc.gotoAndPlay(startFrame);
16       }
```

line 14 : 생성된 객체의 전체 프레임(totalFrames) 중 임의의 프레임 번호를 생성합니다. 프레임 번호
는 소수점이 없어야 하므로 Math.ceil( ) 메서드를 이용하여 무조건 올림을 합니다.
line 15 : line 14에서 만들어진 프레임 번호로 이동하여 재생합니다.

05 테스트 무비(Ctrl + Enter)를 실행
하여 결과를 확인합니다.

4 원 정렬

Part 02〉Ch 03. 액션스크립트 활용〉Sec 01. DisplayObject 정렬〉01. 가로/세로 정렬
Part 02〉Ch 05. 기초 프로그래밍〉Sec 02. 연산자

* 예제를 따라하기 전에 '미리 알아두기' 내용을 읽어보기 바랍니다.

Point Class

2차원 좌표 정보를 가진 클래스로, 좌표를 이용하여 거리, 각도 연산 등의 메서드를 지원합니다. 다음은 많이 사용되는 메서드입니다.

메서드	설명
distance(p0:Point, p1:Point):Number	두 포인트의 거리를 반환하는 고정(static) 함수입니다.
polar(len:Number, angle:Number):Point	거리와 각도로 좌표를 반환해 주는 고정(static) 함수입니다.
offset(dx:Number, dy:Number):void	포인트 객체의 x, y 속성을 지정한 만큼 더해 줍니다.

polar() 메서드 활용

polar( ) 메서드에 전달하는 각도는 Degree(360도 단위) 값이 아닌 Radian 값입니다. 따라서 90도 (Degree)를 전달하기 위해서는 다음 수식이 필요합니다.

```
코드    var angle:Number = 90;
        angle *= Math.PI / 180;
```

Degree와 Radian의 단위 변환은 다음 관계에 따릅니다.
Math.PI는 Math 클래스에 있는 원주율(3.1415926...) 상수입니다.

```
        360(Degree) == 2 * Math.PI(radian)
```

길이(len) 100, 각도(angle) –30도 좌표에 무비클립 옮기기

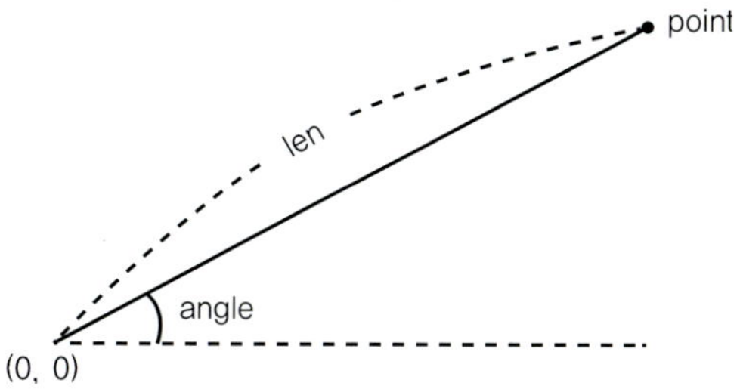


```
코드    var len:Number = 100;
        var angle:Number = -30 / 180 * Math.PI;
        var point:Point = Point.polar(len, angle);

        var mc:MovieClip = new MovieClip();
        mc.x = point.x;
        mc.y = point.y;
```

예제 1 | 원 정렬

예제파일 | 부록DVD\Sample\Part02\Ch03\Sec01\Exam04\예제\exam01.fla
완성파일 | 부록DVD\Sample\Part02\Ch03\Sec01\Exam04\완성\exam01.fla

01 Apple 객체를 생성하여 반지름 200의 원형으로 균등 배치합니다.

```
코드   1       import flash.display.Sprite;
       2       import flash.geom.Point;
       3
       4       var count:int = 10;
       5       var len:int = 200;
       6       var angle:Number = 360 / count;
       7
       8       for (var i:int = 0; i < count; i ++) {
       9               var mc:Sprite = new Apple();
       10              var point:Point = Point.polar(len, i * angle / 180 * Math.PI);
       11              mc.x = point.x;
       12              mc.y = point.y;
       13              this.addChild(mc);
       14      }
```

line 4 : 생성할 객체의 수를 정의합니다.

line 5 : 원의 반지름을 정의합니다.

line 6 : 동일한 각도로 정렬하기 위해 360도를 생성할 객체의 수로 나누어 한 개의 각도를 구합니다.

line 8~14 : line 4에서 정의한 개수만큼 {} 안의 코드를 반복 실행합니다.

line 9 : Apple 객체를 생성합니다(Apple 객체에 애니메이션이 없으면 Sprite 유형 변수에 참조할 수 있습니다. 만약 타임라인 모션을 만들었다면 변수의 데이터 유형은 무비클립이어야만 합니다).

line 10 : 주어진 반지름과 각도를 이용하여 객체가 위치할 좌표를 구합니다.

line 11~12 : line 10에서 구해진 포인트 좌표로 객체를 이동합니다.

line 13 : 메인 타임라인 컨테이너에 객체를 넣습니다.

02 테스트 무비(Ctrl + Enter)를 실행하여 결과를 확인합니다. (0, 0) 좌표를 기준으로 정렬되므로 대다수의 객체가 화면 밖으로 나가게 됩니다.

03 포인트 좌표에 중앙 좌표를 더해 전체 객체를 중앙으로 이동합니다.

코드
```
8        for(var i:int = 0; i < count; i++) {
9                var mc:Sprite = new Apple();
10               var point:Point = Point.polar(len, i * angle / 180 * Math.PI);
11               point.offset(stage.stageWidth / 2, stage.stageHeight / 2);
12               mc.x = point.x;
13               mc.y = point.y;
14               this.addChild(mc);
15        }
```

line 11 : line 10에서 생성된 point객체에 화면 중앙 좌표를 더합니다.

04 테스트 무비(Ctrl + Enter)를 실행하여 결과를 확인합니다.

05 다음 코드를 추가하면 각 객체들이 화면 중앙을 향합니다.

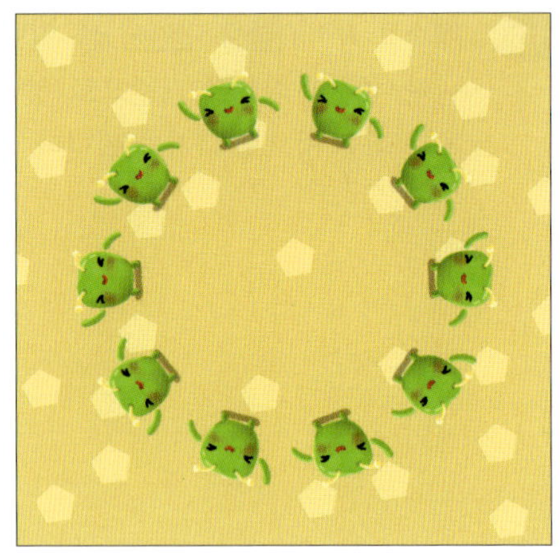

```
코드    8        for (var i:int = 0; i < count; i ++) {
        9                var mc:Sprite = new Apple();
        10               var point:Point = Point.polar(len, i * angle / 180 * Math.PI);
        11               point.offset(stage.stageWidth / 2, stage.stageHeight / 2);
        12               mc.x = point.x;
        13               mc.y = point.y;
        14               mc.rotation = angle * i + 90;
        15               this.addChild(mc);
        16       }
```

DisplayObject 움직임

- Event.ENTER_FRAME 이벤트
- 감속 공식
- Tween Class를 이용한 움직임
- TweenMax Class(Third party package) 활용
- Timer Class를 이용한 함수 반복 호출

엔터 프레임을 이용한 움직임

Part 02)Ch 03. 액션스크립트 활용)Sec 01. DisplayObject 정렬)3. 랜덤 배치
Part 02)Ch 05. 기초 프로그래밍)Sec 05. 함수
Part 02)Ch 05. 기초 프로그래밍)Sec 07. 이벤트

* 예제를 따라하기 전에 '미리 알아두기' 내용을 읽어보기 바랍니다.

Event.ENTER_FRAME 이벤트

"enterFrame" 이벤트는 DisplayObject 클래스가 가진 이벤트로, 정의된 FPS에 따라 이벤트가 발생합니다. 즉, 41fps로 플래시를 만들고 있다면 1초에 41번 화면이 바뀌게 되며, 이에 맞추어 "enterFrame" 이벤트가 발생합니다. 애니메이션 렌더링과 동일한 시간 간격으로 이벤트가 발생하므로, 움직임에 사용하면 부드러운 모션을 만들 수 있습니다.

예제 1 | 반복문을 이용한 가로 정렬

예제파일 | 부록DVD\Sample\Part02\Ch03\Sec02\Exam01\예제\exam01.fla
완성파일 | 부록DVD\Sample\Part02\Ch03\Sec02\Exam01\완성\exam01.fla

01 라이브러리 Snowman 무비클립을 더블클릭하여 편집 모드로 변경합니다. 자신의 좌표가 오른쪽으로 등속 운동하는 코드를 입력합니다.

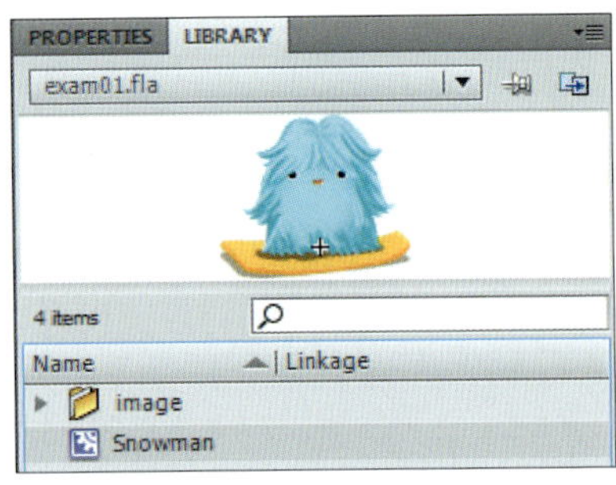

```
코드  1        import flash.events.Event;
     2
     3        var speed:Number = 1;
     4        this.addEventListener(Event.ENTER_FRAME, enterFrameListener);
     5
     6        function enterFrameListener(event:Event):void {
     7            this.x += speed;
     8        }
```

line 3 : 움직임 속도를 정의합니다.

line 4 : enterFrame 이벤트를 등록합니다.

line 6~8 : line 4에서 등록한 이벤트 리스너 함수입니다.

line 7 : line 3에서 정의한 속도만큼 가로 좌표를 이동합니다. 1px씩 오른쪽으로 움직이는 모션이 진행됩니다.

02 테스트 무비(Ctrl + Enter)를 실행하여 결과를 확인합니다. 3개의 무비클립이 오른쪽으로 동시에 이동합니다.

03 speed를 랜덤하게 변경합니다.

```
코드    3       var speed:Number = Math.random() * 4 - 2;
```

line 3 : −2~2 사이의 값을 임의로 생성합니다.

04 테스트 무비(Ctrl + Enter)를 실행
하여 결과를 확인합니다. 각각의 무
비클립을 실행할 때마다 다른 방향
과 속도로 움직입니다.

2 감속 공식을 이용한 움직임

Part 02〉Ch 03. 액션스크립트 활용〉Sec 02. DisplayObject 움직임〉1. 엔터 프레임을 이용한 움직임

* 예제를 따라하기 전에 '미리 알아두기' 내용을 읽어보기 바랍니다.

감속 공식

가장 많이 사용되는 감속 공식
은 남은 거리의 일부를 지속적
으로 이동함으로써 감속 운동
을 만들어내는 공식입니다. 그
림과 같이 한 프레임에 이동하
는 거리는 점점 작아지게 되어
감속 효과가 나타납니다.

한 프레임 이동 거리 : 남은 거리의 50% 일 경우

첫 번째 움직임

두 번째 움직임

세 번째 움직임

위 움직임을 식으로 표현하면 다음과 같습니다.

현재 위치 = 현재 위치 + (목적지 - 현재 위치) * 0.5

0.5가 아닌 더 작은 숫자를 곱해 줄수록 천천히 움직이고, 1에 가까운 숫자를 곱해 줄수록 빠르게 움직일 것입니다. 위 그림과 같이 감속 공식은 지속적인 실행이 있어야 움직임으로 나타나게 됩니다. 따라서 ENTER_FRAME 이벤트와 같이 사용하게 됩니다.

공식을 정리해 보겠습니다.

현재 값 += (타깃 값 - 현재 값) * 0보다 크고 1보다 작은 상수

이 공식은 움직임뿐만 아니라 크기, 투명도 등 수치를 변경하는 모든 속성에 사용할 수 있습니다.

예제 1 | 서서히 멈추는 무비클립

예제파일 | 부록DVD\Sample\Part02\Ch03\Sec02\Exam02\예제\exam01.fla
완성파일 | 부록DVD\Sample\Part02\Ch03\Sec02\Exam02\완성\exam01.fla

01 라이브러리 Taco 클래스를 생성하여 원하는 좌표까지 감속 운동을 시킵니다.

```
코드    1    import flash.display.MovieClip;
       2    import flash.events.Event;
       3
       4    var mc:MovieClip = new Taco();
       5    mc.y = 250;
```

```
6              this.addChild(mc);
7              mc.addEventListener(Event.ENTER_FRAME, enterFrameListener);
8
9              function enterFrameListener(event:Event):void {
10                     mc.x += (400 - mc.x) * 0.1;
11             }
```

line 4 : Taco 객체를 생성합니다.

line 5 : 생성한 객체의 세로 좌표를 이동합니다.

line 6 : 메인 타임라인 컨테이너에 객체를 넣습니다.

line 7 : 생성된 객체에 "enterFrame" 이벤트를 등록합니다.

line 9~11 : line 7에서 등록한 이벤트 리스너 함수입니다.

line 10 : Taco 객체의 가로 좌표를 400까지 감속 운동으로 이동합니다. 1프레임에 남은 거리의 $\frac{1}{10}$ 을 이동합니다.

02 테스트 무비(Ctrl + Enter)를 실행하여 결과를 확인합니다.

예제 2 | 마우스를 부드럽게 따라다니는 무비클립

예제파일 | 부록DVD\Sample\Part02\Ch03\Sec02\Exam02\예제\exam02.fla
완성파일 | 부록DVD\Sample\Part02\Ch03\Sec02\Exam02\완성\exam02.fla

01 라이브러리의 Pointer 객체를 생성하여 마우스 좌표로 이동합니다.

```
코드    1          import flash.display.MovieClip;
        2
        3          var mc:MovieClip = new Pointer();
        4          mc.x = this.mouseX;
        5          mc.y = this.mouseY;
        6          this.addChild(mc);
```

line 3 : Pointer 객체를 생성합니다.

line 4~5 : 객체의 좌표를 마우스 좌표로 이동합니다.

line 6 : 메인 타임라인 컨테이너에 객체를 넣습니다.

02 마우스 좌표까지 감속 운동하도록 코드를 추가합니다.

```
코드    2          import flash.events.Event;
        :                              :
        8          mc.addEventListener(Event.ENTER_FRAME, enterFrameListener);
        9
        10         function enterFrameListener(event:Event):void {
        11             mc.x += (this.mouseX - mc.x) * 0.1;
        12             mc.y += (this.mouseY - mc.y) * 0.1;
        13         }
```

line 8 : 생성된 객체에 "enterFrame" 이벤트를 등록합니다.

line 10~13 : line 8에서 등록한 이벤트 리스너 함수입니다.

line 11 : Pointer 객체의 가로 좌표가 마우스 가로 좌표까지 감속 운동을 합니다.

line 12 : Pointer 객체의 세로 좌표가 마우스 세로 좌표까지 감속 운동을 합니다.

03 테스트 무비(Ctrl + Enter)를 실행하여 결과를 확인합니다.

예제 3 | 커지면서 사라지는 무비클립

예제파일 | 부록DVD\Sample\Part02\Ch03\Sec02\Exam02\예제\exam03.fla
완성파일 | 부록DVD\Sample\Part02\Ch03\Sec02\Exam02\완성\exam03.fla

01 라이브러리의 Carrot 객체를 생성하여 화면 중앙으로 이동
하게 합니다.

코드
```
1          import flash.display.MovieClip;
2
3          var mc:MovieClip = new Carrot();
4          mc.x = stage.stageWidth / 2;
5          mc.y = stage.stageHeight / 2;
6          this.addChild(mc);
```

line 3 : Carrot 객체를 생성합니다.

line 4~5 : 객체의 좌표를 화면의 중앙으로 이동합니다.

line 6 : 메인 타임라인 컨테이너에 객체를 넣습니다.

02 객체를 클릭하면 점점 커지면서 화면에서 사라지도록 합니다.

코드
```
1          import flash.display.MovieClip;
2          import flash.events.MouseEvent;
3          import flash.events.Event;
4
5          var mc:MovieClip = new Carrot();
6          mc.x = stage.stageWidth / 2;
7          mc.y = stage.stageHeight / 2;
8          this.addChild(mc);
9
10         mc.buttonMode = true;
11         mc.addEventListener(MouseEvent.CLICK, clickListener);
```

```
12
13        function clickListener(event:MouseEvent):void {
14              mc.buttonMode = false;
15              mc.removeEventListener(MouseEvent.CLICK, clickListener);
16              mc.addEventListener(Event.ENTER_FRAME, enterFrameListener);
17        }
18
19        function enterFrameListener(event:Event):void {
20              mc.alpha += (0 - mc.alpha)* 0.1;
21              mc.scaleX += (2 - mc.scaleX)* 0.1;
22              mc.scaleY = mc.scaleX;
23        }
```

line 10 : 마우스 포인터가 객체 위로 올라오면 손 모양으로 변하게 합니다.

line 11 : 객체에 클릭 이벤트를 등록합니다.

line 14 : 마우스 포인터가 객체 위로 올라와도 손 모양이 나오지 않도록 합니다.

line 15 : line 11에서 등록한 이벤트를 제거합니다. 한 번만 이벤트 함수가 호출되도록 제거하는 것입니다.

line 16 : "enterFrame" 이벤트를 등록합니다.

line 20 : 투명도를 0으로 감속 운동하게 합니다(점점 투명해집니다).

line 21~22 : 크기를 2배로 감속 운동하게 합니다(점점 커집니다).

03 테스트 무비(Ctrl + Enter)를 실행하여 결과를 확인합니다.

Tween 클래스를 이용한 움직임

Part 02〉Ch 02. 기초 액션스크립트〉Sec 02. 마우스 이벤트〉1. 버튼 이벤트
Part 02〉Ch 03. 액션스크립트 활용〉Sec 02. DisplayObject 움직임〉2. 감속 공식을 이용한 움직임

* 예제를 따라하기 전에 '미리 알아두기' 내용을 읽어보기 바랍니다.

Tween Class

Tween 클래스는 지정된 시간 동안 속성(좌표, 크기, 투명도 등)을 애니메이션할 수 있는 클래스입니다. 여유(easing) 클래스를 이용하여 여러 가지 움직임(감속, 가속, 진동 등)을 만들어낼 수 있습니다.

```
var myTween:Tween = new Tween(myObject, "x", Elastic.easeOut, 0, 300, 3, true);
                                 ①          ②         ③           ④  ⑤   ⑥  ⑦
```

① 대상 객체입니다.
② 변경할 속성입니다. 속성은 반드시 문자로 입력해야 합니다.
③ 감속, 가속 등과 같은 움직임의 형태 메서드입니다. 이 메서드에 대한 종류는 아래 표를 참조하세요.
④ 초기 값입니다. 먼지 이 값으로 이동한 후 애니메이션이 진행됩니다.
⑤ 종료 값입니다. 지정된 시간까지 이 종료 값으로 애니메이션 됩니다.
⑥ 애니메이션 시간입니다. 초 단위 또는 프레임 단위로 명령할 수 있습니다. 이는 마지막 매개 변수의 값에 따라 결정됩니다.
⑦ 애니메이션 시간 단위가 초 단위라면 true, 프레임 단위라면 false를 전달합니다.

■ **fl.transitions.easing 패키지**

클래스	설명
Back	트윈 종료 값을 지나쳤다가 돌아오는 모션
Bounce	공이 바닥에 떨어져 튀어오르는 듯한 모션
Elastic	진동을 일으키는 모션
None	등속 운동
Regular	타임라인 트윈과 같은 가속/감속 모션
Strong	Regular보다 좀 더 강한 가속/감속 모션

위 fl.transitions.easing 패키지의 클래스들은 다음 메서드와 함께 사용하여 다양한 움직임을 만들어냅니다.

메서드	설명
easeIn()	가속 모션
easeOut()	감속 모션
easeInOut()	가속 후 감속 모션

예를 들어 Elastic.easeIn은 진동 가속 운동이 되며, Bounce.easeOut은 공이 땅에 떨어지는 듯한 모션이 감속하며 표현됩니다.

Tween Class는 많은 메서드를 지원합니다. 하지만 이 교재에서는 다루지 않습니다. 다음 장에서 소개하게 될 TweenMax와 같은 클래스들이 더욱 뛰어난 성능을 지원하고, 기본 Tween 클래스는 실무에서도 잘 사용되지 않기 때문에 짧은 예제만 다룰 것입니다. 언급하지 않은 메서드는 플래시 도움말(F1)을 참조하세요.

예제 1 | Tween 클래스를 이용한 움직임

예제파일 | 부록DVD\Sample\Part02\Ch03\Sec02\Exam03\예제\exam01.fla
완성파일 | 부록DVD\Sample\Part02\Ch03\Sec02\Exam03\완성\exam01.fla

01 화면에 위치한 3개의 객체(astronaut0, astronaut1, astronaut2)를 Tween 클래스를 이용하여 화면에 등장하도록 합니다.

```
코드    1              import flash.display.MovieClip;
        2              import fl.transitions.Tween;
        3              import fl.transitions.easing.Bounce;
        4
        5              for (var i:int = 0; i < 3; i++) {
        6                      var mc:MovieClip = this["astronaut" + i];
        7                      var tween:Tween = new Tween(mc, "y", Bounce.easeOut, 0, mc.y, 60, false);
        8              }
```

line 5 : line 6~7 코드를 3번 반복 실행합니다.

line 6 : 대괄호([ ]) 연산자를 이용하여 astronaut0, astronaut1, astronaut2 객체를 변수 mc에 참조시킵니다.

line 7 : 공 튀기는 모션으로, 세로 좌표를 0에서 현재 위치까지 60프레임 동안 움직입니다.

02 각 객체를 클릭하면 아래로 이동하면서 사라지도록 합니다.

```
코드    1              import flash.display.MovieClip;
        2              import fl.transitions.Tween;
        3              import fl.transitions.easing.Bounce;
        4              import fl.transitions.easing.Strong;
        5              import flash.events.MouseEvent;
        6
        7              for (var i:int = 0; i < 3; i++) {
        8                      var mc:MovieClip = this["astronaut" + i];
        9                      var tween:Tween = new Tween(mc, "y", Bounce.easeOut, 0, mc.y, 60, false);
        10             }
        11             this.addEventListener(MouseEvent.CLICK, clickListener);
        12
        13             function clickListener(event:MouseEvent):void {
        14                     var mc:MovieClip = event.target as MovieClip;
        15                     var alphaTween:Tween = new Tween(mc, "alpha", Strong.easeIn, 1, 0, 1
                                                       , true);
        16                     var yTween:Tween = new Tween(mc, "y", Strong.easeIn, mc.y, mc.y -200
                                                       , 1, true);
        17             }
```

line 11 : 메인 타임라인 객체에 클릭 이벤트를 등록합니다(astronaut0, astronaut1, astronaut2 무비 클립이 메인 타임라인 객체 안에 있으므로 클릭하면 버튼 이벤트가 발생합니다).

line 14 : 클릭된 객체를 변수 mc에 참조시킵니다. 여기서 target은 currentTarget과 달리 클릭이 된 내부 객체를 알려 줍니다. currentTarget은 이벤트가 등록된 객체입니다(이 예제에서는 메인 타임 라인 무비클립입니다).

line 15 : 투명도를 1초 동안 0으로 변화하도록 합니다.

line 16 : 세로 좌표를 1초 동안 현재 좌표보다 200px 위로 이동하도록 합니다.

03 테스트 무비(Ctrl + Enter)를 실행 하여 결과를 확인합니다.

예제 2 | 연속되는 Tween 모션

예제파일 | 부록DVD\Sample\Part02\Ch03\Sec02\Exam03\예제\exam02.fla
완성파일 | 부록DVD\Sample\Part02\Ch03\Sec02\Exam03\완성\exam02.fla

01 circle 무비클립을 화면 밖에서 현재 위치로 등장한 후 크기가 커지는 Tween 모션으로 만듭니다.

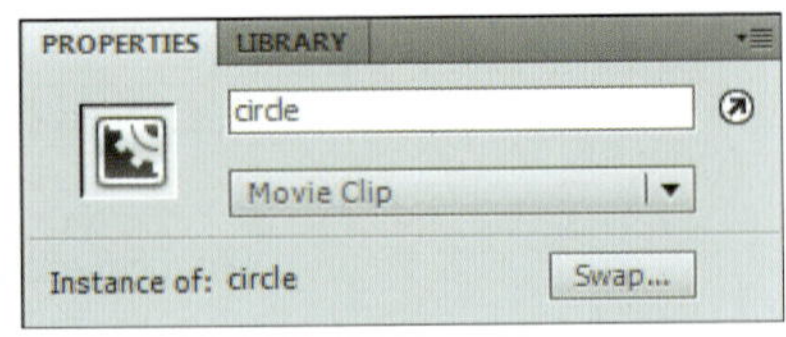

```
코드   1          import fl.transitions.Tween;
       2          import fl.transitions.easing.*;
       3          import fl.transitions.TweenEvent;
       4
       5          image.mask = circle;
       6
       7          var tween:Tween = new Tween(circle, "x", Back.easeOut, 500, circle.x, 30, false);
       8          tween.addEventListener(TweenEvent.MOTION_FINISH, motionFinishListener);
       9
       10         function motionFinishListener(event:TweenEvent):void {
       11             var tween_scaleX:Tween = new Tween(circle, "scaleX", Elastic.easeOut, 1, 6, 1.5, true);
       12             var tween_scaleY:Tween = new Tween(circle, "scaleY", Elastic.easeOut, 1, 6, 1.5, true);
       13         }
```

line 2 : easing 패키지의 모든 클래스를 사용할 수 있도록 정의합니다.

line 5 : image 무비클립을 circle 무비클립으로 마스크합니다.

line 7 : circle 무비클립의 x좌표를 500에서 현재 위치까지 30프레임 동안 Tween합니다. Back.easeOut은 목적지를 조금 지나친 후 목적지로 이동하는 모션입니다.

line 8 : 중앙으로 이동이 완료되는 순간 motionFinishListener 이벤트 함수를 호출하도록 Tween 완료 이벤트를 등록합니다.

line 10~13 : line 8에서 등록한 이벤트 리스너 함수입니다.

line 11~12 : circle 무비클립을 1.5초 동안 6배로 크게 합니다. Elastic.easeOut은 진동 움직임입니다.

02 테스트 무비(Ctrl + Enter)를 실행하여 결과를 확인합니다.

다음은 Tween 객체에서 발생하는 이벤트입니다. 앞에서 언급했듯이 더 좋은 Tween 클래스가 있기 때문에 자주 사용되는 코드는 아니므로, TweenMax 클래스와 비교하기 위해서 한번 살펴보세요.

클래스	상수	설명
"motionChange"	TweenEvent.MOTION_CHANGE	트윈이 변경되고 화면이 업데이트되었음을 나타냅니다.
"motionFinish"	TweenEvent.MOTION_FINISH	트윈이 끝에 도달하여 종료되었음을 나타냅니다.
"motionLoop"	TweenEvent.MOTION_LOOP	트윈이 반복 모드의 시작 부분에서 다시 재생을 시작했음을 나타냅니다.
"motionResume"	TweenEvent.MOTION_RESUME	트윈이 일시 정지된 후에 다시 재생을 시작했음을 나타냅니다.
"motionStart"	TweenEvent.MOTION_START	모션이 재생되기 시작했음을 나타냅니다.
"motionStop"	TweenEvent.MOTION_STOP	Tween이 중단되었음을 나타냅니다.

tip 만약 투명 영역이 있는 마스크를 사용하기 위해서는 마스크 무비클립과 마스크되는 무비클립의 cacheAsBitmap 속성을 true로 변경합니다.

1 | 스크립트로 변경하기

```
circle.cacheAsBitmap = true;
image.cacheAsBitmap = true;
image.mask = circle;
```

2 | 속성 패널에서 변경하기

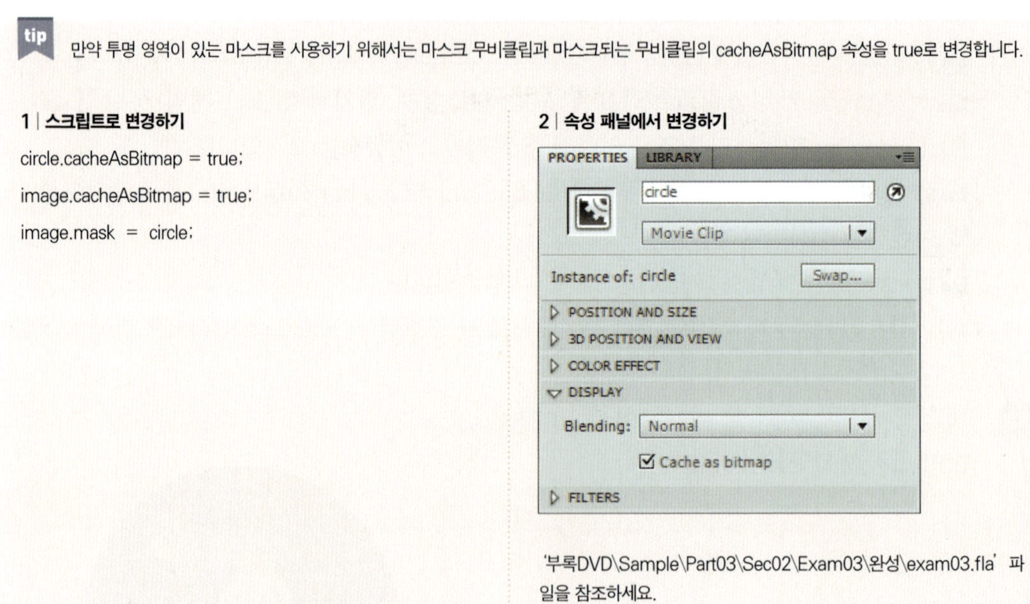

'부록DVD\Sample\Part03\Sec02\Exam03\완성\exam03.fla' 파일을 참조하세요.

TweenLite/TweenMax 클래스를 이용한 움직임

Part 02〉Ch 03. 액션스크립트 활용〉Sec 02. DisplayObject 움직임〉3. Tween 클래스를 이용한 움직임

• 예제를 따라하기 전에 '미리 알아두기' 내용을 읽어보기 바랍니다.

TweenLite/TweenMax Class

TweenLite/TweenMax 클래스는 'greensock.com'에서 제작한 Third party package(Flash 프로그램을 개발한 어도비 사가 아닌 다른 제작한 패키지)입니다. Tween 클래스보다 기능이 많고, 속도 또한 빨라서 많이 사용되는 클래스입니다. 이 밖에도 다수의 Tween 클래스가 있지만 현재까지 가장 보편적으로 사용되는 TweenLite/TweenMax 클래스를 소개하고자 합니다.

이 클래스를 사용하기 위해 먼저 최신 버전의 클래스 파일을 다운로드합니다(다운로드할 수 없는 환경이라면 예제 폴더에 있는 파일을 사용해도 되지만, 끊임없이 업데이트되므로 가급적 다운로드하기를 권장합니다.).

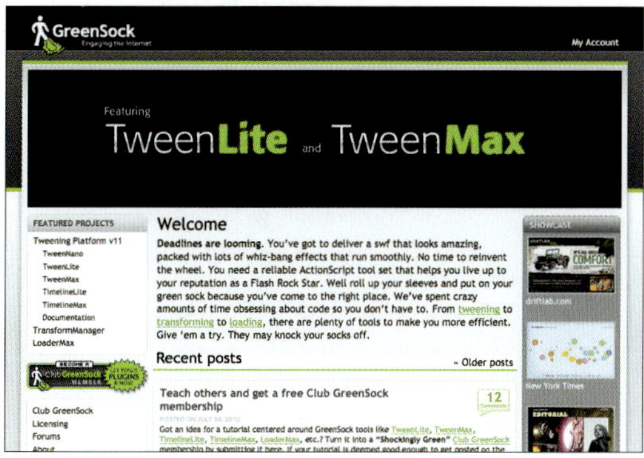 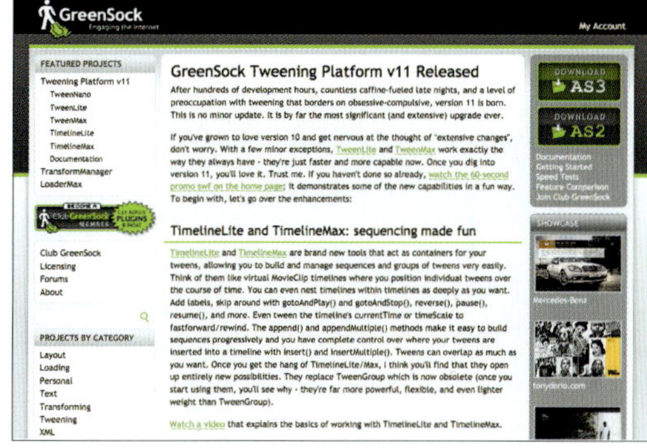

▲ GreenSock(http://www.greensock.com)

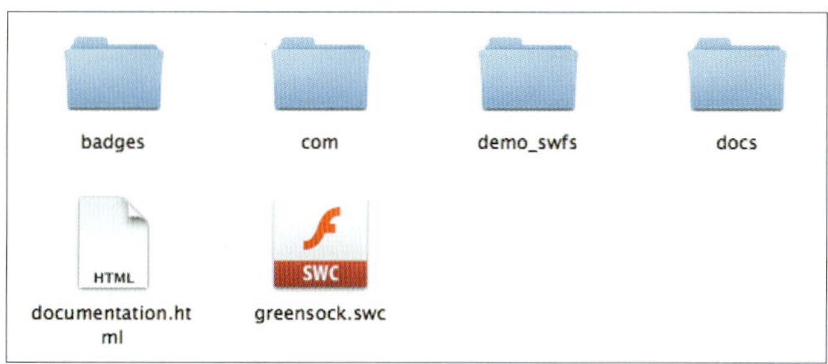

다운로드한 파일의 압축을 풀면 com 폴더와 swc 파일이 있습니다(기타 파일들은 설명, 데모 파일입니다). 이 클래스를 사용하기 위해서는 FLA 파일과 같은 경로에 com 폴더가 있어야 합니다. 기본적으로 같은 경로에 있는 클래스는 사용이 가능하도록 설정되어 있기 때문입니다. 만약, 매번 예제 파일 폴더에 com 폴더를 복사해 넣는 불편을 없애려면 com 폴더 또는 greensock.swc 파일을 액션스크립트 세팅에 등록해야 합니다(두 가지 방법 중에서 하나만 등록하면 됩니다).

com 폴더(패키지) 폴더 등록

01 Flash CS5의 프로그램 속성 패널 [Edit]-[Preferences...]을 엽니다(Ctrl + U).

02 [ActionScript] 카테고리의 [Action Script 3.0 Settings...] 버튼을 클릭합니다.

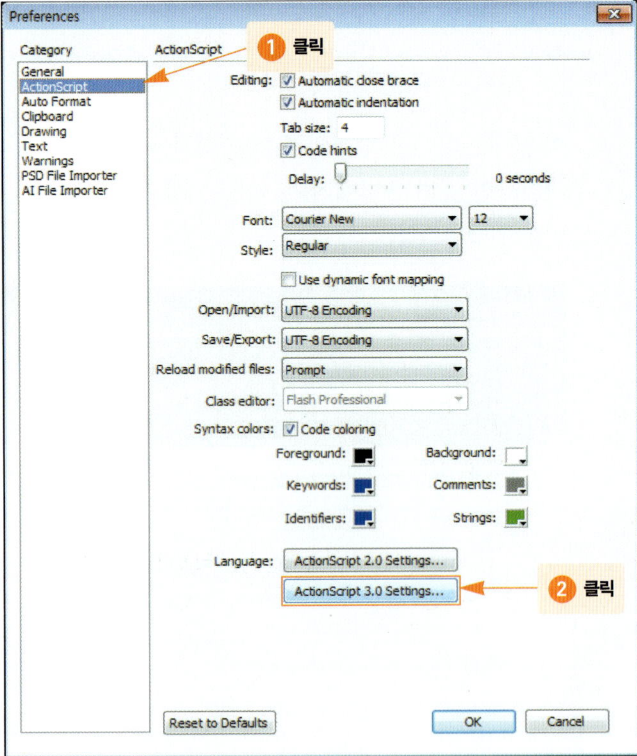

03 Source path의 찾아보기 버튼을 클릭합니다.

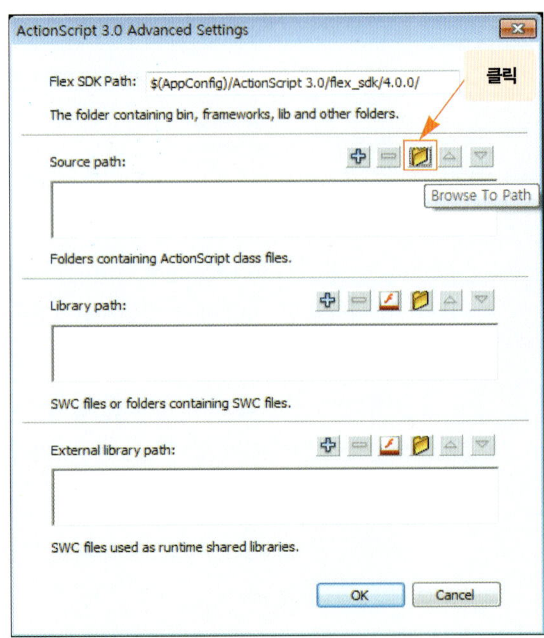

04 com 폴더를 가지고 있는 greensock –
as3 폴더를 선택하여 경로를 저장합
니다

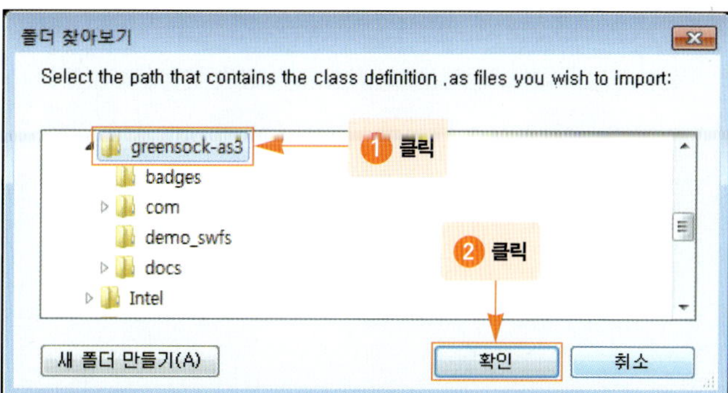

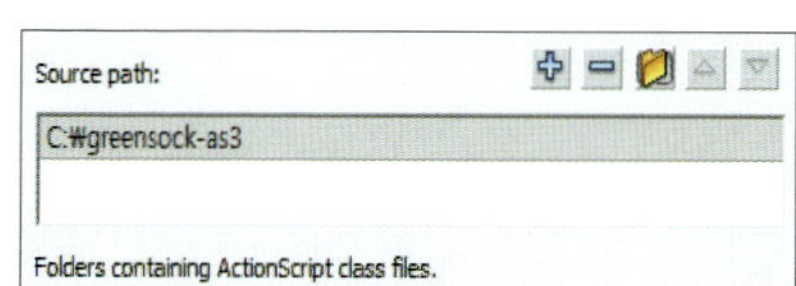

컴포넌트(swc) 파일 등록

01 [Edit]–[Preferences…]을 엽니다(Ctrl + U).

02 [ActionScript] 카테고리의 [ActionScript 3.0 Settings…] 버튼을 클릭합니다(여기까지는 패키지 등
록 방법과 같습니다).

03 Library path의 SWC 파일 찾아보기 버튼
( )을 클릭합니다.

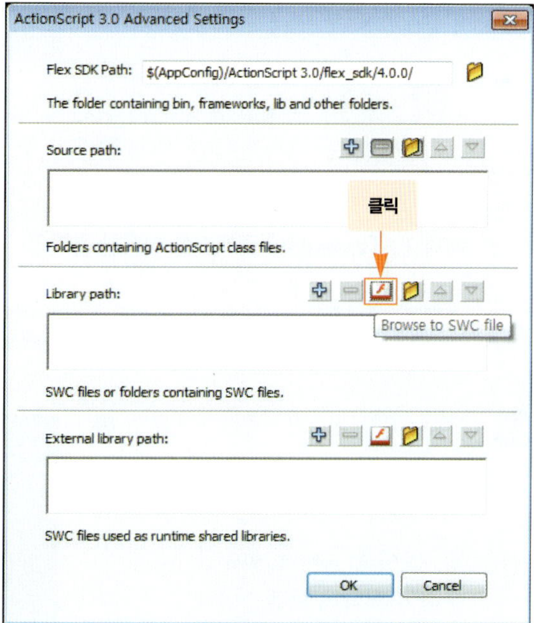

04 greensock.swc 파일을 선택하여 경로를 저장합니다.

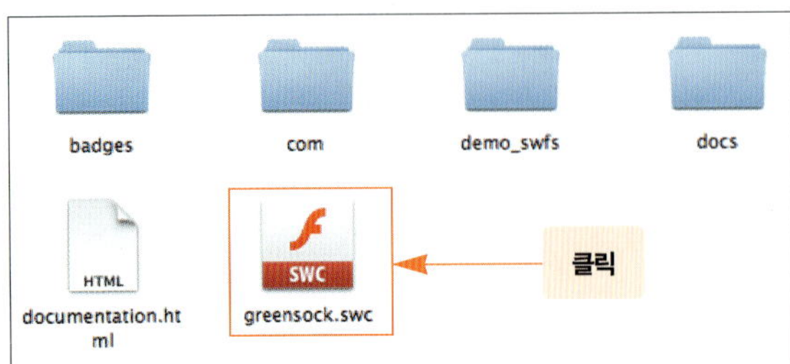

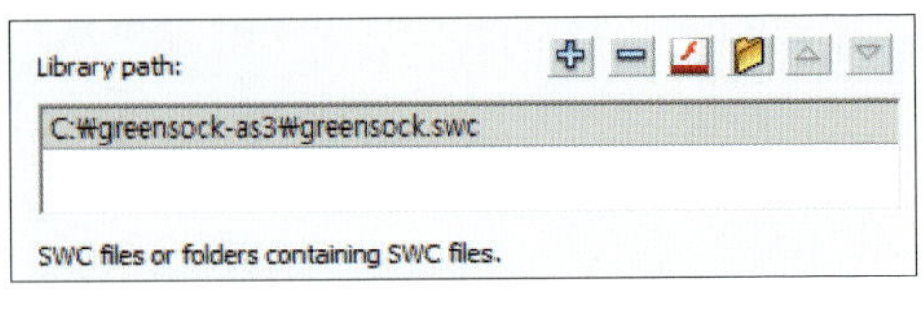

위 2가지 방법 중 하나를 선택하여 클래스를 등록한 후에 코드를 작성해 보면, FLA 파일과 같은 경로에 클래스 파일이 없어도 클래스 코드가 자동 완성되는 것을 확인할 수 있습니다.

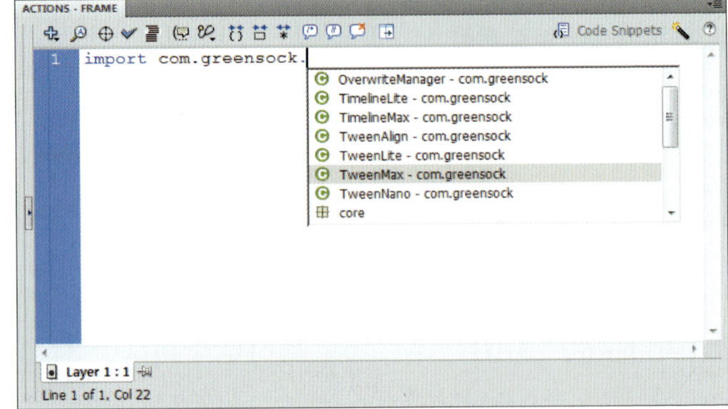

> **tip** SWC(컴포넌트) 파일은 패키지의 압축 파일입니다. TweenMax 클래스로 예를 들면 com 패키지의 모든 클래스가 greensock.swc 파일에 압축되어 있는 것입니다. 따라서 패키지 폴더를 등록하는 것과 컴포넌트 파일을 등록하는 것은 결과물을 생성하는 데 차이가 없습니다.

예제 1 | TweenLite 클래스를 이용한 움직임

예제파일 | 부록DVD\Sample\Part02\Ch03\Sec02\Exam04\예제\exam01.fla
완성파일 | 부록DVD\Sample\Part02\Ch03\Sec02\Exam04\완성\exam01.fla

01 'Part 02〉Ch 03. 액션스크립트 활용〉Sec 02. DisplayObject 움직임〉3. Tween 클래스를 이용한 움직임' 예제를 TweenLite 클래스를 이용하여 제작해 보겠습니다.

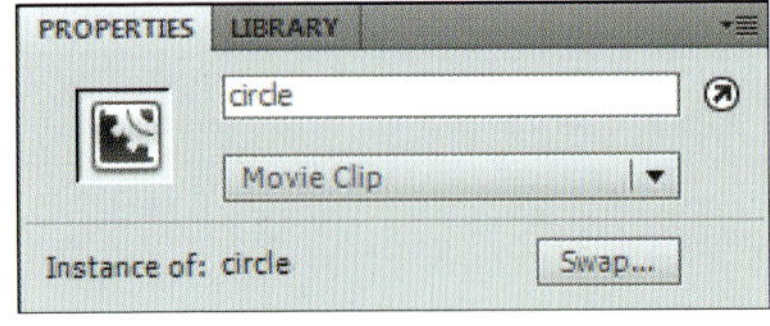

```
코드    1          import com.greensock.TweenLite;
       2          import com.greensock.easing. *;
       3
       4          image.mask = circle;
       5
       6          TweenLite.from(circle, 30, {useFrames:true, x:500, ease:Back.easeOut,
                  onComplete:nextTween});
       7          function nextTween():void {
       8                  TweenLite.to(circle, 1.5, {scaleX:5, scaleY:5, ease:Elastic.easeOut});
       9          }
       10
```

line 1 : TweenLite 클래스의 경로를 정의합니다.

line 2 : com.greensock.easing 패키지 안에 있는 모든 클래스를 사용할 수 있도록 클래스 경로를 정의합니다(*는 모든 클래스를 의미합니다).

line 4 : image 무비클립을 circle 무비클립으로 마스킹합니다.

line 6 : circle 무비클립의 x좌표를 500에서 현재 좌표까지 30프레임 간 이동한 후, nextTween 함수를 호출합니다. from( ) 메서드는 지정한 값에서 현재 값까지 변하게 합니다.

line 9 : circle 무비클립의 scaleX, scaleY를 5배로 1.5초 동안 크게 합니다. TweenLite/TweenMax 클래스를 이용하면 이와 같이 여러 속성을 한 빈의 명령으로 변화시킬 수 있습니다. to( ) 메서드는 현재 값에서 지정한 값까지 변하게 합니다.

02 테스트 무비(Ctrl + Enter)를 실행하여 결과를 확인합니다.

예제 2 | TweenMax 클래스의 지연(delay) 기능 사용하기

예제파일 | 부록DVD\Sample\Part02\Ch03\Sec02\Exam04\예제\exam02.fla
완성파일 | 부록DVD\Sample\Part02\Ch03\Sec02\Exam04\완성\exam02.fla

TweenMax 클래스에는 TweenLite보다 많은 기능을 가지고 있습니다. 이 중에서 bezier 속성을 이용하면 커브 모션을 만들 수 있습니다.

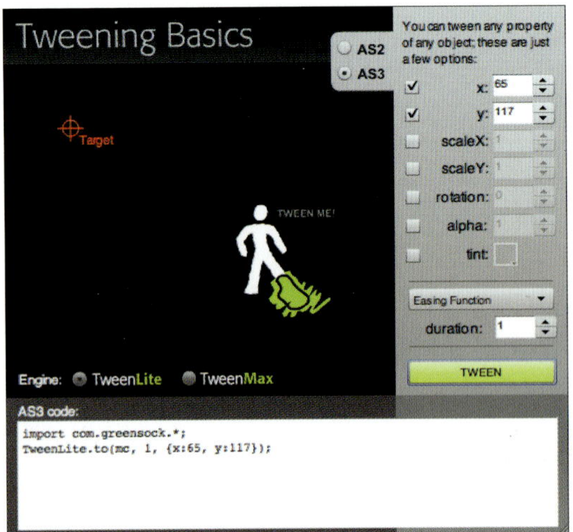
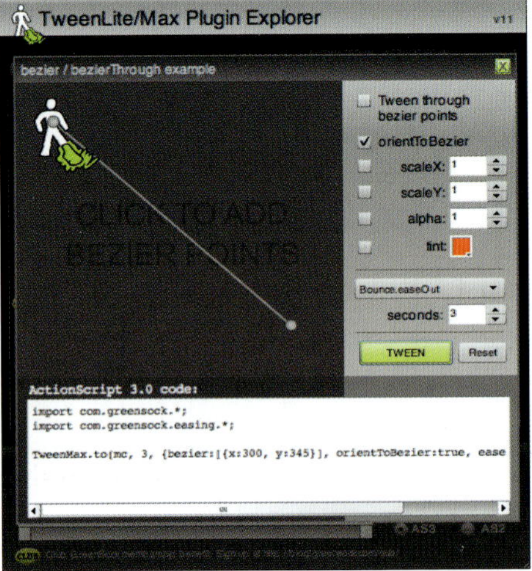

TweenLite/TweenMax 클래스의 기능은 사이트(http://www.greensock.com)와 예제 데모파일(다운로드한 demo_swfs 폴더 내에 있습니다.)을 참조하세요.

01 라이브러리의 Box 객체를 5개 생성하여 화면 아래로 이동하는 Tween 모션을 만듭니다.

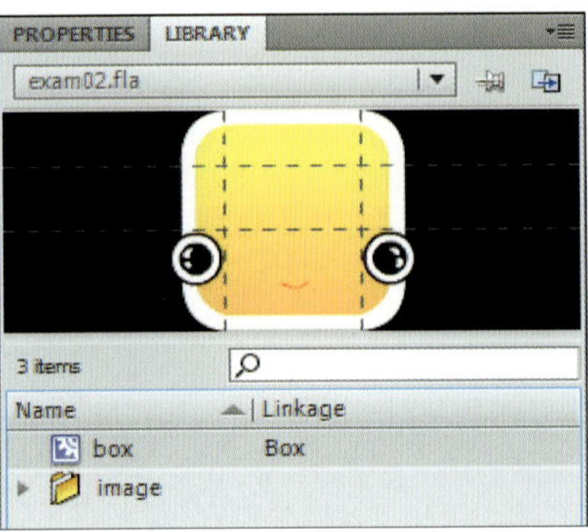

```
코드   1   import com.greensock.TweenLite;
       2   import com.greensock.TweenMax;
       3   import com.greensock.easing. *;
       4
       5   for (var i:int = 0; i < 5; i++) {
```

```
6            var box:Box = new Box();
7            box.x = i * 100 + 100;
8            box.y = -100;
9            this.addChild(box);
10
11           TweenLite.to(box, 1.5, {y:360, ease:Bounce.easeOut});
12           TweenMax.to(box, 2.5, {scaleY:1, bezier:[{scaleY:0}]
                    , ease:Elastic.easeOut});
13       }
```

line 5~13 : Box 무비클립을 생성하여 화면 위에서 아래로 이동시킵니다.

line 6~9 : Box 무비클립을 생성하고 화면 상단 밖으로 옮겨놓습니다.

line 11 : Box 객체의 y좌표를 360까지 이동합니다.

line 12 : Box 객체의 scaleY 값을 1까지 2.5초 동안 변화하도록 합니다. 현재 Box 객체의 scaleY 값은 1이지만, bezier 속성으로 인해 0으로 변화되다가 1로 돌아오는 모션이 만들어집니다.

02 모션 시작 시간이 모두 다르도록 delay 속성 값을 추가합니다.

```
코드  1     import com.greensock.TweenLite;
     2     import com.greensock.TweenMax;
     3     import com.greensock.easing.*;
     4
     5     for (var i:int = 0; i < 5; i++) {
     6            var box:Box = new Box();
     7            box.x = i * 100 + 100;
     8            box.y = -100;
     9            this.addChild(box);
     10
     11           var delayTime:Number = Math.random();
     12           TweenLite.to(box, 1.5, {y:360, delay:delayTime, ease:Bounce.easeOut});
     13           TweenMax.to(box, 2.5, {scaleY:1, bezier:[{scaleY:0}], delay:delayTime
                        , ease:Elastic.easeOut});
     14       }
```

line 11 : 임의의 지연 시간을 만들어내기 위해 random( ) 함수를 이용하여 0~1초 사이의 값을 만들어 냅니다.

line 12~13 : 만들어낸 임의의 값을 이용하여 Tween 지연 시간을 지정합니다. 각 Tween은 지정된 시간이 지난 후 모션이 시작됩니다.

03 테스트 무비(Ctrl + Enter)를 실행하여 결과를 확인합니다.

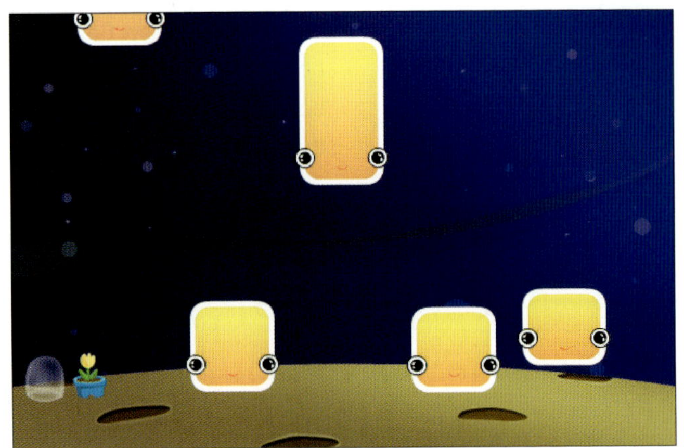

만약 다음과 같이 컴파일 오류가 발생하면, TweenLite/TweenMax 클래스의 위치를 찾을 수 없기 때문입니다. com 폴더를 예제 폴더에 복사해 넣거나 프로그램에 클래스를 등록합니다.

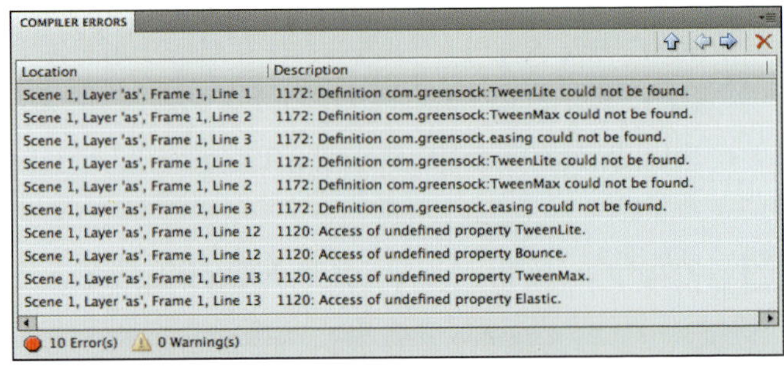

> **tip** TweenLite 클래스를 이용하여 Tween 모션을 명령하면, 다른 속성을 Tween하더라도 이전에 동작하던 모든 Tween 모션이 중지되고 새롭게 명령된 Tween만 동작합니다. 하지만 TweenMax 클래스는 다른 속성을 따로 변화시킬 수 있습니다.
>
> 만약 하나의 객체에 여러 TweenLite를 사용하려면 overwrite 속성을 사용하세요.
>
> ```
> TweenLite.to(box, 1, {x:300});
> TweenLite.to(box, 0.5, {y:100, overwrite:false});
> ```
>
> TweenLite, TweenMax 모션 진행 중에 다음 명령을 실행하면 모션이 중지됩니다.
>
> ```
> TweenLite.killTweensOf(box);
> TweenMax.killTweensOf(box);
> ```

일정 시간 간격으로 반복 함수 호출

알아두기

Part 02〉Ch 03. 액션스크립트 활용〉Sec 02. DisplayObject 움직임〉4. TweenLite/TweenMax 클래스를 이용한 움직임

* 예제를 따라하기 전에 '미리 알아두기' 내용을 읽어보기 바랍니다.

Timer Class

지정된 시간 간격에 지정된 횟수만큼 이벤트가 발생하는 시간 관련 클래스로, 게임 제작 시 타이머를 만들거나 지속적으로 개체를 생성하는 등 시간에 맞추어 반복 실행을 해야 할 때 사용합니다.

다음 코드는 1초에 한 번씩 현재 타이머에서 발생한 횟수(currentCount)를 output 패널에 출력하는 코드입니다. 10번 반복 후 종료합니다. 만약 반복 횟수를 지정하지 않으면(또는 0으로 지정하면) 타이머가 끊임없이 동작합니다. 타이머의 동작은 TimerEvent.TIMER, TimerEvent. TIMER_COMPLETE 이벤트를 이용하여 이벤트 함수를 호출하는 방식으로 이루어집니다.

코드
```
import flash.utils.Timer;
import flash.events.TimerEvent;

var timer:Timer = new Timer(1000, 10);
timer.addEventListener(TimerEvent.TIMER, timerListener);
timer.addEventListener(TimerEvent.TIMER_COMPLETE, timerCompleteListener);
timer.start();

function timerListener(event:TimerEvent):void {
    trace(timer.currentCount);
}

function timerCompleteListener(event:TimerEvent):void {
    trace("타이머 종료");
}
```

■ 메서드

메서드	설명
Timer(delay:Number, repeatCount:int = 0)	지정된 지연 및 반복 횟수 상태를 사용하여 새 Timer 객체를 만듭니다.
reset():void	타이머가 실행 중이면 타이머를 중지하고 currentCount 속성을 0으로 설정합니다.
start():void	타이머가 실행 중이 아니면, 타이머를 시작합니다.
stop():void	타이머를 중지합니다.

■ 속성

속성	설명
currentCount : int	〔읽기전용〕 지금까지 발생한 카운트의 총 횟수입니다.
delay : Number	타이머 이벤트 발생의 시간 간격입니다(밀리초).
repeatCount : int	타이머가 실행되도록 설정된 총 횟수입니다.
running : Boolean	〔읽기 전용〕 현재 타이머의 상태입니다. 동작 중이면 true를 반환하고 멈추어 있으면 false를 반환합니다.

■ 이벤트

이벤트	상수	설명
"timer"	TimerEvent.TIMER	delay 속성에 따라 지정된 시간이 될 때마다 발생하는 이벤트입니다. 이 이벤트가 발생하면서 currentCount 속성이 1증가합니다.
"timerComplete"	TimerEvent.TIMER_COMPLETE	repeatCount에 지정된 횟수만큼 타이머가 동작한 후 끝나는 시점에 발생하는 이벤트입니다.

예제 1 | 일정 시간 간격으로 반복 함수 호출

예제파일 | 부록DVD\Sample\Part02\Ch03\Sec02\Exam05\예제\exam01.fla
완성파일 | 부록DVD\Sample\Part02\Ch03\Sec02\Exam05\완성\exam01.fla

01 라이브러리의 Snow 클래스 내부 타임라인에 코드를 입력합니다.

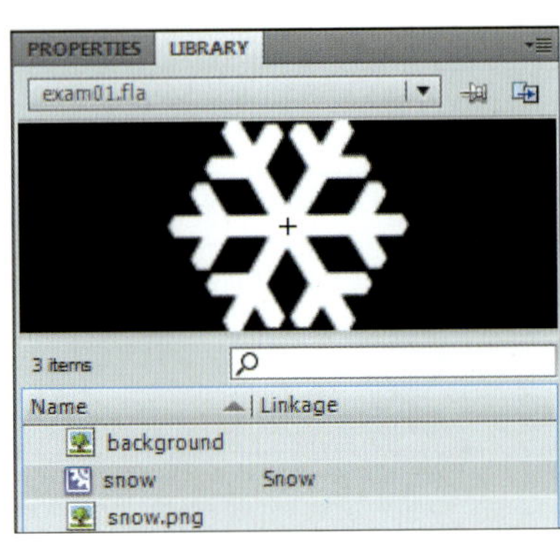

```
코드  1          import com.greensock.TweenLite;
      2          import com.greensock.easing. *;
      3
      4          this.scaleX = this.scaleY = Math.random();
      5
      6          var time:Number = Math.random() * 3 + 3;
      7          var tgRotation:Number = Math.random() * 180 - 90;
      8          var tgX:Number = this.x+Math.random() * 100 - 50;
      9          TweenLite.to(this, time, {x:tgX, y:stage.stageHeight+this.height / 2
                        , rotation:tgRotation, ease:Linear.easeNone, onComplete:remove});
      10
      11         function remove():void {
      12                parent.removeChild(this);
      13         }
```

line 4 : 객체의 크기를 랜덤하게 변경합니다(0~1).

line 6 : 화면 이동 속도를 랜덤하게 정의합니다(3~6).

line 7 : 회전 값을 임의로 정의합니다(–90~90).

line 8 : 이동할 x좌표를 현재 좌표 근처(–50~50)로 정의합니다.

line 9 : 정의된 값을 이용하여 Tween 모션을 하게 합니다. 모션이 종료되면(onComplete) remove 함수를 호출하게 합니다.

line 12 : 자신을 부모 컨테이너에서 빼내어 사라지도록 합니다. 이 코드가 없다면 화면 밖에 객체들이 계속 쌓여 점점 느려지게 됩니다. 화면 밖으로 빠져나가 사용되지 않는 객체는 반드시 컨테이너에서 빼내는 것이 좋습니다.

02 메인 타임라인에 Snow 객체를 지속적으로 생성하는 코드를 작성합니다.

```
코드  1          import flash.utils.Timer;
      2          import flash.events.TimerEvent;
      3
      4          var timer:Timer = new Timer(200);
      5          timer.addEventListener(TimerEvent.TIMER, timerListener);
      6          timer.start();
      7
      8          function timerListener(event:TimerEvent):void {
```

```
9                       var snow:Snow = new Snow();
10                      snow.x = Math.random() * stage.stageWidth;
11                      snow.y = -snow.height / 2;
12                      this.addChild(snow);
13              }
```

line 4 : "timer" 이벤트가 0.2초마다 무한정 발생하는 Timer 객체를 생성합니다.

line 5 : "timer" 이벤트를 등록합니다.

line 6 : Timer 객체의 동작을 시작합니다.

line 8~13 : 0.2초마다 호출되는 이벤트 리스너 함수입니다.

line 9~12 : Snow 객체를 생성하고 화면 위 임의의 좌표로 옮겨놓습니다.

03 테스트 무비(Ctrl + Enter)를 실행하여 결과를 확인합니다.

그림 그리기

- Graphics class
- 선, 도형 그리기
- 마우스 드로잉

선 그리기

Part 02>Ch 02. 액션스크립트 기초>Sec 02. 마우스 이벤트>4. 드래그
Part 02>Ch 03. 액션스크립트 활용>Sec 02. DisplayObject 움직임>1. 엔터 프레임을 이용한 움직임

* 예제를 따라하기 전에 '미리 알아두기' 내용을 읽어보기 바랍니다.

Graphics Class

Sprite, MovieClip, Shape 객체를 생성하면 벡터 이미지를 그릴 수 있는 Graphics 객체가 함께 생성됩니다(사용자가 임의로 생성할 수 없는 클래스입니다). Graphics 클래스에서 지원하는 메서드를 이용하면 툴을 이용하여 그림을 그리듯 스크립트로 원하는 벡터 이미지를 그릴 수 있습니다.

■ 선 그리기 메서드

메서드	설명
lineStyle(thickness:Number=NaN, color:uint=0, alpha:Number=1.0):void	선 스타일을 정의합니다(두께, 색상, 투명도 등).
moveTo(x:Number, y:Number):void	드로잉 위치를 (x, y) 좌표로 이동합니다.
lineTo(x:Number, y:Number):void	이전 위치에서 (x, y) 좌표까지 선을 그립니다.
curveTo(controlX:Number, controlY:Number, anchorX:Number, anchorY:Number):void	컨트롤 좌표를 이용하여 곡선을 그립니다.
clear():void	벡터 이미지를 모두 지웁니다.

curveTo()의 좌표

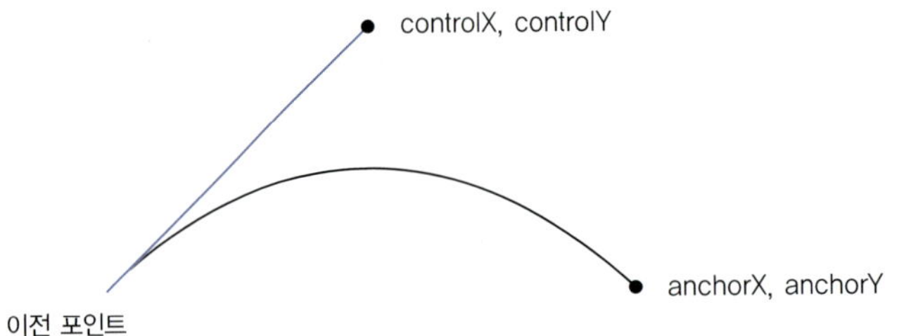

:: **controlX** : 제어 포인트의 x좌표
:: **controlY** : 제어 포인트의 y좌표
:: **anchorX** : 목적 포인트의 x좌표
:: **anchorY** : 목적 포인트의 y좌표

예제 1 │ 선 그리기/지우기

예제파일 | 부록DVD\Sample\Part02\Ch03\Sec03\Exam01\예제\exam01.fla
완성파일 | 부록DVD\Sample\Part02\Ch03\Sec03\Exam01\완성\exam01.fla

01 3개의 무비클립이 있습니다. 무비클립 내에는 마우스로 드래그할 수 있도록 코드가 작성되어 있습니다. 테스트 무비(Ctrl + Enter)를 실행하여 각 무비클립을 마우스로 옮겨 보세요.

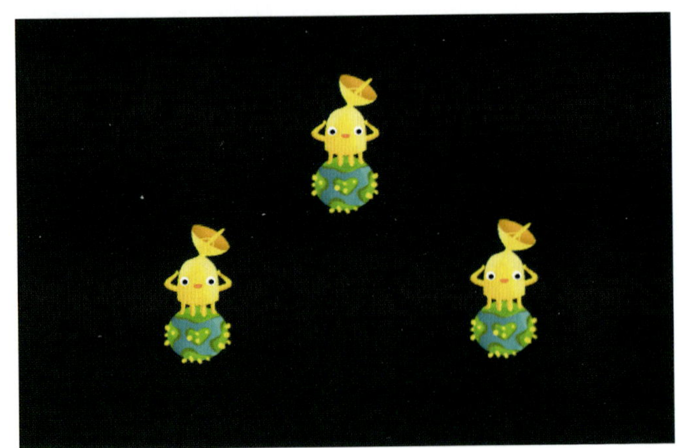

02 무비클립을 연결하는 선을 그립니다.

```
코드    1        this.graphics.lineStyle(3, 0xfee704, 0.5);
        2        this.graphics.moveTo(radar0.x, radar0.y);
        3        this.graphics.lineTo(radar1.x, radar1.y);
        4        this.graphics.lineTo(radar2.x, radar2.y);
        5        this.graphics.lineTo(radar0.x, radar0.y);
```

line 1 : 선을 정의합니다(두께 : 0, 색상 : 0xfee704, 투명도 50%).

line 2 : 선의 시작점을 radar0 무비클립의 좌표로 이동합니다.

line 3 : radar0에서 radar1까지 선을 그립니다.

line 4 : radar1에서 radar2까지 선을 그립니다.

line 5 : radar2에서 radar0까지 선을 그립니다.

03 무비클립을 드래그해도 항상 연결되어 있는 선을 만들어 보겠습니다. "enterFrame" 이벤트를 이용하여 선을 계속 그립니다.

```
코드   1        import flash.events.Event;
      2
      3        this.addEventListener(Event.ENTER_FRAME, enterFrameListener);
      4
      5        function enterFrameListener(event:Event):void {
      6            this.graphics.clear();
      7            this.graphics.lineStyle(0, 0x000000, 0.5);
      8            this.graphics.moveTo(radar0.x, radar0.y);
      9            this.graphics.lineTo(radar1.x, radar1.y);
     10            this.graphics.lineTo(radar2.x, radar2.y);
     11            this.graphics.lineTo(radar0.x, radar0.y);
     12        }
```

line 3 : "enterFrame" 이벤트를 등록합니다.

line 6 : 그려져 있던 모든 벡터 이미지를 지웁니다. 기존의 선을 먼저 지우지 않으면 선 위에 선이 그려질 것입니다.

04 테스트 무비(Ctrl + Enter)를 실행하여 무비클립을 드래그해 봅니다.

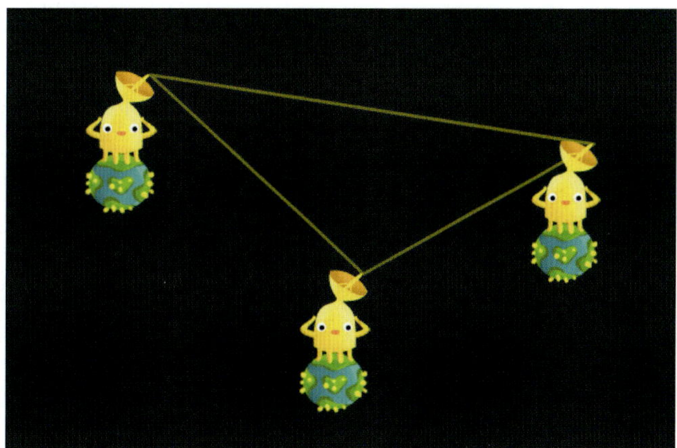

2 네모, 동그라미 그리기

Part 02)Ch 03. 액션스크립트 활용)Sec 03. 그림 그리기)1. 선 그리기

* 예제를 따라하기 전에 '미리 알아두기' 내용을 읽어보기 바랍니다.

■ 도형 그리기

메서드	설명
drawCircle(x : Number, y : Number, radius : Number) : void	원을 그립니다.
drawEllipse(x : Number, y : Number, width : Number, height : Number) : void	타원을 그립니다.
drawRect(x : Number, y : Number, width : Number, height : Number) : void	사각형을 그립니다.
drawRoundRect(x : Number, y : Number, width : Number, height : Number, ellipseWidth : Number, ellipseHeight : Number = NaN) : void	모서리가 둥근 직사각형을 그립니다.
drawPath(commands : Vector.⟨int⟩, data : Vector. ⟨Number⟩, winding : String="evenOdd") : void	드로잉을 위한 일련의 명령을 전송합니다.

Vector Class

인덱스(Index)를 이용하여 여러 데이터를 참조할 수 있는 클래스입니다. 다른 객체 생성과 달리 ⟨ ⟩를 이용하여 참조할 데이터의 유형을 선언합니다.

정수형(int) 숫자 데이터를 참조하는 벡터 객체는 다음과 같이 생성합니다.

```
코드    var arr:Vector.⟨int⟩=new Vector.⟨int⟩();
```

데이터를 참조하는 방식에는 인덱스 번호를 직접 넣는 방식과 메서드를 이용하여 원하는 위치에 추가하는 방식이 있습니다.

```
//0번 인덱스에 1을 참조시킵니다.
arr[0] = 1;

//인덱스 마지막에 1을 추가합니다.
arr.push(1);

//맨 앞에 1을 추가합니다.
arr.unshift(1);
```

이 밖에도 정렬(sort), 참조 제거, 객체 찾기 등과 같은 많은 기능들이 있습니다. 도움말(F1)을 참조하여 꼭 한번 사용해 보기 바랍니다.

Vector Class와 비슷한 클래스에는 Array Class가 있습니다.

```
var arr:Array = new Array();
```

기능은 거의 비슷하지만 Array 객체는 참조 데이터 유형의 제한이 없다는 특징이 있습니다. 즉, 각각의 인덱스마다 다른 데이터를 참조시킬 수 있습니다. 하지만 Vector보다 많이 느리므로, 한 가지 데이터 유형만 참조하려 한다면, Array보다는 Vector를 사용하는 것이 좋습니다.

drawPath 메서드

drawPath( )를 이용하면 많은 선을 한 번에 그릴 수 있습니다. 각 매개 변수에 전달되는 데이터의 구조는 다음과 같습니다.

```
drawPath(commands:Vector.<int>, data:Vector.<Number>, winding:String="evenOdd"):void
```

commands : 1, 2로 만들어진 벡터 객체로, 1은 moveTo, 2는 lineTo 메서드를 의미합니다.
data : (x, y) 좌표를 정의합니다. commands 1개당 2개의 데이터가 필요합니다.
winding : GraphicsPathWinding 클래스에 정의된 값을 사용하여 굴곡 규칙을 지정합니다. 이에는 "evenOdd"와 "nonZero"가 있습니다.

예제 1 | 도형 그리기

예제파일 | 부록DVD\Sample\Part02\Ch03\Sec03\Exam02\예제\exam01.fla
완성파일 | 부록DVD\Sample\Part02\Ch03\Sec03\Exam02\완성\exam01.fla

01 그림을 그릴 캔버스(모양 객체)를 만들고 사각형을 그립니다.

코드
```
1      import flash.display.Shape;
2
3      var canvas:Shape = new Shape();
4      canvas.x = 90;
5      canvas.y = 40;
6      this.addChild(canvas);
7
8      canvas.graphics.lineStyle(1, 0xfee704);
9      canvas.graphics.drawRect(0, 0, 100, 100);
10
11     canvas.graphics.lineStyle(2, 0x86c40e, 1, true);
12     canvas.graphics.drawRoundRect(110, 0, 100, 100, 30, 30);
13     canvas.graphics.drawRoundRectComplex(220, 0, 100, 100, 30, 0, 0, 30);
```

line 3 : Shape 객체를 생성합니다. Shape 객체는 인터렉션을 할 수 없는 DisplayObject입니다. 벡터 그림을 그릴 때 사용됩니다. 만약 마우스 클릭 등의 인터렉션이 필요하면 Sprite 객체를 사용해야 합니다.

line 4~5 : Shape 객체의 위치를 이동합니다.

line 6 : Shape 객체를 메인 타임라인 컨테이너에 넣습니다.

line 8 : 라인을 설정합니다(두께 : 1px, 색상 : 0xfee704).

line 9 : 좌표 (0, 0)에 가로, 세로 100px의 사각형을 그립니다.

line 11 : 선을 다시 정의합니다(두께 : 2px, 색상 : 0x86c40e, 투명도 : 100%, 픽셀 힌팅 사용). 픽셀

힌팅을 사용하지 않으면 라운드 영역에 갈라짐 현상이 나타날 수 있습니다.

line 12 : 둥근 모서리 사각형을 그립니다.

line 13 : 두 쪽만 둥근 모서리 사각형을 그립니다.

02 코드를 추가하여 원을 그립니다.

```
코드   15         canvas.graphics.lineStyle(3, 0x2aadce);
       16         canvas.graphics.drawCircle(50, 170, 50);
       17         canvas.graphics.drawEllipse(110, 120, 50, 100);
```

line 15 : 선을 정의합니다(두께 : 3, 색상 : 0x2aadce).

line 16 : (50, 170) 좌표를 중점으로 하는 반지름 50px의 정원을 그립니다.

line 17 : (110, 120)을 왼쪽 상단 좌표로 하는 가로 50px, 세로 100px의 타원을 그립니다. 정원을 그리는 drawCircle과 달리 원의 중점이 아닌 왼쪽 상단 좌표를 전달하는 것에 주의해야 합니다.

03 여러 좌표를 한 번에 잇는 코드를 추가합니다.

```
코드   19         var commands:Vector.<int>=new Vector.<int>();
       20         var data:Vector.<Number>=new Vector.<Number>();
       21
       22         commands.push(1, 2, 2, 2, 2, 2, 2);
       23         data.push(170, 120);
       24         data.push(320, 120);
       25         data.push(250, 170);
       26         data.push(320, 220);
       27         data.push(170, 220);
       28         data.push(240, 170);
       29         data.push(170, 120);
       30
       31         canvas.graphics.lineStyle(2, 0xe24b72);
       32         canvas.graphics.drawPath(commands, data);
```

line **19** : 명령 벡터 객체를 생성합니다.

line **20** : 좌표를 정의할 data 벡터 객체를 생성합니다.

line **22** : 7개의 명령을 만들어냅니다(1 : moveTo, 2 : lineTo).

line **23~29** : 각 포인트의 좌표를 data 벡터에 참조시킵니다.

line **31** : 선을 정의합니다(두께 : 2px, 색상 : 0xe24b72).

line **32** : 정의된 명령과 데이터를 이용하여 canvas에 그림을 그립니다.

04 테스트 무비(Ctrl + Enter)를 실행하여 결과를 확인합니다.

3 색 칠하기

알아두기 미리

Part 02)Ch 03. 액션스크립트 활용)Sec 03. 그림 그리기)2. 네모, 동그라미 그리기

* 예제를 따라하기 전에 '미리 알아두기' 내용을 읽어보기 바랍니다.

■ **색 칠하기**

메서드	설명
beginFill(color:uint, alpha:Number = 1.0):void	이후 그려지는 선, 도형에 색을 채웁니다.
endFill():void	색 칠하기를 종료합니다.

예제 1 | 색 칠하기

예제파일 | **부록DVD\Sample\Part02\Ch03\Sec03\Exam03\예제\exam01.fla**
완성파일 | **부록DVD\Sample\Part02\Ch03\Sec03\Exam03\완성\exam01.fla**

01 모양 객체에 사각형을 그리고, 색을
칠합니다.

```
코드   1        import flash.display.Shape;
       2
       3        var canvas:Shape = new Shape();
       4        canvas.x = 10;
       5        canvas.y = 10;
       6        this.addChild(canvas);
       7
       8        canvas.graphics.lineStyle(3, 0x28aae6);
       9        canvas.graphics.beginFill(0x28aae6, 0.3);
       10       canvas.graphics.drawRect(0, 0, 480, 280);
       11       canvas.graphics.endFill();
```

line 8 : 라인을 설정합니다(두께 : 3px, 색상 : 0x28aae6).

line 9 : 칠하기를 시작합니다(색상 : 0x28aae6 , 투명도 : 30%).

line 10 : 정의된 선과 색으로 사각형을 그립니다.

line 11 : 칠하기를 끝냅니다. 이후 그려지는 도형은 칠하기에 영향을 받지 않습니다.

02 코드를 추가하여 선은 없고, 면만 있는 도형을 그립니다.

```
코드   13       canvas.graphics.lineStyle();
       14       canvas.graphics.beginFill(0x28aae6);
       15       canvas.graphics.drawRoundRectComplex(150, 50, 180, 180, 30, 0, 0, 30);
       16       canvas.graphics.endFill();
```

line 13 : 선을 그리지 않도록 정의합니다.

line 14 : 칠하기를 시작합니다(색상 : 0x28aae6, 투명도 : 100%).

line 15 : 모서리가 다른 라운드 사각형을 그립니다.

line 16 : 칠하기를 끝냅니다.

03 테스트 무비(Ctrl + Enter)를 실행하여 결과를 확인합니다.

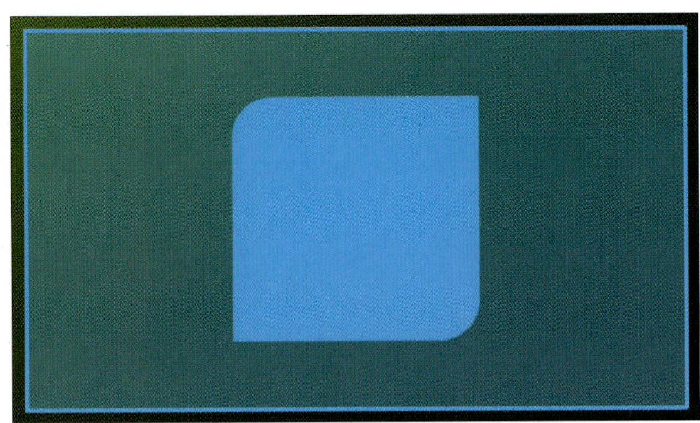

4 마우스 드로잉

알아두기 미리

Part 02)Ch 02. 액션스크립트 기초)Sec 02. 마우스 이벤트)4. 드래그
Part 02)Ch 03. 액션스크립트 활용)Sec 03. 그림 그리기)1. 선 그리기

* 예제를 따라하기 전에 '미리 알아두기' 내용을 읽어보기 바랍니다.

마우스를 이용하여 그림을 그리기 위해서는 다음과 같은 이벤트 흐름이 사용됩니다.

1 | 마우스를 누른다(mouseDown) : 그림 그리기를 시작합니다.

2 | 마우스를 움직인다(mouseMove) : 이전 마우스 좌표에서 현재 좌표까지 선을 잇습니다.

3 | 마우스를 뗀다(mouseUp) : 그림 그리기를 마칩니다.

어떠한 대상 위에서의 마우스 이벤트가 아닌 어디에서든지 발생해야 하는 이벤트이므로, 스테이지 객체에 이벤트를 등록합니다.

코드
```
stage.addEventListener(MouseEvent.MOUSE_DOWN, downListener);
stage.addEventListener(MouseEvent.MOUSE_UP, upListener);
stage.addEventListener(MouseEvent.MOUSE_MOVE, moveListener);
```

예제 1 | 마우스로 그림 그리기

🔵 예제파일 | 부록DVD\Sample\Part02\Ch03\Sec03\Exam04\예제\exam01.fla
　　완성파일 | 부록DVD\Sample\Part02\Ch03\Sec03\Exam04\완성\exam01.fla

01 모양 객체를 만들고 선의 종류를 정의합니다.

코드
```
1    import flash.display.Shape;
2
3    var canvas:Shape = new Shape();
4    canvas.graphics.lineStyle(7, 0xFFDF06);
5    this.addChild(canvas);
```

02 스테이지에 마우스 이벤트를 등록합니다.

코드
```
8    stage.addEventListener(MouseEvent.MOUSE_DOWN, downListener);
9    stage.addEventListener(MouseEvent.MOUSE_UP, upListener);
10
11   function downListener(event:MouseEvent):void {
12
13   }
14
15   function upListener(event:MouseEvent):void {
16
17   }
```

03 마우스를 누른 상태에서 움직일 때, 선이 그려지도록 코드를 추가합니다.

```
코드   11       function downListener(event:MouseEvent):void {
       12           canvas.graphics.moveTo(this.mouseX, this.mouseY);
       13           stage.addEventListener(MouseEvent.MOUSE_MOVE, moveListener);
       14       }
       15
       16       function moveListener(event:MouseEvent):void {
       17           canvas.graphics.lineTo(this.mouseX, this.mouseY);
       18       }
       19
       20       function upListener(event:MouseEvent):void {
       21           stage.removeEventListener(MouseEvent.MOUSE_MOVE, moveListener);
       22       }
```

line 12 : 마우스가 눌린 좌표를 선의 시작 좌표로 정의합니다.

line 13 : 마우스 포인터가 이동하면 moveListener( ) 이벤트 함수를 호출하도록 등록합니다.

line 17 : 이전 좌표에서 현재 마우스 좌표까지 선을 그립니다.

line 21 : 마우스에서 손을 떼면 mouseMove 이벤트를 제거하여 더 이상 선이 그려지지 않도록 합니다.

04 라이브러리의 Pen 객체를 생성하여 마우스 포인터로 사용합니다.

```
코드   3        var canvas:Shape = new Shape();
       4        canvas.graphics.lineStyle(7, 0xFFDF06);
       5        this.addChild(canvas);
       6
       7        var pointer:Pen = new Pen();
       8        stage.addChild(pointer);
```

line 7~8 : Pen 객체를 생성하여 스테이지에 넣습니다. Pen 객체의 움직임에 대한 코드는 Pen 무비클립 내에 이미 입력되어 있습니다. 엔터 프레임을 이용한 마우스를 따라다니는 코드입니다. Pen 객체를 스테이지에 넣은 이유는 혹시 다른 객체가 메인 타임라인에 놓여지더라도 Pen 객체가 가장 위에 보여지도록 하기 위함입니다.

05 테스트 무비(Ctrl + Enter)를 실행
하여 결과를 확인합니다.

글씨 꾸미기

- TextField Class
- TextFormat을 이용한 글자 모양 꾸미기
- TLFTextField Class

Classic 텍스트 필드 만들기

Part 02〉Ch 05. 기초 프로그래밍〉Sec 08. DisplayObject

* 예제를 따라하기 전에 '미리 알아두기' 내용을 읽어보기 바랍니다.

TextField Class

텍스트 필드는 InteractiveObject 클래스를 상속받은 클래스로서, 동적으로 문자를 표현하거나 문자를 입력받을 수 있는 클래스입니다.

■ **기본 속성**

속성	설명
autoSize : String	텍스트 필드의 자동 크기 조절 및 정렬을 제어합니다.
background : Boolean	텍스트 필드에 배경 칠이 있는지의 여부를 지정합니다.
backgroundColor : uint	텍스트 필드의 배경색입니다.
border : Boolean	텍스트 필드에 테두리가 있는지의 여부를 지정합니다.
borderColor : uint	텍스트 필드의 테두리 색상입니다.
htmlText : String	텍스트 필드 내용의 HTML 표현이 들어 있습니다.
length : int	(읽기 전용) 텍스트 필드의 문자 수입니다.
selectable : Boolean	텍스트 필드를 선택할 수 있는지의 여부를 나타내는 부울 값입니다.
text : String	텍스트 필드의 현재 텍스트인 문자열입니다.
textColor : uint	텍스트 필드의 16진수 형식 텍스트 색상입니다.
type : String	텍스트 필드의 유형입니다.

TextField에는 이 밖에도 많은 속성과 기능들이 있습니다. 도움말(F1)을 참조하세요.

autoSize

텍스트의 길이에 따라 자동으로 필드의 크기가 변경되도록 할 수 있습니다. 정렬 값에 따라 변화되는 크기의 방향이 달라집니다.

■ TextFieldAutoSize 상수

상수	설명
CENTER : String = "center"	텍스트를 가운데 정렬 텍스트로 간주하도록 지정합니다.
LEFT : String = "left"	텍스트를 왼쪽 정렬 텍스트로 간주하여 텍스트 필드의 왼쪽이 고정된 채로 유지되고, 단일 행의 오른쪽에서만 크기가 조절되도록 지정합니다.
NONE : String = "none"	크기를 조절하지 않도록 지정합니다.
RIGHT : String = "right"	텍스트를 오른쪽 정렬 텍스트로 간주하여 텍스트 필드의 오른쪽이 고정된 채로 유지되고, 단일 행의 왼쪽에서만 크기가 조절되도록 지정합니다.

예제 1 | 텍스트 필드 만들기

예제파일 | 부록DVD\Sample\Part02\Ch03\Sec04\Exam01\예제\exam01.fla
완성파일 | 부록DVD\Sample\Part02\Ch03\Sec04\Exam01\완성\exam01.fla

01 텍스트 필드를 만들고 텍스트를 입력합니다.

```
코드   1        import flash.text.TextField;
      2
      3        var txt:TextField = new TextField();
      4        txt.x = 100;
      5        txt.y = 120;
      6        txt.border = true;
      7        txt.text = "p2ri's flash actionscript!!!";
      8        this.addChild(txt);
```

line 3 : 텍스트 필드를 생성합니다. 기본 크기는 가로, 세로 100px입니다.

line 4~5 : 텍스트 필드의 위치를 이동합니다.

line 6 : 텍스트 필드의 테두리 선이 보이도록 합니다.

line 7 : 텍스트 필드에 문장을 입력합니다.

line 8 : 메인 타임라인 컨테이너에 텍스트 필드를 넣습니다.

02 텍스트 필드가 텍스트의 길이에 맞추어지도록 autoScale 속성을 변경합니다.

```
코드   3        var txt:TextField = new TextField();
      4        txt.autoSize = TextFieldAutoSize.LEFT;
      5        txt.x = 100;
```

line 4 : 왼쪽을 기준으로 텍스트의 길이에 맞추어 텍스트 필드의 크기가 조정되도록 합니다. 앞에서 설명한 다른 정렬 값들도 반드시 적용해 보세요.

03 컬러와 배경색을 변경해 보겠습니다.

```
코드   3        var txt:TextField = new TextField();
      4        txt.textColor = 0xFF0000;
      5        txt.background = true;
      6        txt.backgroundColor = 0xFFFF00;
      7        txt.autoSize = TextFieldAutoSize.LEFT;
```

line 4 : 글자색을 지정합니다.

line 5 : 배경색이 보이도록 합니다.

line 6 : 배경색을 지정합니다.

04 테스트 무비(Ctrl + Enter)를 실행 하여 결과를 확인합니다.

> **tip** 텍스트 필드에 HTML 코드를 넣으려면 htmlText 속성을 이용합니다.
>
> txt.htmlText = "<b><font color = '#FF0000'>빨간색 굵은 글씨</font></b>";
>
> htmlText 속성에 값을 대입하더라도 text 속성을 이용하여 태그를 제외한 순수 텍스트를 알아낼 수 있습니다.
>
> trace(txt.text)
> //결과 : 빨간색 굵은 글씨
>
> 텍스트 필드를 Input TextField로 만들려면 type 속성을 아래와 같이 변경하면 됩니다.
> txt.type = TextFieldType.INPUT;
>
> 다시 원상태로 변경하려면 dynamic을 대입합니다.
> txt.type = TextFieldType.DYNAMIC;

2 글씨 모양 꾸미기

Part 02〉Ch 03. 액션스크립트 활용〉Sec 04. 글씨 꾸미기〉1. Classic 텍스트 필드 만들기

* 예제를 따라하기 전에 '미리 알아두기' 내용을 읽어보기 바랍니다.

TextFormat Class

TextFormat은 텍스트에 대한 표현 정보를 담은 클래스입니다. 이 객체를 이용하여 텍스트 전체 또는 일부를 원하는 형태로 변경할 수 있습니다.

■ 기본 속성

속성	설명
align : String	단락의 정렬을 나타냅니다.
blockIndent : int	블록 들여쓰기를 픽셀 단위로 나타냅니다.
bold : Boolean	텍스트를 굵게 표시할 것인지의 여부를 지정합니다.
bullet : Boolean	텍스트가 블릿 목록의 일부임을 나타냅니다.
color : int	텍스트의 색상을 나타냅니다.
font : String	이 텍스트 서식의 텍스트 글꼴 이름을 나타내는 문자열입니다.
indent : int	왼쪽 여백에서 단락의 첫 문자 사이의 들여쓰기를 나타냅니다.
italic : Boolean	이 텍스트 서식의 텍스트가 기울임체인지의 여부를 나타냅니다.
kerning : Boolean	자간의 활성화 여부를 true 또는 false로 나타내는 부울 값입니다.
leading : int	행 사이의 세로 간격(행간)을 나타내는 정수입니다.
leftMargin : int	단락의 왼쪽 여백(픽셀 단위)입니다.
letterSpacing : Object	모든 문자 사이에 균등하게 분배되는 간격을 나타내는 수입니다.
rightMargin : int	단락의 오른쪽 여백(픽셀 단위)입니다.
size : int	이 텍스트 서식에서 텍스트의 픽셀 크기입니다.
target : String	하이퍼링크가 표시되는 대상 윈도우를 나타냅니다.
underline : Boolean	이 텍스트 서식을 사용하는 텍스트에 밑줄을 그을 것인지의 여부를 true 또는 false로 나타냅니다.
url : String	이 텍스트 서식의 텍스트에 대한 대상 URL을 나타냅니다.

■ TextFormat 적용에 사용되는 TextField 메서드

메서드	설명
getTextFormat(beginIndex:int = -1, endIndex:int = -1):TextFormat	beginIndex 및 endIndex 매개 변수로 지정된 텍스트 범위에 대한 서식 정보가 들어 있는 TextFormat 객체를 반환합니다.
setTextFormat(format:TextFormat, beginIndex:int = -1, endIndex:int = -1):void	텍스트 필드의 지정된 텍스트에 format 매개 변수로 지정된 텍스트 서식을 적용합니다.

■ TextFormat 적용에 사용되는 TextField 속성

메서드	설명
defaultTextFormat : TextFormat	새로 삽입되는 텍스트에 적용할 서식을 지정합니다.
embedFonts : Boolean	포함된 글꼴 외곽선을 사용하여 렌더링할 것인지의 여부를 지정합니다.

예제 1 | 라이브러리 폰트 만들기

예제파일 | 부록DVD\Sample\Part02\Ch03\Sec04\Exam02\예제\exam01.fla
완성파일 | 부록DVD\Sample\Part02\Ch03\Sec04\Exam02\완성\exam01.fla

스테이지에 놓여진 TextField의 경우, 폰트를 Embed하여 폰트가 없는 사용자들에게도 원하는 폰트로 텍스트를 보여 줄 수 있습니다.

하지만 동적으로(스크립트로) 생성한 TextField에 폰트를 사용하려면 라이브러리에 해당 폰트를 클래스로 만들어 놓아야 합니다.

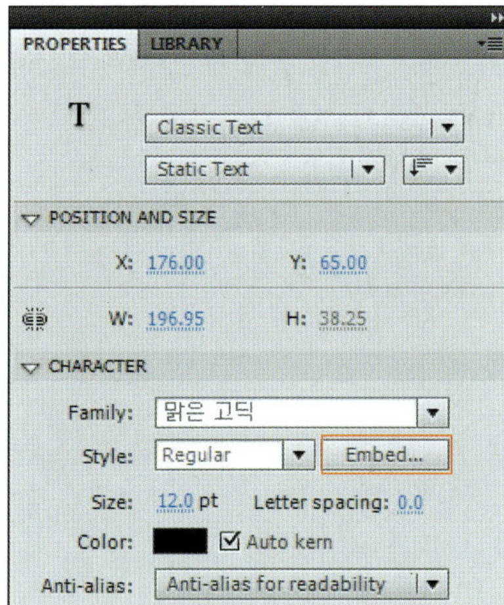
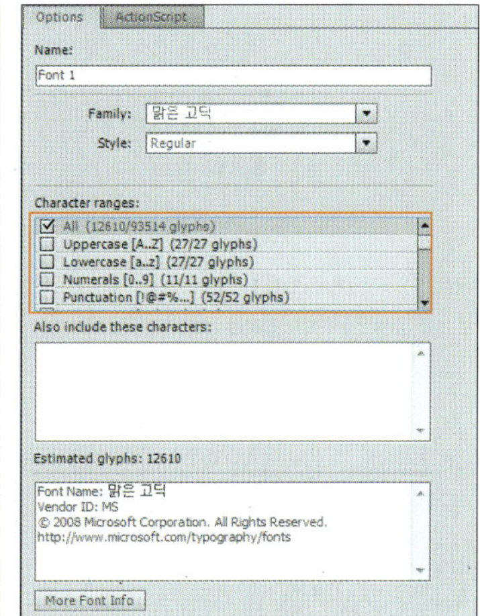

01 라이브러리에서 [New Font...]를 선택합니다.

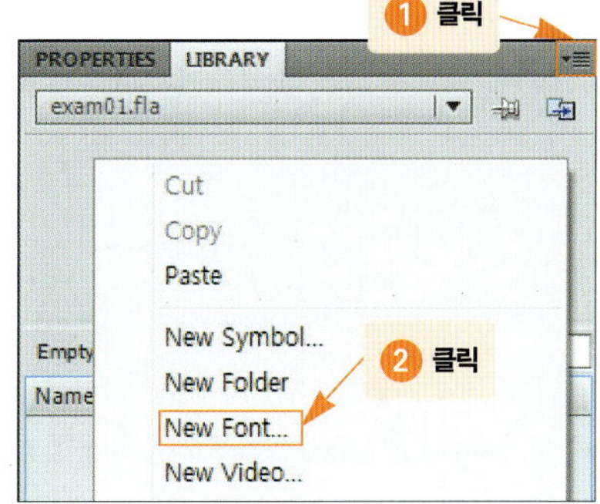

02 사용하고자 하는 문자 종류를 선택합니다. All이 아닌 사용할 문자에만 체크하면 SWF 파일 크기를 줄일 수 있습니다(영어 소문자, 대문자, 숫자 특수 문자, 한글 등).

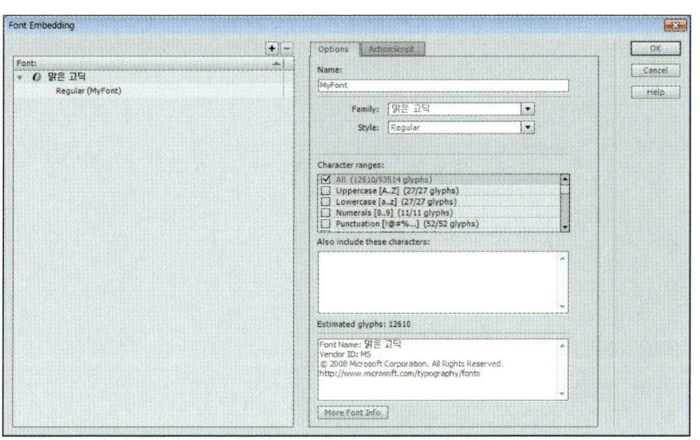

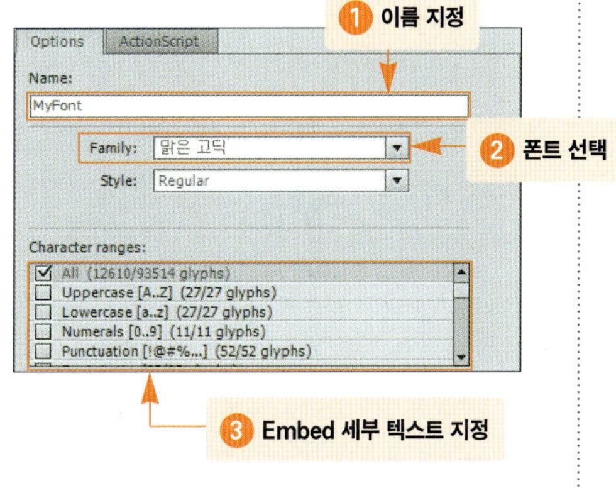

03 클래스 이름을 등록합니다.

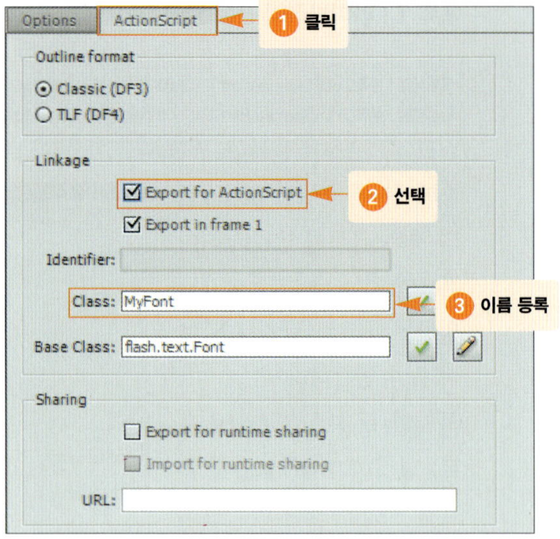

04 [OK] 버튼을 클릭하여 폰트 클래스 생성을 종료합니다. 라이브러리에 생성된 폰트가 보입니다.

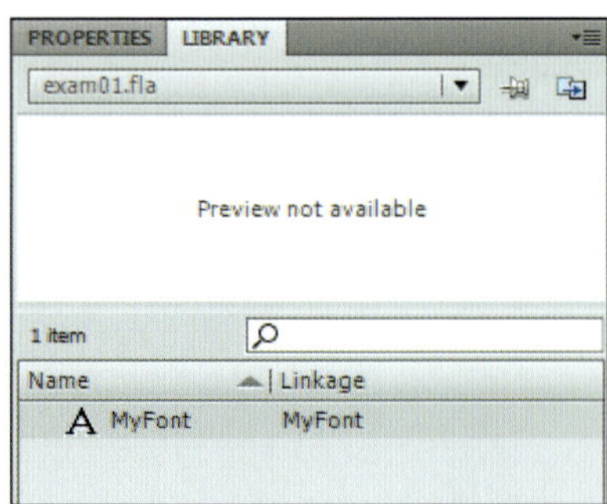

예제 2 | TextFormat 객체를 이용하여 글씨 모양 꾸미기

예제파일 | 부록DVD\Sample\Part02\Ch03\Sec04\Exam02\예제\exam01.fla
완성파일 | 부록DVD\Sample\Part02\Ch03\Sec04\Exam02\완성\exam01.fla

01 텍스트 필드를 생성하고 문자열 "p2ri's flash actionscript!!!"을 입력합니다.

```
코드  1    import flash.text.TextField;
      2    import flash.text.TextFieldAutoSize;
      3
      4    var txt:TextField = new TextField();
      5    txt.x = 50;
      6    txt.y = 100;
      7    txt.autoSize = TextFieldAutoSize.LEFT;
      8    txt.text = "p2ri's flash actionscript!!!";
      9    this.addChild(txt);
```

line 4 : 텍스트 필드를 생성합니다.

line 5~6 : 텍스트 필드의 위치를 변경합니다.

line 7 : 텍스트 필드의 크기가 글자 길이에 자동으로 맞춰지도록 합니다(왼쪽 정렬)

line 8 : 문자열을 입력합니다.

02 텍스트 필드의 기본 서식을 정의합니다. 이후 입력되는 텍스트는 정의된 서식으로 표현됩니다(기본 서식을 정의하기 전에 등록된 글자는 바뀌지 않습니다).

```
1    import flash.text.TextField;
2    import flash.text.TextFieldAutoSize;
3    import flash.text.TextFormat;
4
5    var format:TextFormat = new TextFormat();
6    format.color = 0xf58500;
7    format.size = 30;
8
9    var txt:TextField = new TextField();
10   txt.x = 50;
11   txt.y = 100;
12   txt.autoSize = TextFieldAutoSize.LEFT;
13   txt.defaultTextFormat = format;
14   txt.text = "p2ri's flash actionscript!!!";
15   this.addChild(txt);
```

line 5 : TextFormat 객체를 생성합니다.

line 6~7 : 색상과 크기를 정의합니다.

line 13 : 텍스트 필드의 기본 서식을 정의합니다. defaultFormat 속성을 이용하여 서식을 정의하면, 이후 입력되는 텍스트가 해당 TextFormat 서식으로 보입니다.

03 라이브러리에 만들어 놓은 폰트를 적용합니다.

```
1    import flash.text.TextField;
2    import flash.text.TextFieldAutoSize;
3    import flash.text.TextFormat;
4    import flash.text.Font;
5
6    var font:Font = new MyFont();
7    var format:TextFormat = new TextFormat();
```

```
8          format.color = 0xf58500;
9          format.size = 30;
10         format.font = font.fontName;
11
12         var txt:TextField = new TextField();
13         txt.x = 50;
14         txt.y = 100;
15         txt.autoSize = TextFieldAutoSize.LEFT;
16         txt.defaultTextFormat = format;
17         txt.text = "p2ri's flash actionscript!!!";
18         txt.embedFonts = true;
19         this.addChild(txt);
```

line 6 : 폰트 객체를 생성합니다.

line 10 : 생성된 폰트 객체의 이름을 TextFormat 객체에 등록합니다.

line 18 : 텍스트 필드가 라이브러리 폰트를 사용하도록 속성을 변경합니다.

04 텍스트 중의 일부를 다른 컬러로 변경해 보겠습니다.

```
코드  1     import flash.text.TextField;
      2     import flash.text.TextFieldAutoSize;
      3     import flash.text.TextFormat;
      4     import flash.text.Font;
      5
      6     var font:Font = new MyFont();
      7     var format:TextFormat = new TextFormat();
      8     format.color = 0xf58500;
      9     format.size = 30;
      10    format.font = font.fontName;
      11
      12    var format1:TextFormat = new TextFormat();
      13    format1.color = 0x4f421e;
      14    format1.size = 50;
      15
      16    var txt:TextField = new TextField();
      17    txt.x = 50;
      18    txt.y = 100;
      19    txt.autoSize = TextFieldAutoSize.LEFT;
      20    txt.defaultTextFormat = format;
```

```
21              txt.text = "p2ri's flash actionscript!!!";
22              txt.embedFonts = true;
23              this.addChild(txt);
24
25              txt.setTextFormat(format1, 7, 12);
```

line 12 : 새로운 TextFormat 객체를 생성합니다.

line 13~14 : 색상과 크기를 정의합니다.

line 25 : 8번째 글자에서 12번째 글자를 새로운 서식으로 변경합니다(문자열의 순서는 0번부터 시작되므로 7번 Index의 글자는 'f' 입니다. 세 번째 매개 변수는 변경할 마지막 글자의 Index+1 값을 전달합니다.)

05 테스트 무비(Ctrl + Enter)를 실행하여 결과를 확인합니다.

3 TLF 텍스트 필드 만들기

Part 02)Ch 03. 액션스크립트 활용)Sec 04. 글씨 꾸미기)2. 글씨 모양 꾸미기

* 예제를 따라하기 전에 '미리 알아두기' 내용을 읽어보기 바랍니다.

TLF(Text Layout Framework) TextField

TLF 텍스트 필드는 CS5 버전에서 새롭게 선보인 텍스트 필드로, 기존 Classic 텍스트 필드보다 많은 기능이 추가되어 있습니다.

주요 기능

:: 텍스트 필드와 텍스트 필드를 연결하여 긴 문장을 나누어 표현할 수 있습니다.

:: 세로쓰기, 회전이 가능합니다(일본어 표현).

:: 왼쪽에서 오른쪽으로 쓰기(아랍어 표현)가 가능합니다.

:: 하나의 텍스트 필드로 단 나누기가 가능합니다.

:: 여러 폰트를 적용할 수 있습니다(첫 번째 정의된 폰트가 없다면, 다음 선언된 폰트로 표현됩니다).

:: 폰트 모양을 세밀하게 조정할 수 있습니다.

액션스크립트를 처음 배우는 분이라면 스크립트로 TLFText Field를 컨트롤하는 것은 조금 어려울 수 있습니다. 기본적인 속성은 툴 바를 이용하여 텍스트 필드를 생성하고 속성 창에서 컨트롤하는 것이 편리할 것입니다.

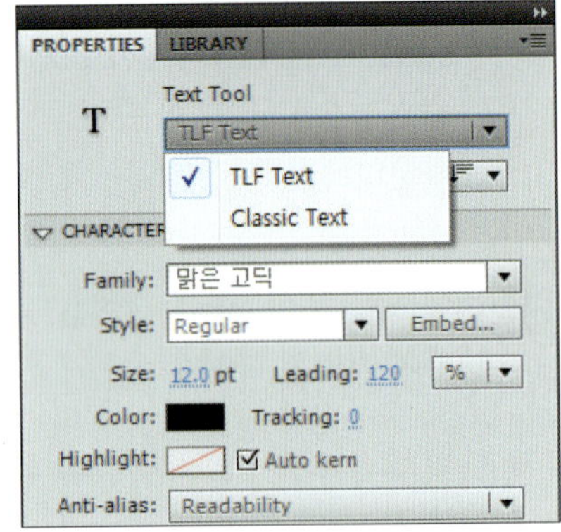

2개 이상의 TLFTextField를 연결하는 것은 간단한 클릭으로 가능합니다. 텍스트 필드의 오른쪽 하단 연결 버튼을 클릭한 후, 다른 TLFTextField를 클릭하면 연결됩니다.

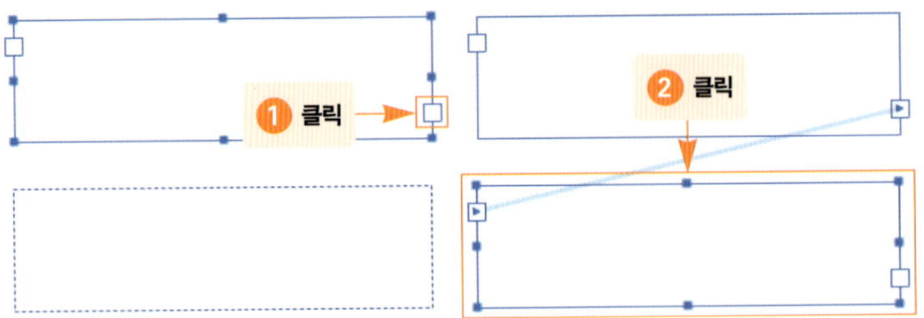

연결된 텍스트 필드에 문장을 입력하면 2개로 나뉘어 문장이 표현됩니다.

세로쓰기, 회전, 단 나누기 기능은 속성 패널을 이용하여 설정할 수 있습니다.

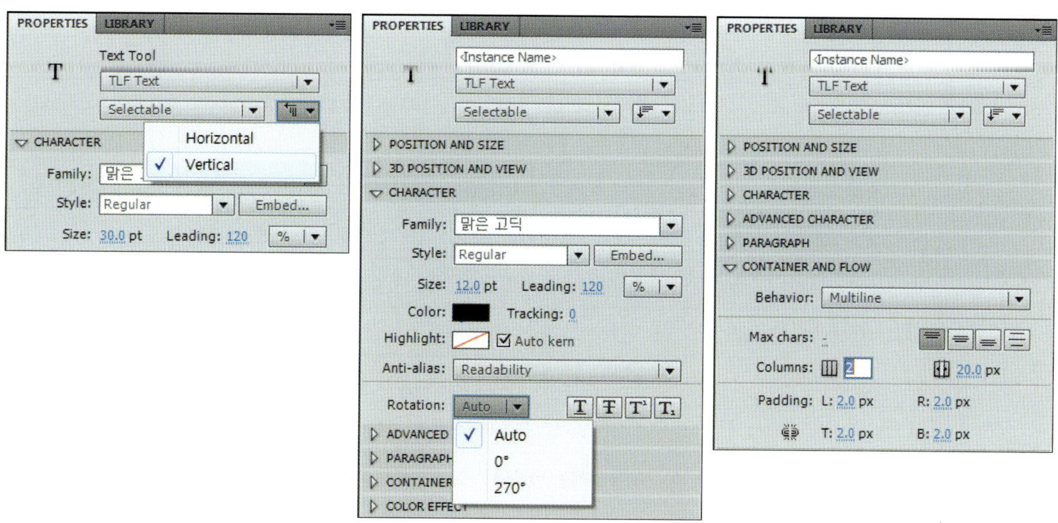

오른쪽에서 왼쪽으로 쓰기(아랍어 표현)는 기본적으로 감춰진 기능입니다. 다음과 같이 속성이 보이도록 수정하여 변경할 수 있습니다.

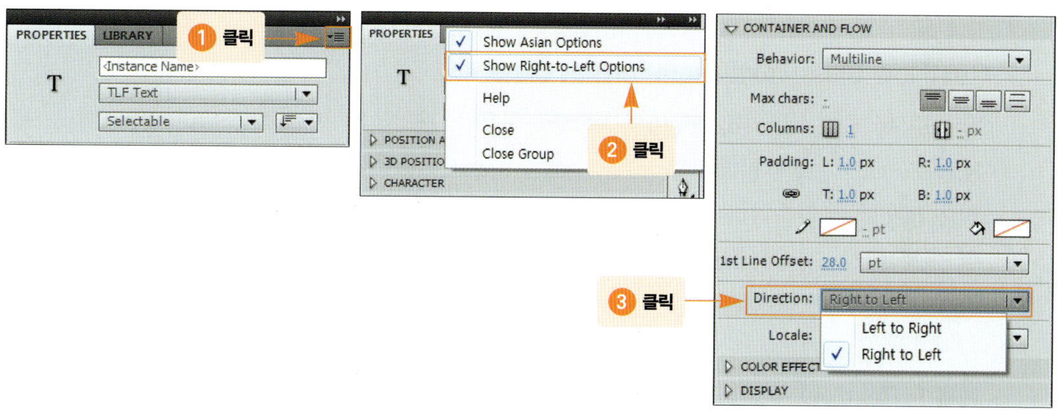

■ **Classic TextField에 없는 TLFTextField 속성**

속성	설명
blockProgression : int	줄 배치를 수직으로 할 것인지 또는 수평으로 할 것인지를 지정합니다.
backgroundAlpha : Number	텍스트 필드 배경의 알파 값을 지정합니다.
borderAlpha : Number	테두리의 알파 값을 지정합니다.
borderWidth : Number	테두리의 폭을 지정합니다.
columnCount : int	텍스트의 열 수입니다. 겹쳐 놓기 동안 undefined인 경우 기본 값이 사용됩니다.

■ **Classic TextField에 없는 TLFTextField 속성**

속성	설명
columnGap : int	열 사이에 남겨 놓을 사이 간격의 양(픽셀 단위)을 지정합니다. 겹쳐 놓기 동안 undefined인 경우 기본 값이 사용됩니다.
columnWidth : int	열의 폭(픽셀 단위)입니다. 겹쳐 놓기 동안 undefined인 경우 기본 값이 사용됩니다.
direction : String	텍스트 블록에 있는 텍스트의 기본 양방향 포함 수준을 지정합니다.
firstBaselineOffset : Object	컨테이너의 첫 번째 줄의 기준선 위치를 지정합니다.
paddingBottom : Object	자간의 활성화 여부를 true 또는 false로 나타내는 부울 값입니다.
paddingLeft : Object	왼쪽 인세트(픽셀 단위)입니다. 겹쳐 놓기 동안 undefined인 경우 기본 값이 사용됩니다.
paddingRight : Object	오른쪽 인세트(픽셀 단위)입니다. 겹쳐 놓기 동안 undefined인 경우 기본 값이 사용됩니다.
paddingTop : Object	위쪽 인세트(픽셀 단위)입니다. 겹쳐 놓기 동안 undefined인 경우 기본 값이 사용됩니다.
textFlow : TextFlow	이 속성을 사용하면 flashx 패키지의 TLF 클래스로부터 TLFTextField 인스턴스로 서식을 지정할 수 있습니다.
tlfMarkup : String	TLF 텍스트 필드에 있는 텍스트의 TLF 마크업을 설정하거나 가져옵니다.

TextFlow Class/TextLayoutFormat Class

TextFlow 클래스는 TextField의 텍스트 내용을 관리하는 역할을 합니다. TextFlow 클래스의 hostFormat 속성에 원하는 TextLayoutFormat 서식을 대입하여 TLFTextField 전체에 원하는 서식을 적용할 수 있습니다.

이 예제에서는 TLFTextField의 기본적인 기능만 살펴볼 것입니다. 다른 다양한 기능들은 도움말(F1)을 이용해서 살펴보세요.

예제 1 | TextFlow 객체를 이용하여 TLFTextField 서식 적용하기

예제파일 | 부록DVD\Sample\Part02\Ch03\Sec04\Exam03\예제\exam01.fla
완성파일 | 부록DVD\Sample\Part02\Ch03\Sec04\Exam03\완성\exam01.fla

01 TLFTextField 객체를 생성하고, 문장을 입력합니다.

```
코드  1    import fl.text.TLFTextField;
     2    import flash.text.TextFieldAutoSize;
     3
     4    var txt:TLFTextField = new TLFTextField();
     5    txt.x = 100;
     6    txt.y = 50;
     7    txt.rotation = 15;
```

```
8         txt.width = 360;
9         txt.wordWrap = true;
10        txt.autoSize = TextFieldAutoSize.LEFT;
11        txt.text = "p2ri's flash actionscript!!!";
12        this.addChild(txt);
```

line 4 : TLFTextField 객체를 생성합니다.

line 5~6 : 텍스트 필드의 위치를 변경합니다.

line 7 : 텍스트 필드를 회전시킵니다. TLFTextField는 embedFont를 적용하지 않아도 회전 속성을 사용할 수 있습니다(TextField 클래스는 embedFont 없이 회전하면 텍스트가 보이지 않습니다).

line 8 : 텍스트 필드의 가로 크기를 변경합니다.

line 9 : 텍스트 길이가 텍스트 필드의 가로 길이보다 길어질 때 줄바꿈을 하도록 합니다.

line 10 : 텍스트 필드의 크기가 글자 길이에 자동으로 맞추어지도록 합니다. line 9에서 wordWrap을 true로 설정한 후 autoSize를 적용하면 텍스트 필드의 가로 크기는 고정되고, 텍스트의 길이에 따라서 세로 길이가 자동으로 변경됩니다.

line 11 : 문장을 입력합니다.

02 TLFTextField에 폰트, 크기, 정렬, 폰트 등의 서식을 적용합니다.

```
코드   1    import fl.text.TLFTextField;
       2    import flash.text.TextFieldAutoSize;
       3    import flashx.textLayout.formats.TextLayoutFormat;
       4    import flashx.textLayout.elements.TextFlow;
       5    import flashx.textLayout.formats.TextAlign;
       6
       7    var txt:TLFTextField = new TLFTextField();
       8    txt.x = 100;
       9    txt.y = 50;
       10   txt.rotation = 15;
       11   txt.width = 360;
       12   txt.wordWrap = true;
       13   txt.autoSize = TextFieldAutoSize.LEFT;
       14   txt.text = "p2ri's flash actionscript!!!";
       15   this.addChild(txt);
       16
       17   var format:TextLayoutFormat = new TextLayoutFormat();
       18   format.color = 0xFF0000;
       19   format.fontFamily = "Arial, Helvetica, _sans";
       20   format.fontSize = 30;
       21
```

```
22        var textFlow:TextFlow = txt.textFlow;
23        textFlow.textAlign = TextAlign.CENTER;
24        textFlow.hostFormat = format;
25        textFlow.flowComposer.updateAllControllers();
```

line 19 : 서식을 정의할 TextLayoutFormat 객체를 생성합니다.

line 20 : 색상을 정의합니다.

line 21 : 폰트를 정의합니다. 여러 폰트를 정의하면 순서대로 우선순위가 정해져 해당 폰트를 이용하여 텍스트를 표현하게 됩니다.

line 22 : 글자 크기를 정의합니다.

line 24 : 현재 텍스트 필드의 textFlow 객체를 참조시킵니다.

line 25 : 참조된 textFlow 객체에 생성한 서식 객체를 기본 서식으로 대입합니다.

line 26 : 텍스트 필드의 서식을 변경하여 표현합니다. 이 과정이 없으면 텍스트 모양은 변경되지 않습니다.

03 현재 텍스트 필드가 가진 텍스트에 다른 텍스트를 추가해 보겠습니다. appendText( ) 메서드를 이용하면, 쉽고 빠르게 텍스트를 추가할 수 있습니다.

```
코드   14        txt.text = "p2ri's flash actionscript!!!";
       15        txt.appendText("\nI like flash!!!");
       16        txt.appendText("\nI love flash!!!");
       17        this.addChild(txt);
```

line 17~18 : 문장을 추가합니다. '\n' 은 줄바꿈을 의미합니다.

04 테스트 무비(Ctrl + Enter)를 실행하여 결과를 확인합니다.

04

멀티미디어 액션스크립트

사운드 액션스크립트

- 클래스 파일 제작
- 라이브러리 사운드 재생
- 외부 mp3 파일 재생

1 라이브러리 사운드 재생

Part 02)Ch 05. 기초 프로그래밍)Sec 06. 패키지/클래스

* 예제를 따라하기 전에 '미리 알아두기' 내용을 읽어보기 바랍니다.

Sound Class

사운드를 재생하는 기능의 클래스로, 라이브러리에 있는 사운드 또는 외부 mp3 파일을 재생할 수 있습니다. Sound 클래스는 음원을 연결(로딩)하거나 재생하는 기능만 가지고 있습니다. 사운드 컨트롤(중지, 볼륨 조절 등)은 SoundChannel 클래스의 기능을 사용해야 합니다.

코드
```
var sound : Sound = new Sound();
var channel : SoundChannel = sound.play(시작 시간, 반복 횟수, 사운드 정보);
```

SoundTransform Class

사운드의 크기(볼륨), 좌우 밸런스의 정보를 제공합니다. 이 객체를 이용하여 현재 사운드 정보를 알 수 있고, 변경하고자 하는 사운드 정보도 SoundChannel 객체에 전달하게 됩니다.

코드
```
//볼륨을 50%로 조절하기 위한 정보 객체 생성
var soundTransform : SoundTransform = new SoundTransform();
soundTransform.volume = 0.5;
```

SoundChannel Class

Sound 클래스의 play() 메서드를 이용하여 사운드를 재생하면 해당 사운드를 컨트롤할 수 있는 SoundChannel 객체가 자동으로 생성됩니다. SoundChannel 객체의 기능으로 다음과 같이 볼륨을 조절할 수 있습니다.

```
코드    var channel : SoundChannel = sound.play();
        var sndTransform : SoundTransform = channel.soundTransform;
        sndTransform.volume = 0.5;
        channel.soundTransform = sndTransform;
```

예제 1 | 똑딱 똑딱 스위치 소리 재생하기

예제파일 | 부록DVD\Sample\Part02\Ch04\Sec01\Exam01\예제\librarySound.fla
완성파일 | 부록DVD\Sample\Part02\Ch04\Sec01\Exam01\완성\librarySound.fla

이번 예제부터는 액션스크립트를 타임라인에 입력하지 않고, 클래스 파일(.as)을 만들어 입력합니다. 클래스 파일은 타임라인 코드보다 전문적인 코딩이 이루어지므로 조금은 어려울 수 있지만, 액션스크립트 3.0을 사용한다면 타임라인 코드보다는 클래스를 만드는 것이 더 많은 이익을 가져다 줄 것입니다. 이 교재에서는 복잡한 OOP문법은 다루지 않고 클래스의 가장 기본적인 단계만 다루게 됩니다.

01 화면에 사운드 파일을 드래그하거나 [File]-[Import]-[Import to Library...] 메뉴를 이용하여 라이브러리에 사운드 파일을 가져옵니다.

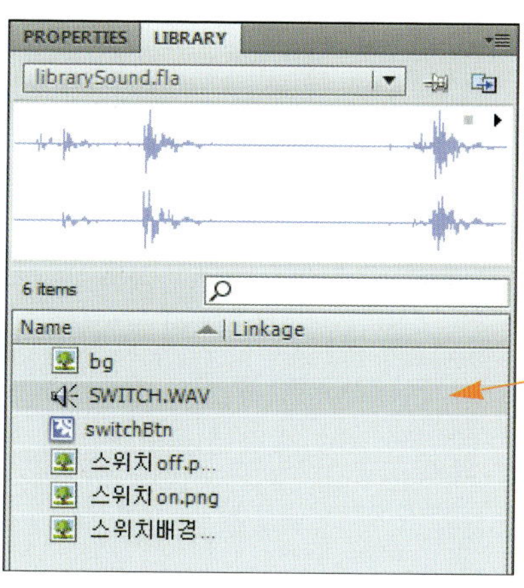

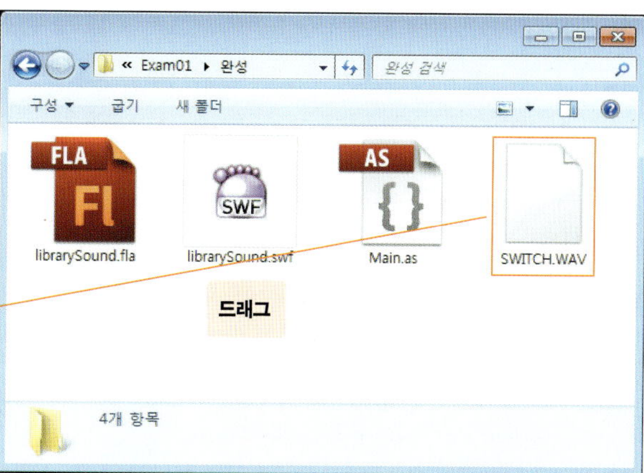

02 가져온 사운드에 클래스 이름('Switch')을 입력합니다.

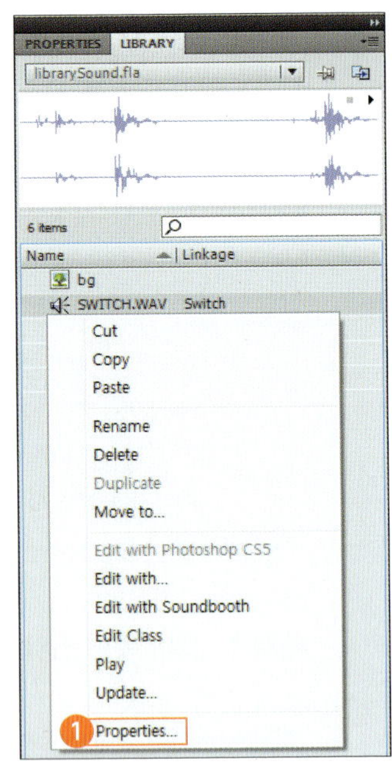

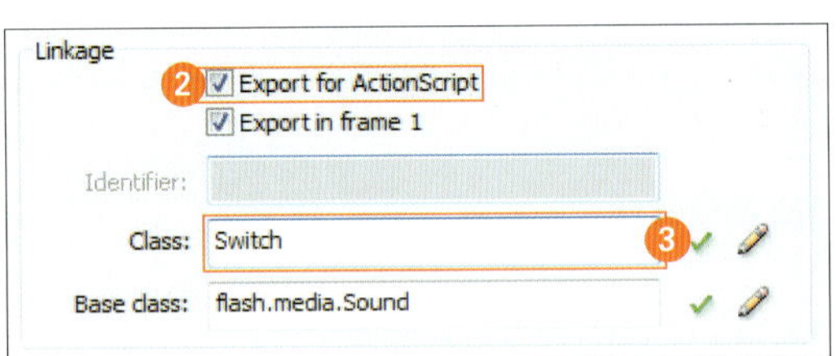

03 도큐먼트 클래스 파일 이름을 'Main'이라고 입력한 후, 편집 버튼을 클릭합니다. 만약, Flash Builder 4가 설치되어 있다면 편집 툴 선택 패널이 나타납니다. 이때 Flash Professional 을 선택합니다.

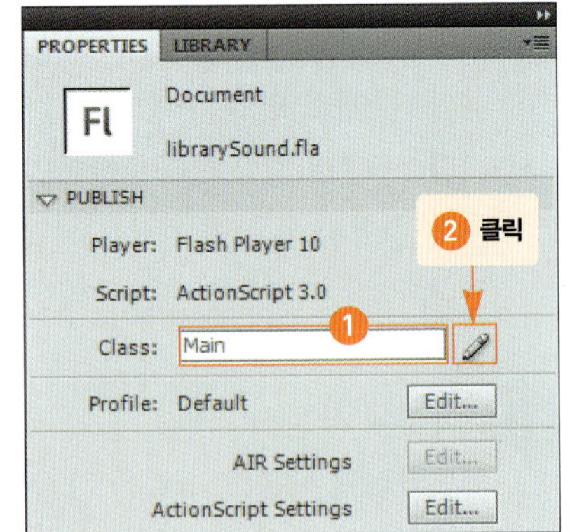

04 생성된 문서를 librarySound.fla 파일과 같은 폴더에 Main.as(클래스 이름과 같은 이름)으로 저장합니다.

> **tip** CS5 버전부터 액션스크립트 자동 생성 기능이 향상되었습니다. 위와 같이 기본적인 클래스 코드는 자동 생성되며, import 코드도 클래스를 사용하면 자동으로 선언됩니다. import 코드는 순서가 바뀌어도 상관없습니다.
> 클래스 파일은 (File)-(New)에서 ActionScript 3.0 Class 문서를 열어 만들 수도 있지만, 예제와 같이 도큐먼트 클래스를 먼저 지정하고 편집 버튼을 이용하여 문서를 생성하면 extends(상속) 코드도 자동 완성되기 때문에 편리합니다.
> 클래스 파일이 폴더에 존재하는 상태에서 편집 버튼을 클릭하면 해당 클래스 파일이 열립니다.

```
package  {

    import flash.display.MovieClip;


    public class Main extends MovieClip {


        public function Main() {
            // constructor code
        }
    }

}
```

05 부모 클래스를 MovieClip이 아닌 Sprite로 변경하고, 버튼 클릭 시 사운드를 재생하는 코드를 추가합니다.

```
코드    1        package {
        2                import flash.display.Sprite;
        3                import flash.display.MovieClip;
        4                import flash.events.MouseEvent;
        5                import flash.media.Sound;
        6                import flash.media.SoundTransform;
        7
        8                public class Main extends Sprite {
        9                        public var btn:MovieClip;
       10
       11                        public function Main() {
       12                                btn.stop();
       13                                btn.buttonMode = true;
       14                                btn.addEventListener(MouseEvent.CLICK, clickListener);
       15                        }
       16
       17                        private function clickListener(event:MouseEvent):void {
       18                                var snd:Sound = new Switch();
       19                                var sndTransform:SoundTransform = new SoundTransform();
       20                                sndTransform.volume = 0.5;
       21                                snd.play(0, 1, sndTransform);
       22
       23                                if (btn.currentFrame == 1) {
       24                                        btn.nextFrame();
       25                                } else {
       26                                        btn.prevFrame();
       27                                }
       28                        }
       29                }
       30        }
```

line 2~6 : 사용한 클래스 위치 선언입니다. 이 코드는 직접 입력하지 않아도 클래스 코드 작성 시 자동으로 만들어집니다.

line 8 : Sprite 클래스를 상속받은 Main 클래스를 의미합니다. 도큐먼트 클래스는 화면에 보여야 하므로 MovieClip 또는 Sprite 클래스를 상속(extends)받아야 합니다. 타임라인을 사용할 경우

MovieClip을 상속받고, 1프레임만 있는 경우에는 Sprite를 상속받습니다.

line 9 : 스위치 버튼의 이름과 같은 변수(btn)를 public으로 선언합니다. public은 공개한다는 의미로 다른 객체에서 해당 변수에 접근할 수 있음을 의미합니다. 예제와 같이 변수와 같은 이름의 객체가 화면에 이미 존재한다면, 해당 변수는 그 객체를 참조하게 됩니다.

> **tip** 화면에 있는 객체에 인스턴스 이름이 있다면 클래스에서 변수를 선언하지 않아도 객체 이름으로 자동 변수 선언이 이루어집니다. 즉, line 9 코드는 지워도 오류가 나지 않습니다. 하지만 변수를 미리 선언해 놓으면 코드 작성 시 자동 완성 기능을 사용할 수 있기 때문에 코딩을 편리하게 할 수 있습니다.

line 11~15 : Main 클래스의 생성자 함수입니다. 생성자 함수는 객체가 생성되면서 호출되는 함수입니다. 즉, 도큐먼트 클래스의 생성자 함수는 자동으로 호출(실행)되므로 이 함수에 실행 코드를 입력합니다.

> **tip** 클래스의 생성자 함수는 항상 public(공개) 접근 제한자를 가집니다. 그리고 다른 함수와는 달리 리턴 데이터 형을 정의하지 않습니다.
>
> new 명령을 이용하여 클래스의 객체를 생성할 때 생성자 함수를 호출하게 됩니다. 당연히 공개된 함수이어야만 호출이 가능하므로 public을 생성자 함수를 만들어야 합니다.
>
> 예를 들어, 다음은 무비클립의 객체를 만드는 코드입니다.

```
var mc:MovieClip = new MovieClip();
```

> 위 코드의 MovieClip() 부분은 생성자 함수를 호출하는 부분입니다. 무비클립 클래스에도 다음과 같은 생성자 함수가 존재하는 것입니다.

```
public function MovieClip() {

}
```

line 12 : 스위치(btn) 무비클립의 프레임을 멈춥니다(1프레임과 2프레임에 스위치의 on/off 이미지가 있습니다).

line 14 : btn에 마우스 클릭 이벤트를 등록합니다.

> **tip** 만약 함수를 공개하려면 public으로 접근 제한자를 변경하면 됩니다. 무비클립의 play( ), stop( ), gotoAndPlay( ), gotoAndStop( ) 등이 public으로 공개된 함수입니다. 이와 같이 공개된 함수를 메서드라고 합니다.

line 17~28 : 마우스 클릭 이벤트 함수입니다. 타임라인에서 코딩하던 함수와는 다르게 private라는 접근 제한자가 붙었습니다. 이는 공개되지 않은 함수임을 의미합니다. 이 함수는 Main 클래스 안에서만 사용할 함수이므로 공개하지 않은 것입니다.

line 18 : 라이브러리에 만들어 놓은 Switch 클래스 객체를 생성합니다.

line 19~20 : 볼륨 정보는 SoundTransform 객체를 만들어 준비해 둡니다. 0.5는 50%의 볼륨을 의미합니다.

line 21 : Switch 사운드 객체를 한 번 재생합니다. line 19에서 만들어 놓은 볼륨 정보를 사용하여 사운드 크기를 조절합니다(Switch 클래스는 Sound 클래스를 상속받은 클래스이므로, Sound 클래스의 명령을 사용할 수 있습니다),

line 23~27 : 스위치 버튼을 클릭할 때마다 프레임을 변경(1프레임에서 2프레임으로, 2프레임에서 1프레임으로 변경)하여 스위치가 올라가고 내려가는 모습을 표현합니다.

06 테스트 무비(Ctrl + Enter)를 실행하여 결과를 확인합니다.

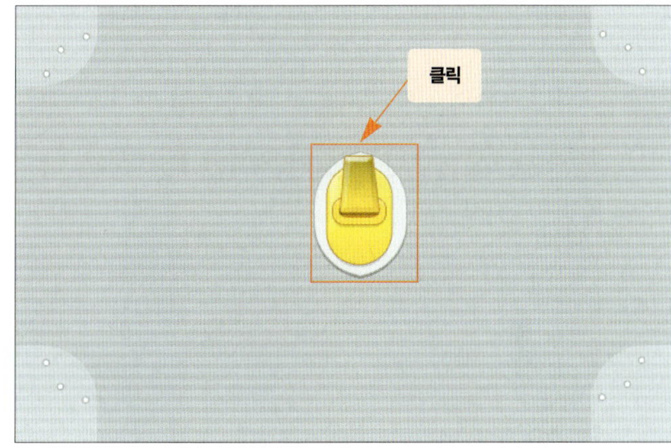

이번 예제를 통해 클래스 파일 제작에 대해 익혔다면, 타임라인에 코딩했던 이전 예제들도 꼭 도큐먼트 클래스를 만들어 다시 제작해 보세요.

2 외부 mp3 파일 재생

알아두기

Part 02)Ch 04. 멀티미디어 액션스크립트)Sec 01. 사운드 액션스크립트)1. 라이브러리 사운드 재생

＊ 예제를 따라하기 전에 '미리 알아두기' 내용을 읽어보기 바랍니다.

load() 메서드

mp3 파일을 로드하여 재생하는 메서드입니다. 이를 이용하면 라이브러리에 사운드를 넣지 않고도 동적으로 사운드를 로드하여 재생할 수 있습니다. 사운드의 일부(버퍼링 구간)가 로드되면 재생을 시작하므로, 아무리 큰 mp3 파일이더라도 빠르게 재생할 수 있습니다.

코드

```
var sound : Sound = new Sound();
var request : URLRequest = new URLRequest();
request.url = "mp3파일경로";
```

```
sound.load(request);
var channel : SoundChannel = sound.play();
```

예제 1 | MP3 플레이어 만들기

예제파일 | 부록DVD\Sample\Part02\Ch04\Sec01\Exam02\예제\mp3player.fla
완성파일 | 부록DVD\Sample\Part02\Ch04\Sec01\Exam02\완성\mp3player.fla

01 도큐먼트 클래스(MP3Player.as) 파일을 생성합니다.

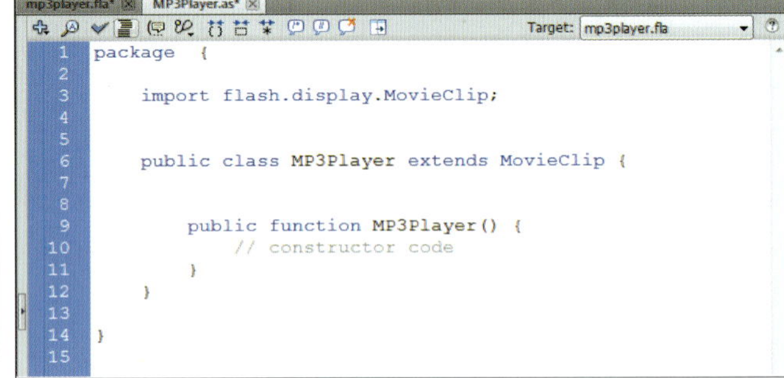

02 사운드 객체를 생성하고, 같은 폴더에 있는 'music.mp3' 파일을 로드합니다.

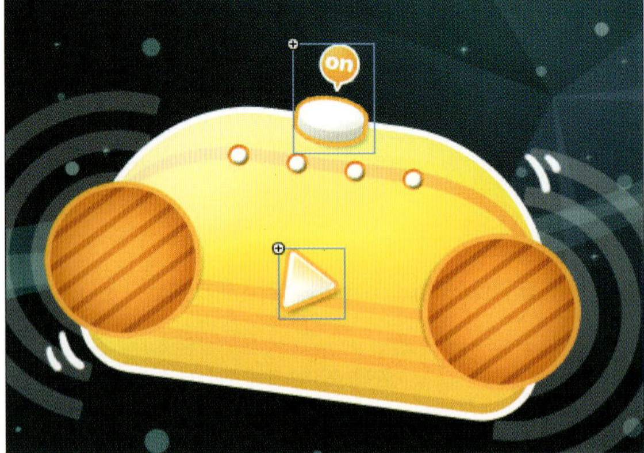

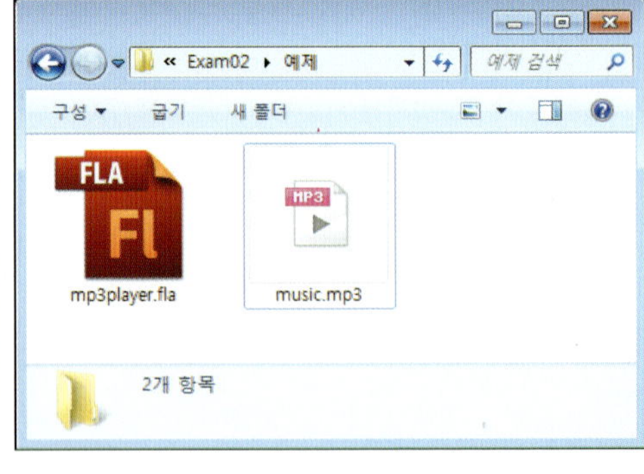

코드

```
1    package {
2        import flash.display.Sprite;
3        import flash.display.MovieClip;
4        import flash.media.Sound;
5        import flash.media.SoundTransform;
6        import flash.net.URLRequest;
7        import flash.media.SoundChannel;
8
```

```
9              public class MP3Player extends Sprite {
10                     public var muteBtn:MovieClip;
11                     public var playStopBtn:MovieClip;
12                     private var _snd:Sound;
13                     private var _channel:SoundChannel;
14                     private var _sndTransform:SoundTransform;
15
16                     public function MP3Player() {
17                            createSound();
18                     }
19
20                     private function createSound():void {
21                            _sndTransform = new SoundTransform();
22                            _snd = new Sound();
23                            var request:URLRequest = new URLRequest();
24                            request.url = "music.mp3";
25                            _snd.load(request);
26                     }
27              }
28       }
```

line 10~11 : 화면에 있는 음소거 버튼과 재생 버튼의 변수를 선언합니다.

line 12~14 : 객체 참조 변수를 선언합니다. 이와 같이 함수 밖에서 변수를 선언해야만 클래스 내 모든 함수에서 해당 객체에 접근할 수 있습니다.

> **tip** private는 외부 객체로부터 해당 객체에 접근할 수 없도록 막는 접근 제한자입니다. 객체를 이 클래스 외에 다른 곳에서 사용할 필요가 없다면 이와 같이 선언합니다.
> 접근 제한자를 private로 선언할 경우 _(언더 바)를 앞에 붙여 변수를 만듭니다. 이는 코드의 실행과는 상관 없지만 코딩의 규약이므로 지키는 것이 좋습니다.

line 16~18 : 생성자 함수입니다.

line 17 : 사운드 객체 생성 함수를 호출합니다.

line 21 : 이후 사용될 SoundTransform 객체를 미리 생성해 놓습니다.

line 22 : 사운드 객체를 생성합니다.

line 23~24 : 파일 경로에 대한 정보를 URLRequest 객체의 url 속성에 대입합니다.

line 25 : line 23에서 생성한 URLRequest 객체를 이용하여 mp3 파일을 로드합니다.

03 사운드를 재생합니다.

```
코드   16                      public function MP3Player() {
       17                            createSound();
       18                            playMusic();
       19                      }
        ⋮                              ⋮
       30                      private function playMusic():void {
       31                            _channel = _snd.play(0,1,_sndTransform);
       32                            playStopBtn.nextFrame();
       33                      }
       34                   }
       35             }
```

line 31 : 로드되고 있는 사운드를 재생합니다. _channel 변수에는 재생 중인 SoundChannel 객체가 참조됩니다.

line 32 : 재생 버튼을 정지 버튼 모양으로 변경합니다(2프레임에 정지 버튼 이미지가 있습니다).

04 재생 버튼과 뮤트 버튼에 이벤트를 등록하여 재생/정지, 음소거 기능을 추가합니다.

```
코드   8                    import flash.events.MouseEvent;
        ⋮                              ⋮
       17                      public function MP3Player() {
       18                            createSound();
       19                            playMusic();
       20                            setButtonEvent();
       21                      }
        ⋮                              ⋮
       37                      private function setButtonEvent():void {
       38                            muteBtn.stop();
       39                            muteBtn.addEventListener(MouseEvent.CLICK
                                            , muteBtnClickListener);
       40
       41                            playStopBtn.stop();
       42                            playStopBtn.addEventListener(MouseEvent.CLICK
                                            , playStopBtnClickListener);
       43                      }
       44
       45                      private function muteBtnClickListener(event:MouseEvent):void {
```

```actionscript
46                            if (_sndTransform.volume == 1) {
47                                muteBtn.nextFrame();
48                                _sndTransform.volume = 0;
49                                _channel.soundTransform = _sndTransform;
50                            } else {
51                                muteBtn.prevFrame();
52                                _sndTransform.volume = 1;
53                                _channel.soundTransform = _sndTransform;
54                            }
55                        }
56
57                        private function playStopBtnClickListener(event:MouseEvent):void {
58                            if (playStopBtn.currentFrame == 2) {
59                                _channel.stop();
60                                playStopBtn.prevFrame();
61                            } else {
62                                playMusic();
63                            }
64                        }
65                    }
66                }
```

line 45~55 : 음소거 버튼이 클릭되면 현재 볼륨 상태에 따라 볼륨을 100% 또는 0%로 변경합니다.

line 46 : 현재 볼륨이 1(100%)인지 조건문으로 확인합니다.

line 47 : 음소거 무비클립의 타임라인을 이동하여 off를 표현합니다.

line 48 : 볼륨 정보를 0으로 변경합니다.

line 49 : 재생 중인 채널 객체에 변경된 볼륨 정보를 적용합니다. 볼륨이 0으로 줄어듭니다.

line 51 : 현재 볼륨이 0 이라면 음소거 무비클립의 타임라인을 이동하여 on을 표현합니다.

line 52 : 볼륨 정보를 1로 변경합니다.

line 53 : 재생 중인 채널 객체에 변경된 볼륨 정보를 적용합니다. 볼륨이 1로 올라갑니다.

line 57~64 : 사운드 재생/중지 버튼을 클릭하면 현재 상태에 따라서 사운드를 중지하거나 다시 재생합니다.

line 58 : 재생 버튼 무비클립이 현재 재생 중 이미지에 있는지를 확인합니다.

line 59 : 사운드를 정지합니다. 이때 다운로드는 계속 진행됩니다. 다운로드도 멈추려면 사운드 객체의 close() 메서드를 이용합니다.

line 60 : 재생 버튼 무비클립의 타임라인을 이동하여 재생 버튼이 보이도록 합니다.

line 62 : 정지 중인 사운드를 다시 재생합니다. 재생 함수는 미리 만들어 놓은 것을 재활용합니다.

05 음악이 모두 재생되면 다시 반복하여 재생되도록 이벤트를 등록합니다.

```
코드   9                        import flash.events.Event;
      ⋮                                          ⋮
      32                       private function playMusic():void {
      33                           _channel = _snd.play(0,1,_sndTransform);
      34                           _channel.addEventListener(Event.SOUND_COMPLETE
                                               , soundCompleteListener);
      35                           playStopBtn.nextFrame();
      36                       }
      37
      38                       private function soundCompleteListener(event:Event):void {
      39                           playStopBtn.prevFrame();
      40                           playMusic();
      41                       }
```

line 34 : 사운드가 끝까지 재생되면(Event.SOUND_COMPLETE 이벤트가 발생하면) soundCompleteListener 이벤트 함수를 호출하도록 등록합니다.

line 39 : 사운드가 종료되었으므로 재생 버튼의 모양을 변경합니다.

line 40 : 음악을 다시 재생합니다. 이로써 무한 반복 플레이가 됩니다.

06 테스트 무비(Ctrl + Enter)를 실행 하여 결과를 확인합니다.

비디오 액션스크립트

- 플래시 영상 파일(flv, f4v) 제작
- FLVPlayback 컴포넌트를 이용한 영상 재생
- VideoPlayer를 이용한 카메라 영상 재생

FLV/F4V 파일 만들기

1 | FLV/F4V 파일의 차이점

플래시 플레이어가 재생할 수 있는 영상 파일의 대표적인 확장자는 .flv와 .f4v입니다. 하지만 확장자가 중요한 것이 아니라 동영상이 어떤 코덱(codec)으로 압축이 되어 있느냐가 중요합니다. 예제를 통해 만들어 볼 flv 파일은 On2v6 코덱으로 만들어지고, f4v 파일은 h264 코덱으로 압축됩니다. 이 두 가지 코덱은 플래시 플레이어가 지원하는 코덱이기 때문에 재생이 가능한 것입니다. 만약 h264 코덱으로 압축된 mov 파일이 있다면 이 또한 재생이 가능합니다.

flv 코덱보다 f4v 코덱이 더 좋은 화질을 지원하지만, f4v 파일은 flv 파일이 지원하는 알파 채널(투명한 영상)을 지원하지 않고, 타임라인에 직접 넣을 수도 없습니다. 따라서 타임라인 애니메이션에 싱크가 맞는 영상을 사용하려면 flv 파일을 사용해야 합니다.

2 | Adobe Media Encoder

영상 파일을 .flv 또는 .f4v 파일로 변경하기 위해서는 Adobe Media Encoder 프로그램을 사용해야 합니다. 이 프로그램은 Flash CS5와 함께 설치됩니다.

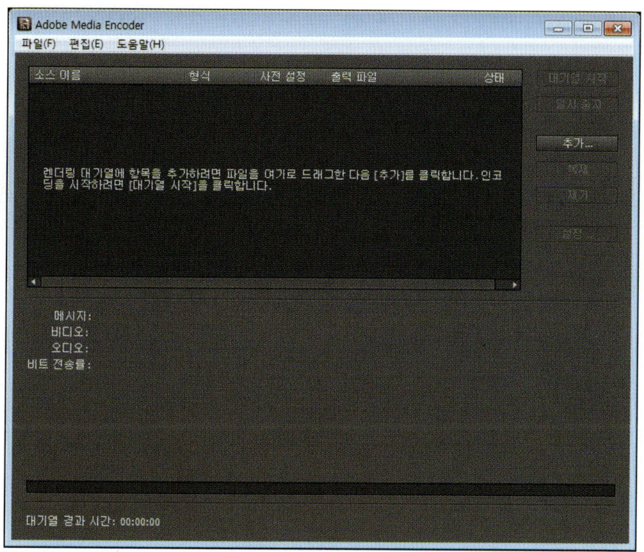

예제 1 │ Adobe Media Encoder를 이용하여 동영상 변환하기

예제파일 │ 부록DVD\Sample\Part02\Ch04\Sec02\Exam01\예제\movie.mov
완성파일 │ 부록DVD\Sample\Part02\Ch04\Sec02\Exam01\완성\movie.flv
　　　　　 부록DVD\Sample\Part02\Ch04\Sec02\Exam01\완성\movie.f4v

01 [추가…] 버튼을 클릭하여 파일을 선택하거나, movie.mov 파일을 드래그하여 Media Encoder에 추가합니다.

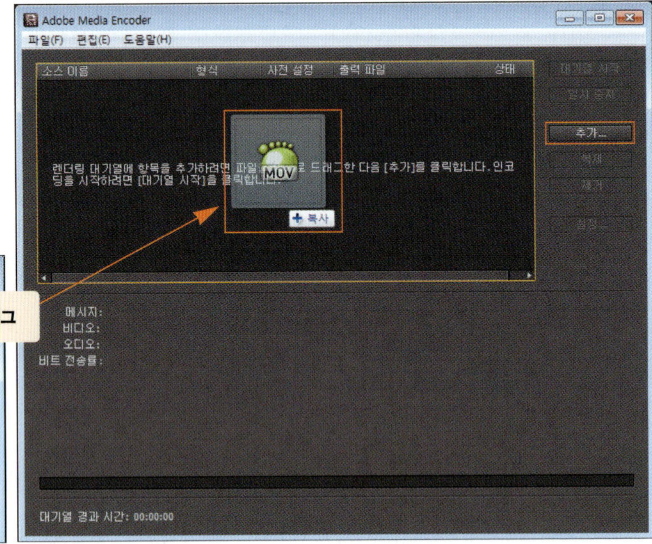
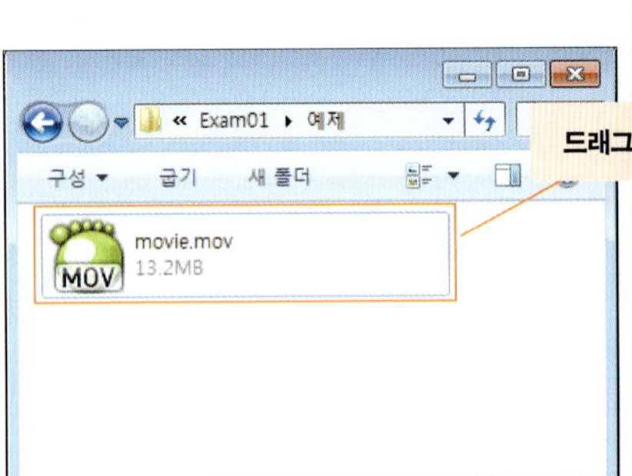

02 소스를 선택한 후, [설정…] 버튼을 클릭합니다.

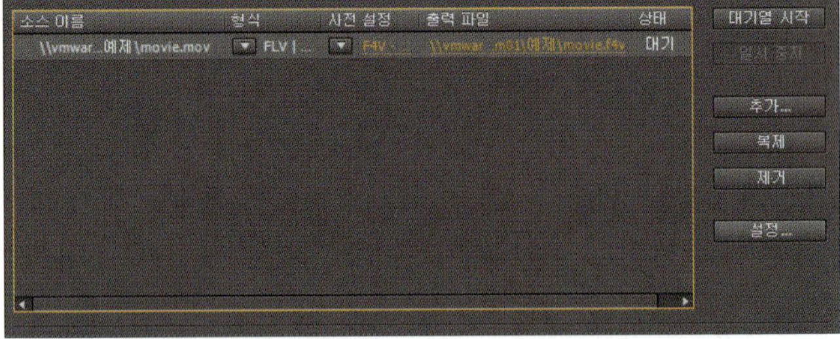

03 인코딩 범위를 설정합니다.

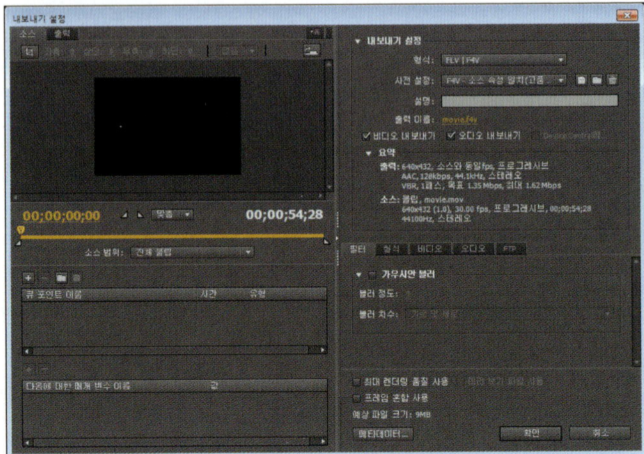

04 [형식] 탭을 선택하고, flv와 f4v 중 하나를 선택합니다.

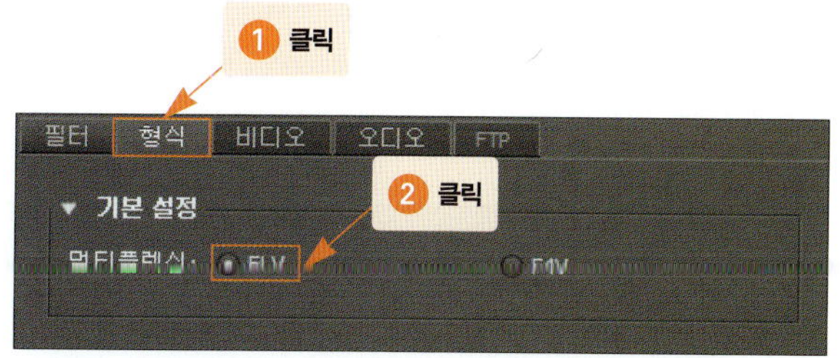

05 [비디오] 탭을 클릭하여 크기, 프레임 속도 등을 설정합니다. 투명 영상이 필요하다면 [알파 채널 인코딩]을 체크합니다.

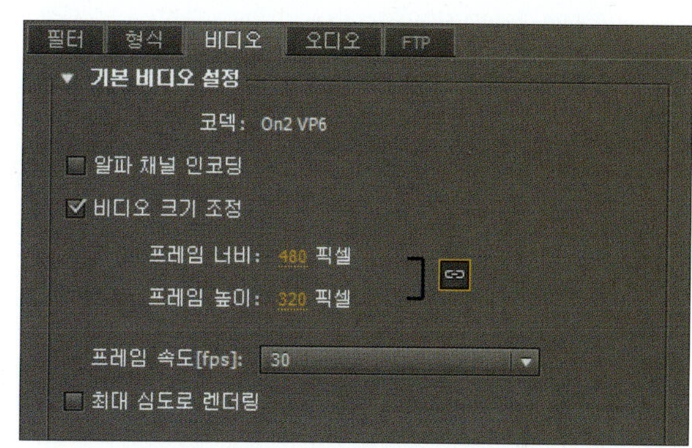

06 스크롤을 내려 비트 전송률을 설정합니다. 비트 전송률이 높을수록 고화질의 영상을 만들 수 있지만 그만큼 파일 용량이 커집니다.

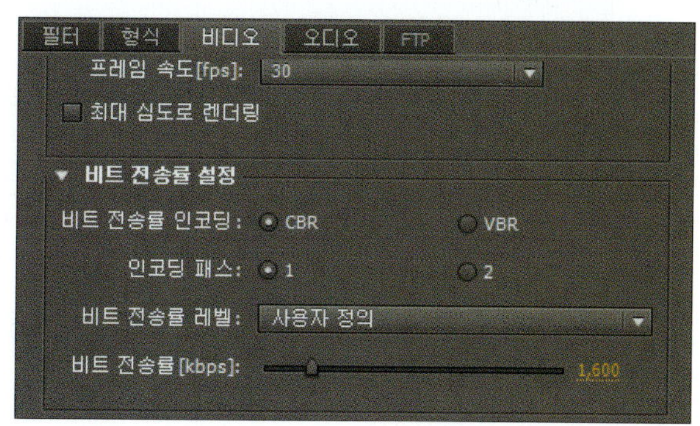

07 [오디오] 탭을 클릭하여, 오디오 품질을 설정합니다. 128k 정도면 좋은 음질을 얻을 수 있습니다.

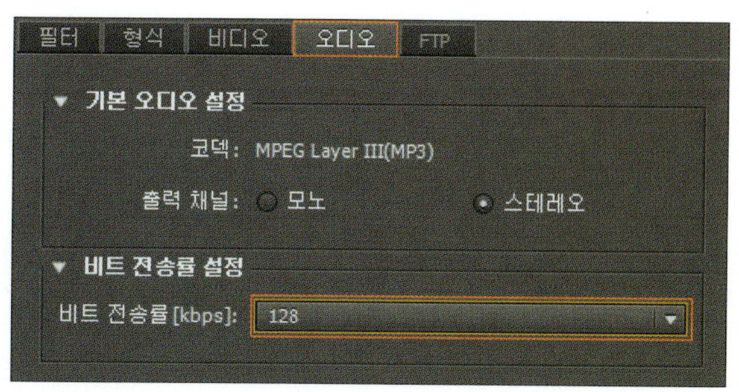

08 [확인]을 클릭하여 설정 패널을 닫습니다.

09 f4v 코덱을 이용하여 같은 파일을 변경해 보겠습니다. [복제] 버튼을 클릭하여 같은 설정을 만듭니다.

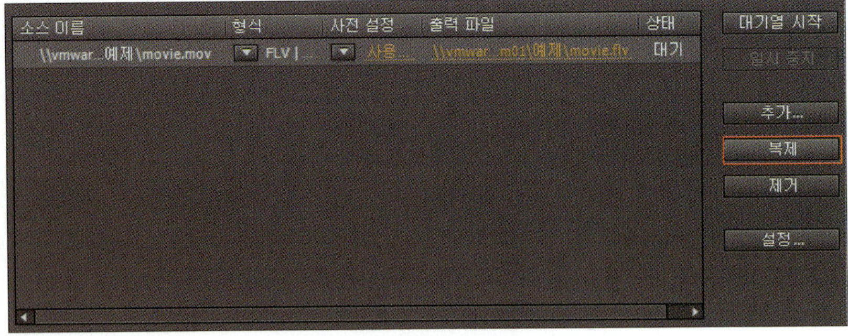

10 복제된 소스를 선택하고 [설정...] 버튼을 클릭합니다.

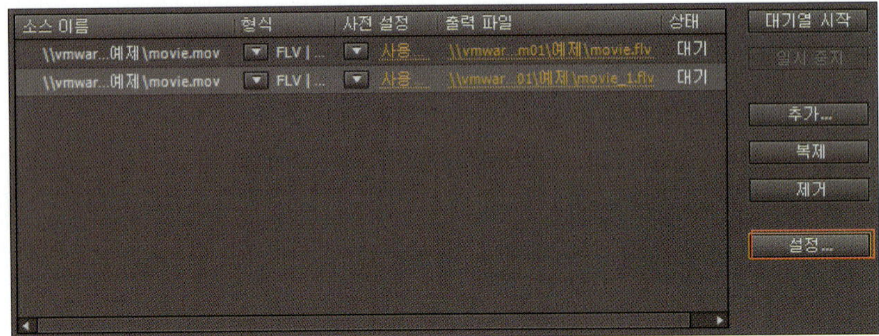

11 비디오 형식을 f4v로 변경합니다.

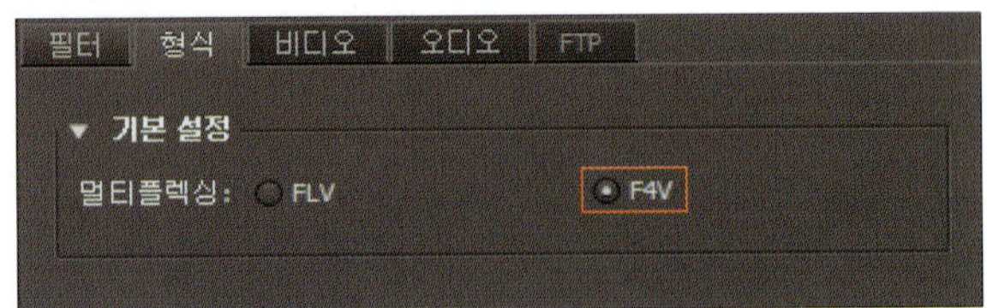

12 비트 전송률을 설정합니다. f4v 파일의 비트 전송률 단위는 Mbps입니다. 이 값을 크게 설정하면 용량도 커지므로 적당한 설정 값으로 조절합니다.

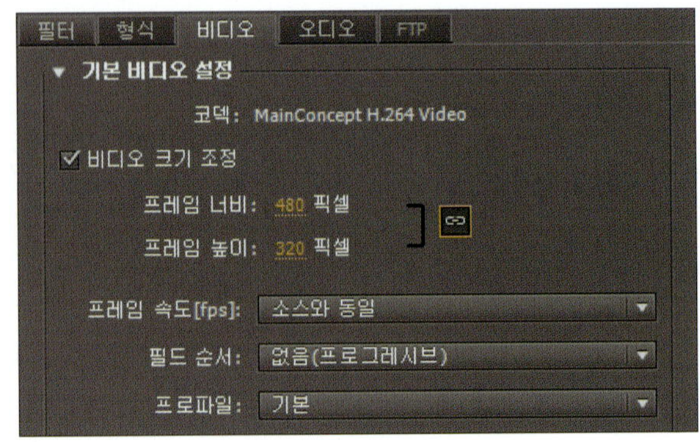

13 오디오 설정을 합니다. f4v파일의 오디오 코덱은 AAC입니다.

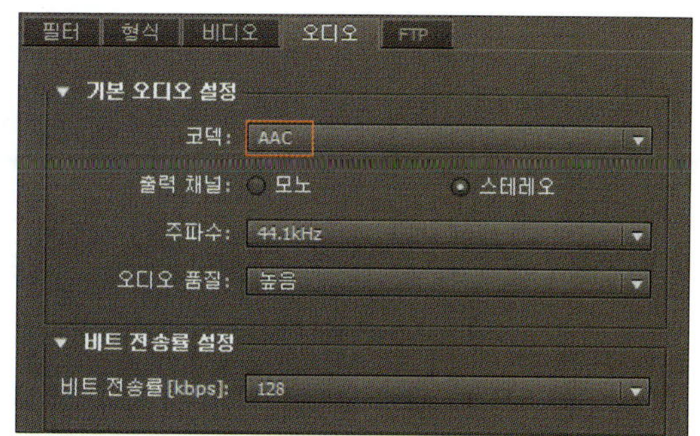

14 [확인] 버튼을 눌러 설정 패널을 닫습니다.

15 [대기열 시작]을 클릭하면 모든 파일이 인코딩됩니다.

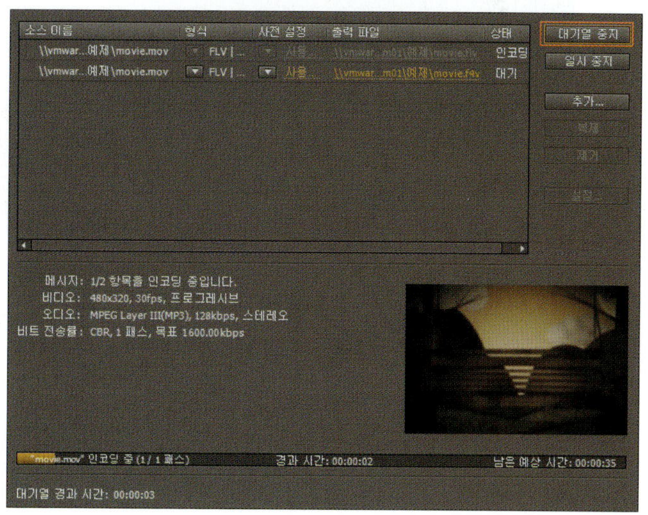

FLVPlayback 컴포넌트 사용하기

Part 02〉Ch 04. 멀티미디어 액션스크립트〉Sec 02. 비디오 액션스크립트〉1. FLV/F4V 파일 만들기

* 예제를 따라하기 전에 '미리 알아두기' 내용을 읽어보기 바랍니다.

1 | FLVPlayback 컴포넌트

Flash CS5에 기본으로 제공되는 영상 재생 컴포넌트입니다. 이를 이용하면 액션스크립트 코드 없이 간단하게 영상을 재생할 수 있습니다.

예제 1 | FLVPlayback 컴포넌트를 이용한 f4v 파일 재생

예제파일 | 부록DVD\Sample\Part02\Ch04\Sec02\Exam02\예제\moviePlayer.fla
완성파일 | 부록DVD\Sample\Part02\Ch04\Sec02\Exam02\완성\moviePlayer.fla

01 컴포넌트 패널(Ctrl + F7)에서 'FLVPlayback 2.5'를 화면으로 드래그하고, FLVPlayback 크기를 480×360으로 조절합니다. FLVPlayback 2.5는 CS5에서 새롭게 만들어진 컴포넌트로 이전 컴포넌트(FLVPlayback)에 비해 디자인과 성능이 향상되었습니다.

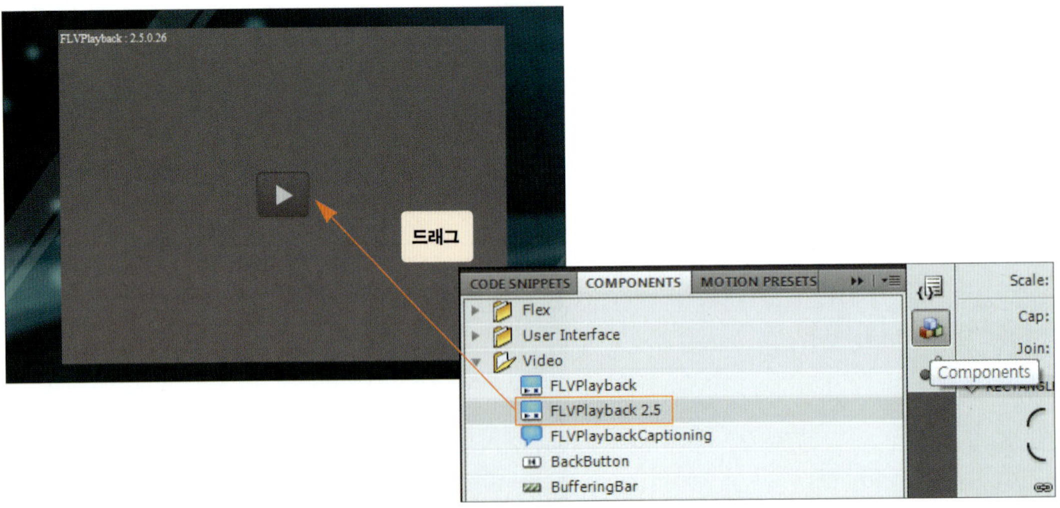

02 컴포넌트 속성 패널에서 skin 선택 버튼을 클릭하여 원하는 스킨, 색상을 선택합니다.

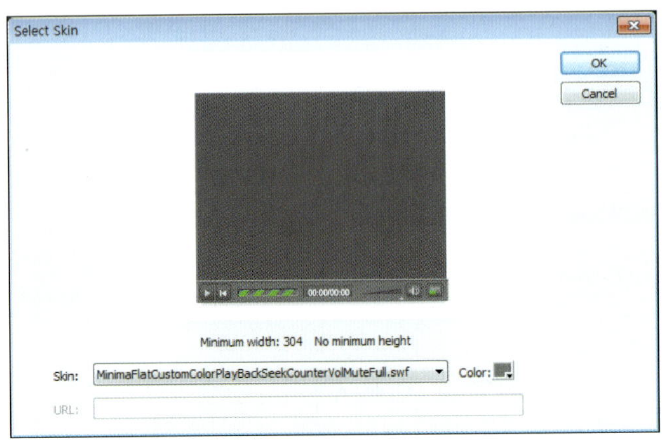

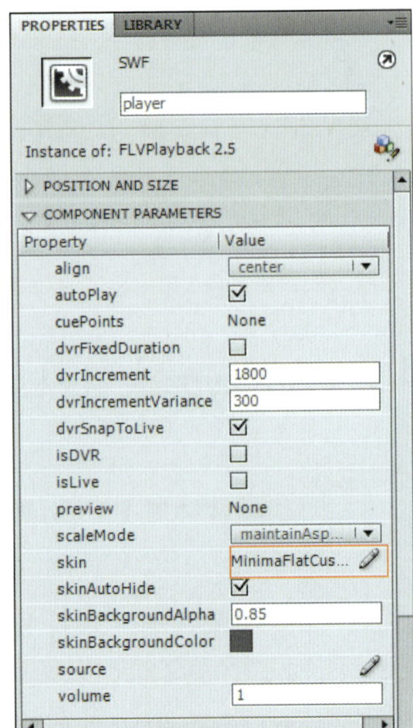

03 객체 이름(player)을 입력합니다.

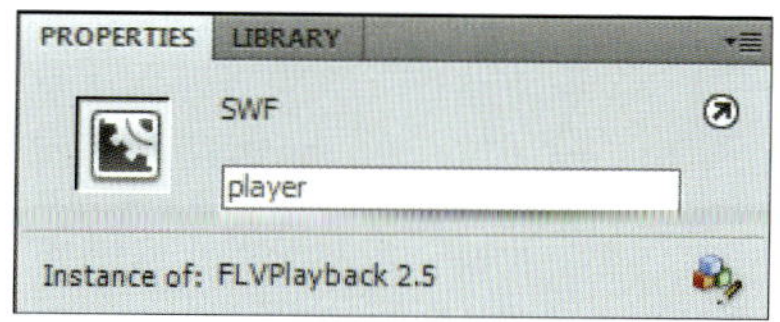

04 'moviePlayer.fla'와 같은 폴더 내에 media 폴더를 만듭니다. 생성된 폴더 안에 클래스 파일을 만들 것입니다.

05 도큐먼트 클래스 이름을 'media.Player'로 등록하고 편집 버튼을 클릭합니다. 자동으로 패키지 이름('media')이 코딩되어 있는 것을 알 수 있습니다.

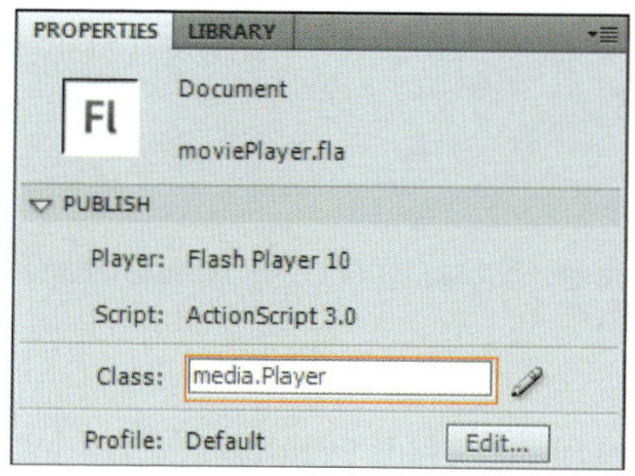

```actionscript
package media {

    import flash.display.MovieClip;


    public class Player extends MovieClip {


        public function Player() {
            // constructor code
        }
    }

}
```

06 'mov' 폴더에 있는 'movie.f4v' 파일을 재생하는 코드를 추가하여 'media' 폴더에 저장합니다.

```actionscript
코드  1    package media {
      2        import flash.display.Sprite;
      3        import fl.video.FLVPlayback;
      4
      5        public class Player extends Sprite {
      6            public var player:FLVPlayback;
      7
```

```
8                          public function Player() {
9                                  player.source = "mov/movie.f4v";
10                         }
11                 }
12         }
```

line 9 : FLVPlayback 객체에 재생할 파일을 지정합니다. source 속성에 비디오 소스가 대입되면 자
동으로 재생되도록 설정되어 있습니다(autoPlay = true).

07 영상 재생이 끝나면 다시 반복 재생하도록 코드를 추가합니다.

코드
```
1     package media {
2             import flash.display.Sprite;
3             import fl.video.FLVPlayback;
4             import flash.events.Event;
5
6             public class Player extends Sprite {
7                     public var player:FLVPlayback;
8
9                     public function Player() {
10                            player.source = "mov/movie.f4v";
11                            player.addEventListener(Event.COMPLETE, completeListener);
12                    }
13
14                    private function completeListener(event:Event):void {
15                            player.play();
16                    }
17             }
18     }
```

08 테스트 무비(Ctrl + Enter)를 실행
하여 결과를 확인합니다.

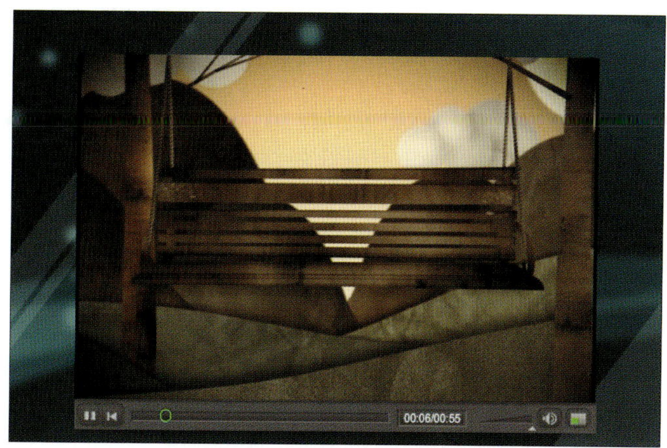

09 마우스를 플레이어 위에 올려놓으면 선택한 skin이 보입니다. 만
약 스킨이 항상 보이기를 원한다면 컴포넌트 속성 패널에서
'skinAutoHide'의 체크를 해제하거나, 다음과 같이 코드를 추
가합니다.

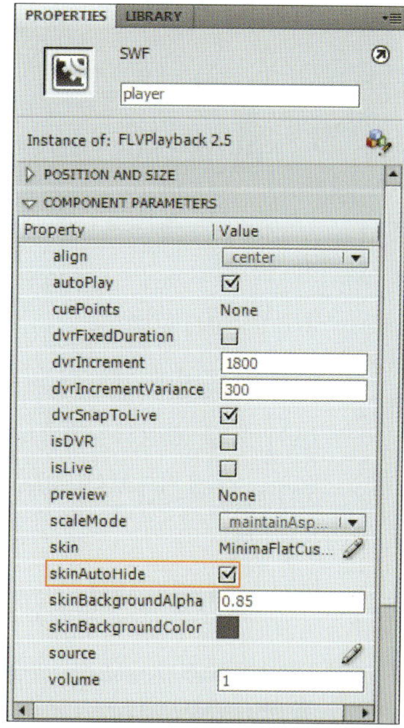

```
코드    9              public function Player() {
       10                  player.source = "mov/movie.f4v";
       11                  player.skinAutoHide = false;
       12                  player.addEventListener(Event.COMPLETE, completeListener);
       13              }
```

line 11 : 스킨을 항상 보이도록 합니다. 이와 같이 컴포넌트 속성 패널에 있는 설정들은 스크립트로 변
경할 수 있습니다.

10 테스트 무비 후 폴더를 보면 skin 이름과 동일한 swf 파일이 생성되어 있는 것을 알 수 있습니다. 이 파일이 없으면 스킨이 보이지 않습니다. 웹 서버에 파일을 올릴 때는 반드시 함께 올려야 합니다.

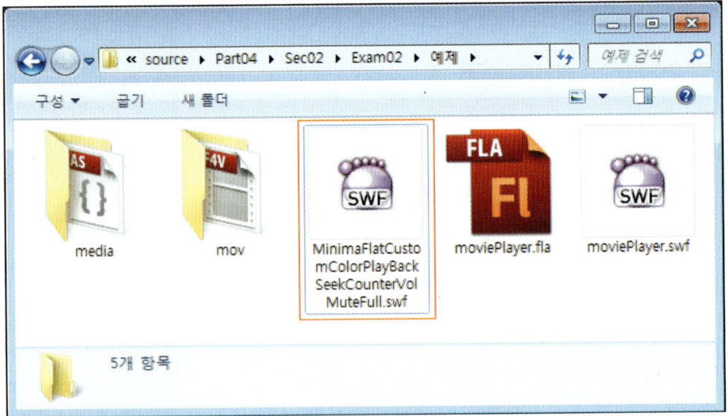

3 카메라 재생

알아두기

Part 02)Ch 04. 멀티미디어 액션스크립트〉Sec 02. 비디오 액션스크립트〉2. FLVPlayback 컴포넌트 사용하기

＊ 예제를 따라하기 전에 '미리 알아두기' 내용을 읽어보기 바랍니다.

1 | Video Class

영상을 화면에 재생하는 클래스로서, FLVPlayback 컴포넌트 역시 Video 객체를 생성하여 영상을 보여 주게 됩니다. 단순히(컨트롤 skin 없이) 영상만 재생할 것이라면, FLVPlayback 컴포넌트보다 Video 클래스를 사용하는 것이 가볍고 빠릅니다.

예제 1 | 카메라 재생

● 예제파일 | 부록DVD\Sample\Part02\Ch04\Sec02\Exam03\예제\camera.fla
완성파일 | 부록DVD\Sample\Part02\Ch04\Sec02\Exam03\완성\camera.fla

01 도큐먼트 클래스(media.CameraViewer)를 만들어 다음 코드를 추가합니다.

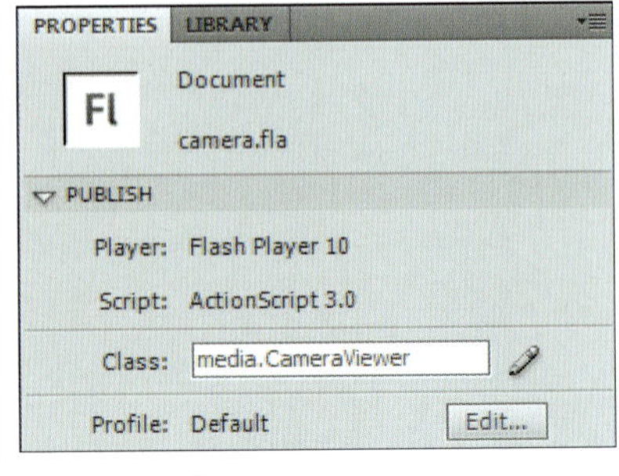

코드

```
1        package media {
2                import flash.display.Sprite;
3                import flash.media.Video;
4                import flash.media.Camera;
5
6                public class CameraViewer extends Sprite {
7                        private var _video:Video;
8                        private var _camera:Camera;
9
10                       public function CameraViewer() {
11                               getCamera();
12                               createVideo();
13                       }
14
15                       private function getCamera():void {
16                               _camera = Camera.getCamera();
17                               _camera.setMode(320, 240, 30);
18                       }
19
20                       private function createVideo():void {
21                               _video = new Video(320, 240);
22                               _video.attachCamera(_camera);
23                               _video.x = 149;
24                               _video.y = 58;
25                               this.addChild(_video);
26                       }
27               }
28       }
```

line 16 : 카메라를 찾습니다. 만약 카메라가 연결되어 있지 않다면 _camera 변수에는 null이 참조됩니다.

line 17 : 카메라의 해상도와 초당 프레임 수를 정의합니다(320×240, 30fps). 높은 해상도의 카메라 입력은 카메라 장치에서 지원해 주어야 합니다.

line 21 : 화면에 나타날 비디오 객체를 생성합니다. 카메라 입력과 같은 크기로 만들었습니다.

line 22 : 생성된 비디오 객체에 line 16에서 생성한 카메라 객체를 연결하여 카메라 신호가 비디오 영상으로 보이도록 합니다.

line 25 : 메인 타임라인에 비디오 객체를 넣습니다.

02 테스트 무비(Ctrl + Enter)를 실행하면 카메라 사용 동의와 관련된 패널이 나타납니다. 이때 [허용]
버튼을 클릭해야 카메라 영상이 나타납니다.

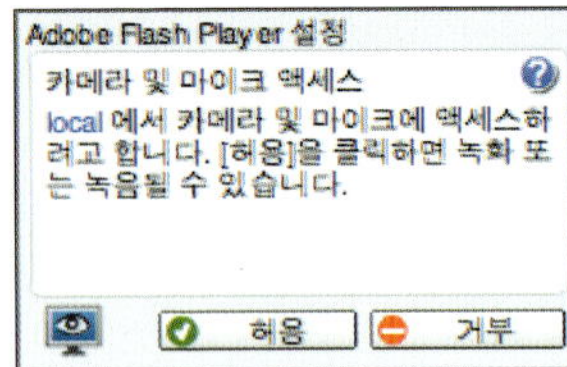

tip 본 예제는 카메라가 없는 컴퓨터에서는 오류가 발생합니다. 모든 컴퓨터에 카메라가 있지 않으므로, 다음과 같이 카메라 유무를 확인 후 실행을 분기하
는 것이 좋습니다.

```
_camera = Camera.getCamera();
if (_camera) {
    //카메라가 있을 때 실행 코드
    createVideo();
} else {
    //카메라가 없을 때 실행 코드
    trace("카메라가 필요합니다.");
}
```

외부 파일 로드

- Array / Vector 배열 클래스 활용
- Loader 클래스 활용
- LoaderInfo 객체 이벤트 활용

이미지 로드

미리 알아두기

Part 02〉Ch 02. 기초 액션스크립트〉Sec 02. 마우스 이벤트〉 2. 웹 페이지 링크
Part 02〉Ch 05. 기초 프로그래밍〉Sec 06. 패키지/클래스

* 예제를 따라하기 전에 '미리 알아두기' 내용을 읽어보기 바랍니다.

1 | Array Class

Array(배열) 클래스는 인덱스 번호를 이용하여 데이터를 저장할 수 있는 클래스입니다. 이를 이용하면 여러 개의 데이터를 저장할 때 다수의 변수를 생성할 필요가 없습니다. 하나의 객체를 이용하여 데이터를 관리할 수 있으므로, 연관된 다수의 데이터를 사용할 경우 편리하게 프로그래밍할 수 있습니다.

사용 예제

```
//다수의 변수를 생성
var data0 = 데이터0;
var data1 = 데이터1;
        ⋮
var datan = 데이터n;


trace(data0, data1, … , datan);
```

```
//하나의 배열을 생성
var arr:Array = new Array();
arr[0] = 데이터0;
arr[1] = 데이터1;
        ⋮
arr[n] = 데이터n;


trace(arr[0], arr[1], … , arr[n]);
```

2 | Vector Class

Vector 클래스는 한 가지 데이터형을 지정(기본 유형이라고 합니다.)하여 사용하는 배열 클래스입니다. Array 클래스는 인덱스 번호마다 다른 데이터형의 객체를 참조할 수 있지만 Vector 클래스는 한 가지 데이터형만을 사용하기 때문에 더 가볍고 빠릅니다. 하지만 플레이어 버전 10 이상에서만 사용할 수 있습니다. 플레이어 9 이하에서 동작하도록 하려면 Array(배열) 클래스를 이용해야 합니다.

사용
예제
```
var vector:Vector.〈데이터형〉 = new Vector.〈데이터형〉();
vector[0] = 데이터;
vector[1] = 데이터;
        ⋮
vector[n] = 데이터;
```

3 | Loader Class

Loader 클래스는 DisplayObject를 상속받은 클래스로, 외부 자원(swf, image)을 로드하여 보여 주는 기능이 있습니다. 외부 자원의 정보를 URLRequest 객체를 이용하여 Loader 클래스의 load( ) 메서드에 전달합니다.

코드
```
import flash.display.Loader;
import flash.net.URLRequest;

var loader:Loader = new Loader();
var request:URLRequest = new URLRequset("파일명");
loader.load(request);
```

로드된 파일(객체)를 제거하려면 unload( ) 또는 unloadAndStop( ) 메서드를 사용합니다.

코드
```
loader.unload();
loader.unloadAndStop();
```

unload( ) 메서드가 실행되면 로드된 객체는 loader에서 빠져나가지만, 객체의 동작(사운드 재생, 비디오 재생, 무비클립 타임라인 재생 등)은 유지됩니다. 이를 막기 위해 동작을 멈추는 별도의 코드를 작성해 주거나 unloadAndStop( ) 메서드를 사용합니다.

4 | LoaderInfo Class

플래시 플레이어가 파일을 로드할 때 로드되는 파일에 대한 정보를 저장할 LoaderInfo 객체가 먼저 생성됩니다. Loader에 이해 로드되는 파일뿐만 아니라 단일 파일 역시 LoaderInfo 객체기 생성됩니다. 이 객체는 DisplayObject 클래스의 loaderInfo 속성을 이용하여 접근할 수 있습니다. 자주 이용되는 LoaderInfo 클래스의 속성은 아래와 같습니다.

속성	설명
bytesLoaded:Number	로드된 용량
bytesTotal:Number	파일의 용량
frameRate:uint	로드된 swf 파일의 프레임 속도
content:Object	로드된 객체
height:int	세로 길이(swf 파일이라면 편집 문서의 세로 사이즈)
width:int	가로 길이(swf 파일이라면 편집 문서의 가로 사이즈)
loader:Loader	파일을 로드하고 있는 Loader 객체
url:String	로드된 파일의 URL
parameters:Object	로드된 swf 파일에 전달되는 변수, 데이터를 참조한 객체

만약 플래시 코딩 시 파라미터(flashVars)로 데이터를 전달하고 있다면 다음과 같이 사용할 수 있습니다.

코드

```
var params:Object = loaderInfo.parameters;
var data0:String = params.data0;
var data1:String = params.data1;
```

tip **HTML 코딩 시 플래시에 데이터 전달 코드(flashVars) 추가하기**

Internet Explorer와 기타 브라우저에서 사용하는 코드가 다르므로 2군데에 같은 코드를 넣어 줍니다.

```
<object classid="clsid:d27cdb6e-ae6d-11cf-96b8-444553540000" width="600" height="400" id="flashid" align="middle">
    <param name="movie" value="exam.swf" />
```

```
        <param name="quality" value="high" />
        <param name="bgcolor" value="#ffffff" />
        <param name="play" value="true" />
        <param name="loop" value="true" />
        <param name="wmode" value="window" />
        <param name="scale" value="showall" />
        <param name="menu" value="true" />
        <param name="devicefont" value="false" />
        <param name="salign" value=" " />
        <param name="allowScriptAccess" value="sameDomain" />
        <param name="flashVars" value="data0=데이터0&data1=데이터1" />
    <!--[if !IE]-->
    <object type="application/x-shockwave-flash" data="exam.swf" width="600" height="400" name="flashid" >
        <param name="movie" value="exam.swf" />
        <param name="quality" value="high" />
        <param name="bgcolor" value="#ffffff" />
        <param name="play" value="true" />
        <param name="loop" value="true" />
        <param name="wmode" value="window" />
        <param name="scale" value="showall" />
        <param name="menu" value="true" />
        <param name="devicefont" value="false" />
        <param name="salign" value=" " />
        <param name="allowScriptAccess" value="sameDomain" />
        <param name="flashVars" value="data0=데이터0&data1=데이터1" />
    <!--<![endif]-->
        <a href="http://www.adobe.com/go/getflash">
            <img src="http://www.adobe.com/images/shared/download_buttons/get_flash_player.gif" alt="Get
                Adobe Flash player" />
        </a>
    <!--[if !IE]-->
    </object>
    <!--<![endif]-->
</object>
```

Loader 객체에서 로드하는 Content의 LoaderInfo 객체를 참조하려면 Loader 클래스의 contentLoaderInfo 속성을 사용해야 합니다. 이 속성을 이용하면 LoaderInfo 이벤트를 통해 로드가 완료된 시점, 즉 현재 로딩 상황을 체크할 수 있습니다.

Loader 객체와 LoaderInfo 객체의 참조 관계

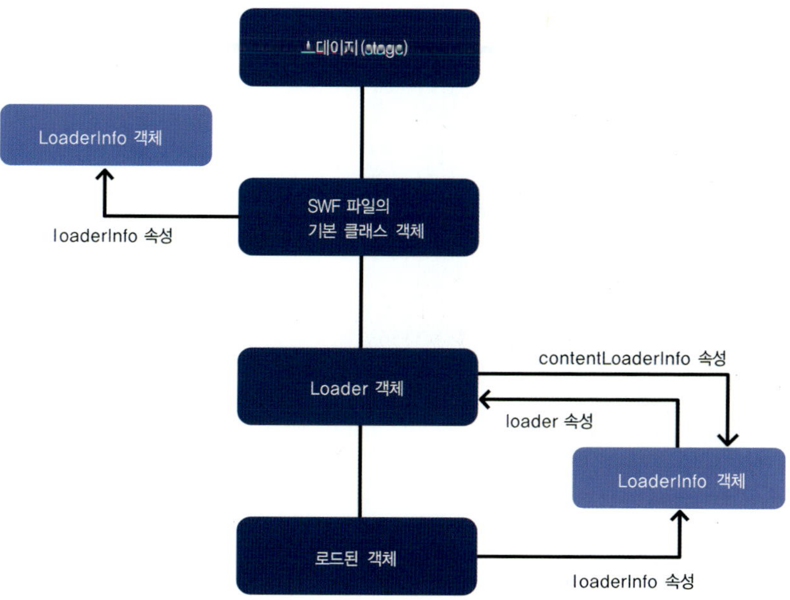

다음은 로드가 완료되는 시점(Event.COMPLETE)에 발생하는 이벤트를 등록하는 코드입니다.

코드

```
import flash.display.Loader;
import flash.net.URLRequest;
import flash.events.Event;

var loader:Loader = new Loader();
loader.contentLoaderInfo.addEventListener(Event.COMPLETE, completeHandler);
request = new URLRequest("주소");
loader.load(request);

function completeHandler(event:Event):void {
        //로드 완료
        this.addChild(loader);
}
```

예제 1 | 외부 파일을 이용하여 갤러리 만들기

예제파일 | 부록DVD\Sample\Part02\Ch04\Sec03\Exam01\예제\gallery.fla
완성파일 | 부록DVD\Sample\Part02\Ch04\Sec03\Exam01\완성\gallery.fla

01 도큐먼트 클래스 파일을 만듭니다.

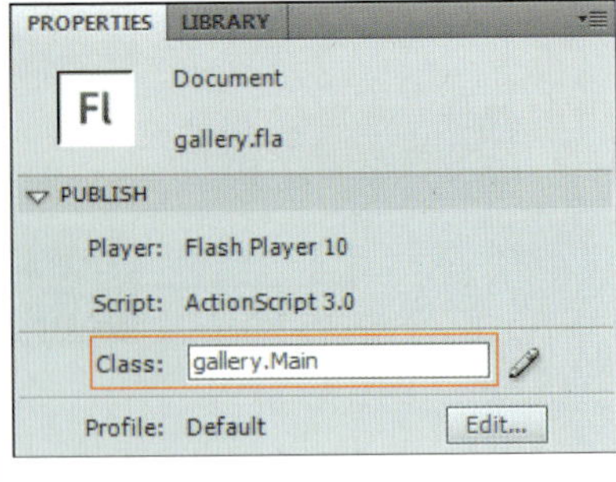

```
코드   1        package gallery {
       2            import flash.display.Sprite;
       3
       4            public class Main extends Sprite {
       5                public function Main() {
       6
       7                }
       8            }
       9        }
```

02 배열에 이미지 파일 경로를 저장합니다.

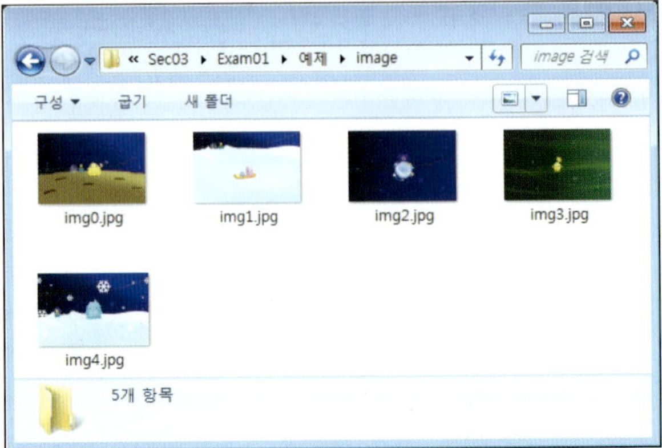


```
코드   1        package gallery {
       2            import flash.display.Sprite;
       3
       4            public class Main extends Sprite {
       5                private var _urlArr:Vector.<String>;
```

```
6
7                              public function Main() {
8                                  _urlArr = new Vector.<String>();
9                                  _urlArr(0) = "image/img0.jpg";
10                                 _urlArr(1) = "image/img1.jpg";
11                                 _urlArr(2) = "image/img2.jpg";
12                                 _urlArr(3) = "image/img3.jpg";
13                                 _urlArr(4) = "image/img4.jpg";
14                             }
15                         }
16                     }
```

line 5 : 이미지 경로 저장을 위한 벡터(배열) 변수를 선언합니다.

line 8 : 문자 참조 배열 객체를 생성합니다.

line 9~13 : 배열에 이미지 경로를 대입합니다. 폴더를 포함한 경로를 입력해야 합니다.

03 이미지를 로드할 Loader 객체를 생성하고, 화면의 가장 아래에 넣습니다. 그리고 첫 번째 이미지를 로드합니다.

```
코드    1        package gallery {
        2            import flash.display.Sprite;
        3            import flash.display.Loader;
        4            import flash.net.URLRequest;
        5
        6            public class Main extends Sprite {
        7                private var _urlArr:Vector.<String>;
        8                private var _loader:Loader;
        9                private var _request:URLRequest;
        10
        11               public function Main() {
        12                   _urlArr = new Vector.<String>();
        13                   _urlArr(0) = "image/img0.jpg";
        14                   _urlArr(1) = "image/img1.jpg";
        15                   _urlArr(2) = "image/img2.jpg";
        16                   _urlArr(3) = "image/img3.jpg";
        17                   _urlArr(4) = "image/img4.jpg";
        18
        19                   createLoader();
        20               }
        21
        22               private function createLoader():void {
```

```
23                                    _loader = new Loader();
24                                    this.addChildAt(_loader, 0);
25
26                                    _request = new URLRequest();
27                                    imageLoad(0);
28                            }
29
30                    private function imageLoad(num:int):void {
31                            _request.url = _urlArr(num);
32                            _loader.load(_request);
33                    }
34            }
35      }
```

line 23 : Loader 객체를 생성합니다.

line 24 : 생성된 객체를 화면 가장 아래의 Index에 넣습니다.

line 26 : 외부 이미지 요청 시에 사용될 URLRequest 객체를 생성해 놓습니다. 이미지 로드 시 이 객체를 재활용하여 사용하게 됩니다.

line 27 : 배열의 0번 index에 참조된 이미지 주소를 이용하여 이미지를 로드하도록 함수를 호출합니다.

line 30~33 : 매개 변수(num)에 전달되는 번호를 이용하여 _urlArr 배열에 저장해 놓은 이미지를 로드하는 함수입니다.

line 31 : 매개 변수에 전달된 번호에 해당하는 이미지 경로를 배열에서 가져와 URLRequest 객체에 전달합니다.

line 32 : 이미지를 로드합니다.

04 5개의 버튼(btn0~btn4)에 클릭 이벤트를 등록하여 각 버튼을 클릭하면 해당 이미지가 로드되도록 합니다.

```
1    package gallery {
2        import flash.display.Sprite;
3        import flash.display.Loader;
4        import flash.net.URLRequest;
5        import flash.display.SimpleButton;
6        import flash.events.MouseEvent;
7
8        public class Main extends Sprite {
9            private var _urlArr:Vector.<String>;
10           private var _loader:Loader;
11           private var _request:URLRequest;
12
13           public function Main() {
14               _urlArr = new Vector.<String>();
15               _urlArr[0] = "image/img0.jpg";
16               _urlArr[1] = "image/img1.jpg";
17               _urlArr[2] = "image/img2.jpg";
18               _urlArr[3] = "image/img3.jpg";
19               _urlArr[4] = "image/img4.jpg";
20
21               createLoader();
22               addBtnEvent();
23           }
24
25           private function addBtnEvent():void {
26               for (var i:int = 0; i<_urlArr.length; i++) {
27                   var btn:SimpleButton = this["btn" + i];
28                   btn.addEventListener(MouseEvent.CLICK, btnClickListener);
29               }
30           }
31
32           private function btnClickListener(event:MouseEvent):void {
33               switch (event.currentTarget) {
34                   case btn0 : imageLoad(0); break;
35                   case btn1 : imageLoad(1); break;
36                   case btn2 : imageLoad(2); break;
37                   case btn3 : imageLoad(3); break;
38                   case btn4 : imageLoad(4); break;
39               }
40           }
```

line 22 ∶ addBtnEvent 함수를 호출합니다.

line 26~29 ∶ 버튼(btn0~btn4)에 클릭 이벤트를 등록합니다.

line 27 ∶ 대괄호([ ]) 연산자를 이용하여 버튼을 찾습니다.

line 28 ∶ 버튼에 클릭 이벤트를 등록합니다. 모든 버튼에 같은 이벤트 리스너 함수(btnClickListener)를 등록합니다.

line 33~39 ∶ 이벤트가 발생한(클릭된) 버튼에 따라서 각각의 이미지를 로드합니다.

line 33 ∶ 현재 이벤트가 발생한 객체(event.currentTarget)를 switch 조건식에 사용합니다.

line 34 ∶ 만약 btn0이 클릭되었다면, 0번 이미지를 로드하고 switch 조건문을 종료합니다.

line 35 ∶ 만약 btn1이 클릭되었다면, 1번 이미지를 로드하고 switch 조건문을 종료합니다.

05 테스트 무비(Ctrl + Enter)를 실행하여 결과를 확인합니다. 각 버튼을 클릭하면 해당 이미지가 로드됩니다.

06 이미지 로드 완료 후, 부드럽게 나타나도록(fade-in) 로드 완료 이벤트를 등록합니다.

코드

```
1    package gallery {
2        import flash.display.Sprite;
3        import flash.display.Loader;
4        import flash.net.URLRequest;
5        import flash.display.SimpleButton;
6        import flash.events.MouseEvent;
7        import flash.events.Event;
8        import flash.display.Bitmap;
9        import com.greensock.TweenLite;
     ⋮
45       private function createLoader():void {
46           _loader = new Loader();
47           _loader.contentLoaderInfo.addEventListener
                 (Event.COMPLETE, loadCompleteListener);
48           this.addChildAt(_loader, 0);
49
```

```
50                                        _request = new URLRequest();
51                                        imageLoad(0);
52                              }
53
54                    private function loadCompleteListener(event:Event):void {
55                              var bitmap:Bitmap = _loader.content as Bitmap;
56                              TweenLite.from(bitmap, 0.5, {alpha:0});
57                    }
```

line 47 : 콘텐츠(이미지) 로드가 완료되면 loadCompleteListener 이벤트 함수를 호출하도록 'complete' 이벤트를 등록합니다. 여기서 중요한 것은 로드 완료 이벤트는 로드되는 객체(content)의 LoaderInfo 객체에서 발생한다는 것입니다. Loader 객체의 contentLoaderInfo가 참조하는 객체가 바로 그 객체입니다.

line 55 : 로드된 이미지를 bitmap 변수에 참조시킵니다. 만약 로드된 객체가 이미지가 아니라면 bitmap 변수에는 null이 참조됩니다.

line 56 : 로드된 Bitmap 객체의 투명도를 0에서 현재 값(1)으로 애니메이션시킵니다.

> **tip** 로드된 이미지의 속성(크기, 위치, 투명도 등)을 변경하기 위해서는 로드가 완료되어야 합니다(로드 명령을 실행한 후 바로 속성을 변경할 수 없습니다). 따라서 contentLoaderInfo 객체의 'complete' 이벤트를 이용하여 로드 완료 후에 속성을 변경해야 합니다.

07 테스트 무비(Ctrl + Enter)를 실행하여 결과를 확인합니다.

SWF 로드

알아두기

Part 02〉Ch 04. 멀티미디어 액션스크립트〉Sec 03. 외부파일 로드 〉1. 이미지 로드

* 예제를 따라하기 전에 '미리 알아두기' 내용을 읽어보기 바랍니다.

1 | ProgressEvent

파일이 로드되기 시작하면 LoaderInfo 객체가 생성되고, 이 객체를 통해 파일에 대한 정보(경로, 크기, 용량 등)를 제공해 줍니다. 로드된 용량을 알고 싶다면 LoaderInfo 객체에 ProgressEvent. PROGRESS 이벤트를 등록해야 합니다.

코드
```
import flash.display.Loader;
import flash.net.URLRequest;
import flash.events.ProgressEvent;

var loader:Loader = new Loader();
var request:URLRequest = new URLRequset("파일 주소");
loader.contentLoaderInfo.addEventListener(ProgressEvent.PROGRESS, progressHandler);
loader.load(request);

function progressHandler(event:ProgressEvent):void {
    //로드된 용량
    trace(event.bytesLoaded);
    //전체 용량
    trace(event.byteTotal);
}
```

예제 1 | SWF 파일을 로드하여 All Flash Site 제작하기

예제파일 | 부록DVD\Sample\Part02\Ch04\Sec03\Exam02\예제\site.fla
완성파일 | 부록DVD\Sample\Part02\Ch04\Sec03\Exam02\완성\site.fla

01 도큐먼트 클래스 파일을 만듭니다.

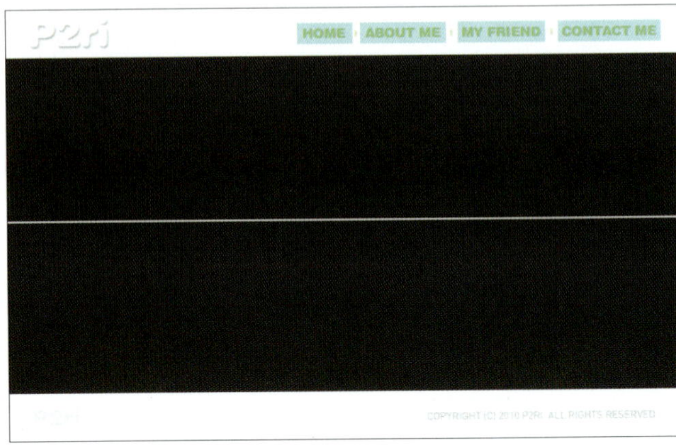

```
코드   1              package com {
       2                   import flash.display.Sprite;
       3
       4                   public class Main extends Sprite {
       5                        public function Main() {
       6
       7                             }
       8                        }
       9                   }
```

02 배열에 이미지 파일 경로를 저장합
니다.

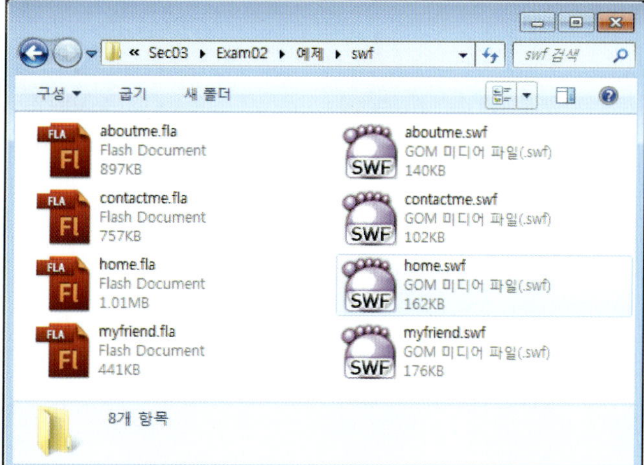

```
코드   1              package com {
       2                   import flash.display.Sprite;
       3
       4                   public class Main extends Sprite {
       5                        private var _urlArr:Vector.<String>;
       6
       7                        public function Main() {
       8                             _urlArr = new Vector.<String>();
       9                             _urlArr[0] = "swf/home.swf";
      10                             _urlArr[1] = "swf/aboutme.swf";
      11                             _urlArr[2] = "swf/myfriend.swf";
      12                             _urlArr[3] = "swf/contactme.swf";
      13                             }
      14                        }
      15                   }
```

line 5 : SWF 파일 경로 저장을 위한 벡터(배열) 변수를 선언합니다.

line 8 : 문자 참조 배열 객체를 생성합니다.

line 9~12 : 배열에 SWF 파일 경로를 대입합니다.

03 SWF 파일을 로드할 Loader 객체를 생성하고, 'swf/home.swf' 파일을 로드합니다.

```
코드  1    package com {
      2        import flash.display.Sprite;
      3        import flash.display.Loader;
      4        import flash.net.URLRequest;
      5
      6        public class Main extends Sprite {
      7            private var _urlArr:Vector.<String>;
      8            private var _loader:Loader;
      9            private var _request:URLRequest;
     10
     11            public function Main() {
     12                _urlArr = new Vector.<String>();
     13                _urlArr[0] = "swf/home.swf";
     14                _urlArr[1] = "swf/aboutme.swf";
     15                _urlArr[2] = "swf/myfriend.swf";
     16                _urlArr[3] = "swf/contactme.swf";
     17
     18                createLoader();
     19            }
     20
     21            private function createLoader():void {
     22                _loader = new Loader();
     23                this.addChildAt(_loader, 0);
     24
     25                _request = new URLRequest();
     26                contentLoad(0);
     27            }
     28
     29            private function contentLoad(num:int):void {
     30                _request.url = _urlArr[num];
     31                _loader.load(_request);
     32            }
     33        }
     34    }
     35
```

line 22 : Loader 객체를 생성합니다.

line 23 : 생성된 객체를 화면 가장 아래의 Index에 넣습니다.

line 25 : Loader 객체에 사용될 URLRequest 객체를 생성해 놓습니다.

line 26 : 배열의 0번 index에 참조된 SWF 파일('swf/home.swf')을 로드하도록 합니다.

line 30 : 매개 변수에 전달된 번호에 해당하는 경로를 배열에서 가져와 URLRequest 객체에 전달합니다.

line 31 : 파일을 로드합니다.

04 메뉴 버튼(btn0~btn3)에 클릭 이벤트를 등록합니다.

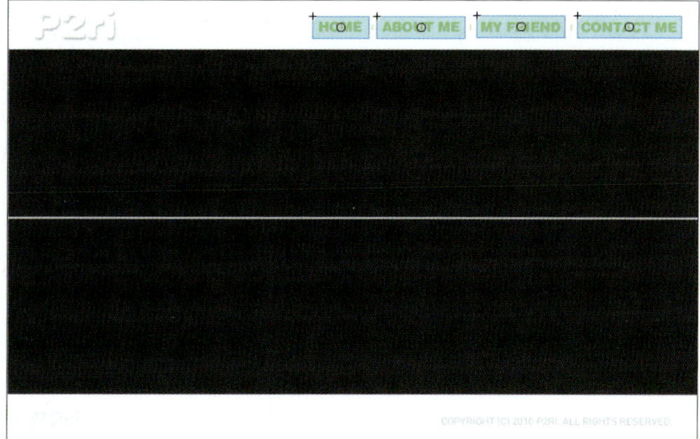

코드

```
1      package com {
2          import flash.display.Sprite;
3          import flash.display.Loader;
4          import flash.net.URLRequest;
5          import flash.display.SimpleButton;
6          import flash.events.MouseEvent;
7
8          public class Main extends Sprite {
9              private var _urlArr:Vector.<String>;
10             private var _loader:Loader;
11             private var _request:URLRequest;
12
13             public function Main() {
14                 _urlArr = new Vector.<String>();
15                 _urlArr[0] = "swf/home.swf";
16                 _urlArr[1] = "swf/aboutme.swf";
17                 _urlArr[2] = "swf/myfriend.swf";
18                 _urlArr[3] = "swf/contactme.swf";
19
20                 createLoader();
21                 addBtnEvent();
22             }
```

```
23
24                          private function addBtnEvent():void {
25                              for(var i:int = 0; i < _urlArr.length; i ++) {
26                                  var btn:SimpleButton = this["btn" + i];
27                                      btn.addEventListener(MouseEvent.CLICK, btnClickListener);
28                              }
29                          }
30
31                          private function btnClickListener(event:MouseEvent):void {
32                              switch(event.currentTarget) {
33                                  case btn0:contentLoad(0); break;
34                                  case btn1:contentLoad(1); break;
35                                  case btn2:contentLoad(2); break;
36                                  case btn3:contentLoad(3); break;
37                              }
38                          }
```

line 21 : addBtnEvent 함수를 호출합니다.

line 25~28 : 버튼(btn0~btn4)에 클릭 이벤트를 등록합니다.

line 26 : 대괄호([ ]) 연산자를 이용하여 버튼을 찾습니다.

line 27 : 버튼에 클릭 이벤트를 등록합니다. 모든 버튼에 같은 이벤트 리스너 함수(btnClickListener)
를 등록합니다.

line 32~37 : 이벤트가 발생한(클릭된) 버튼에 따라서 각각의 swf 파일을 로드합니다.

line 32 : 현재 이벤트가 발생한 객체(event.currentTarget)를 switch 조건식에 사용합니다.

line 33 : 만약 btn0이 클릭되었다면 'swf/home.swf' 파일을 로드하고 switch 조건문을 종료합니다.

line 34 : 만약 btn1이 클릭되었다면 'swf/aboutme.swf' 파일을 로드하고 switch 조건문을 종료합니다.

05 'progress' 이벤트를 등록하여 로딩 바를 완성합니다.

```
코드    1       package com {
        2           import flash.display.Sprite;
        3           import flash.display.Loader;
        4           import flash.net.URLRequest;
        5           import flash.display.MovieClip;
        6           import flash.display.SimpleButton;
        7           import flash.events.MouseEvent;
        8           import flash.events.ProgressEvent;
        9
        10          public class Main extends Sprite {
```

```
11                      public var loadingBar:MovieClip;
12                      private var_urlArr:Vector.<String>;
⋮                                    ⋮
43                      private function createLoader():void {
44                          _loader = new Loader();
45                  _loader.contentLoaderInfo.addEventListener(ProgressEvent.
         PROGRESS, progressListener);
46                          this.addChildAt(_loader, 0);
47
48                          _request = new URLRequest();
49                          contentLoad(0);
50                      }
51
52                      private function progressListener(event:ProgressEvent):void {
53                          loadingBar.scaleX = event.bytesLoaded / event.bytesTotal;
54                      }
```

liine 11 : 화면에 위치한 loadingBar 무비클립과 같은 이름의 변수를 public으로 생성합니다. (화면에 위치한 무비클립을 참조하는 변수는 코딩하지 않아도 컴파일시 자동 생성되지만, 코딩의 편의성을 위해 미리 생성해 놓은 것입니다.)

line 45 : 로드되는 SWF 콘텐츠의 loaderInfo 객체에 'progress' 이벤트를 등록합니다.

line 53 : 'progress' 이벤트 객체의 bytesLoaded, bytesTotal 속성을 이용하여 현재 로딩 용량을 loadingBar 무비클립의 크기로 표현합니다.

06 'complete' 이벤트를 등록하여 SWF 콘텐츠를 재생합니다.

```
코드  1     package com {
      2         import flash.display.Sprite;
      3         import flash.display.Loader;
      4         import flash.net.URLRequest;
      5         import flash.display.MovieClip;
      6         import flash.display.SimpleButton;
      7         import flash.events.MouseEvent;
      8         import flash.events.Event;
      ⋮                        ⋮
      44        private function createLoader():void {
      45            _loader = new Loader();
      46            _loader.contentLoaderInfo.addEventListener(ProgressEvent.
         PROGRESS, progressListener);
      47            _loader.contentLoaderInfo.addEventListener(Event.
         COMPLETE, loadCompleteListener);
```

```
48                              this.addChildAt(_loader, 0);
49
50                              _request = new URLRequest();
51                              contentLoad(0);
52                      }
53
54              private function loadCompleteListener(event:Event):void {
55                      var mc:MovieClip = _loader.content as MovieClip;
56                      mc.play();
57                      loadingBar.scaleX = 0;
58              }
```

line 47 : 로드 완료 이벤트('complete')를 등록합니다.

line 55 : 로드된 SWF 파일을 변수 mc에 참조시킵니다. 로드된 SWF 파일은 타임라인 모션이 있는 MovieClip 객체입니다.

line 56 : 로드된 SWF 파일의 타임라인을 재생시킵니다. 로드되는 SWF 파일은 1프레임에 stop() 명령이 있습니다. 로드가 완료되기 전에 재생되지 않도록 하기 위한 코드입니다. FLA 파일을 열어 확인하세요.

line 57 : loadingBar 무비클립의 가로 길이를 0으로 줄여 보이지 않게 합니다.

07 테스트 무비(Ctrl + Enter)를 실행하여 결과를 확인합니다. 각 버튼을 클릭하여 다른 메뉴를 로드합니다.

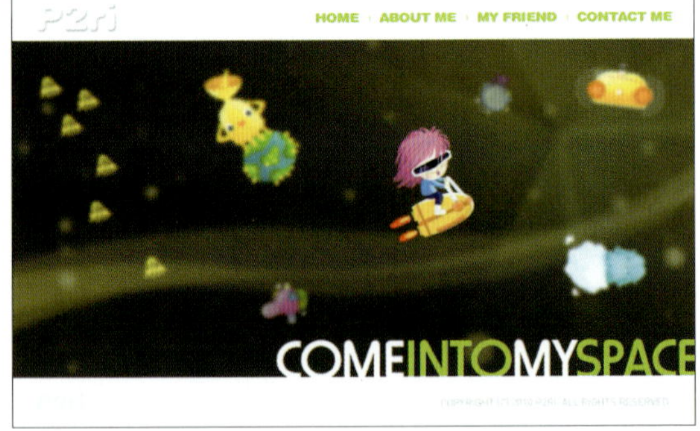

08 ProgressEvent를 확인하려면, 테스트 무비(Ctrl + Enter)를 실행한 후, [Simulate Download] (Ctrl + Enter)를 실행하면 됩니다(시뮬레이션 다운로드 속도는 [Download Settings]에서 변경할 수 있습니다.).

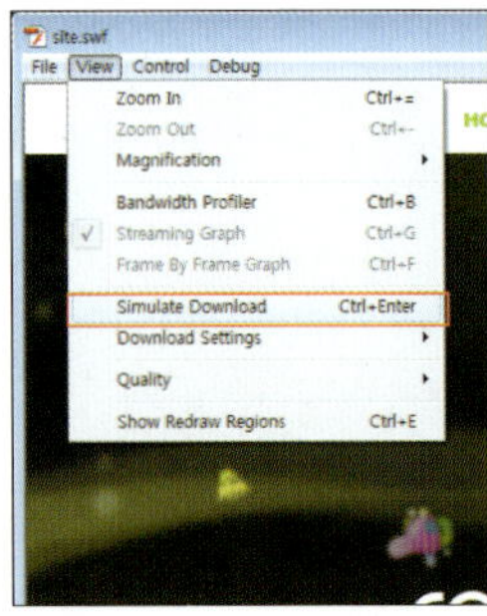
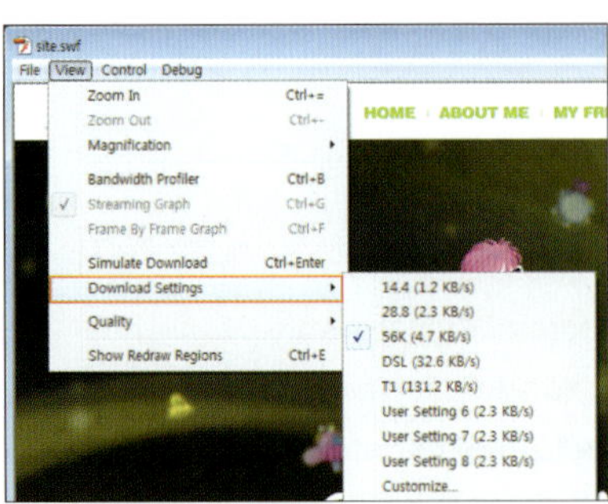
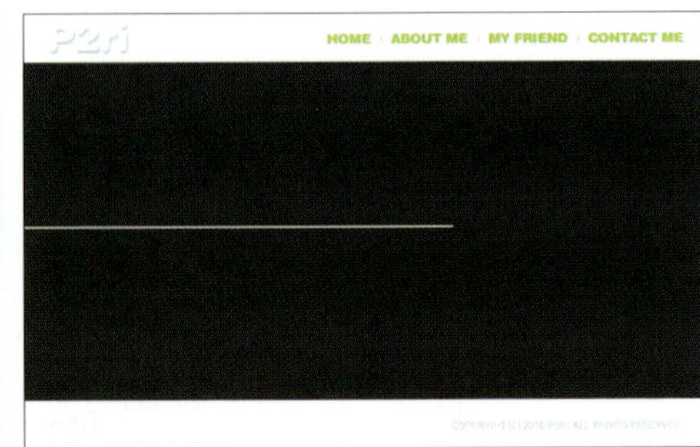

05

기초 프로그래밍

변수, 상수, 데이터 유형

변수, 상수는 데이터(문자, 숫자 무비클립등의 객체 등)를 대입받아 데이터를 대신하는 역할을 합니다. 즉, 변수를 이용하여 해당 데이터에 접근하는 것입니다. 이 장에서는 변수와 상수의 차이점과 데이터 유형을 이용한 변수, 상수 선언에 대해 살펴보겠습니다.

1 변수

변수란 데이터를 저장할 공간을 말하며, 숫자, 문자, 무비클립 등 객체를 참조하는 데 사용됩니다.

■ 변수 선언

코드
```
var 변수 이름;
```

var는 변수(variable)의 약자로 변수를 만드는 명령어입니다. 변수를 만들 때는 다음 사항에 주의해야 합니다.

:: 변수 이름은 영문자로 시작되어야 합니다.

:: 변수는 띄어쓰기를 할 수 없습니다.

:: 특수 문자는 _와 $만 사용됩니다.

:: 이미 있는 명령어(play( ), stop( ), numChildren, totalFrames 등)와 같은 이름의 변수를 만들면 안됩니다.

:: 변수는 사용 목적이 드러나는 이름을 사용하는 것이 좋습니다.

:: 이미 선언한 변수를 다시 선언하면 안됩니다.

■ 변수에 데이터 넣기(대입하기)

코드
```
//변수 선언 후 데이터 넣기
var num;
num = 1;

//변수 선언과 동시에 데이터 넣기
var str = "flash";

//다른 변수에 데이터 복사하기
var str2 = str;
```

■ 변수에 넣은 데이터 확인하기

코드
```
//결과는 두 변수 값 모두 1이 출력됨.
var num = 1;
var num2 = num;
trace(num);
trace(num2);
```

■ 변수 비우기/지우기

코드
```
num = null;
delete num;
```

변수를 비우려면 null 객체를 참조시켜야 합니다. delete 명령에 의해 지워진 변수는 더 이상 사용할 수 없습니다.

상수

데이터가 참조되어 있는 변수에 다른 데이터를 대입하면 기존 데이터는 사라지고 새로운 데이터를 가지게 됩니다. 하지만 상수는 선언 시 저장된 데이터를 변경할 수 없습니다.

■ 상수 선언

코드
```
const 상수 이름;
```

변수와 상수는 데이터 대입 후 변경할 수 있느냐, 없느냐에 따라 구분됩니다. 상수의 이름은 모두 대문자로 만들고 단어와 단어는 '_'(언더 바)로 이어 줍니다.

■ 상수에 다른 값을 넣으면 오류 발생

코드
```
const MY_NAME = "피투리";

//상수에 다른 데이터를 대입하면 오류 발생
MY_NAME = "p2ri";
```

데이터 유형

변수나 상수를 선언할 때, 저장될 데이터 유형(클래스)을 정의할 수 있습니다. 변수나 상수에 정의된 데이터 유형이 아닌 다른 데이터가 대입되면 오류가 발생합니다. 데이터 유형은 이름 뒤에 :(콜론)을 이용하여 선언합니다.

■ **변수에 데이터 유형 선언**

코드
```
var 변수 이름:데이터 유형;
```

■ **문자형(String) 변수 만들기**

코드
```
var str:String = "피투리";
```

■ **숫자형 변수 만들기**

코드
```
var num:Number = 3.26;
var num2:int = -1;
var num3:uint = 1;
```

■ **숫자형 데이터 종류**

종류	설명
Number	소수점이 있는 숫자를 포함한 모든 숫자 값
int	정수
uint	음수를 제외한 정수

■ **무비클립형 변수 / 버튼형 변수**

코드
```
var mc:MovieClip = 무비클립 객체;
var btn:SimpleButton = 버튼 객체;
```

연산자

연산자란 더하기 빼기과 같이 주어진 기능의 계산을 하여 결과 값을 제공하는 명령어입니다. 이 장에서는 액션스크립트에서 지원하는 연산자 중 가장 기본적인 연산자들을 살펴보겠습니다.

1 산술 연산자

산술 연산자는 모두가 잘 알고 있는 사칙연산 연산자를 포함하여 숫자 또는 문자를 연산하는 역할을 합니다. 산술 연산자의 연산 순위는 *, /, %가 +, −보다 빠릅니다. 연산 순서를 변경하고 싶다면 ( )를 이용하여 우선 순위를 정할 수 있습니다.

종류	설명	예시
+	더하기 연산자	1 + 1 → 2
−	빼기 연산자	2−1 → 1
/	나누기 연산자	4 / 2 → 2
*	곱하기 연산자	2 * 2 → 4
%	나머지 연산자	5 % 3 → 2
++	증가 연산자	1++ → 2, ++1 → 2
--	감소 연산자	2-- → 1, --2 → 1

증가/감소 연산자는 다른 연산자와 함께 사용될 때, 연산자의 위치에 따라 연산 순서가 달라집니다. 앞에 있으면 먼저 연산되고, 뒤에 있으면 나중에 연산됩니다.

■ 증가 연산자가 뒤에 있을 때 연산 순서

코드
```
var num1:uint = 1;
var num2:uint = num1++ - 1;
```

위 코드의 결과는 num1=2, num2=0의 값이 저장됩니다. 증가 연산자가 뒤에 있으므로 num1 - 1이 먼저 연산되어 num2에 0이 대입되고, num1++이 두 번째로 연산되어 num1에 2가 대입됩니다.

■ 증가 연산자가 앞에 있을 때 연산 순서

```
코드    var num1:uint = 1;
        var num2:uint = ++num1 - 1;
```

위 코드의 결과는 num1=2, num2=1의 값이 저장됩니다. 증가 연산자가 앞에 있으므로 num1++가 먼저 연산되어 num1에 2가 대입되고, num1-1 이 두 번째로 연산되어(이때, num1의 값은 2) num2 에 1이 대입됩니다.

■ 문자형 더하기 연산

```
코드    var str1:String = "flash";
        var str2:String = "actionscript";
        var str3:String = str1 + str2;
        trace(str3);
```

위 코드의 결과는 "flash actionscript"가 출력됩니다. 이와 같이 문자를 더하면 문자를 연결해 줍니다. 숫자와 문자를 더하기 연산해도 문자를 더한 것과 같은 연산이 이루어집니다.

```
코드    var str:String = "a" + 1;
        trace(str);

        //결과 "a1"
```

■ uint형의 빼기 연산

```
코드    var num:uint = 0;
        num--;
```

위 식에서는 0에서 1을 빼준 값(-1)이 num 변수에 다시 대입되어야 합니다. 하지만 uint 객체가 가질 수 있는 데이터는 양의 정수이므로 uint 객체가 가질 수 있는 가장 큰 값(4294967295)이 대입됩니다. 따라서 양수와 음수를 모두 표현할 변수는 int 데이터 유형으로 선언해야 합니다.

2 대입 연산자

종류	설명	예시
=	오른쪽 데이터를 왼쪽 변수에 대입	a = b
+=	왼쪽 변수 값에 오른쪽 데이터 더한 후 대입	A += b → a = a + b
-=	왼쪽 변수 값에 오른쪽 데이터 뺀 후 대입	A -= b → a = a - b
/=	왼쪽 변수 값에 오른쪽 데이터 나눈 후 대입	A /= b → a = a / b
*=	왼쪽 변수 값에 오른쪽 데이터 곱한 후 대입	A *= b → a = a * b
%=	왼쪽 변수 값을 오른쪽 데이터로 나머지 연산 후 대입	A %= b → a = a % b

3 비교 연산자

비교 연산자의 결과는 true(참) 또는 false(거짓)입니다.

종류	설명	예시
〈	보다 작음.	1 〈 2 → true(참)
〉	보다 큼.	1 〉 2 → false(거짓)
〈=	보다 작거나 같음.	1 〈= 1 → true
〉=	보다 크거나 같음.	1 〉= 2 → false
as	데이터 유형 확인	1 as uint → 1 "flash" as int → null
is	데이터 유형 확인	"flash" is String → true "flash" is Number → false

as 연산자의 연산 결과는 연산 데이터(객체) 유형과 같을 경우 데이터를 그대로 반환하며, 다를 경우 null 값을 반환합니다(숫자형 변수에는 0을 반환합니다). 만약, 변수 box에 참조된 객체가 정확히 어떤 데이터 유형의 객체인지 알 수 없을 때, 아래와 같이 MovieClip 객체인지 확인할 수 있습니다.

```
코드    var mc:MovieClip = box as MovieClip;
        if (mc) {
                //mc 변수에 참조된 객체가 있으면 실행되는 코드
        }
```

만약 box가 무비클립이 아니라면 mc는 null이 됩니다. 따라서 무비클립인 경우에만 if 조건문 안쪽 코드를 실행하게 됩니다(조건문에 대해서는 다음 'Section 03. 조건문'에서 자세하게 설명합니다.)

4 항등 연산자

항등 연산자의 연산 결과는 true(참) 또는 false(거짓)입니다.

종류	설명	예시
==	같음.	1 == 1 → true(참)
!=	다름.	1 != 1 → false(거짓)

5 논리 연산자

논리 연산자의 결과는 true(참) 또는 false(거짓)입니다.

종류	설명	예시
&&	AND(피연산자 2개가 모두 참일 때만 참이 됩니다.)	1 < 2 && 3 > 2 → true
||	OR(피연산자 중 한 개만 참이어도 참이 됩니다.)	1 < 2 || 3 < 2 → true

프로그램에서는 a<b<c와 같이 복합적인 비교 연산을 한번에 할 수 없으며, 다음과 같이 논리 연산자를 이용하여 나누어 연산해야 합니다.

```
코드      a<b && b<c
```

6 도트 연산자

도트(.) 연산자는 객체의 속성 및 메서드에 접근하기 위한 방법을 제공합니다. 무비클립과 같은 객체 (Object)가 가지고 있는 속성(또는 객체)이나 메서드에 접근하려면 도트 연산자를 이용해야 합니다. 객체 이름이 box인 무비클립이 가진 속성에 접근하려면 다음과 같이 객체 이름 다음에 도트를 사용 합니다

```
코드      box.x
          box.y
```

box 무비클립 안에 circle 무비클립이 있다면 circle 무비클립의 속성에 접근하기 위해 아래와 같이 도트(.)를 사용합니다.

```
코드      box.circle.x
          box.circle.y
```

7 속성 접근 연산자(대괄호 연산자)

속성 접근 연산자 [ ]를 이용하면 문자열을 이용하여 속성에 접근할 수 있습니다. 아래 2가지 코드는 같은 변수에 접근하는 코드입니다. [ ] 앞에는 속성을 가지는 대상을 적습니다.

```
코드      var data:uint = num;
          var data:uint = this["num"];
```

문자열 연산을 이용하여 유동적으로 객체(속성)에 접근하는 코드를 만들 수 있습니다.

```
코드     var num:uint = 1;
         var mc:MovieClip = this["mc"+num];
```

위 코드는 변수 num이 가지고 있는 값을 이용하여 변수 mc에 해당 무비클립을 대입하는 코드입니다. num의 값이 1일 경우 this에 있는 mc1 무비클립이 참조됩니다. num 값을 변경하면 다른 무비클립을 참조할 수 있습니다.

this는 코드가 실행되는 객체를 의미합니다. 만약, 타임라인에 이 코드를 작성했다면 현재 작성한 타임라인의 위치가 this입니다.

```
코드     var num:uint;

         //this 생략하여 num 변수에 대입
         num = 1;

         //this를 이용하여 num 변수에 대입
         this.num = 1;
```

 getChildByName( ) 메서드는 [ ] 연산자와 같은 동작을 합니다. 하지만 [ ] 연산자가 더 빠른 연산을 합니다.

```
var mc:MovieClip = this.getChildByName("mc1") as MovieClip;
```

조건문

코드를 진행하다 보면, 어떠한 조건에 따라서 서로 다른 코드를 실행해야할 때가 종종 있습니다. 이때 조건식으로 코드의 흐름을 분기시키기 위해 조건문을 사용합니다. 이 장에서는 상황에 따라 어떤 조건문을 사용하는 것이 좋은 지 살펴보겠습니다.

if~else 조건문

if~else 조건문은 조건식을 다양하게 만들 수 있습니다. 조건식이 참이면 if { } 안쪽 코드를 실행하고, 거짓이면 else { } 안쪽 코드를 실행합니다.

```
if (조건식) {
        //조건식이 참일 때 명령
}
else {
        //조건식이 거짓일 때 명령
}
```

다음 코드와 같이 조건식은 else if 명령으로 추가할 수 있습니다. 하나의 조건식이 참이 되면 이 후 조건식은 실행되지 않습니다.

```
코드    if (num > 10) {
        //코드 1
} else if (num1 > 20) {
        //코드 2
} else {
        //코드 3
}
```

위 코드에서 (num > 10)이 참이고, (num1 > 20)도 참이라면 코드 1이 실행되고, 코드 2는 실행되지 않습니다.

2 switch~case 조건문

하나의 공통적인 비교 대상이 있다면 switch~case 조건문으로 코드를 쉽게 만들 수 있습니다. 표현식이 비교 값과 동일하면 해당 코드를 실행하고 break 명령으로 switch~case 조건문을 종료합니다. 만약 break 명령이 없다면 바로 아래 case 코드를 비교 값과 상관 없이 실행합니다. 표현식과 동일한 비교 값이 없다면 default에 작성된 코드를 실행합니다.

```
switch(표현식) {
        case 비교 값:
                //코드 1
                break;
        case 비교 값:
                //코드 2
                break;
        default:
                //코드 3
}
```

다음 코드는 num의 값에 따라 다른 코드를 실행합니다. 1~3의 값이 아니면 default 코드(//코드 3)를 실행합니다.

```
코드     switch(num) {
        case 1:
                //코드 1
                break;
        case 2:
                //코드 2
                break;
        case 3 :
                //코드 2
                break;
        default:
                //코드 3
}
```

break 명령을 생략하여 다음과 같이 같은 코드를 실행하는 다수의 조건을 만들 수 있습니다.

```
코드    switch(num) {
            case 1:
            case 2:
                //코드 1
                break;
            case 3:
                //코드 2
                break;
            default:
                //코드 3
        }
```

위 코드는 num의 값이 1 또는 2일 때, 모두 코드 1을 실행하게 됩니다.

반복문

객체를 여러개 만들 때, 다수의 객체를 동시에 움직일 때 등 같은 코드를 여러 번 실행해야 할 경우, 반복문을 이용하면 한 번의 코드 작성으로 해결할 수 있습니다. 이 장에서는 액션스크립트에서 사용할 수 있는 여러 가지 반복문의 구조와 활용 방법에 대해 살펴보겠습니다.

for 반복문

for 반복문은 반복 횟수에 사용되는 초기 값과 조건식, 증감식이 존재하며, 조건에 거짓이 될 때까지 {} 안쪽 코드를 반복하여 실행합니다.

다음은 for 반복문의 기본 구조입니다.

```
코드    for (초기 값; 조건식; 증감식) {
                //조건식이 참일 때 반복 실행되는 코드
        }
```

10번의 코드 반복 실행이 필요하다면 다음과 같이 코드가 이루어집니다.

```
코드    for (var i:uint = 0; i < 10; i++) {
                trace(i);
        }
```

반복문의 코드 진행 순서는
① var i:uint = 0; 초기 값 부분을 실행합니다. 코드 부분입니다. 이로써 변수 i가 생성되고 0의 값을 가지게 됩니다.
② i < 10 조건식을 연산합니다. i의 값이 0이므로 연산 결과는 true입니다.
③ trace(i); 조건식이 true이면 {} 안쪽 코드를 실행합니다. output 패널에 현재 i 값(0)을 출력합니다.

④ i++ 증감식 코드를 처리합니다. i가 1 증가하여 1이 됩니다.
⑤ ②~④번을 반복 실행하면서 조건식의 연산 결과가 false이면 반복문을 종료합니다.

위 코드를 실행하면 Output 패널에 0~9까지 출력될 것입니다.

다음 코드는 역으로 9에서 0까지 출력하는 코드입니다. 위 코드와 반복 횟수는 같지만 변화되는 i의 값이 달라집니다.

```
코드    for (var i:int = 9; i )= 0; i--) {
                trace(i);
        }
```

위 코드에서 주의해야 할 것은 초기 값에서 선언한 변수 i의 데이터 유형이 uint형이 아닌 int형이라는 것입니다. 증감식을 거치면서 i의 값이 0보다 작아질 때 반복문이 종료되는데, 만약 데이터 유형을 uint로 선언했다면 음수를 가질 수 없는 데이터 유형이므로 반복문이 종료되지 않습니다. 이를 무한 루프(Loop)라고 말하며, 무한 루프가 실행되면 플래시의 실행이 멈추게 되므로 주의해야 합니다.

while 반복문

for 반복문은 특정 변수 값의 변화를 이용하기 위해 초기 값 선언 코드와 증감식을 가지고 있지만, while 반복문은 단순히 조건식만을 가지고 있기 때문에 반복 횟수를 정해 주려면 외부 변수를 사용해야 합니다. while 반복문은 반복 횟수를 정하지 않고 조건식이 거짓이 될 때까지 실행하는 코드로 활용하기도 합니다.

다음은 while 반복문의 기본 구조입니다.

```
코드    while (조건식) {
                //조건식이 참일 때 반복 실행되는 코드
        }
```

10번의 코드 반복 실행이 필요하다면 다음과 같이 변수를 외부에 선언하여 사용합니다.

```
코드    var cnt:int = 10;
        while (cnt--) {
                trace(cnt);
        }
```

위 코드는 cnt 변수에 대입된 10의 값을 1씩 감소하면서 값을 출력하는 코드입니다. cnt 값이 0이 되는 순간 while 반복문의 조건식(cnt--)의 결과가 거짓(false)이 되어 반복문이 종료됩니다.

0, undefined, NaN은 참, 거짓으로 따지면 거짓(false)에 해당합니다. 0을 제외한 숫자, 모든 문자들은 참(true)에 해당합니다.

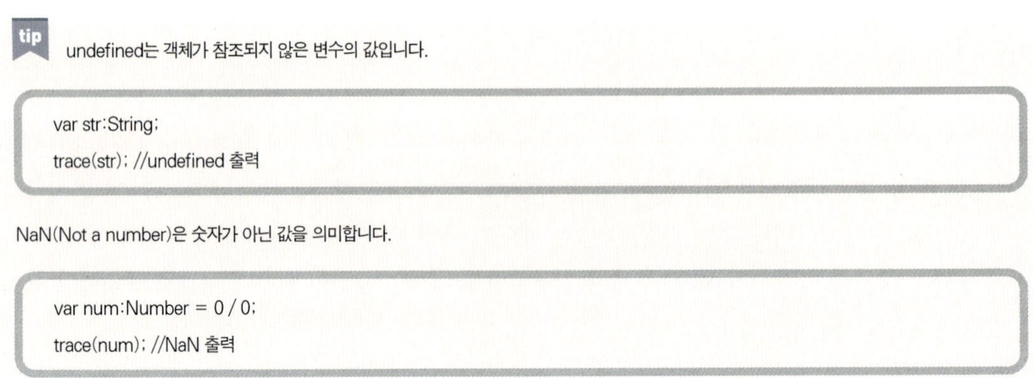

tip   undefined는 객체가 참조되지 않은 변수의 값입니다.

```
var str:String;
trace(str); //undefined 출력
```

NaN(Not a number)은 숫자가 아닌 값을 의미합니다.

```
var num:Number = 0 / 0;
trace(num); //NaN 출력
```

다음은 while 반복문을 이용하여 타임라인(this)에 있는 모든 객체를 제거하는 코드입니다. 이와 같이 반복 횟수를 정하지 않고 객체의 수가 0이 될 때까지 반복 실행하는 코드를 만들 수 있습니다.

```
코드    while(this.numChildren) {
                this.removeChildAt(0);
        }
```

위 코드는 this의 모든 자식 객체를 컨테이너에서 빼내는 반복문입니다.

do~while 반복문

do~while 반복문과 while 반복문은 조건식의 연산 시점이 다른 것 외에 같은 방식으로 코드를 반복 실행합니다. while 반복문은 조건식을 먼저 연산, 비교하지만, do~while 반복문은 코드 실행 후 조건식을 연산하기 때문에 무조건 한 번은 {} 안의 코드가 실행됩니다.

다음은 do ~ while 반복문의 기본 구조입니다.

```
do {
        //조건식이 참일 때 반복 실행되는 코드
} while (조건식);
```

다음 코드는 조건식의 연산 결과가 거짓임에도 불구하고 코드가 한 번 실행됩니다.

코드
```
do {
        trace("코드가 한 번 실행됩니다");
} while (0);
```

4 for~in 반복문

for~in 반복문은 반복이 진행되면서 객체 안에 있는 속성을 반복문에 선언한 변수에 대입해 줍니다. 이를 이용하여 객체 안에 어떤 속성이 있는지, 그 속성에는 어떤 값이 참조되어 있는지를 확인할 수 있습니다.

다음은 for-in 반복문의 기본 구조입니다.

코드
```
for (var str:String in 객체) {

}
```

for~in 반복문에 선언하는 변수는 속성의 이름이 참조되므로 String 데이터 유형을 가져야 합니다. 아래 코드를 실행하면 obj 객체에 있는 속성의 이름과 속성 값을 출력해 줍니다. 속성 값은 속성 접근 연산자(대괄호 연산자)를 이용하여 얻어냅니다.

```
var obj:Object = new Object();
obj.username = "최재필";
obj.age = 35;

for (var str:String in obj) {
          trace(str, obj[str]);
}

//결과
username 최재필
age 35
```

5 for each~in 반복문

for each~in 반복문은 for~in 반복문과 달리 속성의 이름이 아닌 데이터가 반복문 변수에 대입됩니다.

다음은 for each~in 반복문의 기본 구조입니다.

```
for each (var str:데이터유형 in 객체) {


}
```

다음 코드를 실행하면 배열에 참조된 모든 데이터를 출력해 줍니다.

```
var arr:Array = new Array(1, 2, 3, 4, 5);
for each (var num:uint in arr) {
          trace(num);
}

//결과
1
2
3
4
5
```

함수

함수(Function)는 코드를 모아 놓은 객체라고 할 수 있습니다. 특정 기능의 코드를 만들 때는 해당 이름의 함수로 만들어 호출하는 것이 일반적입니다. 따라서 함수의 이름도 변수와 같이, 이름만 봐도 어떤 일을 하는 함수인지 알아볼 수 있도록 만드는 것이 좋습니다.

함수의 정의

```
function 함수명(매개 변수:매개 변수 데이터 유형):리턴 데이터 유형 {
        //코드 블록
}
```

매개 변수는 콤마(,)로 구분하여 여러 개를 만들 수 있으며, 리턴 데이터 유형은 함수가 함수를 호출한 곳으로 돌려 주는 값이 있다면 해당 데이터의 유형을 선언해 줍니다. 만약, 리턴 데이터가 없다면 void라고 선언합니다.

코드
```
function hello():void {
        trace("안녕하세요");
}
```

1 | 함수의 호출

선언된 함수를 실행하려면 함수 이름에 ( )를 붙여 호출합니다. 만약, 매개 변수가 있다면 ( ) 안에 데이터를 전달합니다.

코드
```
hello();
```

액션스크립트는 위 코드에서 아래 코드로 실행되지만, 함수는 선언된 위치와 관계없이 호출이 가능합니다. 함수 호출 코드가 선언 코드보다 위에 있어도 함수 객체가 먼저 만들어지므로 이상 없이 호출됩니다.

2 | 익명 함수

함수의 이름 없이 변수에 함수 객체를 참조시키는 함수 선언 방법입니다. 익명 함수는 일반 함수와는 달리 코드 실행 시 함수 객체가 생성되므로 호출하기 전에 변수에 함수 객체를 넣는 코드가 먼저 있어야 합니다. 함수 호출 방식은 일반 함수와 동일합니다.

코드
```
var hello:Function = function():void {
        trace("안녕하세요");
}


hello();
```

3 | 매개 변수

함수 호출 시 함수에 데이터를 전달하기 위해 함수 선언 시 어떤 데이터를 전달받을 것인지를 먼저 선언해야 합니다. 데이터를 전달받아 참조할 변수를 매개 변수라고 합니다.

코드
```
hello("피투리");
hello("최재필");
function hello(name:String):void {
        trace("안녕하세요." + name + "님");
}

//결과
안녕하세요. 피투리님
안녕하세요. 최재필님
```

매개 변수를 이용하면 위와 같이 같은 함수를 호출하더라도 다른 결과를 만들어낼 수 있습니다. 전달되는 데이터는 선언한 변수의 데이터 유형과 같아야 합니다.

4 | 매개 변수 기본 값

함수 호출 시 전달하는 매개 변수와 선언된 매개 변수의 개수가 다를 경우 오류가 발생하게 됩니다. 하지만 매개 변수의 기본 값이 정의되어 있다면 매개 변수를 전달하지 않아도 오류가 발생하지 않습니다. 매개 변수의 값은 기본 값이 대입됩니다.

```
코드      hello();
          function hello(name:String = "홍길동"):void {
                  trace("안녕하세요." + name + "님");
          }

          //결과 : 안녕하세요. 홍길동님
```

위 함수는 매개 변수 데이터가 전달되지 않을 때 변수 name에 "홍길동"을 대입하도록 기본 값을 정의했습니다.

5 | 반환(return) 데이터

함수 실행 후 데이터를 함수를 호출한 곳으로 전달하고 싶다면 return 명령을 사용합니다. return 데이터가 있다면 함수의 반환 데이터 유형을 선언하는 것이 좋습니다.

```
코드      var num:Number = sum(10, 20);

          function sum(num0:Number, num1:Number):Number {
                  return num0 + num1;
          }
```

sum 함수를 호출할 때 넘겨진 2개의 값은 순서대로 num0, num1 변수에 대입됩니다. 그리고 num0+num1 연산을 먼저 실행한 후, 함수가 호출된 곳으로 연산 결과를 반환(return)해 줍니다. 위 코드의 결과는 num 변수에 30이 대입됩니다.

2 지역 변수

함수 안에서 변수를 선언한다면 해당 변수는 함수 내에서만 사용할 수 있는 변수입니다. 함수 실행
이 종료되면 변수는 사라지게 됩니다. 이를 '지역 변수'라고 합니다.

코드
```
var num:Number = sum(10, 20);
function sum(num0:Number, num1:Number):Number {
        var num:Number = num0 + num1;
        return num;
}
```

위 코드에 num 변수는 함수 밖에 있는 num과 함수 내부에서 선언한 num이 있습니다. 두 변수의
이름은 같지만 서로 다른 변수입니다. 함수 안에서 선언한 num은 함수 내에서만 사용할 수 있는 변
수이며, 함수 밖에서 선언한 num은 함수 안팎에서 모두 사용할 수 있는 변수입니다.

함수 밖에 num이 있더라도 함수 안에서는 함수에서 선언된 num에 접근하여 값을 사용합니다.

코드
```
var num:uint = 10;
test();
trace(num);
function test():void {
        num = 20; //함수 밖의 변수 접근
}

//결과 20
```

```
var num:uint = 10;
test();
trace(num);
function test():void {
        var num:uint; //함수 내에서 변수 선언, 함수 실행 후 사라집니다.
        num = 20;
}

//결과 10
```

만약 함수 안에 변수가 없다면 함수 밖의 변수를 사용하게 됩니다. 만약 함수 밖의 num 변수를 사용하려면 다음과 같이 this를 붙입니다.

```
var num:Number = 20;
var result:Number = sum(10);

function sum(num:Number):Number {
        return this.num + num;
}
```

위 코드의 실행 결과는 함수 밖 변수 num의 값(20)과 함수에 전달되는 값(10)이 더해져 result 변수에 참조됩니다.

...(rest) 매개 변수

전달되는 매개 변수의 개수를 정확하게 알 수 없을 때는 ...(rest)를 사용하여 배열(Array)로 데이터를 전달받습니다. 코드에 사용된 변수명(args)은 변경할 수 있습니다.

```
hello("베트맨", "슈퍼맨", "아이언맨");
function hello(...args):void {
        for each(var str:String in args) {
                trace("안녕하세요." + str + "님");
        }
}

//결과
안녕하세요. 베트맨님
안녕하세요. 슈퍼맨님
안녕하세요. 아이언맨님
```

패키지/클래스

액션스크립트는 OOP(Object Oriented Programming, 객체 지향 프로그래밍)를 지원합니다. 말 그대로 객체를 이용하여 프로그래밍하는 것입니다. OOP 프로그램의 장점은 쉽게 설계할 수 있으며, 유지 보수가 편리하고 재활용이 가능하기 때문에 수많은 모듈을 만들어, 쉽게 프로그래밍할 수 있다는 것입니다. 여기서 재활용이란 한 번 만들어진 클래스를 다른 프로젝트에서도 사용할 수 있기 때문에 같은 코드를 매 프로젝트마다 반복해서 작성하는 시간을 줄일 수 있다는 뜻입니다.

1 패키지

패키지(Package)는 클래스의 모음입니다. 모든 클래스는 패키지 안에 위치하며, 클래스의 사용 목적에 따라서 클래스 그룹이 형성됩니다. 이 그룹을 패키지라고 하는데, 패키지는 클래스 파일을 담고 있기 때문에 폴더라고 생각해도 됩니다. 실제로 폴더를 만들어 클래스(.as) 파일을 담게 되는데, 그 폴더가 패키지입니다.

코드
```
package 패키지 이름 {

}
```

무비클립 클래스의 패키지 경로를 살펴보면 flash.display.MovieClip이라고 기록되어 있습니다. flash 패키지 안에 display패키지가 있고, 그 안에 MovieClip 클래스가 위치해 있는 것입니다. 하나의 패키지는 비슷한 성격의 여러 클래스를 가질 수 있습니다. 무비클립은 화면에 보이는 DisplayObject이므로 display 패키지 안에 위치시킨 것입니다.

2 클래스

클래스(Class)란 객체를 생성하기 위한 템플릿입니다. 예를 들어 라이브러리에 만들어 놓은 무비클립은 클래스이고, 화면에 꺼내 놓은 무비클립은 객체입니다. 하나의 클래스에서 생성된 여러 객체는 독립적으로 활용할 수 있습니다(무비클립의 인스턴스에 각각 크기, 위치, 컬러 변경 등과 같은 속성이 적용되는 것을 예로 들 수 있습니다).

클래스의 내부 구성에는 객체에 명령할 수 있도록 공개된 함수(메서드)와 객체의 형태를 컨트롤할 수 있는 변수(속성), 그리고 객체의 상태 변화를 전달할 수 있는 이벤트가 있습니다.

1 | 클래스 선언

클래스는 class 명령으로 선언하며, 코드 구현 시 package 경로를 기술해야 합니다. 클래스 이름과 파일명은 같아야 하고, 확장자는 .as여야 합니다.

```
코드    package 패키지 이름 {
                public class 클래스 이름 {

                }
        }
```

```
코드    package {
                public class Sample {

                }
        }
```

위와 같이 클래스를 만들었다면 파일 이름을 'Sample.as' 로 저장해야 합니다.

패키지 경로가 존재한다면(com 폴더 안에 Sample 클래스 파일이 있다면) 다음과 같이 코드를 작성합니다.

```
코드    package com {
                public class Sample {

                }
        }
```

위 Sample 클래스는 com 폴더 안에 'Sample.as' 라는 이름으로 위치해야 합니다.

생성자 함수

객체가 생성되면서 실행되는 함수입니다. 생성자 함수는 클래스 이름과 동일한 함수이며, 꼭 public 접근 제한자로 생성해야 합니다. 생성자 함수는 리턴 데이터 유형을 선언하지 않습니다.

코드

```
package com {
        public class Sample {
                public function Sample() {
                        //객체 생성 시 실행되는 코드
                }
        }
}
```

객체 생성

클래스의 객체는 new 명령을 이용하여 생성합니다. 생성된 객체를 제어하기 위해서는 객체를 변수에 참조시켜야 합니다.

코드

```
var mc:MovieClip = new MovieClip();
```

객체 생성이 되면 가장 먼저 생성자 함수가 실행되는데, 만약 생성자 함수에 매개 변수가 있다면 객체 생성 시 () 안에 데이터를 전달합니다.

코드

```
var bitmapData:BitmapData = new BitmapData(100, 100);
```

클래스 특성

클래스 특성을 선언하면 클래스 활용 범위를 선택할 수 있습니다. 일반적으로 public 접근 제한자를 사용합니다.

코드

```
package com {
        public class Sample {
        }
}
```

특성	설명
dynamic	런타임에 속성을 인스턴스에 추가할 수 있게 합니다.
final	다른 클래스에서 확장할 수 없습니다.
internal(기본 값)	현재 패키지 내에서 참조할 수 있습니다.
public	모든 위치에서 참조할 수 있습니다.

dynamic 클래스 특성을 선언하면 런타임 시 속성을 추가(생성)할 수 있습니다. dynamic 클래스 특성이 없는 클래스는 제공되는 속성이나 메서드 외에 다른 속성, 메서드를 생성하거나 호출하면 오류가 발생합니다. 도움말(F1)에서 MovieClip을 검색해 보면 무비클립 클래스가 dynamic 클래스 특성을 가지고 있음을 확인할 수 있습니다.

패키지	flash.display
클래스	public dynamic class MovieClip
상속	MovieClip → Sprite → displayObjectContainer → InteractiveObject → DisplayObject → EventDispatcher → Object
하위 클래스	LivePreviewParent

dynamic 클래스 특성이 있으므로 아래 코드와 같이 무비클립에 존재하지 않는 num 속성을 동적으로 추가할 수 있습니다.

코드
```
var mc:MovieClip = new MovieClip();
mc.num = 1;
```

도큐먼트 클래스

플래시 파일(.fla)을 만들면 기본 타임라인이 생깁니다. 이곳에 무비클립을 넣기도 하고 이미지를 넣기도 합니다. 만약 도큐먼트 클래스(Document Class)를 사용하지 않는다면, 기본이 되는 무비클립은 MainTimeline 클래스의 객체가 됩니다. MainTimeline 클래스는 무비클립과 같습니다. 하지만 도큐먼트 클래스를 등록하면(문서 속성 패널에서 도큐먼트 클래스를 등록할 수 있습니다.) 등록한 클래스의 객체가 기본 객체(root)가 됩니다.

도큐먼트 객체는 화면에 나타나야 하므로, 도큐먼트 클래스는 반드시 DisplayObject 클래스를 상속받아야 합니다. 일반적으로 타임라인 애니메이션을 사용했다면 무비클립(MovieClip) 클래스를 상속받고, 타임라인 기능이 필요없다면 이보다 가벼운 Sprite 클래스를 상속받아 도큐먼트 클래스를 제작합니다.

```
//MovieClip 클래스를 상속 받은 도큐먼트 클래스 코드
package com {
        public class Main extends MovieClip {


        }
}


//Sprite 클래스를 상속 받은 도큐먼트 클래스 코드
package com {
        public class Main extends Sprite {


        }
}
```

코드

3 변수, 함수 접근 제한자

1 | 접근 제한자

상황에 따라서 변수나 함수에 접근할 수 있는 권한을 변경할 수 있습니다. 다른 객체(인스턴스)에서 클래스 함수에 접근할 수 있도록 하기 위해서는 public을 사용해야 합니다. 이러한 함수를 '메서드'라고 부릅니다.

접근 제한자	설명
internal(기본 값)	같은 패키지 내에서 참조할 수 있습니다.
private	같은 클래스에서 참조할 수 있습니다.
protected	같은 클래스 및 서브 클래스에서 참조할 수 있습니다.
public	모든 위치에서 참조할 수 있습니다.

클래스 특성

static은 객체가 아닌 클래스에 소속된 함수, 변수를 선언할 때 사용합니다. static 특성을 지닌 변수, 함수는 클래스 이름으로 접근하여 사용합니다.

```
코드    package {
                public class Math {
                        public static const PI:Number = 3.1415927;
                }
        }
```

내장 클래스인 Math 클래스에서 제공하는 Math.PI 속성도 위와 같이 static으로 만들어져 있습니다. 이 밖에도 이벤트 이름 등의 상수로 제공되는 모든 값들은 static으로 선언되어 있습니다.

상속

상속(Inheritance)을 이용하면 다른 클래스의 기능을 이어받아 새로운 클래스를 만들 수 있습니다. 이때 새로 만들어진 클래스를 서브 클래스라고 하고, 상속받은 클래스(부모 클래스)를 슈퍼 클래스라고 합니다.

A 클래스를 상속받아 B 클래스를 제작하는 코드는 아래와 같습니다.

```
코드    package {
                public var num:uint = 10;
                public class A {

                }
        }
        ─────────────────────────────────────────
        package {
                public class B extends A {
                        public function B( ) {
                                trace(num);
                        }
                }
        }
```

B 클래스에는 변수 num을 선언하지 않았지만 A 클래스를 상속받았으므로 변수 num을 사용할 수 있습니다. 접근 제한자가 public이기 때문에 사용 가능한 것입니다. 만약 private로 외부 접근을 막았다면 사용할 수 없는 변수입니다(서브 클래스에서 접근이 가능한 접근 제한자는 protected, public 입니다).

액션스크립트 3.0에서 제공하는 클래스들은 대부분 상속에 의해 만들어져 있습니다. 무비클립 클래스의 상속 계보를 보면 Object 클래스를 시작으로 상속에 상속이 이어져 MovieClip 클래스가 만들어진 것을 확인할 수 있습니다.

패키지	flash.display
클래스	public dynamic class MovieClip
상속	MovieClip → Sprite → displayObjectContainer → InteractiveObject → DisplayObject → EventDispatcher → Object
하위 클래스	LivePreviewParent

Object 클래스는 최상위 클래스입니다. 모든 클래스는 Object 클래스를 상속받아 만들어졌습니다. 무비클립의 기능을 상속 계보로 살펴보면 EventDispatcher 클래스를 상속받았으므로 이벤트 기능이 있고, DisplayObject를 상속받았으므로 화면에 나타나는 기능이 있습니다. 또한 Interactive Object을 상속받아 마우스, 키보드와의 상호 작용도 가능합니다. 이와 같이 상속에 의해서 기능이 점점 늘어난 것입니다. 만약 우리가 또 다른 기능을 가진 무비클립을 만든다면 MovieClip 클래스를 상속받아서 기능(함수)을 추가하면 됩니다.

코드
```
package {
    import flash.display.MovieClip;
    public class MyClass extends MovieClip {
        public function MyClass() {
        }

        public function 새로운 기능():void {
        }
    }
}
```

위 MyClass 클래스는 무비클립 클래스를 상속받았으므로, 앞에서 나열한 무비클립 클래스의 모든 기능을 이어 받고 새로운 기능까지 가지게 되었습니다. 다른 패키지에 있는 클래스를 사용할 때는 import 명령으로 클래스의 위치를 먼저 선언해 줍니다.

이벤트

이벤트란 객체에 발생한 상황을 말합니다. 예를 들어 마우스로 무비클립을 클릭하면 해당 객체는 마우스가 클릭되는 상황이 벌어진 것이며, 이 상황을 알고자 하는 객체에 전달해 줍니다. 이때는 이벤트 상황에 대한 정보를 담은 Event 클래스 객체를 생성하여 전달합니다.

이벤트를 발생시키고, 이벤트 발생을 듣고자 등록하거나 등록을 해지하는 기능은 EventDispatcher 클래스가 담당합니다. 따라서 이벤트를 발생시키려면 EventDispatcher 클래스를 상속받아야 합니다. 무비클립을 포함한 모든 DisplayObject 클래스는 EventDispatcher 클래스를 상속받았으므로 이벤트를 이용할 수 있습니다.

이벤트 리스너 함수 등록

EventDispatcher 클래스의 addEventListener( ) 메서드를 이용하여 이벤트가 발생할 객체에 이벤트 함수를 등록합니다. 이 함수를 '이벤트 핸들러 함수' 또는 '이벤트 리스너 함수'라고 합니다. 등록된 이벤트 리스너 함수는 이벤트 발생 시 호출됩니다.

```
이벤트 발생 객체.addEventListener(이벤트 이름, 이벤트 핸들러 함수);

function 이벤트 리스너 함수(event:Event):void {
}
```

이벤트 이름은 문자로 만들어져 있으며, 내장 클래스 이벤트의 경우 클래스 상수로 제공됩니다. 마우스 클릭 이벤트의 이름인 'click'은 상수 MouseEvent.CLICK을 이용합니다.

2 이벤트 리스너 함수 제거

EventDispatcher 클래스의 removeEventListener( ) 메서드를 이용하여 등록된 이벤트 리스너 함
수를 해지할 수 있습니다.

```
코드    이벤트 발생 객체.removeEventListener(이벤트 이름, 이벤트 리스너 함수);
```

3 이벤트 등록 확인

hasEventListener( ) 메서드를 이용하여 이벤트를 등록했는지를 확인할 수 있습니다. 등록된 이벤
트라면 true가 반환됩니다.

```
코드    var b:Boolean = 이벤트 발생 객체.hasEventListener(이벤트 이름);
```

4 이벤트 발생

이벤트를 발생시키는 메서드는 dispatchEvent( )입니다. 이 메서드는 매개 변수로 발생하는 이벤트
에 대한 정보를 담은 이벤트 객체를 전달합니다.

```
코드    이벤트 발생 객체.dispatchEvent(이벤트 객체);
```

5 이벤트 흐름

DisplayObject의 경우 하나의 이벤트에 여러 객체가 반응할 수 있습니다. 예를 들어 마우스로 무비
클립을 클릭했을 때, 무비클립만 클릭된 것이 아니라 Stage도 클릭되어 이벤트가 발생하게 되며, 만

약 무비클립 안에 무비클립이 있다면 부모 무비클립, 자식 무비클립 모두에서 클릭 이벤트가 발생합니다. 이러한 이벤트는 캡처 단계, 대상 단계, 버블링 단계를 거치면서 발생합니다. 만약 아래 다이어그램과 같이 Stage에 무비클립 A가 있고 무비클립 안에 2개의 무비클립이 있다면, MovieClip_B를 클릭했을 때 이벤트 흐름은 오른쪽 그림과 같이 세 단계를 거칩니다.

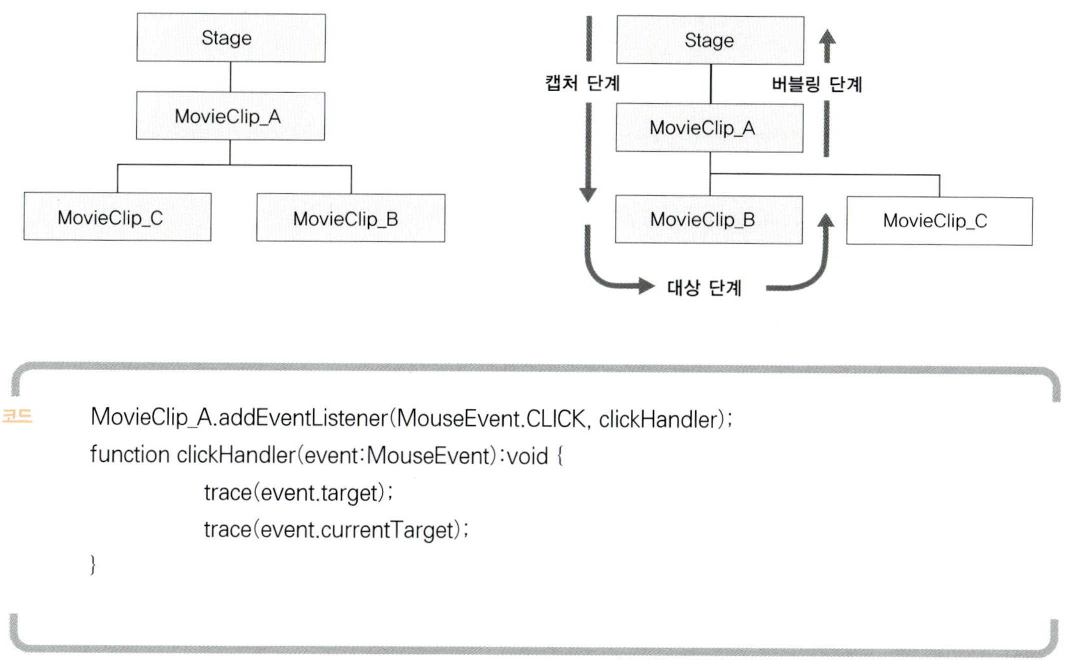


```
코드    MovieClip_A.addEventListener(MouseEvent.CLICK, clickHandler);
        function clickHandler(event:MouseEvent):void {
                trace(event.target);
                trace(event.currentTarget);
        }
```

위 코드에서 발생한 이벤트는 마우스 이벤트입니다. 따라서 이벤트 리스너 함수에 마우스 이벤트 객체가 전달됩니다. 이 마우스 객체의 속성 중 target 속성은 이벤트 흐름 중 대상 단계에 해당하는 객체를 알려 줍니다. currentTarget 속성은 이벤트가 등록된 객체를 알려 줍니다. 버블링 단계가 MovieClip_A를 지나갈 때는 이벤트 리스너 함수(clickHandler)가 호출됩니다.

이벤트 객체

이벤트가 발생(dispatchEvnet)하면, 등록된 이벤트 리스너 함수를 호출하면서 이벤트에 대한 정보를 가진 이벤트 객체를 전달합니다. 따라서 이벤트 리스너 함수는 꼭 이벤트 객체를 전달받을 매개변수가 있어야 합니다. 이때 생성되는 이벤트 객체는 Event 클래스 객체이거나 Event 클래스를 상속받은 클래스의 객체입니다.

외부 파일을 로드할 때, 로드가 완료되면서 발생하는 이벤트 이름은 EVENT.COMPLETE('complete')

입니다. 그리고 생성되는 이벤트 객체는 Event 클래스의 객체입니다. 따라서 이 이벤트에 등록한 이벤트 리스너 함수의 매개 변수는 Event 데이터 유형을 가져야 합니다.

```
코드    loader.contentLoaderInfo.addEventListener(Event.COMPLETE, completeHandler);
        function completeHandler(event:Event):void {

        }
```

마우스 이벤트(MouseEvent) 클래스의 경우 Event 클래스가 가진 속성 이외에 클릭된 좌표, 특수키(Ctrl , Shift , Alt)를 함께 사용했는지의 여부 등과 같은 다양한 정보(속성)을 가지고 있습니다. MouseEvent 클래스는 Event 클래스를 상속받아 필요한 속성을 추가하여 만들어진 클래스이기 때문입니다. 따라서 마우스 이벤트를 등록한 이벤트 리스너 함수의 매개 변수 데이터 유형은 MouseEvent가 됩니다.

```
코드    mc.addEventListener(MouseEvent.CLICK, clickHandler);
        function clickHandler(event:MouseEvent):void {
                trace(event.localX, event.localY);
        }
```

위와 같이 각 이벤트 클래스에서 자신이 가진 이벤트의 이름(type)을 상수로 제공하고 있으므로, 이벤트 리스너 함수의 매개 변수 데이터 유형은 이벤트 등록에 사용된 상수를 가진 클래스라고 생각하면 됩니다.

DisplayObject

DisplayObject 클래스는 무비클립(MovieClip), 이미지(Bitmap), 버튼(SimpleButton), 비디오(Video)와 같이 화면에 표시되는 객체를 말합니다.

DisplayObject 클래스 상속 관계

DisplayObject 클래스 중 InteractiveObject는 마우스 및 키보드와 상호 작용이 가능한 클래스입니다.

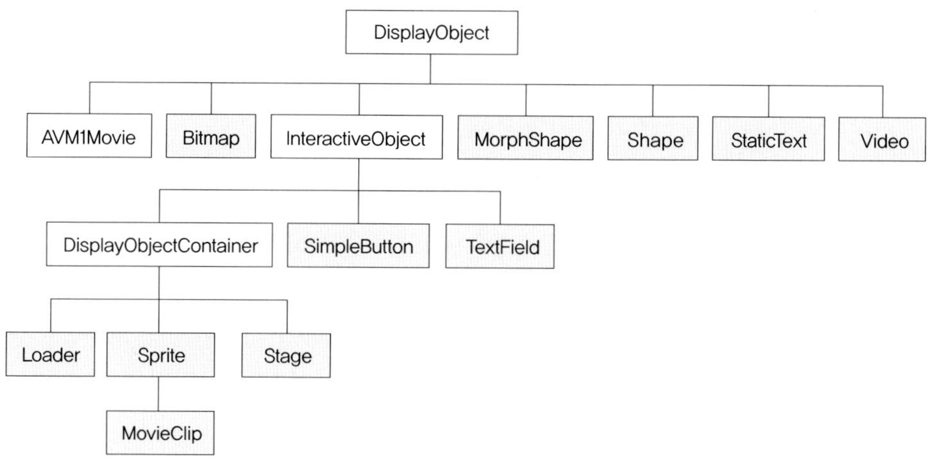

DisplayObjectContainer

DisplayObjectContainer 클래스를 상속받은 Loader, Sprite, Stage, MovieClip은 다른 DisplayObject를 자신의 컨테이너(Container)에 넣을 수 있습니다. 무비클립 안에 다른 무비클립이나 이미지, 버튼 등을 넣을 수 있는 이유는 무비클립이 DisplayObjectContainer 기능을 가진 클래스이기 때문입니다. 이미지(Bitmap), 비디오(Video)와 같은 DisplayObject 클래스들은 DisplayObjectContainer를 상속받지 않았으므로(기능이 없으므로) 자식 객체를 가질 수 없습니다. DisplayObjectContainer에 객체가 들어가면 객체의 속성(크기, 위치, 투명도 등)은 부모 객체의 영향을 받게 되며 부모 객체가 Stage의 container에 들어가지 않으면 화면에 나타나지 않습니다. Stage는 플래시 플레이어가 제일 먼저 만들어내는 DisplayObject입니다.

DisplayObject 경로

객체에 접근하기 위한 경로 속성에는 this, parent, root, stage가 있습니다. 자신에게 접근하는 속성은 this 입니다. 자신의 부모 객체에 접근하려면 parent 속성을 사용하고, 하나의 SWF에서 가장 위에 존재하는 객체는 root 속성을 이용하여 접근합니다. 아래 그림은 다양한 경로에서 box 무비클립에 접근하기 위한 코드입니다.

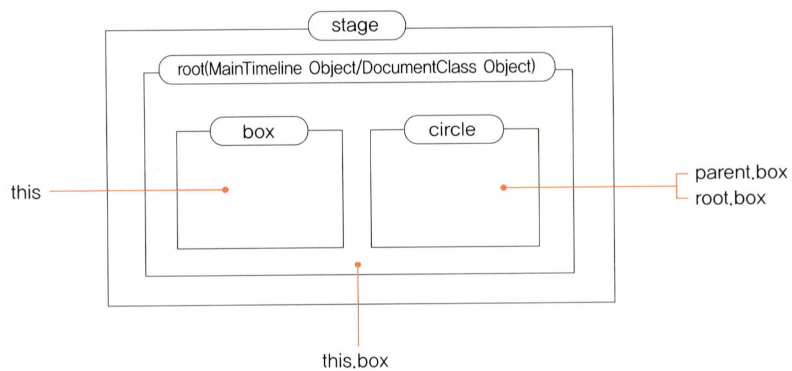

root, stage 속성은 DisplayObject 속성으로서, 화면에 보여질 때만 존재하는 속성입니다. 화면(stage)에서 제거(remove)되었을 때 이 두 속성은 null 값을 가지게 되므로 주의해야 합니다.
Loader 객체를 이용하여 swf 파일을 로드할 경우 각 swf마다 다른 root가 존재합니다. 하지만 stage는 유일합니다. 플래시가 로드되면 stage위에 하나의 객체가 생성되는데, 도큐먼트 클래스를 사용했다면 해당 객체가 생성되고, 도큐먼트 클래스를 사용하지 않았다면 MainTimeline(MovieClip) 객체가 생성됩니다.

DisplayObject Index

스테이지에 객체를 올려놓으면 올려놓은 순서대로 쌓이게 됩니다. 나중에 올려놓은 것이 상단에 위치하여 아래 객체를 가리게 됩니다. 이 순서를 'Index'라고 하며, 액션스크립트를 이용하여 동적으로 Index를 변경할 수 있습니다. Index는 0부터(가장 아래 있는 객체의 Index) 시작하고 양의 정수로 증가합니다. 한 객체의 Index를 변경하면(위로 올리거나 아래로 내리거나 또는 없애면) 다른 객체들의 인덱스도 변경됩니다. Index는 벽돌을 쌓는 것과 같이 중간에 하나가 빠지면 위에 있는 것들은 아래로 내려와 Index에 변화가 생깁니다.

플래시를 오랫동안 사용해 오면서 나름대로 이 정도 실력이면 부족함이 없다고 생각했었는데, 막상 이 책으로 공부하다 보니 이제까지 플래시의 다양한 기능을 제대로 활용하지 못하고 있었다는 사실을 새삼 깨닫게 되었습니다. 이 책의 가장 큰 특징은 퀄리티 있는 예제와 세세한 설명, 섬세한 팁이라고 할 수 있습니다. 따라서 저처럼 매너리즘에 빠진 오랜 유저들에게 더할 나위 없이 유용한 책이라고 생각합니다. 플래시를 공부하는 독자 여러분께 강력 추천합니다.

오송이/그래픽 디자이너/ssong7342@nate.com

CS4의 기능도 잘 모르는 상태에서 CS5의 베타테스터를 맡게 되어 걱정이 앞섰는데, 막상 이 책의 예제를 하나하나 따라하다 보니 CS4의 기능을 잘 몰라도 전혀 부담이 안될 정도로 자세하고 쉽게 설명되어 있는 예제 덕분에 기초를 확실히 다질 수 있었습니다. 이 책은 무엇보다 플래시에 처음 입문하는 웹 디자이너에게 반드시 필요한 교재라고 생각합니다. 디자인에 생명력을 불어넣고 싶은 분들이라면 이 책을 친구 삼아 멋진 작품을 만들어 보시기를 바랍니다.

이수연/인터랙티브 모션 디자이너/qwuse@naver.com

누구나 액션스크립트를 시작하게 되면 걱정이 앞서는 것이 사실입니다. 이 책은 자칫 이론으로 치우치기 쉬운 액션스크립트를 재미있게 설명함으로써 독자로 하여금 액션스크립트의 매력에 푹 빠지게 하는 매력을 지니고 있습니다. 이 책을 공부하다 보면 독자들의 궁금증을 쉽게 해결해 주기 위해 이 책의 저자들이 얼마나 많은 정성을 기울였는지를 쉽게 느낄 수 있을 것입니다. 디자이너가 액션스크립트와 친해지는 데 가장 적합한 책이라고 생각하며, 강력하게 추천합니다.

최이슬/디자이너/dewytaiji@naver.com

이 책의 첫 인상은 "친절하다."는 것이었습니다. 플래시의 화려한 기술을 가르쳐 주는 복잡하고 어려운 책이 아닌, 누구나 쉽게 따라할 수 있는 편안한 책입니다. 늘 쉽고 재미있게 설명해 주시는 이지연 강사님의 친절함과 오랜 노하우가 책의 구석구석에 잘 배여 있고, 예제들도 쉽고 재미있어서, 처음부터 차근차근 잘 따라하다 보면 즐겁게 배울 수 있을 것입니다. 기본기가 약했던 저 역시 많은 도움을 받았습니다. 플래시를 처음 접하거나 어려워하는 분들에게 꼭 유용한 책이 될 것 같습니다.

엄정호/웹&캐릭터 디자이너/unnastyle@gmail.com

저는 프로그래밍에 관한 한 초보자 수준이었는데, 이 책의 간단 명료한 설명과 다양하고 따라하기 쉬운 예제들 덕분에 실력이 향상된 것 같아 가슴 뿌듯함을 느낍니다. 아울러 이번 베타테스터를 통해 프로그래밍의 기초 지식들을 다시 한 번 정리하고, 액션스크립트 3.0에 대해 좀 더 이해할 수 있는 기회를 갖게 된 것을 무척 기쁘게 생각합니다. 플래시의 기초를 다지고자 하는 분들에게 추천합니다.

김재명/학생/create_333@nate.com

저는 플래시 모션그래픽 디자이너로 일하고 있습니다. 평소 액션스크립트를 공부해 보고는 싶었지만 막상 시작하려니 어디서부터 시작하면 좋을지를 몰라 망설이고 있었는데, 이 책을 만나고 나서 모든 고민들이 한방에 해결되었답니다. 저처럼 액션스크립트를 처음 공부하는 분들이라면 책을 어렵지 않게 따라하면서 공부할 수 있을 것이라 확신합니다. '액션스크립트에 재미를 느낄 수 있다면 그것으로도 절반은 성공한 셈'이라는 저자분의 생각에 전적으로 동의합니다. 현재 액션스크립트 개발자이거나 개발자가 되려고 하는 분들에게 추천합니다.

이정현/플래시 모션그래픽 디자이너/modens@nate.com

이 책의 가장 큰 장점은 저자의 강의 강의만큼이나 친절하고 자세하게 설명되어 있다는 것입니다. 이 책의 곳곳에서 어도비 크리에이티브 리더의 활동을 통해 체득한 저자의 노하우를 느낄 수 있다는 것도 이 책의 특징이라고 할 수 있습니다. 예제의 소스는 따라하고 싶은 충동을 느낄 정도로 자료가 잘 정리되어 있어서 플래시 모션 입문자는 물론 플래시 모션에 대한 개념 정리가 필요한 분, Flash CS5의 새로운 기능을 배우고 싶은 분들에게 많은 도움이 될 것입니다.

박원준/플래시 콘텐츠 개발자/pwjun23@naver.com

이 책은 차근차근, 소소하게 설명이 잘 되어 있기 때문에 기본 원리를 쉽게 이해할 수 있었고, 모션을 효율적으로 활용하는 데도 많은 도움이 되었습니다. 특히 플래시 CS5에 추가된 애니메이션의 새로운 기능을 통해서는 자연스러운 모션 감각을 느낄 수 있었습니다. 모든 공부는 기초가 튼튼해야만 제 실력을 발휘할 수 있다고 생각합니다. 이러한 점에서 볼 때 이 책은 플래시의 기초를 다지는 데 최적의 교재라고 생각합니다.

심현정/디자이너/znememr@naver.com

플래시는 거의 초보 수준이라 지레 겁을 먹었는데 생각했던 것과는 달리 어렵지 않은 설명 덕분에 책을 무사히 끝마칠 수 있었습니다. 책을 읽으면 제대로 끝까지 읽지 못하는 편인데, 이 책은 읽으면 읽을수록 재미를 느낄 수 있었습니다. 이제까지 몰랐던 여러 가지 팁들까지 덤으로 얻을 수 있어서 더욱 좋았습니다. 플래시를 처음 접하시는 분은 물론이고 플래시에 능숙하신 분들께도 추천해 드리고 싶은 책입니다.

이용희/웹디자이너/zounds03@naver.com

강의를 들으면서 알게 된 최재필 선생님이 집필하신 책의 베타테스터가 되어 무척 기쁘게 생각합니다. 하나하나 세세한 설명과 어렵지 않은 내용으로 초보자들이 쉽게 다가설 수 있는 책입니다. 플래시를 배우려는 사람이라면 꼭 한 번 접해 보시기를 바랍니다.

정은아/학생/my_929@naver.com

먼저 저에게 베타테스터의 기회를 주셔서 감사합니다. 그동안 액션스크립트에 관련된 책을 여러 권 보았지만, 이 책처럼 아기자기한 캐릭터와 재미있는 예제 위주들을 중심으로 쉽게 설명되어 있는 책은 없었던 것 같습니다. 이 책은 단순히 웹상에 돌아다니는 액션스크립트 소스를 응용하는 수준의 웹 디자이너 분들이 기초 개념 및 구현 원리를 이해할 수 있는 좋은 기회가 될 것입니다. 플래시 액션스크립트를 처음 시작하시는 분이라면 당장 이 책으로 시작해 보시기 바랍니다.

최영민/플래시 모션그래퍼/ymy2k@hanmail.net

피투리 선생님만의 귀여운 캐릭터의 예제들과 함께 공부를 하다 보면 어느새 저절로 플래시를 정복할 수 있는 단계에까지 이르게 되는 마법 같은 책입니다. 액션스크립트에 관련된 내용이 하나하나 자세하게 설명이 되어 있어서 이해하기가 쉽고, 무엇보다도 초급자가 잘 따라할 수 있도록 구성되어 있어서 액션스크립트에 대해 막연한 두려움을 가지고 계시는 분들의 고민을 해결하는 데 많은 도움이 될 것입니다. 플래시를 두려워하시는 분들과 액션스크립트의 고수가 되고 싶으신 분들은 모두 이 책을 만나는 순간 액션스크립트의 신이 될 수 있다고 확신합니다.

김민정/학생/dk1532kd@naver.com

이 책의 베타테스터를 마치고 나니 플래시와 액션스크립트를 처음 접하고 막막하고 답답했던 때가 생각납니다. 처음 보는 생소한 언어들에 도구 사용법까지, 이 책은 단순히 "무엇을 하면, 무엇이 됩니다."라고 말하는 다른 책들과 달리 하나하나 자세하게 설명을 해 주고 있기 때문에 마치 현장에서 강의를 듣는 듯한 느낌을 받을 수 있습니다. 플래시가 생소한 분이라면 꼭 한 번 접해 보시기를 바랍니다.

한민희/학생/hmh9006@gmail.com

이 책은 평소 모르고 지나쳤던 CS5의 기능들이 깔끔하고 간략하게 잘 정리되어 있어서 실무에서 활용하는 데 많은 도움이 되었습니다. 따라하기 쉬운 예제들과 친절한 설명은 플래시를 처음 접하는 분들에게 많은 도움이 되리라 생각합니다. 이 책을 통해 플래시의 매력에 빠져 보시기 바랍니다.

나애리사벳/웹디자이너/ljw8045@nate.com

좋은 책의 베타테스트를 할 수 있게 되어 큰 영광으로 생각합니다. 이 책은 딱딱하고 어려운 문법과 구조의 이야기보다 바로 눈으로 확인할 수 있는 재미있는 예제들로 채워져 있어서 처음 액션스크립트 3.0을 접하는 사람들에게 적합하다고 생각합니다. 먼저 눈으로 여러 기능들을 확인하고 재미를 붙인 후에 어려운 내용을 공부한다면 누구나 실력 있는 액션스크립터가 될 수 있으리라 생각합니다. 이 책은 프로그래밍에 어려움을 느끼는 학생들과 디자이너들이 액션스크립트에 입문하는 데 있어 올바른 방향을 제시해 주리라 믿습니다.

허만창/학생/hmch0521@naver.com

제우미디어 플래시 서적 단계별 학습 순서

플래시 모션 중급서

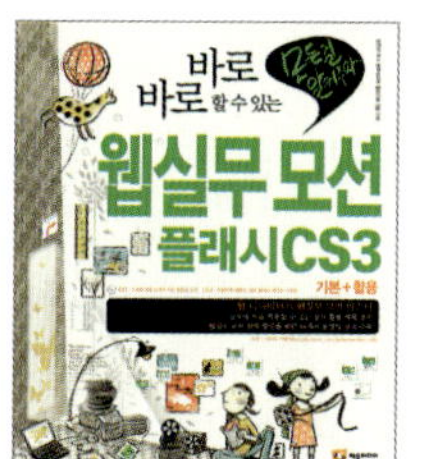

바로바로 할 수 있는
웹실무 모션 플래시 CS3
(기본+활용)

기본서

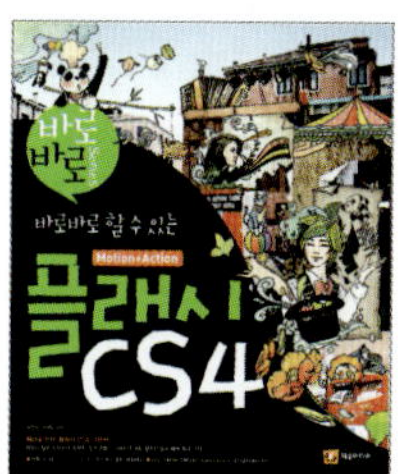

바로바로 할 수 있는
플래시 CS4 Motion+Action
※ 액션 3.0 버전

플래시 액션 중급서

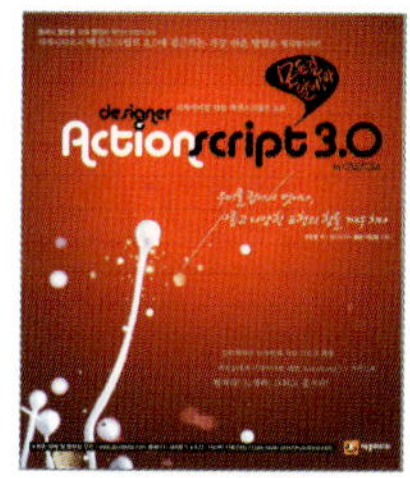

디자이너를 위한
액션스크립트 3.0
※ 액션 3.0 버전

플래시 액션 활용서

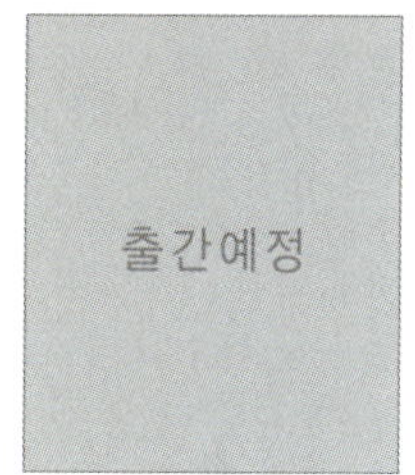

땅굴이의 플래시
액션스크립트 결정적 비밀 30(가제)
※ 액션 3.0 버전

기본서

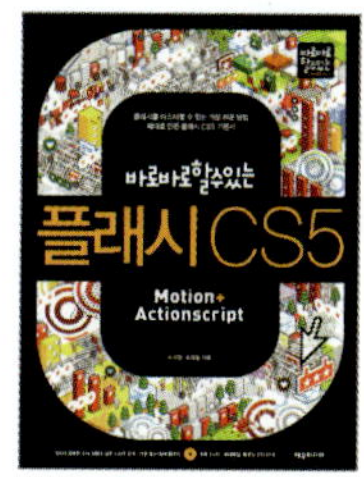

바로바로 할 수 있는
플래시 CS5 Motion+Actionscript
※ 액션 3.0 버전

플래시 액션 중급서

신명용의
플래시 MX 액션스크립트 Ⅰ, Ⅱ
※ 액션 1.0 버전

플래시 액션 활용서

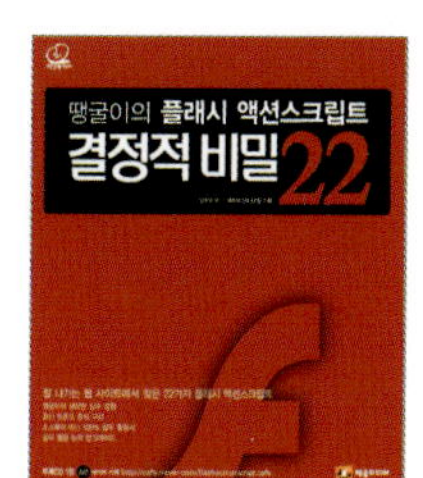

땅굴이의 플래시
액션스크립트 결정적 비밀 22
※ 액션 2.0 버전